Christian Ahrens

Corporate- und Industriefotografie

Die Welt der Arbeit professionell
in Szene gesetzt

Einblicke, Inspirationen & Profitipps
eines Berufsfotografen

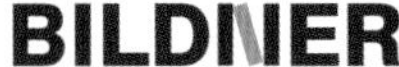

Verlag: BILDNER Verlag GmbH
Bahnhofstraße 8
94032 Passau
http://www.bildner-verlag.de
info@bildner-verlag.de
Tel.: +49 851-6700
Fax: +49 851-6624

ISBN: 978-3-8328-0384-1

Covergestaltung: Christian Dadlhuber

Redaktion und Lektorat: Ulrich Dorn

Layout und Gestaltung: Nelli Ferderer

Autor: Christian Ahrens

Herausgeber: Christian Bildner

Druck: FINIDR s.r.o., Lípová 1965, 73701 Český Těšín, Tschechische Republik

Fotos auf dem Cover: Christian Ahrens

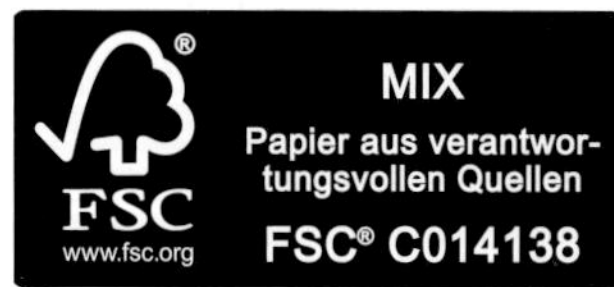

Das FSC®-Label auf einem Holz- oder Papierprodukt ist ein eindeutiger Indikator dafür, dass das Produkt aus verantwortungsvoller Waldwirtschaft stammt. Und auf seinem Weg zum Konsumenten über die gesamte Verarbeitungs- und Handelskette nicht mit nicht-zertifiziertem, also nicht kontrolliertem, Holz oder Papier vermischt wurde. Produkte mit FSC®-Label sichern die Nutzung der Wälder gemäß den sozialen, ökonomischen und ökologischen Bedürfnissen heutiger und zukünftiger Generationen.

Wichtige Hinweise

PROLOG

5.30 Uhr, mein iPad-Wecker bemüht sich, mich mit sanften Tönen aus dem Schlaf zu holen, was leider auch gelingt. Verschlafen taste ich nach dem Stopp-Button und fluche ein wenig vor mich hin. Es hilft aber alles nichts, ich schwinge mich aus dem Bett, setze Kaffeewasser auf und springe unter die Dusche. Verdammtes Frühaufstehen in der Industriefotografie!

Eine Stunde später sitze ich im Wagen und fahre über die Kölner Zoobrücke Richtung Bergisches Land. Die Sonne ist gerade aufgegangen, das Land in rotes Licht getaucht. Mittlerweile bin ich mit meinem Beruf wieder versöhnt, um 8.00 Uhr soll ich am Werkstor eines mittelständischen Unternehmens sein. Vorher treffe ich mich noch mit der Kollegin an einem P+R-Platz, der für uns beide strategisch günstig liegt. Wir entscheiden, mit welchem Fahrzeug wir weiterfahren, und laden noch etwas Equipment um. Weiter geht es in Richtung Ruhrgebiet.

Der glorreiche Sonnenaufgang macht Laune, es sieht nach einem schönen Tag aus. Ich freue mich auf eine neue Produktion, bei der ich einmal mehr coole Menschen, spannende Prozesse und interessante Technologie kennenlernen und in szenischen Bildern einfangen werde. Gibt es einen cooleren Job? Rhetorische Frage! Und das frühe Aufstehen gehört nun mal einfach dazu.

Mein Motto: *„Die Technologie-Abenteuer unserer Zeit fotografieren."*

Dieses Buch ist aus der Perspektive eines Fotografen geschrieben, der staubige Industriehallen jedem noch so schönen Fotostudio vorzieht, der statt attraktive Models lieber kantige Facharbeiter, Ingenieure und Wissenschaftler fotografiert und der sich darüber freut, in schwindelerregender Höhe eines Strommasts oder auf dem Dach einer Windkraftanlage zu arbeiten.

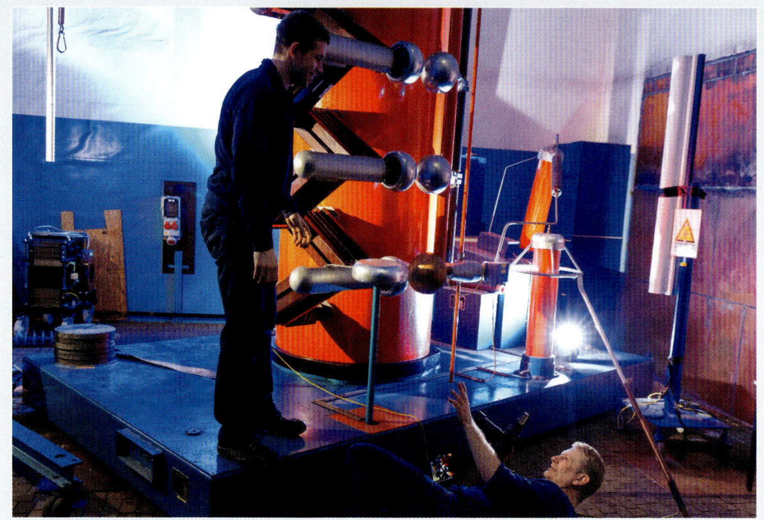

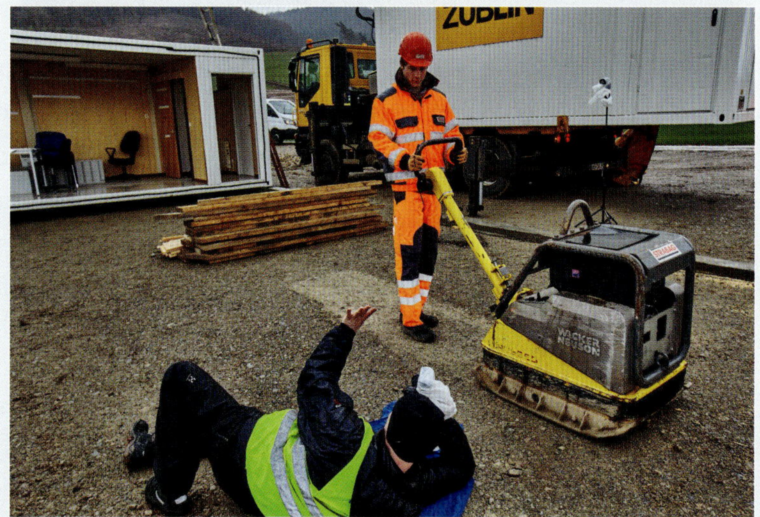
WACKER
NEUSON

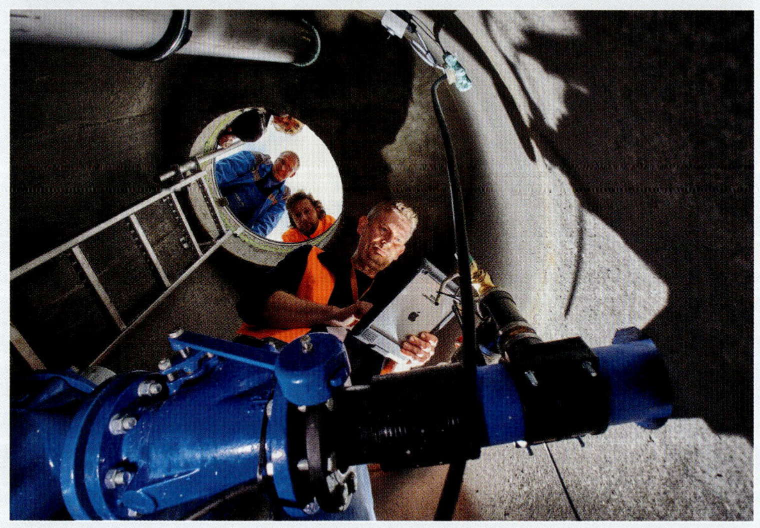

Corporate-Fotografie, Industrie- oder Technologiefotografie: Das sind die Begriffe, mit denen ich unsere Art der Fotografie zu beschreiben versuche. Was heißt das eigentlich? Wozu werden solche Bilder gebraucht? Was sind die besonderen Anforderungen an diesen Beruf?

Das Bild vom Berufsfotografen in der Öffentlichkeit ist meist geprägt von populären Vorstellungen. Da gibt es den Fotografenmeister mit seinem Ladengeschäft, bei dem man Passfotos oder Porträts bestellen kann. Da gibt es die Glamourwelt der Mode- und die Dynamik der Werbefotografie: große Sets, viele Mitarbeiter und Assistenten, gewaltige Lichtaufbauten und komplexe Inszenierungen von schönen Frauen oder verführerischen Produkten. Und es gibt das Bild von Presseberichterstattern, wie man sie aus Fernsehübertragungen kennt: das Blitzlichtgewitter der Fotografen nach einer Presseerklärung im Berliner Regierungsviertel oder die Sportfotografen, die mit ihren langen Rohren Fußballspiele oder Olympiaden fotografisch begleiten.

Doch die Welt der Berufsfotografen ist erheblich vielfältiger, und es gibt Spezialisten in ganz unterschiedlichen Bereichen.

Die Corporate- und Industriefotografie zählt dazu: Hier werden Fotografen von Unternehmen, Organisationen, Forschungsinstituten oder Agenturen gebucht, um die Welt der Arbeit und der Technologie ins rechte Licht zu setzen. Die Bandbreite auch innerhalb dieser Disziplin ist groß, sie reicht von Maschinen- und Anlagenaufnahmen über reportageartig fotografierte Bildstrecken aus dem Produktionsalltag bis hin zu Hightechinszenierungen, die die Leistungsfähigkeit eines Unternehmens oder die Innovationskraft einer Industrie optisch opulent darstellen sollen.

Fotograf im Einsatz. Ob in einer Hightechumgebung, im strömenden Regen auf einer Baustelle oder in der Enge eines Wasserbrunnens – die Einsatzorte sind immer interessant und bieten die Chance für faszinierende Motive.

Die dabei entstehenden Bilder verwenden Auftraggeber, um auf Websites, in Broschüren, Pressemitteilungen, Geschäftsberichten, Newslettern oder Multimedia-Anwendungen möglichst attraktiv und interessant die eigenen Leistungen und Fähigkeiten herauszustellen. Unsere Bilder werden für Presse- und PR-Kampagnen ebenso benutzt wie zur Ausgestaltung von Messeständen oder zur Bestückung von Präsentationsräumen.

Was mich an unserem Arbeitsfeld besonders fasziniert, ist die Vielfalt der Orte und Locations, in denen wir uns bewegen. Wir fotografieren in Werkstätten und Produktionshallen, in Planungsbüros, Labors oder Forschungsanlagen. Wir erleben Szenen und sehen Dinge, die sonst nur wenigen Fachleuten zugänglich sind. Vom Stahlabguss in der Gießerei über Außenaufnahmen auf Windkraftanlagen bis hin zu spannenden Situationen unter Tage – all das bestimmt unseren Alltag. Ich empfinde es immer auch als ein Stück Abenteuer. Mein berufliches Motto lautet daher folgerichtig: „Die Technologie-Abenteuer unserer Zeit fotografieren."

Aber die faszinierende Welt der Arbeit und der Technik hat auch ihre Kehrseiten: Nicht selten hat man die Aufgabe, in dunklen und staubigen Produktionshallen, in schäbigen Montagehallen oder unattraktiven Werksgebäuden Bilder zu machen, die diesen Namen auch verdienen. Dann muss man sich etwas einfallen lassen. Geschickte Perspektiv- und Ausschnittwahl, aufwertende Lichtsetzung oder inszenierte Szenen können helfen, aus einem langweiligen Setting einen Hingucker zu machen und eine solide, aber veraltete Produktionsanlage in ein Hightechwerkzeug zu verwandeln.

Darin liegt für mich eine große Faszination: Arbeitswelten als Gast betreten, für einige Stunden oder Tage in ein völlig neues Umfeld eintauchen und etwas verstehen lernen, von dem man bis gestern vielleicht nur eine sehr vage Vorstellung hatte. Aus den Versatzstücken der Wirklichkeit Bilder entwickeln, die attraktiv und konzentriert etwas zu erzählen haben, die aber auch authentisch und im Kern „wahr“ sind, auch wenn wir gelegentlich tief in die Trickkiste greifen, um die vorhandenen Gegebenheiten spannender darstellen zu können, als sie eigentlich aussehen.

Und nicht zuletzt die Menschen: In der Arbeitswelt sind wir so vielen großartigen Persönlichkeiten begegnet, Frauen wie Männern: coolen Technikern, aufmerksamen Auszubildenden, besessenen Wissenschaftlern oder hart arbeitenden Ingenieuren. Es ist eine besondere Welt, in die man eintaucht, und man wird mit vielen spannenden Begegnungen belohnt, wenn man sich aufrichtig für das jeweilige Thema interessiert, wissen will, wie die Dinge zusammenhängen, und daraus coole Bilder generieren kann.

Am Abend dieses Tags fahre ich müde, aber froh den umgekehrten Weg. Bestimmt bin ich auch heute an die 10.000 Schritte übers Gelände gelaufen, haben mit den Tücken der Location, mit der Lichtsetzung gekämpft, mit den Menschen dort eine Menge Spaß gehabt und im Gepäck einen Sack voller Bilder, die meine Kunden erfreuen werden: Es ist ein cooler Beruf, und dieses Buch ist ein Plädoyer für die Corporate- und Industriefotografie. Lassen Sie sich inspirieren!

Inhalt

3. Das kreative Element

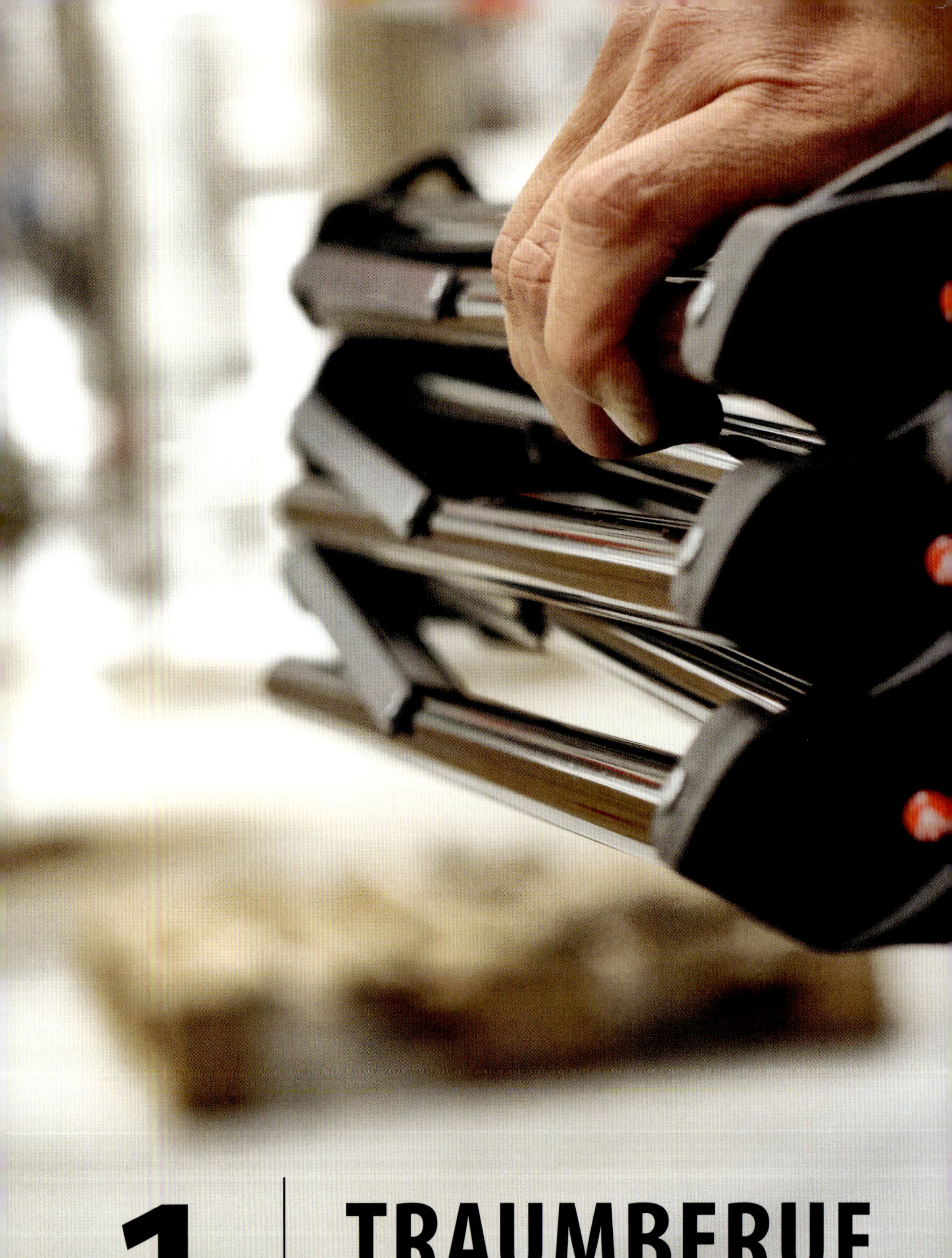

1 TRAUMBERUF FOTOGRAF?

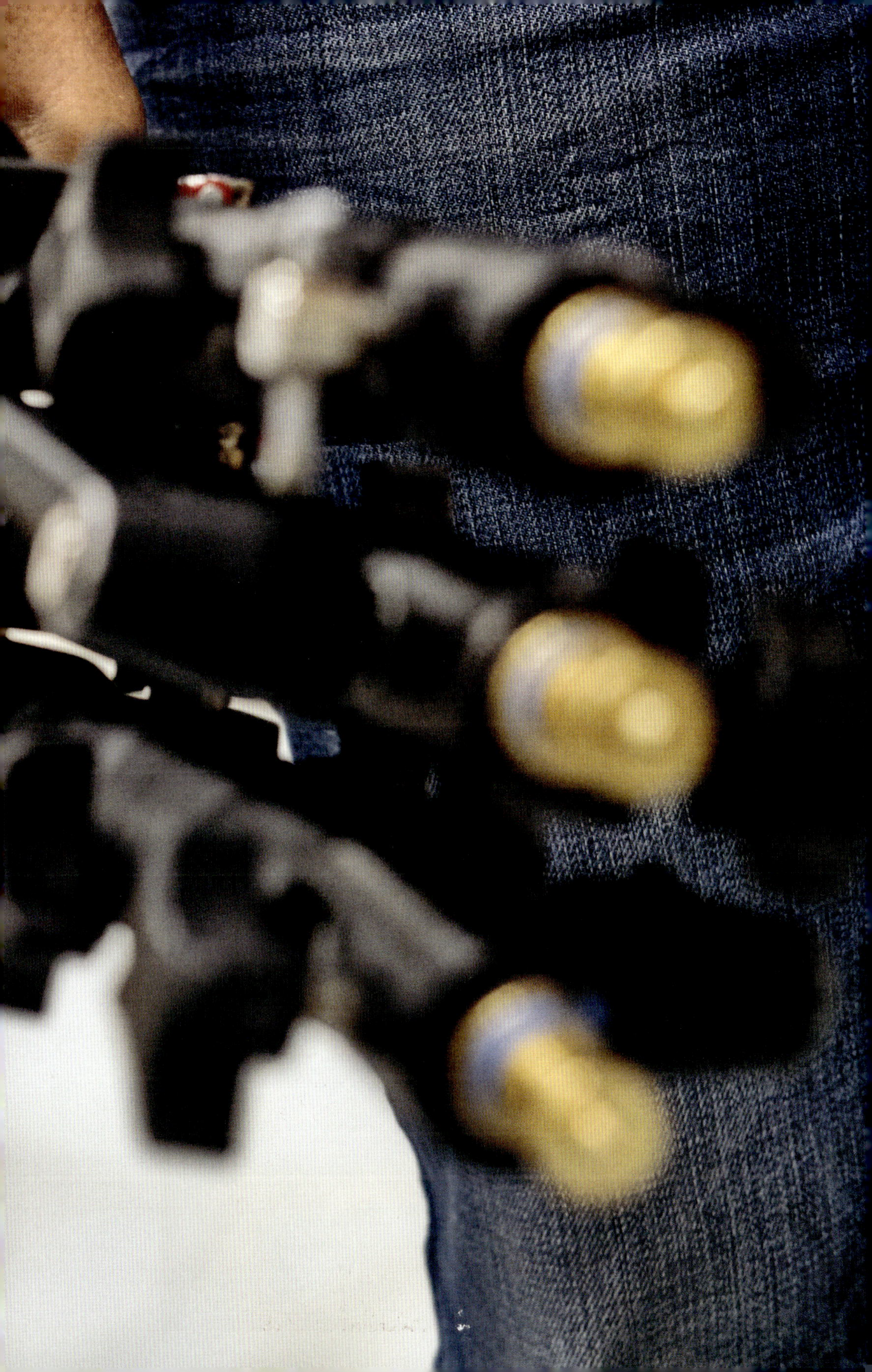

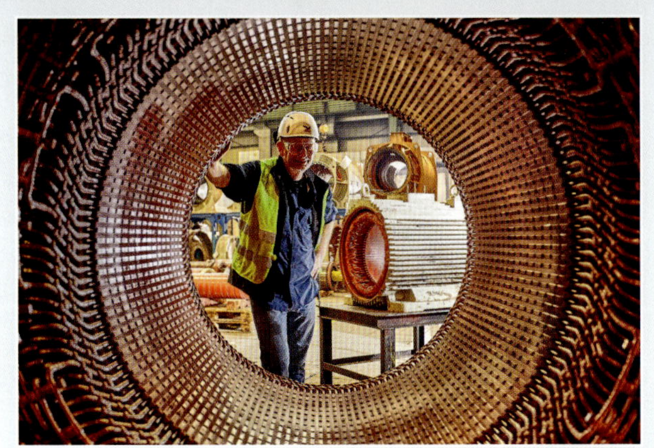

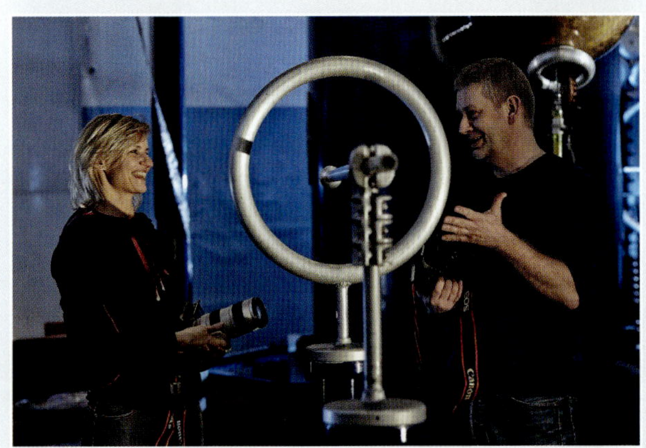

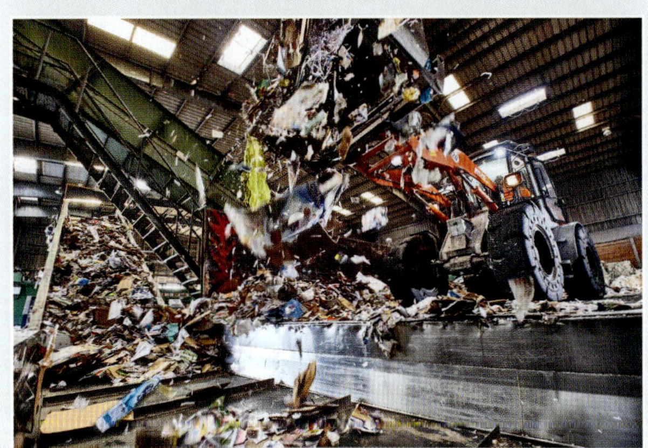

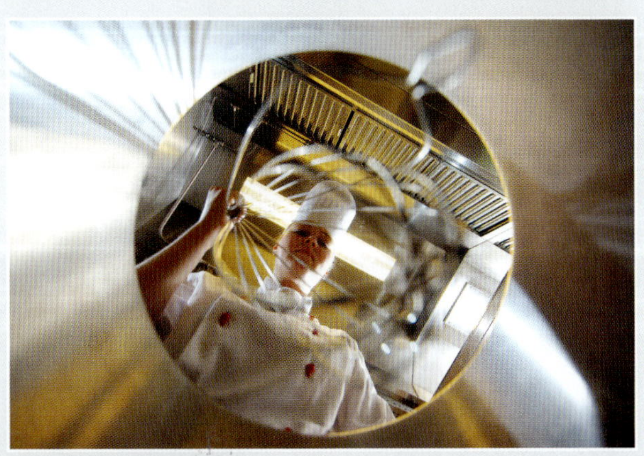

1

Traumberuf Fotograf?

Das Wesen der Fotografie

Die Fotografie professionell und als Haupterwerbsquelle auszuüben, gilt nach wie vor als Traumberuf. Jedes Jahr beginnen enthusiastische Nachwuchsfotografen ihre Ausbildung in Akademien, Fachhochschulen, Universitäten oder Ausbildungsbetrieben. Die meisten von ihnen streben eine Karriere als Berufsfotograf an – und dass, obwohl die wirtschaftlichen Aussichten zumindest in einigen Teilbereichen der Fotografie heute nicht mehr so rosig sind, wie sie vielleicht einmal waren. Aber was macht die Faszination dieses Berufs aus? Darauf gibt es mit Sicherheit keine pauschale Antwort – jeder Fotograf findet für sich seine ganz eigene Definition und seinen eigenen Ansatzpunkt. Warum und wie ich meine Bestimmung in der Corporate- und Industriefotografie gefunden habe und warum ich meine Profession definitiv für einen Traumberuf halte, davon handelt dieses Kapitel.

Was machen Fotografinnen und Fotografen? Sie schaffen mithilfe einer technischen Apparatur zweidimensionale Bilder von unserer Welt – genauer: von der von uns über unsere visuellen Sinnesorgane als Realität empfundenen Welt. Menschen sind visuelle Wesen, und die Wahrnehmung über unsere Augen ist für uns extrem wichtig. Sie gehört zu den stärksten Sinneswahrnehmungen, die wir haben, mit ihrer Hilfe orientieren wir uns in der physischen Welt, nehmen Informationen auf, reagieren emotional und wertend. Das gilt für das, was wir mit unseren Augen in der Welt wahrnehmen, genauso wie für das, was über Bilder – über Fotografien – in unser Bewusstsein dringt.

Auch wenn unsere Gegenwart vermeintlich in Bildern erstickt und immer neue fantastische Zahlen darüber kursieren, wie viele Fotos pro Sekunde auf diesem Planeten entstehen, auf soziale Medien hochgeladen und konsumiert werden – das ändert nichts daran, dass Fotografien bis heute eine große Macht auf die Menschen ausüben, als wichtig und bedeutend empfunden werden und nicht selten unsere Haltung zu Themen, Produkten oder

Ideen beeinflussen. Und dies gilt prinzipiell für alle Sparten der Fotografie. Ob wir als Naturfotografen in heimischen oder exotischen Landschaften unterwegs sind, ob wir für Tageszeitungen arbeiten oder unsere Geschichten in Magazinen veröffentlichen, ob wir raffinierte Kompositionen in der Werbefotografie schaffen, möglichst mitreißende Bilder von Events produzieren oder die Werte und Verfahren von Unternehmen oder Forschungseinrichtungen in Bildern darstellen: Gelungene Fotografien oder Bildstrecken erzählen immer eine Geschichte, zeigen bedeutende Persönlichkeiten, transportieren Werte und Zusammenhänge und werden gestaltet, um das jeweilige Publikum zu interessieren, zu aktivieren oder zu faszinieren.

Fotografen sind damit in letzter Konsequenz eine moderne Form von Geschichtenerzählern. Wir können diese Aufgabe nur dann erfüllen, wenn wir mit unseren Kameras dorthin gehen, wo die Geschichten zu finden sind: in fernen Ländern genauso wie in der unmittelbaren Umgebung, zusammen mit spannenden Menschen oder hinreißenden Models genauso wie mit Menschen des Alltags. Wir finden die Geschichten in der Warenwelt, bei tagesaktuellen Ereignissen, in Krisen und Kriegsregionen, aber natürlich auch in der Arbeitswelt: in Werkstätten, Produktionshallen, Forschungslabors oder Büros.

Für mich ist die Kamera die „Lizenz zum Neugierig-Sein“. Verfolgen wir einen selbst oder fremd gestellten Auftrag zum Bildermachen, besteht unsere Aufgabe und unsere Herausforderung darin, die Geschichten, die starken Motive und die ausdrucksvollen Momente zu finden und sie in einer Weise zu fotografieren, dass Menschen davon beeindruckt, beeinflusst oder begeistert werden.

Ein Fotograf hat einmal das Wort geprägt: „Die Kamera führt uns zu den Wundern der Welt“, und für mich ist dieser Satz so etwas wie ein Leitmotiv für mein Leben geworden. Ist es nicht etwas ganz Außergewöhnliches und Großartiges, beinahe täglich den „Wundern“ der Welt zu begegnen? Ich finde: ja.

Stationen eines Wegs

Wer schreibt hier eigentlich? Was für ein Fotograf steckt hinter diesem Buch? Wie war sein Weg? Die Kurzfassung: Ich bin Autodidakt, Selfmadefotograf, und ich liebe meinen Beruf. Es ist jetzt ungefähr 15 Jahre her, als ich an einem schönen Frühsommertag auf der Fahrt von Köln nach Frankfurt an einer Raststätte haltmachte. Mit dabei hatte ich eine digitale Spiegelreflexkamera mit 6 Megapixeln – etwas, worüber man heute nur noch lächeln würde. Trotzdem war das für mich ein ganz besonderes Ding – es war meine erste digitale Kamera überhaupt und die erste, die eine vernünftige Qualität zu einem vertretbaren Preis bot.

Fotografie beschäftigt mich seit Jugendtagen und war in meinem Leben fast immer irgendwie präsent. In der Jugend als Weg, die Welt zu erkunden und mit Menschen in Kontakt zu treten, in den Studienjahren als leidenschaftlich betriebenes Freies-für-mich-Fotografieren mit gelegentlichen Ausflügen in den professionellen Bereich. Später, im Beruf, reduzierte sich die Zeit und die Intensität für die Leidenschaft, meine schönen analogen Spiegelreflexkameras versauerten im Schrank, und ich hatte auf Reisen und bei Ausflügen nur noch eine handliche Contax-Kompaktkamera dabei, die nichtsdestotrotz die Freude am Fotografieren wachhielt.

Und dann kam die digitale Revolution und für mich der Einstieg in die moderne Spiegelreflexfotografie – mit Chip, Autofokus und dem dankbar empfundenen Wechsel von der Dunkelkammer in den Hellraum. Die Leidenschaft fürs Bildermachen flammte wieder auf, und zwar in ungeahnter Intensität; ich fand es einfach fantastisch, was den Fotografen da geschenkt wurde und wie unglaublich unkompliziert und hochwertig man auf einmal fotografieren konnte – und wie schnell man zu Ergebnissen kam.

Es war wirklich ein wunderschöner Tag damals, als ich mit meiner neuen Kamera herumknipste – und wieder war da dieser Gedanke: Wenn, warum nicht jetzt die Fotografie zu einem Beruf machen? Endlich versuchen, aus der bisher betriebenen Leidenschaft eine Profession zu entwickeln, und das Abenteuer Fotografie fulltime und in vollen Zügen zum Lebensinhalt machen? Diesen Impuls hatte ich nicht zum ersten Mal gehabt. Jahre zuvor, als ich noch Student war, kam der Gedanke schon einmal – aber damals hatte ich ihn einfach nicht weiterverfolgt, hatte nicht die Traute, der Idee Taten folgen zu lassen, und hatte auch einfach keinen Ansatzpunkt gesehen, wie man so ein Ziel erfolgreich erreichen könnte.

Diesmal aber wollte ich es wissen und setzte alle Leidenschaft und Energie ein, um mich dem Ziel zu nähern. Ich erweiterte kontinuierlich die Kameraausrüstung, machte mich mit meinem neuen System vertraut, entwickelte die notwendigen Skills in Bildbearbeitung und Bildorganisation. Ich versuchte alles Mögliche, manchmal auch ganz kleine und alberne Dinge, um meinem Ziel näher zu kommen, ich ging bei jeder passenden und unpassenden Gelegenheit mit der Kamera raus, versuchte, Bilder über Online-Stockagenturen zu verkaufen, und fühlte mich sehr gebauchpinselt, als ich endlich in den Professional Service meines Kameraherstellers aufgenommen wurde.

Ich übernahm erste Jobs, versuchte mich sogar in der Hochzeitsfotografie (ein für mich eher traumatisches Erlebnis) und entwickelte langsam eine professionelle Basis, spätestens als ich über ein lokal agierendes Netzwerk von Geschäftsleuten erste richtige Aufträge bekam. Ich fertigte Porträts von Geschäftsführern und Mitarbeitern an, fotografierte werbliche Aufnahmen von Handwerksbetrieben und verfolgte ähnliche Themen.

Am Anfang war das alles aufregend und spannend – jeder Job war eine Herausforderung und eine Challenge, ich lernte auf die harte Tour, was funktionierte und wozu ich (noch) nicht in der Lage war. Stück für Stück erweiterte ich auch meine technischen Möglichkeiten, verfügte irgendwann über eine akkubetriebene Blitzanlage – mit äußerst unzuverlässigen Funksendern, die mich oft genug an den Rand der Verzweiflung brachten – und entwickelte nach und nach eine gewisse Professionalität und Produktionssicherheit.

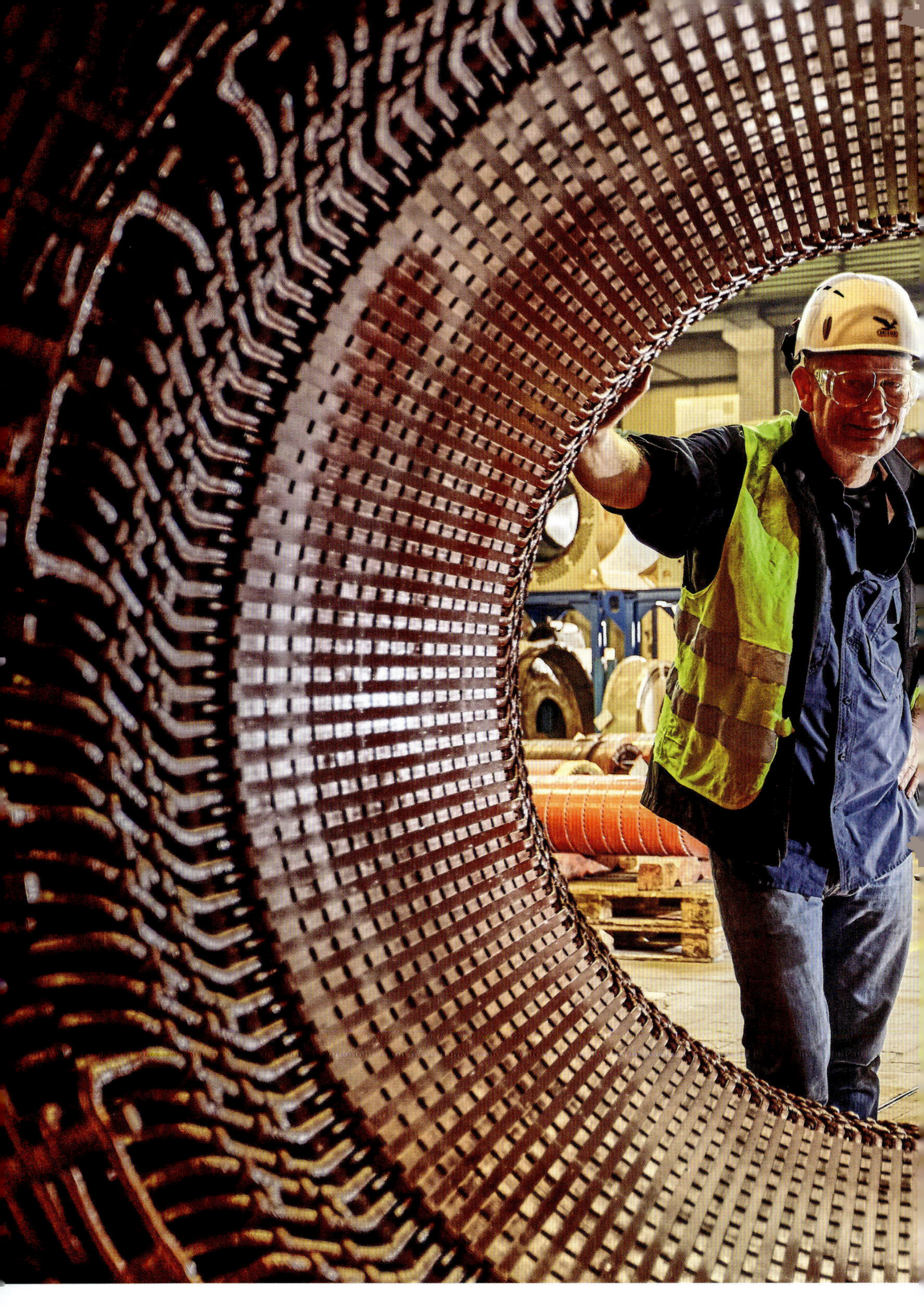

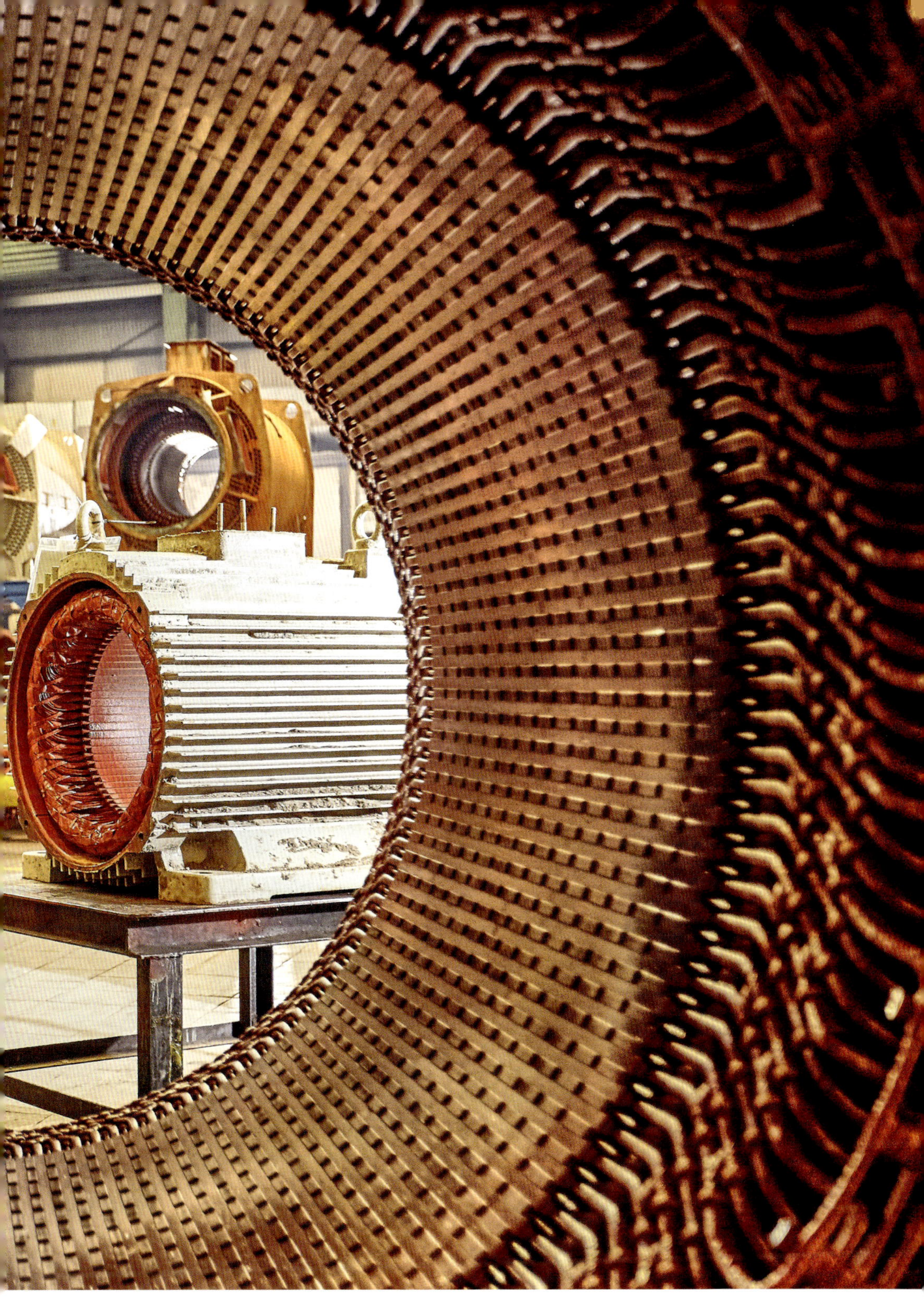

Hier fühle ich mich fotografisch am wohlsten: in Fabrik- und Werkshallen, in technischen Anlagen oder wissenschaftlichen Einrichtungen – in der „Welt der Arbeit".

ISO 640 | 1/125 s | f/3.2 | 33 mm

Man kann sagen: Auch in diesem frühen Stadium war ich schon ein Corporate-Fotograf. Fast alle meine Kunden waren Unternehmer, und ich produzierte Bilder, die für die Unternehmensdarstellung genutzt wurden.

Aber irgendwann war mir das nicht mehr genug. So interessant diese Welt war, so interessant ihre Menschen und so herausfordernd oft die vorgefundenen Locations – irgendwann wollte ich mehr. Ich träumte von Hightechpalästen, die ich fotografieren wollte, von Technologie-Abenteuern und -Erlebnissen, die weit über das hinausgehen sollten, was zu diesem Zeitpunkt mein Alltag war. Ich wollte auf Bohrinseln fotografieren oder auf Windkraftanlagen, ich wollte in die Großindustrie und in die Forschung. Zu diesem Zeitpunkt arbeitete ich bereits mit meiner Kollegin und heutigen Geschäftspartnerin Silvia Steinbach zusammen. Wir unterstützten uns bei Jobs, motivierten uns gegenseitig und träumten von großen Taten.

Ein Wendepunkt war ein freies Fotoprojekt, das wir 2008 erfanden und 2009 realisierten. Durch eine smarte Projektidee gelang uns der Zugang zu coolen Locations, Hidden Champions, Weltmarktführern und zur Großindustrie. Auf einmal waren wir an den Orten, zu denen wir immer schon mal hinwollten. Auf einmal sollten, mussten und wollten wir die Fotos machen, die bisher für uns unerreichbar schienen. Auf einmal eröffneten sich uns Möglichkeiten, von denen wir vorher nur geträumt hatten, und sahen uns enormen Herausforderungen gegenüber. Wir lösten die Aufgaben so gut wir konnten – und wir machten einen Sprung dabei.

Dieses projektbezogene Eintauchen in die Welt der Corporate-Fotografie veränderte alles. Unser Portfolio entwickelte sich positiv, unsere Erfahrungswirklichkeit und auch unser Selbstverständnis veränderten sich massiv. Unsere Außendarstellung sah auf einmal sehr viel professioneller aus. Und auch unsere Kundenstruktur änderte sich, coole Aufträge kamen zum Tagesgeschäft hinzu, es entwickelte sich ein richtiges Geschäft. Diesen Weg verfolgen wir nun schon seit etlichen Jahren – und es ist uns bis heute nicht langweilig geworden. Die Corporate- und Industriefotografie

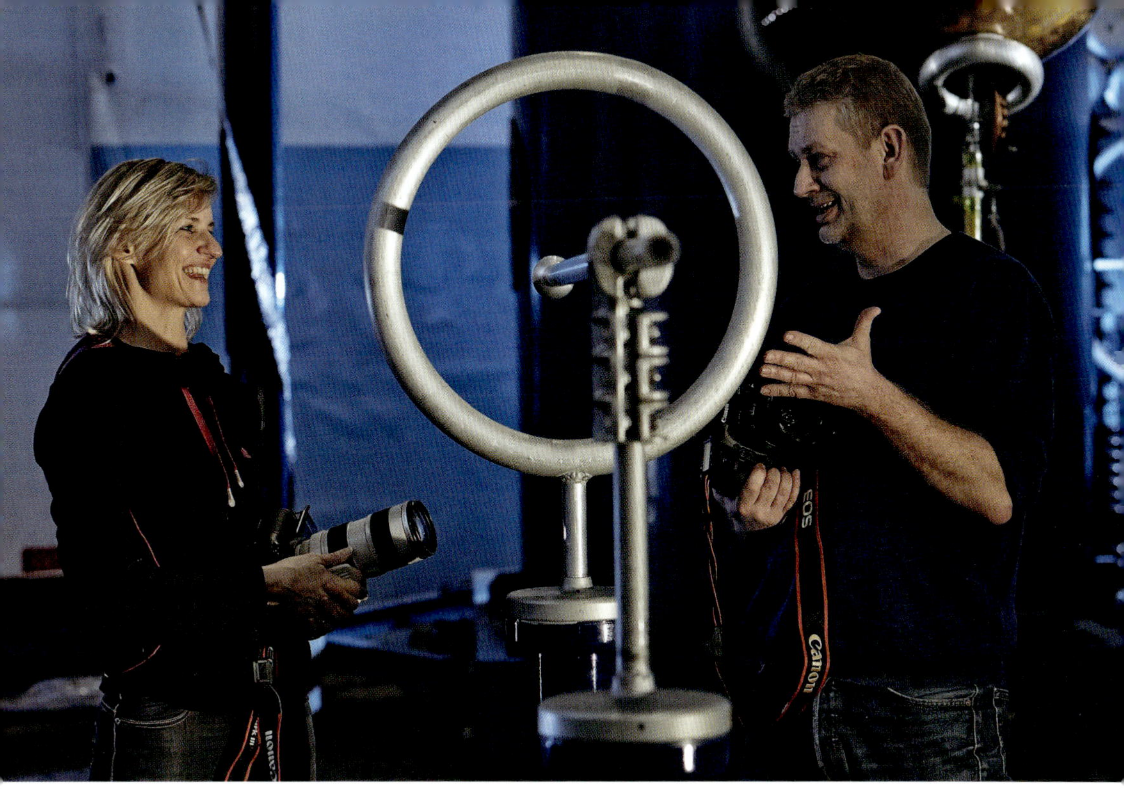

Gemeinsam on location: das Fotografen-Duo Silvia Steinbach und Christian Ahrens. „Doppelter Spaß, halber Stress!"

ist in meinen Augen ein sehr interessanter Weg, urfotografischen Neigungen nachzugehen: der Neugierde sowie der Freude am Entdecken und Erforschen und an immer wieder neuen Herausforderungen.

Warum „ich" oft „wir" sind

Im Verlauf dieses Buchs berichte ich aus meiner persönlichen Sicht über meinen Beruf als Unternehmens- und Industriefotograf. Bei meinen Schilderungen und Reflexionen werde ich aber immer mal wieder unversehens vom „ich" in eine „wir"-Beschreibung verfallen. Und das hat einen guten Grund. Anders als die meisten Fotografen arbeite ich nicht allein – gegebenenfalls unterstützt durch Assistenten –, sondern fast immer in einem Fotografen-Duo. Zusammen mit meiner Kollegin Silvia Steinbach haben wir 2010 die Firma Ahrens+Steinbach GbR („Zukunft fotografieren") gegründet und verstehen uns als gleichberechtigtes Fotografenteam.

In aller Kürze an dieser Stelle heißt das: Wir übernehmen Aufträge als Firma und als Fotografenteam und setzen diese auch gemeinsam um. Es gibt also keine Arbeitsteilung zum Beispiel in kaufmännisch und kreativ – wir sind beide produzierende Fotografen, die bei einem Auftrag jeweils etwa die Hälfte der umzusetzenden Motive verantworten, während der jeweils andere dann in die unterstützende Rolle schlüpft. Im Alltag haben sich natürlich trotzdem ein paar unterschiedliche Schwerpunkte herausgebildet – je nach Neigung und Talenten –, aber im Großen und Ganzen leistet jeder von uns die Hälfte: die Hälfte in der Fotografie und natürlich auch in kaufmännischen, organisatorischen oder marketingbezogenen Bereichen.

Das ist auch der Grund dafür, dass in vielen Textpassagen einfach das „Wir" auftauchen muss. Denn wir leisten viele Arbeiten eben gemeinsam, und das soll in den Beschreibungen auch seine Entsprechung finden. Das ist der Hintergrund, und wer mehr über die aus unserer Sicht vielen Vorteile des gemeinsamen Arbeitens erfahren möchte, findet dazu mehr im Kapitel „Formen der Zusammenarbeit", in dem ich ausführlich darauf eingehe.

Sujets mit gleichem Nenner

Corporate-Fotografie, Firmenfotografie, Businessfotografie, Corporate-Porträt, Unternehmensfotografie, Businessporträt, Firmenporträt, Imagefotografie für Unternehmen oder Unternehmensreportage – das alles sind Begrifflichkeiten, die unsere Form von Fotografie zu beschreiben versuchen. Anders als in anderen Sujets gibt es nicht den Begriff, der klar und eindeutig das Thema beschreibt. Am universellsten ist vielleicht der aus dem Englischen entnommene Begriff „Corporate Photography". Die treffendste Übersetzung könnte vielleicht „Unternehmensfotografie" lauten. Worum geht es dabei?

Es geht um Bilder aus und für Unternehmen – oder andere Organisationen –, mit denen diese sich positiv nach außen darstellen wollen. Die Medien, in denen die Bilder genutzt werden, können sehr unterschiedlich sein. Die Spannbreite reicht von Broschüren und Webauftritten über Flyer, Messemotive, Blogs, Anzeigen, Plakate, Mitarbeiter- oder Kundenzeitschriften bis hin zu Social Media und Geschäftsberichten. Die Bilder können in Stil und Auffassung sehr unterschiedlich sein, denkbar sind abstrakte und symbolische Fotos ebenso wie stark imagelastige Bildstrecken oder sehr konkrete Aufnahmen zum Beispiel aus Produktionsprozessen.

Natürlich spielen auch Porträts häufig eine Rolle – beispielsweise Aufnahmen vom Vorstand oder der Geschäftsführung –, es gibt jedoch auch sehr ereignisbezogene Bilder, wie zum Beispiel Dokumentationen von Messeauftritten oder die Begleitung von Firmenevents und Kongressen. Auch die Sach- und Produktfotografie kann eine wichtige Rolle spielen, genauso wie klassische, architektonisch geprägte Aufnahmen von Industrieanlagen oder -gebäuden.

Dieses Buch versucht keine umfassende Darstellung der Corporate- und Industriefotografie, es ist vielmehr ein sehr persönlich geprägtes Buch, eines, das aus meinen direkten Erfahrungen schöpft, aus der Positionierung von uns Fotografen im Markt, aus unserer Kundenstruktur und nicht zuletzt auch aus unseren Vorlieben.

Wenn ich gefragt werde, was mein fotografisches Thema ist, dann ist die beste Antwort: „Die Welt der Arbeit" – genauer: „Menschen in Arbeitsprozessen". Das ist das, was ich am liebsten fotografiere, woran ich am meisten Freude habe und was, wie ich finde, in besonders starken und imagefördernden Bildern für unsere Kunden resultiert. Um die Werte, Fähigkeiten und Alleinstellungsmerkmale eines Unternehmens in Bildern zu transportieren, eignen sich solche Motive besonders gut. Sie sind inhaltlich interessant, sie zeigen authentische, „echte" Menschen bei spannenden Tätigkeiten, inszenieren die Produkte oder Materialien auf eine erzählerische Art und ermöglichen über Stil, Lichtsetzung und Inszenierung beim Betrachter den einen oder anderen Wow-Effekt.

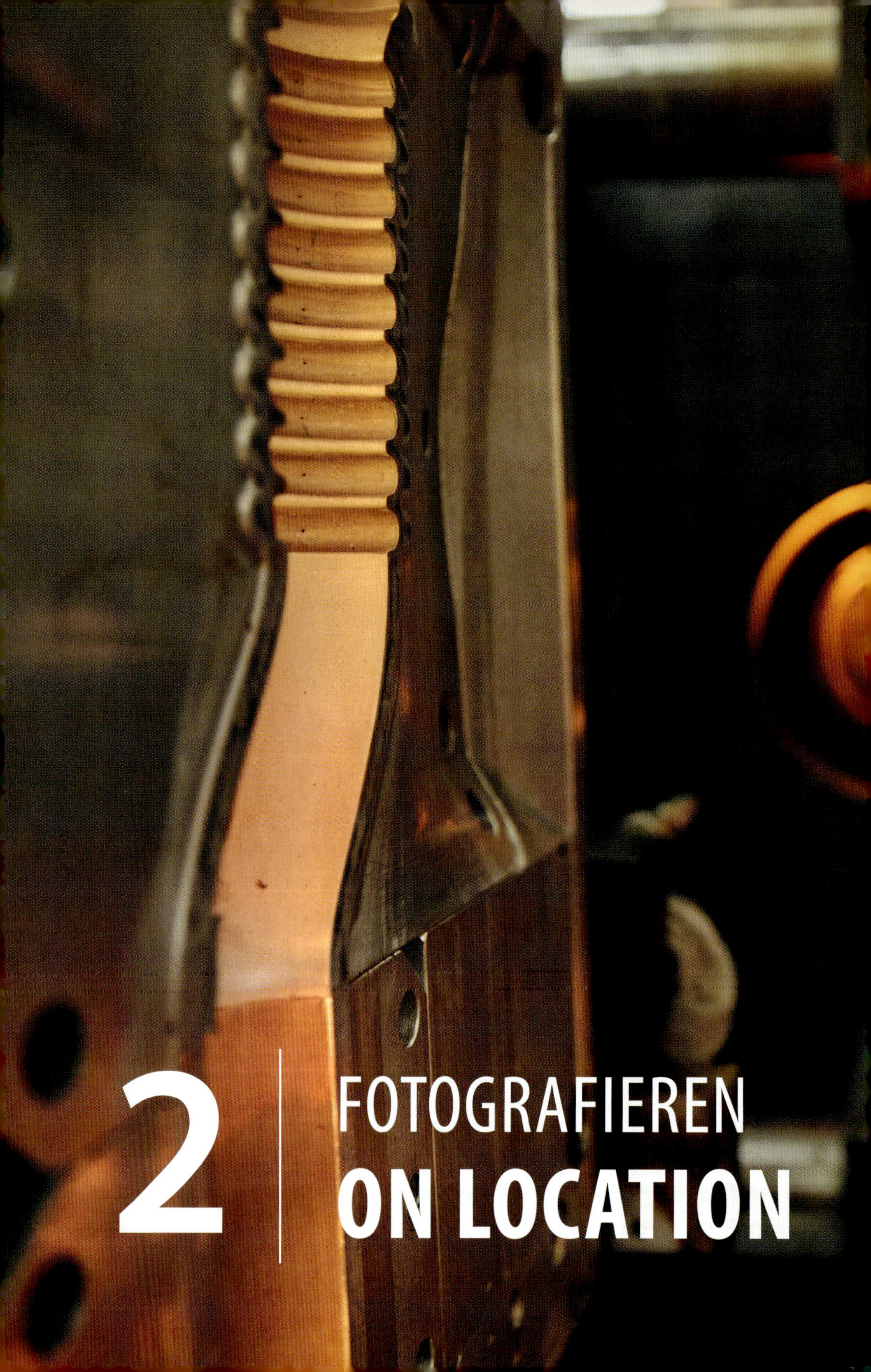

2 | FOTOGRAFIEREN **ON LOCATION**

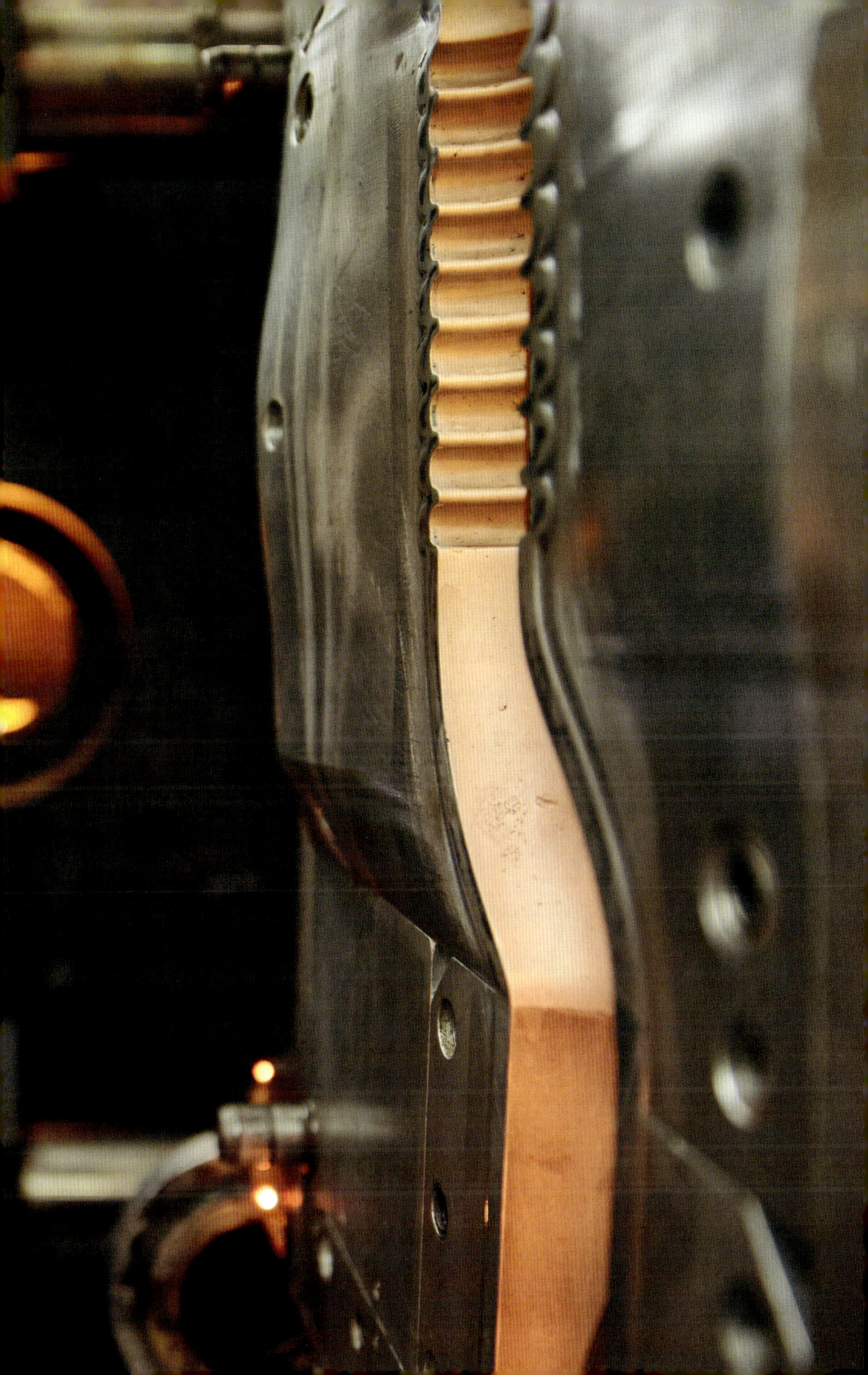

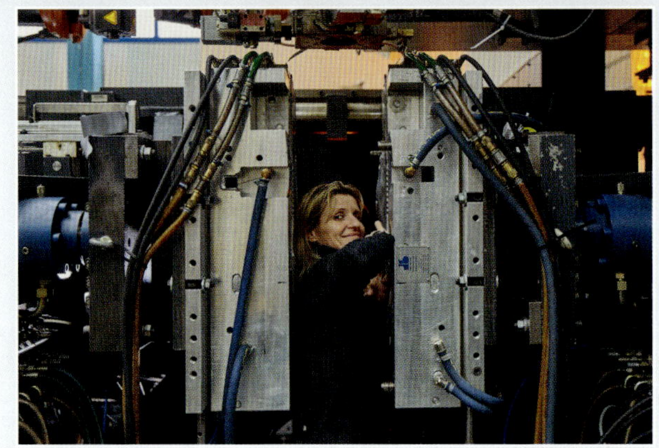

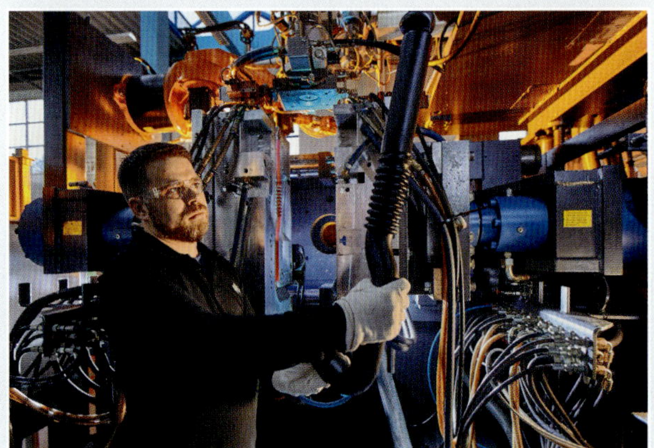

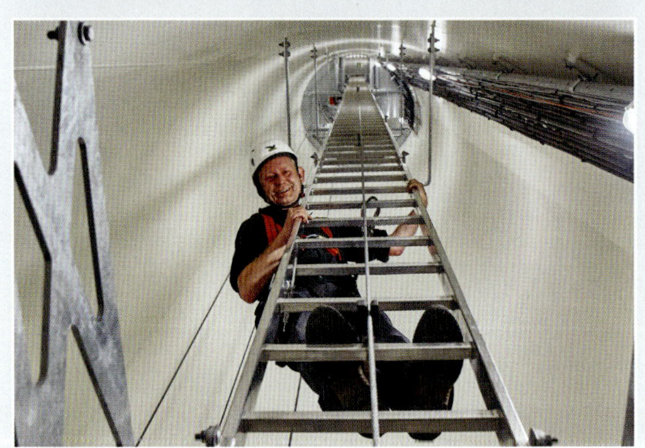

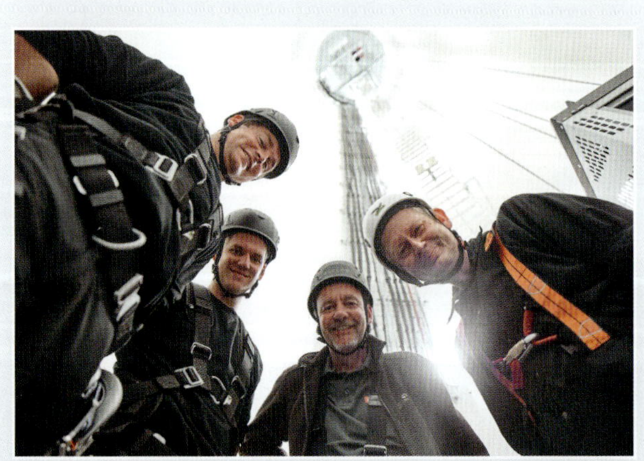

2

Fotografieren on location

Improvisation als Prinzip

Die Corporate- und Industriefotografie ist in vielfacher Hinsicht ein Abenteuer. Nicht nur der spannenden Orte wegen, die man kennenlernt, nicht nur aufgrund der Erlebnisse, die man hat, und der Menschen, denen man begegnet, sondern auch und vor allem in der fotografischen Praxis.

Wenn eine Fotoproduktion in einem Unternehmen beginnt, stoßen wir meist in vollkommen unbekanntes Terrain vor, in dem die Variablen völlig offen sind:

- Wir treffen möglicherweise unseren Kunden oder den von ihm bestimmten Projektverantwortlichen zum allerersten Mal persönlich.
- Wir arbeiten mit Protagonisten, die vielleicht noch nie vor der Kamera standen und für die diese Erfahrung absolut neu ist.
- Wir erfahren erst vor Ort, wie sehr unser Kunde seine Hausaufgaben gemacht hat, inwieweit die Fotografier-Locations vorbereitet und wie gut die Protagonisten informiert sind.
- Wir finden Locations vor, die wir oft vorher noch nie gesehen haben und deren ästhetische Qualität von „absolut grottig" bis „High-End-edel" reichen kann. In der Regel liegen sie aber irgendwo dazwischen, denn diese Orte sind nach den Maßgaben der Funktionalität gebaut und eingerichtet worden.
- Wir stoßen auf Lichtsituationen, die jede denkbare und undenkbare Qualität haben können und fast nie so sind, dass sie uns als Fotografen gefallen oder unseren Bildern auf die Sprünge helfen.

  Wenn wir also frohgemut morgens um acht an unserer Wirkungsstätte aufkreuzen – sagen wir, es ist eine Metallwerkstatt in einem produzierenden Unternehmen –, haben wir gleichzeitig eine Vielzahl von Aufgaben zu bewältigen.

- Wir müssen eine Beziehung zu unserem Kunden aufbauen, lernen die ersten Mitarbeiterdarsteller kennen, dürfen gegebenenfalls noch etwas Überzeugungsarbeit dahin gehend leisten, dass sie bei dem Projekt auch wirklich gern mitmachen, inspizieren den Ort des Geschehens und versuchen, eine Bildidee zu entwickeln.
- Wir analysieren die Lichtsituation und entscheiden, welches und wie viel eigenes Licht wir einsetzen wollen.
- Unser Assistent braucht vielleicht entsprechende Anweisungen, allgemein muss die Technik ausgepackt und zum Laufen gebracht werden.
- Anschließend gilt es noch, die konkrete Perspektive festzulegen und die Menschen vor Ort dazu zu bringen, Veränderungen vorzunehmen – zum Beispiel herumstehendes Zeugs wegzuräumen, den Schalter für das Hallenlicht zu finden, das man ausschalten möchte, oder sich eine sauberere Jacke zu besorgen.

Das hört sich nach Stress an, aber es ist in der Regel guter Stress. Ja, es sind diverse Aufgaben praktisch gleichzeitig zu bewältigen, und nur ein Teil davon ist rein fotografischer oder fototechnischer Natur, aber genau darin sehe ich auch die Herausforderung. Wir stürzen uns in kommunikativ, fotografisch und technisch komplexe Situationen, reden mit mehreren Interessengruppen gleichzeitig, lassen währenddessen die Augen schweifen und versuchen, in einem Teil unseres Gehirns das Zielbild zu entwickeln, während wir gleichzeitig mit dem Assistenten oder der Kollegin im Austausch darüber stehen, womit wir überhaupt anfangen und welche Technik wir vielleicht als Erstes gebrauchen könnte.

Also mit anderen Worten: Pures Leben! Oder noch anders gesagt: Vom morgendlichen Gähnen in den Vollflow in wenigen Minuten. Und damit das keine Theorie bleibt, steigen wir im nächsten Kapitel sofort in die Praxis ein.

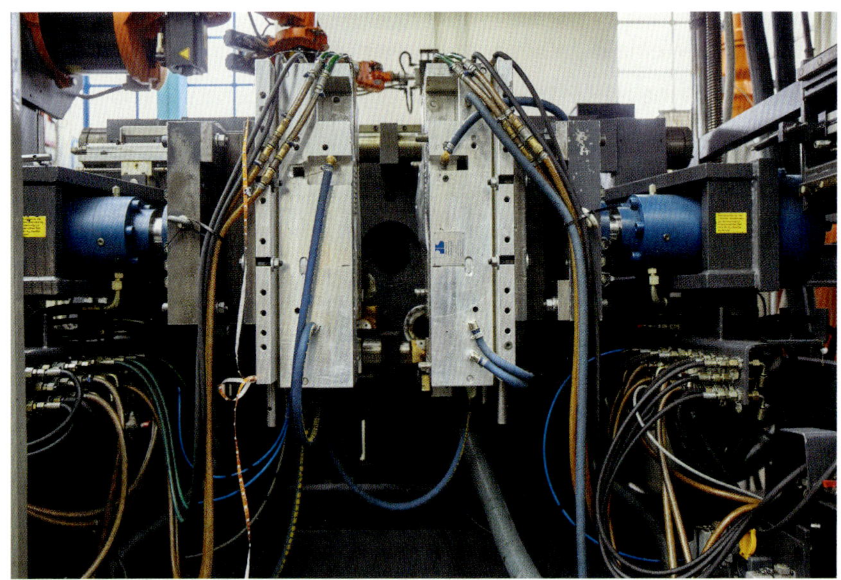

Ja, das ist eine ganz spannende Maschine. Aber noch lebt das Teil nicht, und es ist definitiv noch kein Technologietraum. Hier gibt es einiges zu tun, bis daraus ein kraftvolles Imagefoto geworden ist.

ISO 2000 | 1/125 s | f/2.8 | 28 mm

Wie ein Corporate-Foto entsteht

Springen wir doch einfach mal mitten rein ins Berufsleben und schauen wir uns eine Corporate-/Industriefoto-Produktion an. Betrachten wir die Ausgangslage, worin der Auftrag besteht und wie ein Motiv umgesetzt werden kann. Willkommen bei einem ersten Blick über die Schulter!

Die Situation ist folgende: Wir sind bei einer Organisation, die in der Kunststoffindustrie zu Hause ist und sowohl Forschungs- als auch Ausbildungsarbeit leistet. Die Dr. Hagen Stiftung bei Bonn verfügt über ein sehr hochwertig ausgestattetes Technikum, in dem zahlreiche Produktionsgeräte sowie viel Mess- und Prüftechnik zum Einsatz kommt. Konkret geht es bei unserem Foto um eine sogenannte Blasformmaschine, mit der flüssiger Kunststoff unter Einsatz von Wärme und unter Verwendung von Pressluft in bestimmte Formen gebracht werden können – ganz konkret beispielsweise, um Auspuffteile für die Autoindustrie herzustellen.

Wenn man in die Halle geht, sich vor die Maschine stellt und ein dokumentarisches Foto macht, sieht das so wie auf der linken Seite abgebildet aus. Durchaus vielversprechend – aber durchaus auch ausbaufähig!

Die Maschine ist ziemlich groß – was für ein Foto grundsätzlich schon mal sehr gut ist – und steht in einer großen Halle, in der zahlreiches weiteres Gerät herumsteht.

Auftrag und Anforderungen

Bei diesem Projekt haben wir ausnahmsweise richtig Zeit, denn es soll ein möglichst cooles Foto entstehen, das allgemein für die Imagewerbung der Organisation verwendet, aber auch später im Unternehmen als großformatiges Bild aufgehängt werden soll. Wir können uns also mit dem Motiv ausgiebig beschäftigen und uns so richtig reinknien.

Der erste Schritt ist für uns immer, Verständnis dafür zu entwickeln, um was es hier eigentlich geht. Wir wollen begreifen, wozu die Maschine gut ist, was man mit ihr machen kann und wie sie prinzipiell funktioniert. Erst wenn wir dieses Wissen eingeholt haben, können wir ein sinnvolles Bild machen, das nicht nur auf Ästhetik und technische Faszination setzt, sondern auch darauf, inhaltlich korrekt zu sein und dem Betrachter auch eine wirkliche Information zu liefern.

Dafür sprechen wir mit den Technikern vor Ort, lassen uns die Wirkungsweise der Maschine erklären, stellen Fragen, haken nach. Oft führen diese Gespräche dazu, dass man völlig neue Facetten von dem Gerät erfährt, zum Beispiel weil uns jemand zeigt, wie man sie öffnet oder wie man ein Formstück einbaut oder welche LEDs wann zu blinken anfangen und vieles andere mehr. Bei diesen Gesprächen kristallisiert sich irgendwann auch eine Bildidee heraus.

Da wir in unsere Fotos immer gern Menschen integrieren, benötigen wir eine Handlung, wir brauchen eine gelungene Komposition, und wir wollen den Menschen sinnvoll und gleichzeitig ästhetisch in dem Bild unterbringen. Manchmal geht das ganz schnell, manchmal dauert es richtig lange, bis wir eine Lösung gefunden haben. Aber irgendwann ist es so weit: Wir haben die bestmögliche Idee entwickelt, wissen, wie wir alle wichtigen Bildelemente zusammenbringen wollen, und können nun endlich fotografieren.

Könnten wir. Aber noch wollen wir nicht. Und das hat einen guten Grund.

Licht schafft Atmosphäre

Natürlich könnte ich jetzt die Kamera rausholen, eine lichtstarke Optik dransetzen, die ISO etwas hochschrauben und anfangen, Bilder zu machen. Aber das reicht mir nicht. Es entspricht nicht meinem Anspruch – und es entspricht nicht dem Auftrag.

Nach der Informations- und Bildfindungsphase kommt bei uns die Lichtsetzung. Sie ist nach meiner Auffassung praktisch immer nötig, denn die Orte, an denen wir üblicherweise fotografieren, glänzen in aller Regel nicht mit brillantem Fotolicht. Und da ich keine Fotos machen möchte, die von fahlen Farben, schwachen Kontrasten oder einer tristen Stimmung dominiert werden, ist es jetzt an der Zeit, die Lichtkoffer auszupacken. Meine Überzeugung: Die Atmosphäre eines Bilds wird vor allem durch das Licht bestimmt.

Schauen wir uns das Bild noch mal in seiner „rohen" Fassung an: Wir sehen eine große Maschine mit einem massiven Metallblock in der Mitte, ganz interessante Formen sowie etliche Kabel und Schläuche, die zur Maschine hin- oder von ihr wegführen. Das Ganze erscheint sicherlich schon interessant, aber ein Hingucker ist es in dieser Fassung noch nicht. Und wofür ist dieses Teil überhaupt gut? Für einen Laien könnte das alles sein. Was

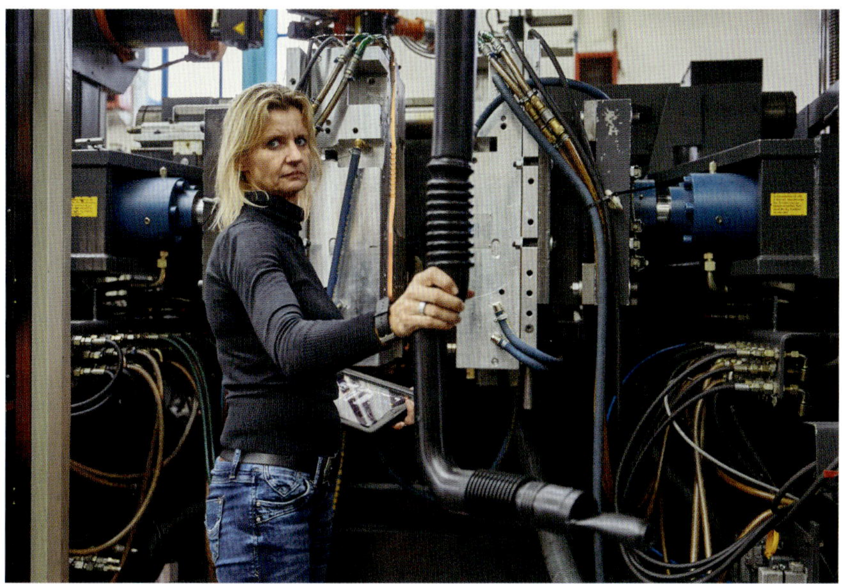

Die Kollegin posiert im noch „rohen" Bild. Einzig die Gussform im Hintergrund haben wir mit einer LED-Lichterkette sichtbar gemacht. Der skeptische Blick deutet an: Da fehlt noch viel!

ISO 1000 | 1/250 s | f/2.8 | 35 mm

derzeit noch fehlt, ist eine Idee darüber, was hier eigentlich geschieht, was das Produkt ist und vielleicht sogar eine Ahnung davon, wie die Technologie funktioniert.

Ein wichtiger Punkt bei diesem Bild war für mich die Analogie zwischen dem fertigen Produkt und der Form, die in dem Herstellungswerkzeug der Maschine erkennbar ist. In dem Making-of-Foto erkennt man gut diesen Zusammenhang, und den wollte ich auch im fertigen Imagefoto dargestellt und deutlich gemacht wissen. Wenn man allerdings ein etwas weiter aufgezogenes Bild machen will, verschwindet die Form im Foto und ist kaum noch zu erkennen. Ich wollte sie daher mit Licht betonen.

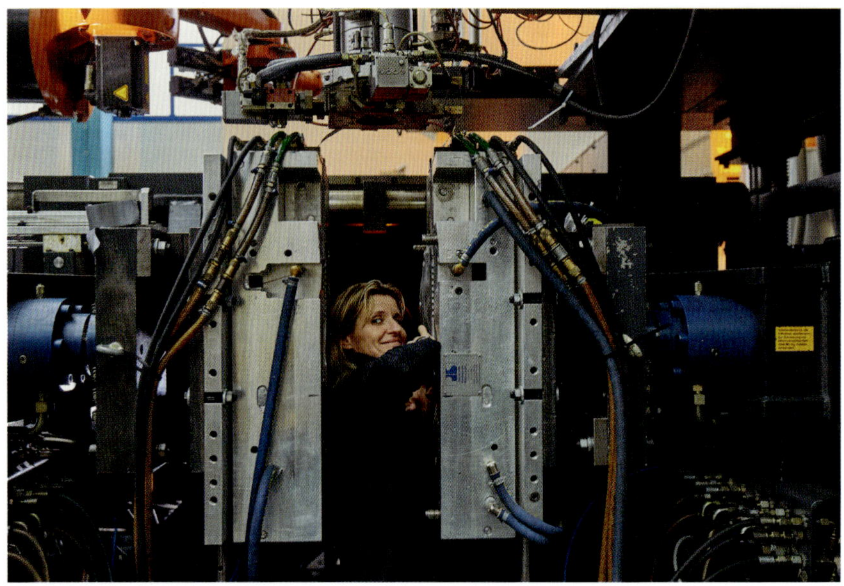

Maßarbeit: Das Einbringen der LED war ganz schön aufwendig, aber der Aufwand hat sich gelohnt.

ISO 640 | 1/125 s | f/2.8 | 35 mm

Hierfür verwendeten wir eine LED-Lichterkette, die man mit einem Akku betreiben kann und die wir immer in unserem Lichtkoffer mit uns führen. Es dauerte ganz schön lange, bis wir die Kette mit viel Fummelei und unter Einsatz der Allzweckwaffe „Panzerband" in der Form befestigt hatten – aber irgendwann war es gelungen. Sie leuchtete dort sehr schön von innen heraus und betonte die Konturen des späteren Produkts. Da eine Blasformmaschine ein Wärmeprozess ist, schaltete ich die Lichterkette auf einen Rotton, um diese Assoziation zu unterstützen.

Der nächste Schritt beschäftigte sich mit dem runden Loch im Hintergrund. Ehrlich gesagt, habe ich vergessen, welche Funktion es hat, aber ich hatte den Wunsch – oder den Spieltrieb –, es nicht im Dunkeln wegsuppen zu lassen, sondern hier ebenfalls die Assoziation „Wärme" zu betonen. Also platzierten wir dort ein kleines LED-Dauerlicht, das mit einer Orangefolie versehen wurde.

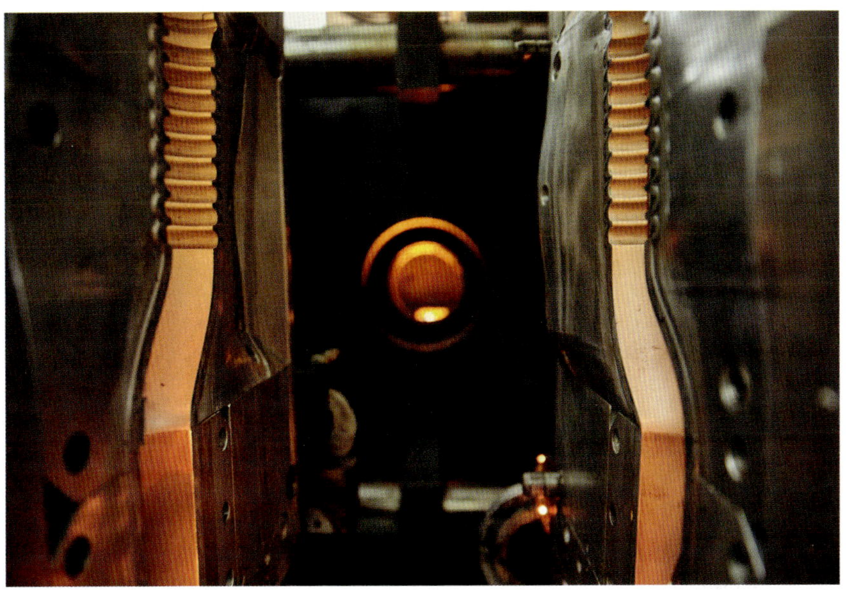

Ohne die Betonung durch unser Lichterketteneffektlicht wäre die die Form im Bild nicht erkennbar gewesen. Durch das LED-Licht konnte sie jedoch schön herausgearbeitet werden und stellt später im fertigen Foto einen Sinnzusammenhang her.

ISO 640 | 1/125 s | f/2.8 | 24 mm

Den schönen Kabeln und Schläuchen im Vordergrund widmete ich als Nächstes meine Aufmerksamkeit. Solche filigranen Bauteile wirken besonders im Gegen- oder im Streiflicht. Also platzierten wir ein paar kleine Handblitze irgendwo im Hintergrund der Maschine und regelten sie ein. Bingo! Schon fingen diese Maschinenteile an zu leuchten und wirkten viel filigraner, griffiger, dreidimensionaler und interessanter. Streif- oder Gegenlichter! Immer eine gute Idee in der Technik – und nicht nur dort.

Nun begannen wir, uns um den Hintergrund zu kümmern. Die Assoziation „Wärme" aufgreifend, leuchteten wir die im oberen Bildteil erkennbaren Maschinenelemente ebenfalls von hinten an und färbten das Licht mit einer orangefarbenen Folie ein. Ästhetisch ergibt das Sinn und wertet das Foto weiter auf (siehe das mittlere Bild auf der nachfolgenden Seite).

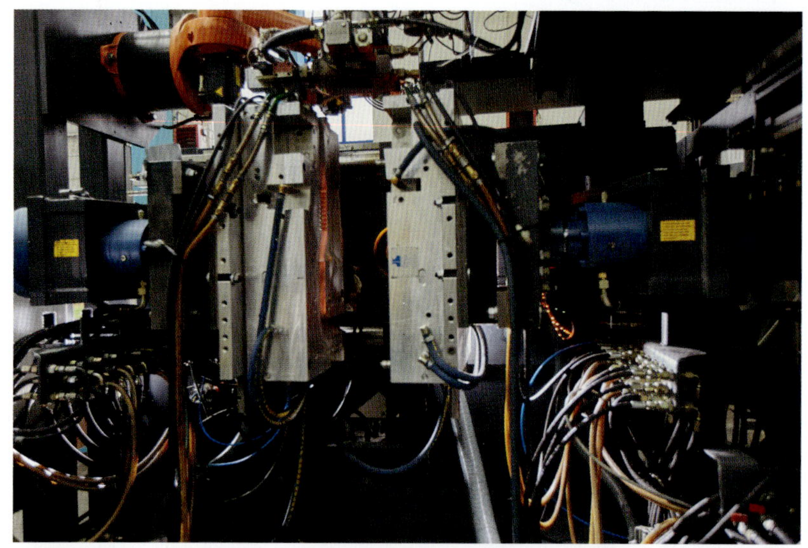

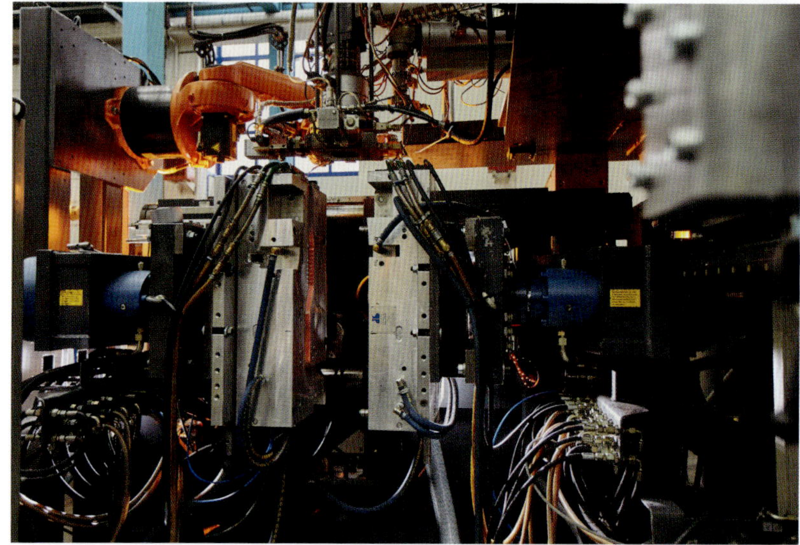

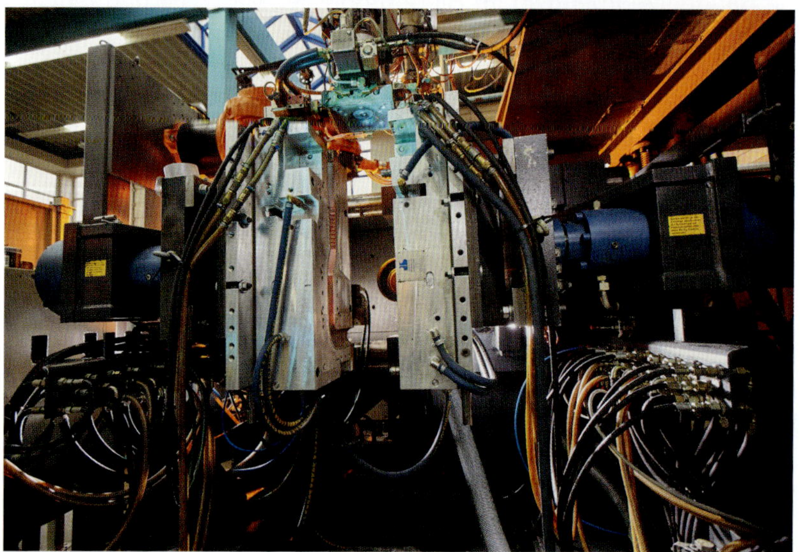

Die zwischen den Pressbacken der Maschine im oberen Bildteil befindliche Kunststoffdüse wollte ich als Nächstes hervorheben. Hierfür nutzte ich eine LED-Taschenlampe mit einer Fokussieroptik, die ich mit einer türkisfarbenen Folie versah. Warum Türkis? Vielleicht einfach als Komplementärfarbe zum dominierenden Orange, aber vielleicht auch, um die türkisfarbenen Stahlelemente der Hallenkonstruktion aufzugreifen und ihre Farbgebung fortzusetzen. Ehrlich gesagt, ich weiß es nicht mehr – ich fand die Farbe einfach schön. Im Bild ist das Licht der Taschenlampe zwar schon gut gerichtet, aber noch zu weit aufgefächert, das werde ich gleich noch korrigieren.

Jetzt musste noch einmal die Kollegin als „Lichtdouble" ran. Denn wir brauchten im nun fast fertigen Foto natürlich auch ein Gesichtslicht. Das platzierten wir rechts vorn knapp außerhalb des Bilds und verwendeten ein ungefähr A4 großes LED-Panel. Das Gesichtslicht wurde leicht schräg hinten positioniert – also etwas hinter der „Nasenachse" ihres Gesichts –, sodass sich kein weiches Beauty-, sondern ein markantes Porträtlicht ergab (siehe unten).

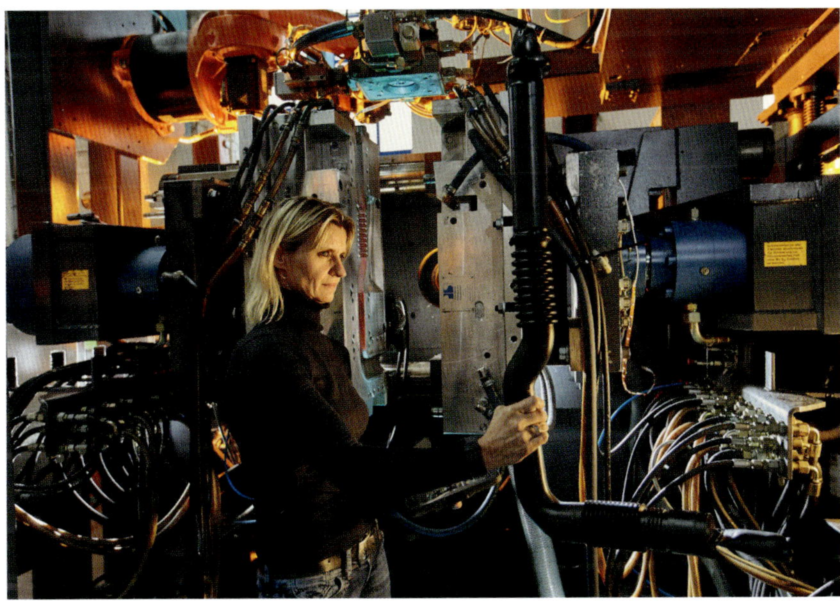

ISO 1600 | 1/125 s | f/3.2 | 19 mm

Korrekturfolien CTO

Im Handel oder im Fachversand, z. B. *www.zilz.de*, kann man Farbfolien in allen Farben und Qualitäten erwerben. Grundsätzlich kann man unterscheiden zwischen Farbfolien, die das Licht eines Blitzes in einer beliebigen Farbe einfärben, und Folien, die das Licht in seiner Farbtemperatur konvertieren. So kann man z. B. die Farbtemperatur eines (tageslichtähnlichen) Blitzgeräts in den Warmton eines Sonnenuntergangs verwandeln oder auch umgekehrt z. B. ein neutrales Licht in den kühlen Farbton eines Winterabends switchen (CTB).

Durch den Einsatz solcher Folien lassen sich reizvolle Farbverschiebungen innerhalb eines Bilds realisieren: Wenn man z. B. einen Blitz mit einer Warmfolie versieht und damit einen Menschen anleuchtet und gleichzeitig den Weißabgleich der Kamera auf „Glühbirne" stellt, wird im Foto das Gesichtslicht wieder neutral, während sich das neutrale Licht im Hintergrund in Richtung kühl blau verschiebt. Hier sind viele Spielarten denkbar. Alle Konvertierfolien gibt es in unterschiedlichen Stärken (1/4, 1/2 oder 1/1), sodass man auch mit feinen Zwischentönen arbeiten kann.

Der verwendete Warmton (1/2 CTO) betont den „Human Factor" und gliedert sich in den kühl-warmen Kontrast der Bildkomposition passend ein.

Apropos: Am Ende des Prozesses platzierten wir auch noch eine kleine Lampe im Inneren der Maschine und verwendeten in diesem Fall einen kühlen Blauton als Färbung. Damit trieben wir diesen kalt-warmen Effekt noch einmal auf die Spitze.

Und zum guten Schluss kommt dann auch unser „echtes Modell" zum Zug. Der Ingenieur hat ein fertiges Produkt der Maschine mitgebracht, die Szene zeigt einen Prüfmoment, in dem der Kollege das gerade frisch formgeblasene Bauteil einer kritischen Begutachtung unterzieht.

Natürlich gab es in der Postproduktion mit Capture One Pro auch noch ein bisschen Bildbearbeitung. Viel habe ich allerdings nicht mehr machen müssen, das Foto kam schon recht „fertig" aus der Kamera.

Aufwand und Ertrag

Es ist immer eine Gratwanderung: Wie viel Zeit kann und muss ich mir für ein Foto nehmen? Wie viel Output erwartet der Kunde bei einer Tagesproduktion? Wie viel Zeit brauchen wir als Fotografen unbedingt? Natürlich hängt das immer auch vom jeweiligen Motiv und dem Auftrag ab, aber ich versuche mich mal an einer Faustformel, die wir vorab in unseren Angeboten übrigens auch kommunizieren.

Bei einer ganztägigen Fotoproduktion (wir gehen dann von acht Stunden Nettoarbeitszeit aus, gern unterbrochen von einer einstündigen Pause) realisieren wir im Schnitt pro Stunde ein Motiv. Im Schnitt, wohlgemerkt! Schwankungen treten natürlich auf, manchmal fallen die Motive ganz leicht und sind in 20 Minuten umgesetzt, manchmal dauert es einfach länger.

Man muss die Balance halten, damit das Gesamtpaket für uns Fotografen und auch für den Kunden stimmig bleibt. Deshalb muss man sich manchmal einfach bremsen und sich mit 90 oder 95 % zufriedengeben, um im Zeitplan zu bleiben.

Die Bearbeitungsschritte in Kurzfassung: Bild gerade rücken, Tiefen aufhellen, Lichter leicht zurückholen, Klarheit deutlich betonen. Anschließend habe ich noch zwei selektive Korrekturen vorgenommen. Zum einen habe ich bei der im Hintergrund via LED-Lichterkette sichtbar gemachten Form die Kontur intensiviert und den Kontrast sowie die Sättigung ordentlich erhöht.

Die zweite selektive Korrektur war im Gesicht des Darstellers nötig. Da wir damals noch ein qualitativ nicht ganz so gutes LED-Licht verwendeten, war der Hautton nicht sehr gut. Hier musste ich also etwas nachhelfen. Nicht zuletzt habe ich noch zwei Lichtreflexe in der Schutzbrille des Kollegen retuschiert, die mich störten. Ja, und fertig ist mein Corporate-Foto! Hat ja auch nur zwei Stunden gedauert!

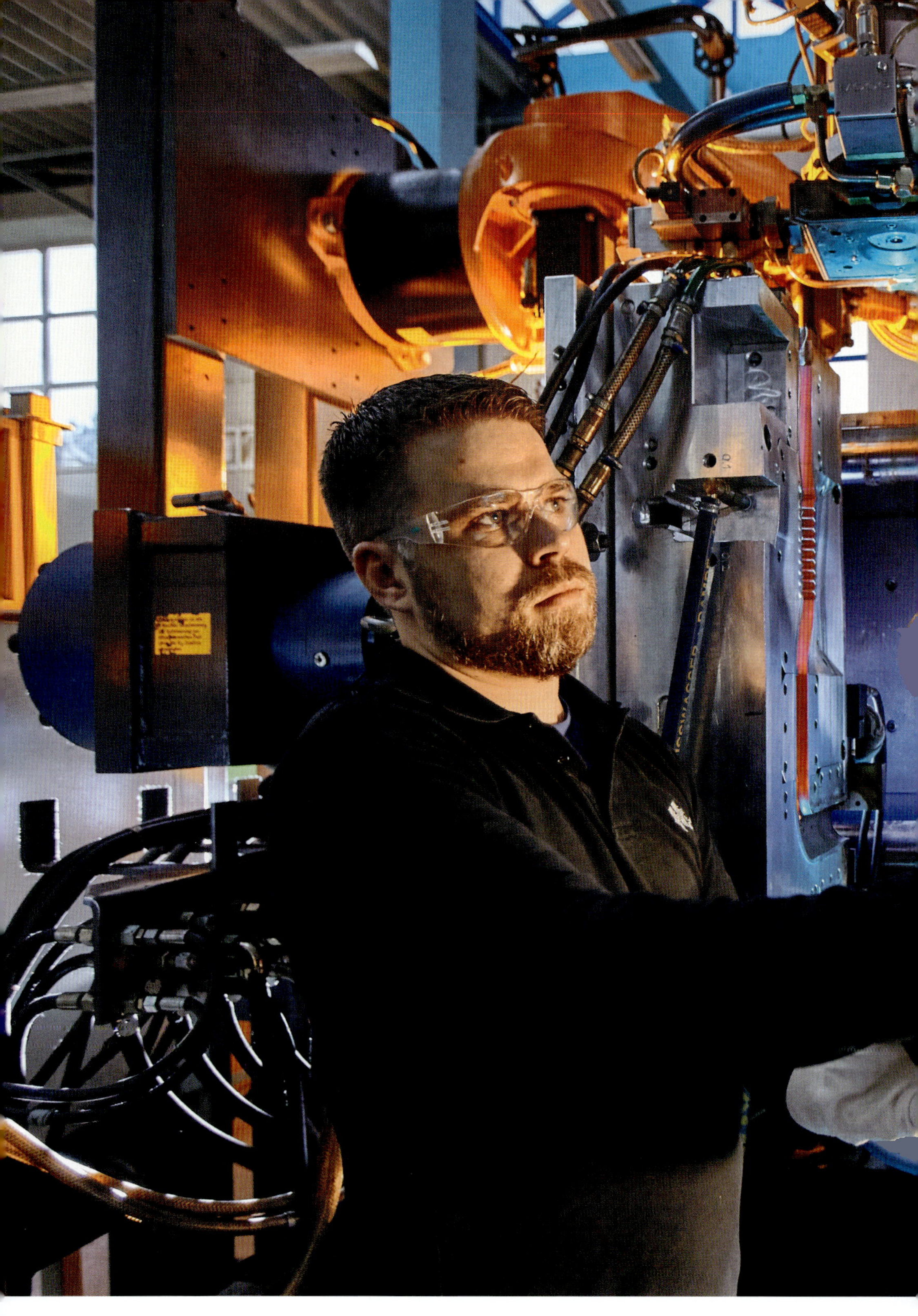

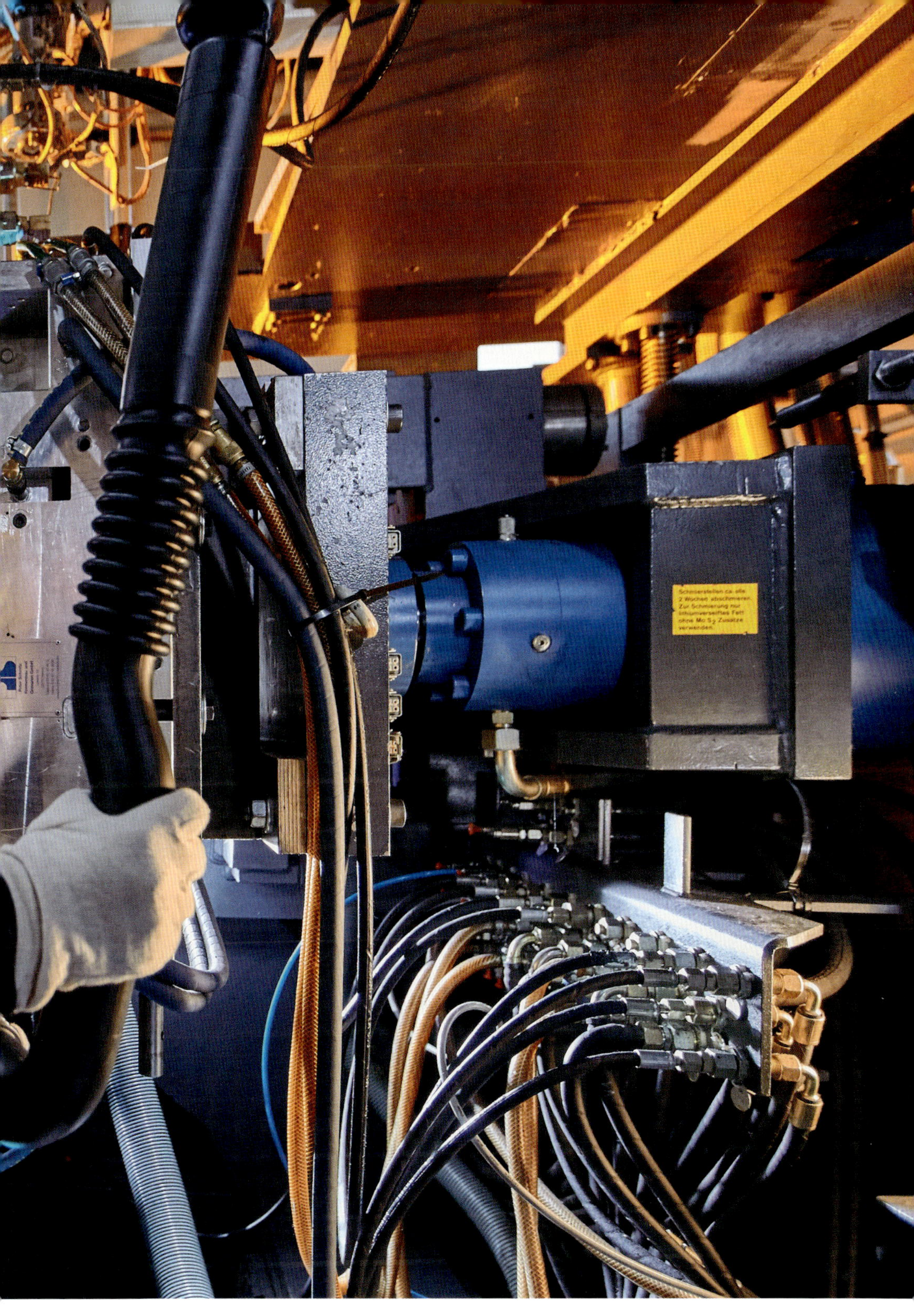

Die finale Aufnahme.

ISO 2000 | 1/125 s | f/3.2 | 19 mm

Bildkontrolle auf dem iPad

Ich schätze es sehr, auch beim Fotografieren on location eine gute Bildkontrolle zu haben. Der schnelle Blick aufs Display der Kamera genügt mir nicht, bei dem kleinen Monitor geschieht es nur allzu schnell, dass man Fehler im Bild übersieht. Die Bildwirkung ist schwieriger einzuschätzen und eine zuverlässige Schärfekontrolle kaum möglich. In der Anfangszeit der digitalen Fotografie haben wir uns mit Laptop und einer per Kabel angebundenen Kamera beholfen. Das funktionierte in sehr guter Geschwindigkeit, sogar RAW-Dateien ließen sich so quasi in Echtzeit übertragen. Aber es hatte auch viele Nachteile, vor allem in Sachen Flexibilität und Sicherheit. Durch die Kabelverbindung zum Rechner wurde man in seiner Bewegungsfreiheit eingeschränkt, und es passierte nur allzu leicht, dass man versehentlich den Rechner in den Abgrund riss.

Seitdem es Speicherkarten gibt, die über ein integriertes WLAN-Modul verfügen, habe ich mit wechselndem Erfolg auf diese Technologie gesetzt. Dabei wird die Karte angewiesen, nur die JPEG-Dateien an einen Laptop oder ein Tablet zu senden. Dort zeigt eine App dann die Datei an und erlaubt eine ziemlich präzise Beurteilung des Bilds. Aus Performancegrün-

Die Mercedes-Lösung

In Zeiten, in denen ich noch mit Canon und der 1Dx fotografiert habe, gab es die perfekte Lösung. Das separat erhältliche, allerdings maßlos überteuerte WFT-Zusatzmodul war zwar kompliziert in der Einrichtung, wenn es aber mal lief, war es in Sachen Performance und Zuverlässigkeit die bisher mit Abstand beste Lösung, die ich je verwendet habe. Mit meinem Wechsel zu Fujifilm als Kameramarke war es mit dieser Herrlichkeit dann leider vorbei. Die Fuji-Kameras verfügen zwar über ein eingebautes WLAN-/Bluetooth-Modul, bisher beherrschen diese Kameras es aber leider nicht, die JPEG-Dateien während des Fotografierens an ein Anzeigegerät zu streamen. Ich hoffe sehr auf die Einsicht des Herstellers, hier nachzubessern.

den verzichte ich auf die volle Auflösung, stattdessen nehme ich mittelgroße JPEG-Dateien (mit 12 Megapixeln und relativ hoher Kompression). Reichweite und manchmal auch Zuverlässigkeit dieser WLAN-Karten sind zwar leider begrenzt, aber im Großen und Ganzen funktioniert diese Technologie gut genug, um sie auch in kommerziellen Zusammenhängen zu nutzen.

Fotografieren in Formate

Ein iPad als Anzeige- und Überprüfungsgerät für die geschossenen Fotos ist schon mal sehr nützlich, es leistet aber noch andere gute Dienste. Leider ist es ja so, dass wir in der Auftragsfotografie immer weniger für ein Printendprodukt fotografieren. Sehr häufig sind unsere Fotos fast ausschließlich für die Websites unserer Kunden gedacht und werden dort auch eingesetzt. Schöne Doppelseiten in Broschüren oder Kundenmagazinen werden seltener – an ihre Stelle rücken zum Beispiel über die ganze Breite der Webseite laufende Banner, in die unsere Fotos eingepasst werden

Webdesign unterliegt seinen ganz eigenen Gesetzen, und es ist ein häufig anzutreffendes Phänomen, dass der Webdesigner auf den Hauptseiten sehr schmale Fotoformate vorsieht, nicht selten sind hier Seitenverhältnisse von 1:3 oder gar 1:4 gewünscht. Der Fotograf hat dann die überaus dankbare Aufgabe, diese Bilder umzusetzen. Was gar nicht so einfach ist!

Fotos im Seitenverhältnis 1:4 stellen ein extremes Panoramaformat dar und sind schwierig zu fotografieren. Selbst wenn von vornherein feststeht, dass zumindest einige Bilder in diesen Formaten benötigt werden, fällt es vor Ort nicht leicht, das auch fehlerfrei zu gestalten. Allzu leicht verschätzt man sich, und das fertige Foto passt am Ende doch nicht in das gewünschte Format und muss später unvorteilhaft beschnitten oder von der Grafik „verlängert" werden.

Das JPEG-Dilemma

Das Beurteilen von JPEG-Dateien auf einem Ausgabegerät zur Bildkontrolle – durch den Fotografen und durch den Kunden gleichermaßen – wirft Fragen auf. Bei allen digitalen Kameras kann man die JPEG-Ausgabe beeinflussen, zum Beispiel indem man Schärfe, Kontrast oder Sättigung vorgibt oder sogar fertige „Styles" (bei Fujifilm „Filmsimulationen" genannt) auswählt. Aus rein technischer Sicht würde es sich empfehlen, ein möglichst unbearbeitetes JPEG erzeugen zu lassen, das einem einen möglichst unverstellten Blick auf die von der Kamera erzeugte (und eigentlich maßgebliche) RAW-Datei erlaubt. Auf der anderen Seite: Der Kunde schaut dem Fotografen ja auch über die Schulter und möchte eigentlich kein fahles, kontrastschwaches und optisch zurückhaltendes JPEG sehen.

Aus diesem Dilemma kommt man nicht raus, man muss sich entscheiden. Mit Blick auf die emotionalen Befindlichkeiten des Kunden habe ich mich dabei gegen die technisch optimale Lösung und für ein eher gefälliges JPEG entschieden. Meine Fujifilm-Kameras bieten eine sogenannte *Provia*-Filmsimulation, die wunderbare Hauttöne und schöne Kontraste bietet, aber in Sachen Sättigung nicht übertrieben ist. Die Bilder, die aus der Kamera kommen, wirken damit schon sehr attraktiv (und tatsächlich nehme ich die *Provia*-Filmsimulation fast immer auch als Ausgangspunkt für meine RAW-Bearbeitung. Etwaige Spielräume, die das RAW noch zu bieten hat, werden darin aber nicht abgebildet bzw. automatisch optimiert. Hier muss man einfach aufpassen, gegebenenfalls die Belichtung etwas konservativer bemessen und die Eigenschaften der RAW-Datei vorausahnen.

Ein psychologischer Effekt tritt dabei auch gern auf. Normalerweise wollen wir Fotografen ja, dass das fertige Bild gut aussieht, dass es also in Inhalt, Ästhetik und Komposition gelungen ist. Bei einem Foto, das später in ein sehr schmales Breitformat gebracht wird, ist das jedoch meist nicht der Fall. Durch das vorgegebene Endformat kommt zum Beispiel sehr viel Decke und Boden in den Bildausschnitt – etwas, das wir normalerweise ja gerade vermeiden wollen. Also neigen wir beim Fotografieren auch dazu, genau das zu tun und die Fotos mehr in Richtung Gefälligkeit zu trimmen. Wie kommt man aus diesem Dilemma raus?

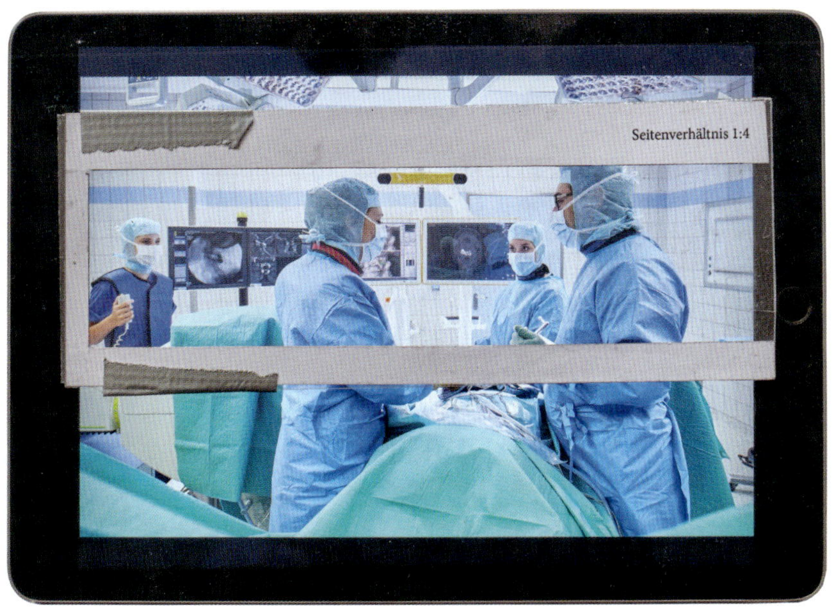

Die Schablone auf dem iPad ermöglicht die schnelle Kontrolle, ob das Bild auch in einem sehr breitformatigen Ausschnitt funktioniert.

Damit das nicht passiert, ist eine Schablone sehr nützlich. Das funktioniert besonders gut, wenn man on location auf einen Laptop oder auf ein iPad fotografiert oder die entstehenden JPEG-Dateien dorthin streamt. Mit einer vorher auf das Darstellungsformat zurechtgeschnittenen Schablone kann man in Sekundenschnelle überprüfen, ob das Foto in das vorgegebene Raster passt. Auch für den Kunden ist das vorteilhaft. Er kann sehr schnell erkennen, wie das Endprodukt aussehen wird, und kann direkt beurteilen, ob es ihm gefällt.

Für die Schablone verwendete ich eine durchsichtige Kunststofffolie, auf die ich den vorgegebenen Rahmen aus Pappe aufklebte. So ein Teil ist schnell zurechtgeschnitten, ich habe es in den Formaten 1:4 und 1:3 immer dabei.

Gastbeitrag Gert Wagner

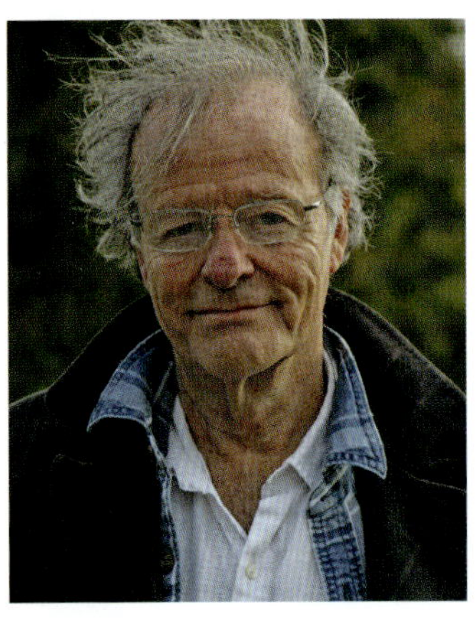

www.wingsfilm.com

https://swifttools.pro

Gert Wagner lebt als Fotograf und Filmemacher in Norddeutschland. Er hat für große Magazine wie Stern, GEO und National Geographic sowie für Unternehmen und internationale Konzerne gearbeitet. Viele seiner Bilder wurden weltweit veröffentlicht und erhielten zahlreiche Preise. Heute produziert er Dokumentar- und Corporate-Filme als Kameramann und Regisseur. Auch als Erfinder und Produktentwickler ist er hervorgetreten. Auf ein Patent von Gert Wagner geht zum Beispiel der flexible Autofokus zurück. Seine Erfahrungen aus der Praxis resultieren zudem in foto- und videografischen Produkten, die er im Rahmen seiner Firma Swift Design entwickelt und vermarktet.

Auch eine Maschine hat eine Geschichte

Die Industriefotografie gehört für mich zu den schwierigsten Disziplinen fotografischer Umsetzungen. Wenn man in Geschäftsberichten und Firmenbroschüren blättert, sieht man viele langweilige Bilder mit wenig Spannung und Stimmung, weil ihre Geschichten dahinter nicht erkennbar sind. Darum ist es wichtig, eine Atmosphäre zu schaffen, die das Motiv lebendig macht. Auch eine Maschine hat eine Geschichte, und die suche ich, um Emotion in mein Foto zu bringen. Nur so erreiche ich auch Menschen, die nicht mit der Materie vertraut sind.

Schon wenige Nuancen können fade Szenen entscheidend verändern. Mit Lichtstimmungen und geschickten Perspektiven lassen sich Szenen veredeln. Wenn ich den Vordergrund betone, dränge ich unvorteilhafte Bereiche dahinter zurück. Dunkle Schattenpartien machen das Bild interessanter und vertuschen hässliche Details. Subjektivität ist Trumpf.

In Werkshallen sind die Lichtverhältnisse aus fotografischer Sicht meist sehr ungünstig. In einer Fabrik geht es nicht um Atmosphäre, sondern einzig um Zweckmäßigkeit, die Arbeitsplätze müssen hell und gleichmäßig ausgeleuchtet sein. Das reicht aber meist nicht für ein spannendes Foto. Wenn ich mehr Atmosphäre schaffen will, muss ich Nuancen mit meinem eigenen Licht entwickeln, mit Scheinwerfern oder Blitzlicht. Meist genügt dazu ein hartes, helles Licht von hinten oder von der Seite, mit dem Kanten und Konturen hervorgehoben werden, und ein sanfteres Aufhelllicht von vorn. Ein zusätzlicher schmaler, harter Lichtstrahl auf meiner Szene simuliert einfallendes Sonnenlicht und bringt noch mehr Stimmung ins Bild.

Das Licht einer ganzen Halle versuche ich gar nicht erst zu verändern, ich müsste ansonsten mit einer Busladung von Helfern und einem Lastwagen voller Technik anreisen. Stattdessen benutze ich kleine, leichte Lampen und konzentriere mich ganz auf eine Szene im Vordergrund, wobei dann der Hintergrund etwas zurücktritt. Kleine Blitze oder auch Kunstlichtlampen reichen dafür vollkommen aus. Bei der Belichtung nutze ich zwar die Hallenbeleuchtung voll aus, zusätzlich aber setze ich mit meinem Licht stärkere Akzente. Nur diese bestimmen letztlich die Qualität meines Fotos. Selbst hässliches Neonlicht im Hintergrund stört dann nicht mehr.

Eine besondere Herausforderung war für mich eine Reportage über die Entstehung des Airbus. Da war zum Beispiel dieser Fräsautomat zur Herstellung präziser Einzelteile. Ein millionenschweres Monster, aber kahl und enttäuschend nichtssagend im Aussehen. Die ganze Technik verbarg sich in einem langweiligen grauen Kasten. Ich ignorierte einfach das Gerät und wählte stattdessen einen Ausschnitt aus seiner Produktion, das Ergebnis seiner Arbeit, eine filigran ausgefräste Metallfläche mit faszinierenden Konturen. Mit blauem Effektlicht erzeugte ich lebendige Blitzer im Metall. Seitlich schoben sich zwei Hände zur Qualitätskontrolle ins Bild, die ich mit warmem, weichem Licht aufhellte. Das Foto erzählte genau die Geschichte, um die es letztlich ging: technische Präzision unter professioneller menschlicher Kontrolle.

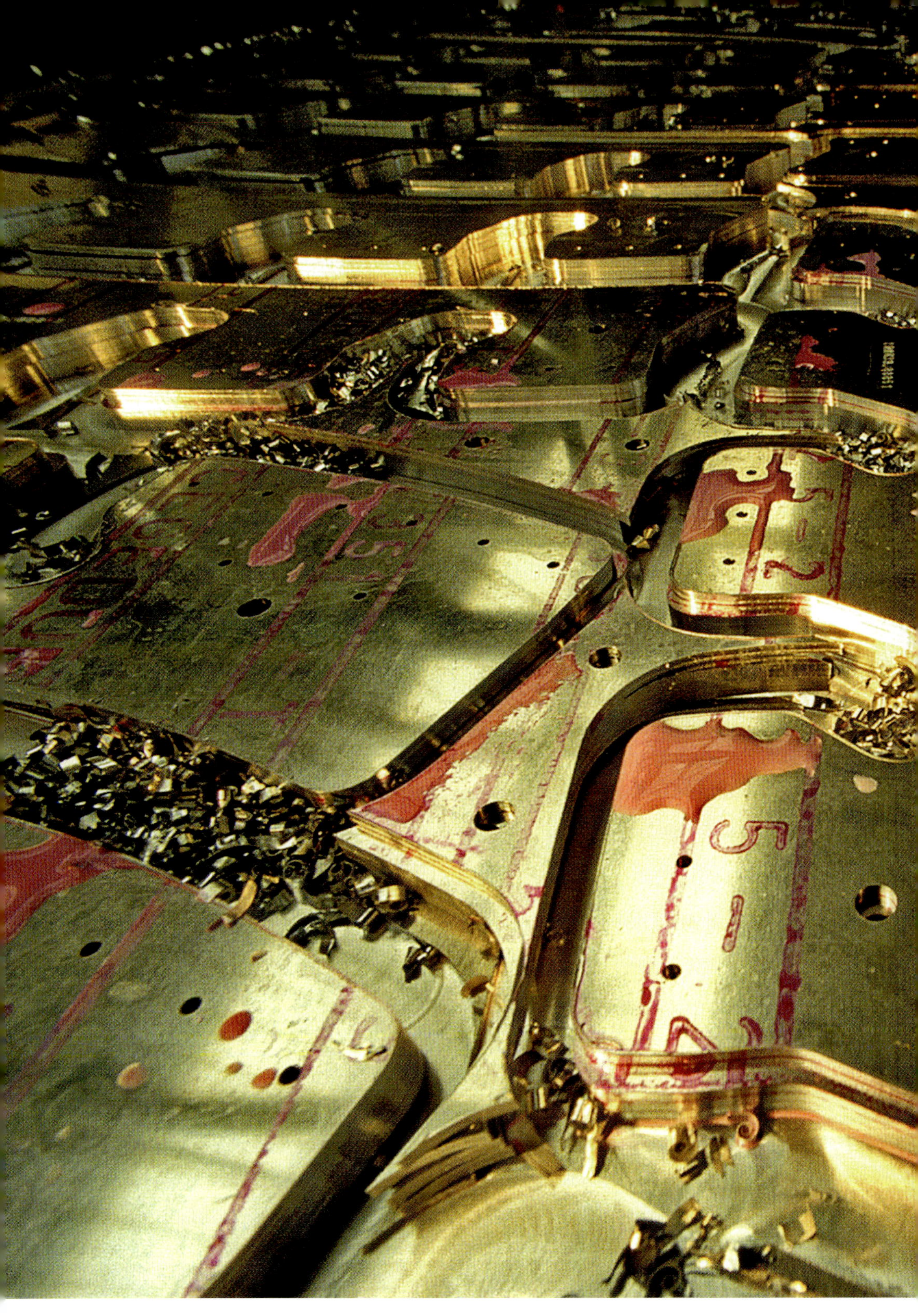

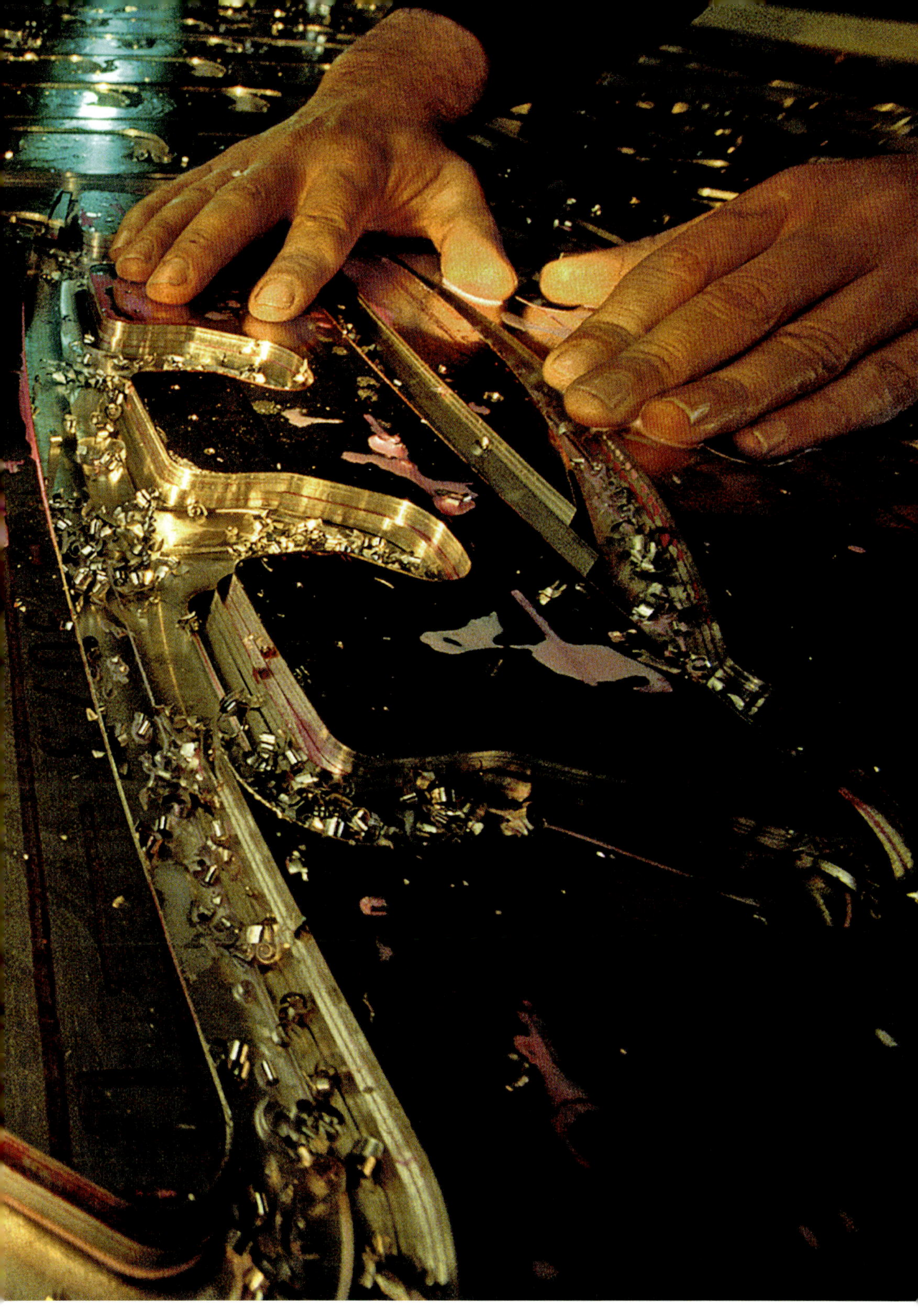

Ein Fräsautomat zur Herstellung präziser Einzelteile.

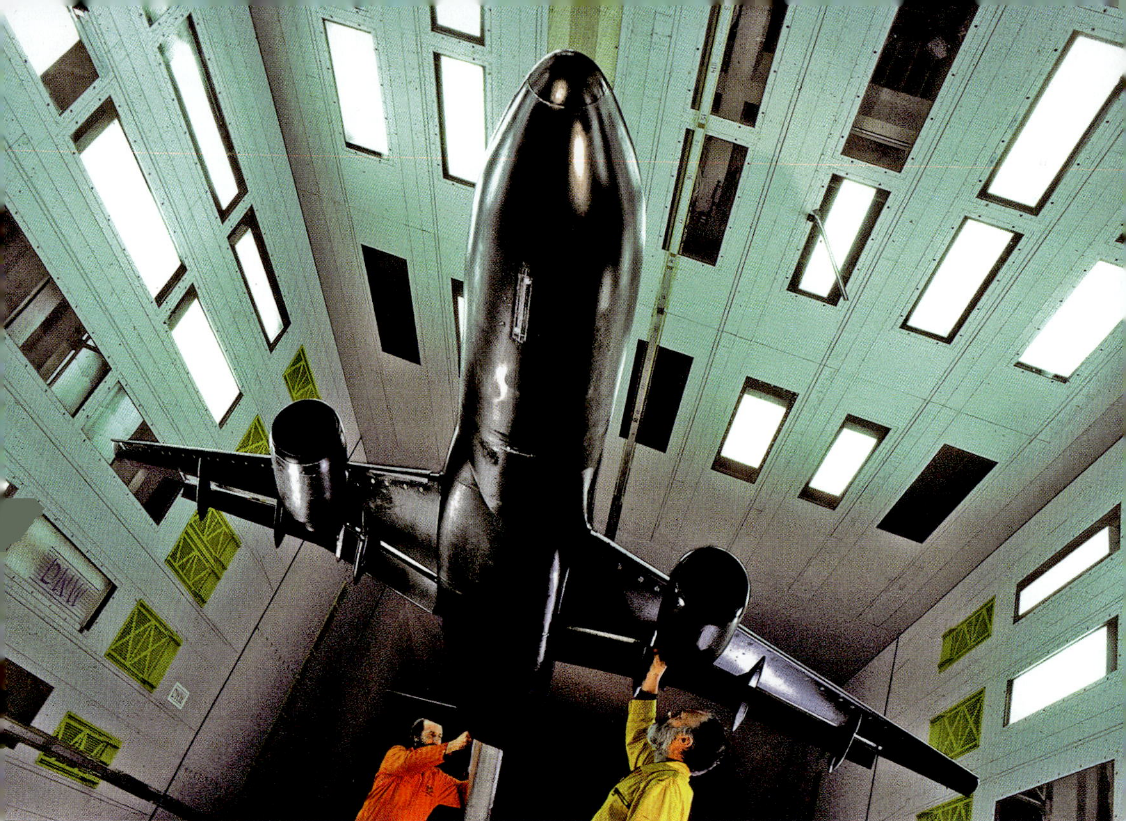

Im Windkanal.

Von einer Strömungsstudie im Windkanal hatte ich mir besonders viel versprochen, schon den überdimensionierten Propeller stellte ich mir aufregend vor. Doch die Realität war ernüchternd. Blasses Neonlicht beleuchtete ein zwei Meter langes Flugzeugmodell, das im Kanal aufgebaut worden war und sich kaum vom Hintergrund abhob, die Windmaschine war hinter einer Blende verborgen. Meine Rettung waren zwei Mechaniker in farbigen Overalls, die letzte Handgriffe am Flugzeug erledigten, und meine beiden kleinen Blitzlampen, die mir ein schönes Streiflicht spendeten. Dann kippte ich die Kamera stark zur Seite – wow, was für eine Perspektive. Mit drei kleinen Veränderungen war das Bild gerettet: farbige Overalls, hartes Seitenlicht, geneigte Kamera.

Und schließlich die Montageszene im Rohbau des Airbus-Rumpfs: Ein Mann im roten Overall steht genau in der Bildmitte und inspiziert ein Detail, um ihn herum ist die Metallkonstruktion erkennbar. Der Spot einer einzigen Lampe lässt das kräftige Rot des Overalls aufleuchten. In seiner Schlichtheit ist dies für mich eines meiner schönsten Industriefotos. Es zeigt, dass auch in einer Hightechproduktion der Mensch immer noch die entscheidende Rolle spielt. Die Recherche des Sujets dauerte Stunden, das Foto war in wenigen Minuten gemacht.

Über die Kraft des Symbols

Kurz, interessante Industriefotos entstehen, sobald eine Geschichte erkennbar wird, die spannend erzählt ist und klar rüberkommt. Um jedoch die Substanz einer Geschichte zu finden, habe ich ein wichtiges Hilfsmittel für mich entdeckt: das Symbol. Mit ihm habe ich den Schlüssel zu meiner Umsetzung in der Hand, der mir hilft, ein Thema auf den Punkt zu bringen. Der Fräsautomat und der Mann im Flugzeugrumpf sind dafür gute Beispiele: der Mensch im Mittelpunkt der Technik. Das Ergebnis seiner Arbeit ist entscheidend, und sein sorgfältiges Expertenwissen ist unerlässlich. Dazu sorge ich mit Bildgestaltung und Licht für die Emotionalität, die jede gute Geschichte und jedes Bild braucht, um beachtet zu werden.

Heute drehe ich vor allem Filme, auch im Industriebereich, und gestalte meine Szenen nach der gleichen Methode. Ob Foto oder Film, manchmal kommt noch ein entscheidendes Element hinzu: die Spontanität. Wie oft sind mir wichtige Momente entgangen, weil sie während der Vorbereitung zur Aufnahme bereits vorbei waren, Momente, in denen nicht Licht und Inszenierung wichtig waren, sondern die Situation. Dafür habe ich ein hilfreiches Tool zur Bildstabilisierung entwickelt, mit dem ich mich besonders schnell und flexibel auf solch besondere Momente einstellen kann:

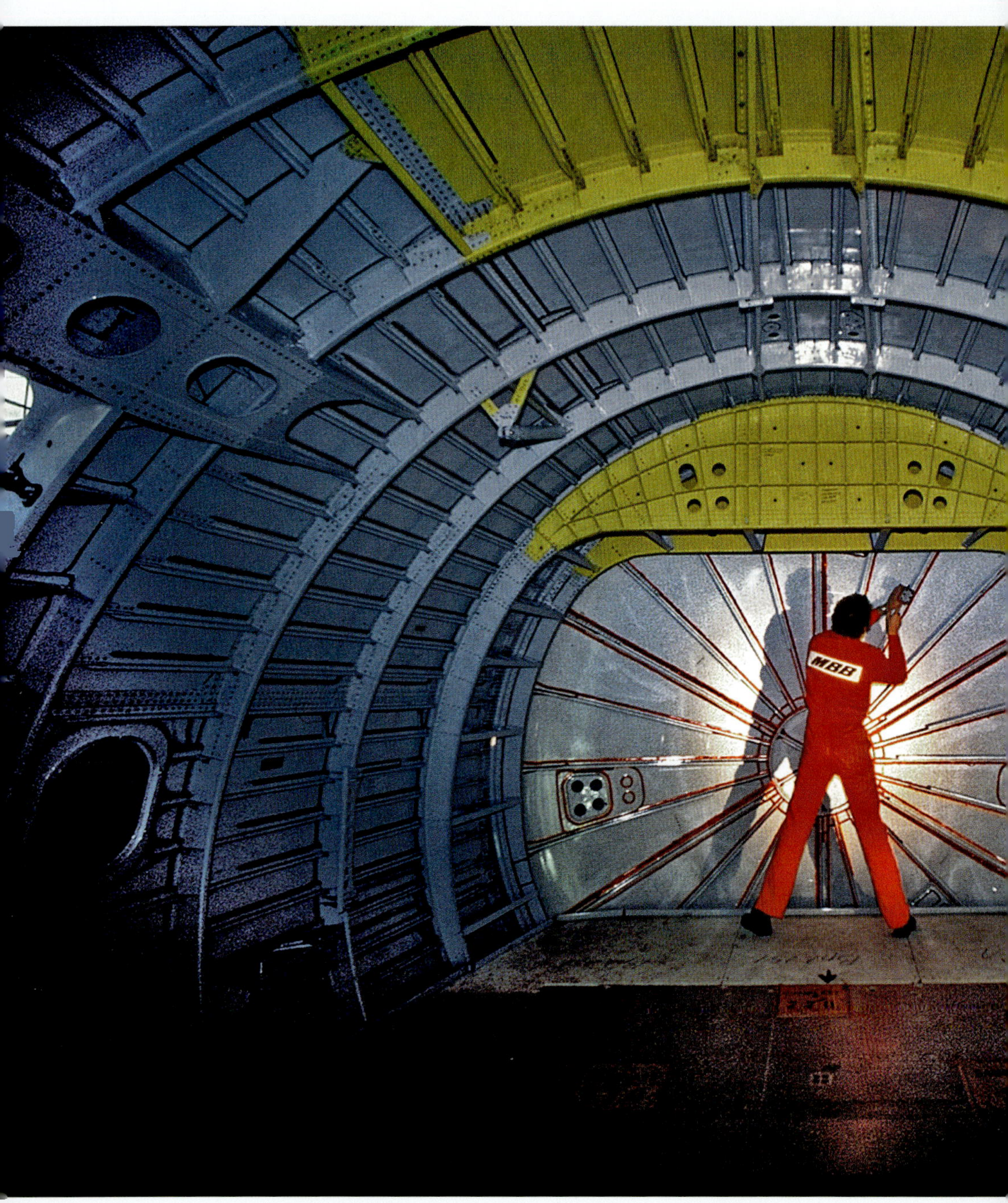

Montageszene im Rohbau des Airbus-Rumpfs.

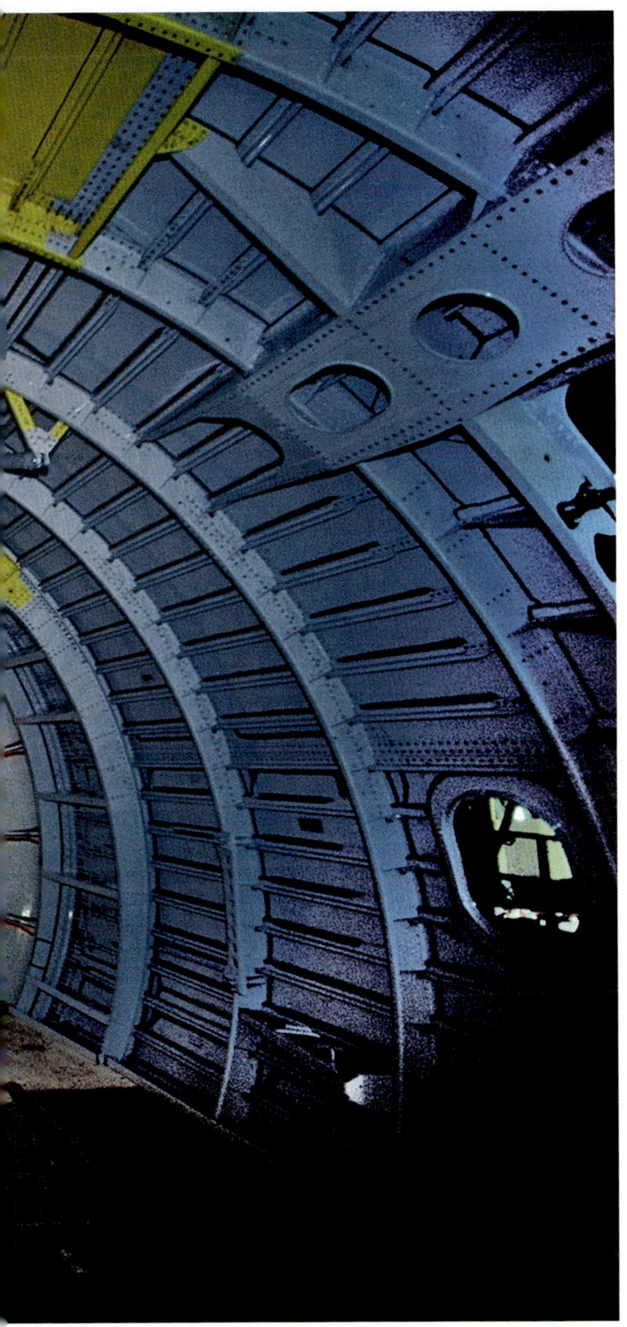

STEADIFY, eine Stütze aus der Hüfte, die nicht nur die Bildqualität erhöht, sondern auch wunderbar flüssige Filmszenen möglich macht. Obendrein kompensiert sie das Gewicht der Kamera und lässt mir darum viel Raum, um jede Situation blitzschnell wahrzunehmen (*www.swifttools.pro*). Ich liebe das Einfache, es erhöht meine Chancen für ungewöhnliche Ergebnisse.

Arbeiten mit Assistenz

Wir fotografieren in einer großen Produktionshalle und haben uns eine Location und eine Szene ausgesucht. Der Fotograf hat natürlich seinen Rollkoffer mit der Kameratechnik dabei und auch zwei Stative sowie zwei Blitzgeräte. Für die Location werden aber mindestens vier Lichtquellen benötigt, nicht nur Blitzgeräte, sondern auch ein kräftiges LED-Licht. Die Sachen sind da, aber sie lagern teilweise noch dort, wo das Team am Morgen das Equipment ausgeladen hat. Das sind 100 Meter Luftlinie. Natürlich muss auch das Set vorbereitet und es muss mit den Darstellern gesprochen werden. Ach ja, der Kunde hat ebenfalls jemanden entsandt, und auch dieser Ansprechpartner benötigt etwas Aufmerksamkeit. Wir müssen außerdem noch mit den Technikern sprechen, denn eine in der Nähe herumstehende Arbeitsbühne stört das Bild und muss weggefahren werden. Nicht zuletzt wollen auch noch Details der eigentlichen Szene besprochen werden: Der Fotograf muss ja verstehen, worum es hier überhaupt geht, wie es aussieht und in welchen Zuständen die dazugehörige Maschine überhaupt sein kann und wie sich das optisch bemerkbar macht. Und wenn das alles geklärt und besprochen ist – ja dann kann auch irgendwann fotografiert werden.

Wer diese Vielzahl von Aufgaben allein stemmen will, hat richtig was zu tun. Die langen Wege durch die Halle kosten schon mal Zeit, dann das Aufbauen des Equipments, das Zusammenstecken von Zubehörteilen, das Aktivieren des iPads zur Bildkontrolle – und so weiter. Von den verschiedenen Kommunikationszusammenhängen ganz zu schweigen.

Meine Haltung daher zu diesem Thema:

Keine Fotoproduktion ohne Assistenz!
Wir haben es mal ermittelt. Bei einer Tagesproduktion in einer relativ weitläufigen Anlage legt der Fotograf pro Tag locker 10.000 Schritte zurück (gemessen vom Schrittzähler eines Smartphones). Muss man so einen Tag allein bewältigen, kommt man schnell auf 14.000 oder gar 15.000 Schritte.

Sehr viele davon dienen nicht dem eigentlichen Fotografieren, sondern der Organisation von Gerätschaften und aller möglichen Kleinigkeiten. Es lohnt sich also, auf kompetente Hilfe zurückzugreifen.

Assistenten am Set

In Fotografenkreisen kursiert jede Menge an Horrorgeschichten über diverses Fehlverhalten von Assistenten – das will ich an dieser Stelle lieber gar nicht vertiefen. Dass Assistenten nicht beim Kunden in eigener Sache akquirieren oder dass sie nicht dauernd in ihr Smartphone glotzen sollten, versteht sich eigentlich von selbst. Daher drehe ich den Spieß gern einfach mal um und nenne ein paar Eigenschaften des „idealen Assistenten".

Assistenten, mit denen man gut, effizient und produktiv zusammenarbeiten kann, fallen in der Regel nicht vom Himmel. Es ist daher eine gute Idee, sich im Laufe der Zeit ein kleines Netzwerk von Assistenten aufzubauen, mit denen man arbeiten kann, die die eigene Technik gut genug kennen und mit denen man so vertraut ist, dass man in wenigen Worten sagen kann, was man gerade braucht, und dass das dann auch richtig verstanden wird.

Assistenten bleiben übrigens nicht ewig – die meisten von ihnen sind ja selbst auf dem Weg zum Fotografen. Deshalb kann es gut sein, dass man irgendwann bei einer Jobanfrage die Antwort bekommt: „Sorry, ich kann leider nicht, bin zurzeit so gut gebucht, dass keine Tage mehr frei sind." Dann ist es gut, wenn man jemanden hat, auf den man ausweichen kann und mit dem die Zusammenarbeit ebenfalls erfreulich ist.

Der ideale Assistent …

- ist pünktlich, höflich, zuverlässig und motiviert!
- kennt das Equipment des Fotografen so gut, dass er damit weitgehend selbstständig zurechtkommt und nur selten nachfragen muss.
- ist gegenüber Dritten verschwiegen, was interne Angelegenheiten des Fotografen angeht.

- hat Spaß an der Arbeit.
- ist stets aufmerksam, verfolgt die Dinge auf dem Set und versucht, vorauszuahnen, was als Nächstes passieren wird.
- lässt das Smartphone außer in Arbeitspausen in der Tasche.
- akzeptiert, ohne zu murren, die Spielregeln vor Ort und freundet sich auch mit unbequemen Arbeitsschuhen, Helmen oder Sicherheitsbrillen an, wenn das verlangt wird.
- akzeptiert und mag die „dienende" Rolle in einer Produktion und schätzt es, dazuzulernen.
- ist auch abends im Hotel ein angenehmer Gesprächspartner, mit dem man es eine Weile gut aushalten kann.
- findet für Verbesserungsvorschläge den richtigen Ton und weist den Fotografen unauffällig auf Fehler hin, wenn dieser etwas übersehen hat.
- ist schnell im Kopf und reagiert auf Unvorhergesehenes souverän.
- weiß, dass der Fotograf der Chef ist, kennt aber auch seinen eigenen Wert.
- macht gern und bereitwillig gute Making-of-Fotos!

Auftraggeber Fotograf

Man kann das Verhältnis zwischen Fotograf und Assistent rein servicemäßig auffassen, so klingt zumindest obige Wunschliste an den idealen Assistenten. Das ist aber zu kurz gegriffen, und es gibt genauso auch eine Wunschliste, die aufführt, wie sich der Fotograf gegenüber seinen Assistenten (oder Models, Visagistinnen und so weiter) verhalten sollte. Das wird von dem einen oder anderen Kollegen gelegentlich vergessen, wie man aus manchen Horrorgeschichten über Fotografen am Set ableiten kann. Die gibt es nämlich auch. Daher hier gern eine kleine Knigge-Liste über das Verhalten des Fotografen gegenüber seinen Assistenten:

Betriebswirtschaft

Ein Assistent, eine Assistentin kostet pro Produktionstag zwischen 150 und 300 Euro, je nach Produktion und Preisgefüge, in dem man unterwegs ist. Das ist, gemessen am Gesamtaufwand, vergleichsweise wenig, lohnt sich aber für alle Beteiligten. Als Fotograf kann man mit einer guten Unterstützung mehr Motive pro Tag umsetzen und damit mehr Output für den Kunden erzielen. Geht man von der Faustformel aus, dass der Assistent etwa ein Zehntel des Tageshonorars des Fotografen ausmacht und dass dank der Unterstützung durch die Assistenz mindestens ein Drittel mehr Motive und Bilder möglich werden, wäre es für Fotograf und Kunden auch betriebswirtschaftlich unsinnig, auf diese wertvolle Unterstützung zu verzichten.

Der ideale Fotograf …

- bleibt unter allen Umständen höflich und sagt „bitte" und „danke".
- schreit nicht herum.
- putzt niemanden herunter, sondern ist stets konstruktiv und ergebnisorientiert.
- weiß, dass er ohne Assistenten bei Weitem nicht so gute Arbeit leisten würde.
- sorgt für eine gute Stimmung vor Ort.
- ist dankbar, wenn ihn der Assistent auf Fehler hinweist.
- lädt den Assistenten zum Mittagessen oder Kaffee ein.
- ist sich nicht zu schade, auch selbst anzupacken und seinen Teil der Lasten zu tragen und zu bewegen.
- äußert Kritik nicht öffentlich, sondern in einem geschützten Raum.
- gibt das im Angebot für den Assistenten aufgerufene Honorar eins zu eins weiter.

Geben und Nehmen

In sehr vielen Fällen wird es so sein, dass der Assistent selbst auf dem Weg zum Fotografen ist und die Assistentenrolle nur eine Weile ausfüllt – einerseits um Geld zu verdienen, andererseits aber auch, um dazuzulernen. Negativ ausgedrückt, könnte man den Assistenten daher auch als den Konkurrenten von morgen betrachten und vielleicht der Meinung sein, dass man ihm bestimmte Kenntnisse besser nicht vermittelt.

Ich sehe das allerdings anders und möchte gern an dieser Stelle einmal mehr dazu aufrufen, Wissen freigiebig zu teilen. Dass der Assistent beim Einsatz technisches und gestalterisches Wissen aufnehmen kann, ist sowieso unstrittig. Wenn er dafür aufnahmebereit und neugierig ist, wird er eine Menge mitnehmen und für die eigene Arbeit verwerten können. Und wenn er nachfragt oder sich dafür interessiert, warum der Fotograf vor Ort eine bestimmte Entscheidung so und nicht anders getroffen hat, sollten wir uns auch darauf einlassen, diese Frage zu diskutieren. Allerdings bitte erst nach Feierabend, zum Beispiel abends im Hotel oder auf der Rückfahrt!

Das gilt auch für andere Themen, zum Beispiel bei Businessfragen. Sicher, man muss dem Assistenten nicht unbedingt erzählen, welches Honorar der aktuelle Job auf Euro und Cent genau bringt und ob man sich damit gut oder nicht so gut fühlt, aber man sollte diesen Themen auch nicht ausweichen. Der Assistent könnte ein Mitbewerber von morgen werden, ja – und genau deshalb ist es für den Fotografen und den Markt insgesamt sehr hilfreich, wenn er von Anfang an professionell auftritt, marktgerechte Preise nimmt und all die vielen Fehler, die wir erfahrenen Kollegen in unserer Anfangszeit gemacht haben, eben nicht macht! Je professioneller möglichst viele Marktteilnehmer arbeiten, desto besser ist es für alle, das ist meine feste Überzeugung.

Tipp für Nachwuchsfotografen

Wenn man noch frisch im Markt ist und vielleicht gerade erst damit beginnt, erste Erfahrungen mit Assistenten zu sammeln, ist es eine gute Idee, sich mit Gleichgesinnten, zum Beispiel befreundeten Fotografen aus Ausbildung, Studium oder Akademie, zusammenzutun und sich gegenseitig zu assistieren. Hier besteht meist schon ein Vertrauensverhältnis, man kann gegenseitig voneinander lernen oder bereits bestehende gemeinsame Arbeit sogar fortsetzen. So begann auch die Zusammenarbeit mit meiner Kollegin und Geschäftspartnerin Silvia Steinbach. Am Anfang wollten wir uns nur über unsere Erfahrungen im neuen Business austauschen, später halfen wir uns gegenseitig bei Produktionen und assistierten dem jeweils anderen. Was das Honorar betrifft, kann man sich dann entweder untereinander Assistenzrechnungen stellen, oder man verrechnet einfach die Einsätze miteinander und schafft zum Beispiel am Jahresende einen eventuell nötigen finanziellen Ausgleich. Und wer weiß, vielleicht entsteht aus so einer Kooperation sogar mehr, und es formiert sich ein neues Fotografenteam oder eine Fotografenfirma, in der man partnerschaftlich zusammenarbeitet. So war es bei uns, und das war und ist bis heute eine superbe Erfahrung.

Wenn man zu zweit arbeitet – egal ob mit Kollege oder Assistent –, besteht ein unschätzbarer Vorteil auch darin, dass man ein Fotomotiv nahezu perfekt vorbereiten kann, ohne auf die menschlichen Ressourcen des gastgebenden Unternehmens zurückzugreifen. Der Assistent oder die Assistentin kann den Fotografen zum Beispiel auch als Darsteller- oder Lichtdouble unterstützen. In unserer Praxis gibt es unzählige Bilder wie das hier abgedruckte. Meine Kollegin nimmt die Rolle zum Beispiel einer Facharbeiterin vor Ort ein, und der Fotograf kann in aller Ruhe die zuvor aufgestellten Blitze oder andere Lichtquellen einregeln und das Bild ausarbeiten. Gerade in Arbeitsumgebungen, in denen die Mitarbeiter vor Ort in enge Prozesse eingebunden sind, ist das sehr hilfreich, weil man den „echten" Mitarbeiter dann nur für kurze Zeit aus den Arbeitsabläufen herausholen muss.

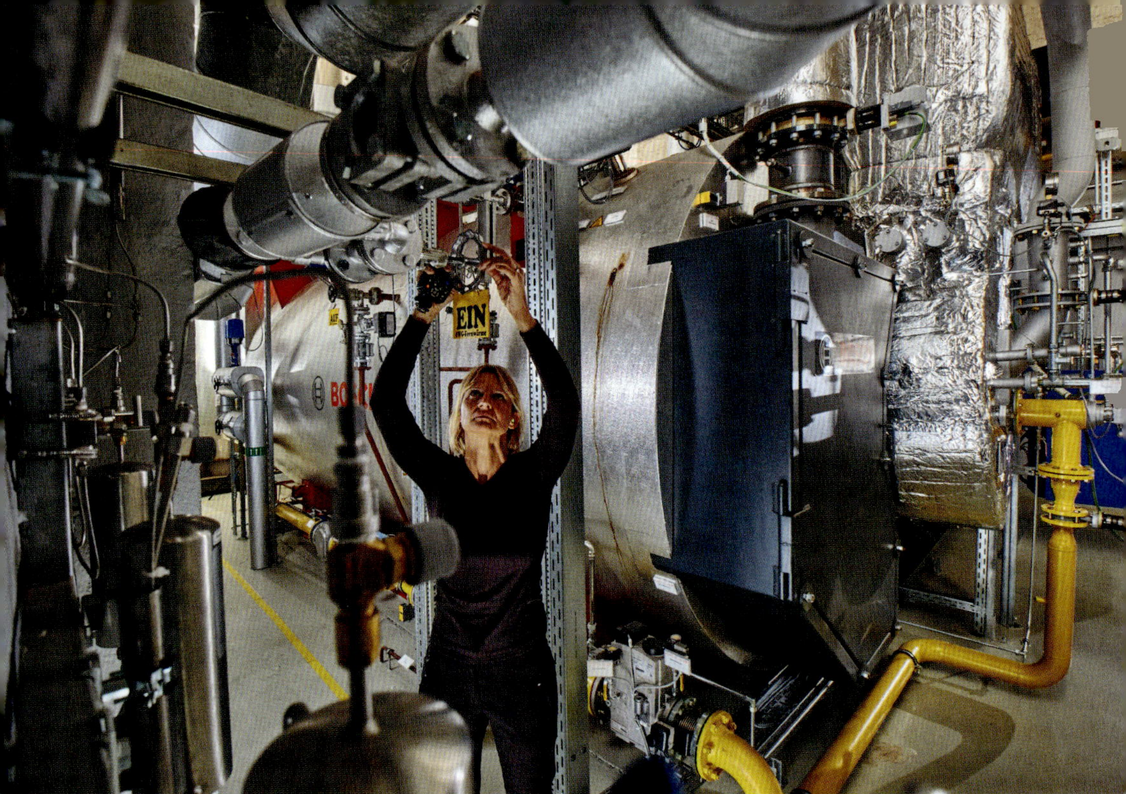

Bei diesem Setting ist die Kollegin in die Rolle des Lichtdoubles geschlüpft. So kann man das Motiv in Ruhe ausarbeiten, ohne die Menschen vor Ort allzu sehr in Beschlag zu nehmen.

ISO 1600 | 1/160 s | f/4 | 10 mm

Frau-Mann-Teams

Ich bin sehr überzeugt von „gemischten Doppeln" und glaube, dass man als Frau-Mann- oder Mann-Frau-Team in vielen Situationen besonders erfolgreich agieren kann. Das gilt auch für das Gespann Assistent/Assistentin. Wenn es z. B. darum geht, einen knurrigen Facharbeiter oder eine schüchterne weibliche Fachkraft dazu zu bewegen, begeistert mitzumachen, können Frauen und Männer jeweils anders agieren, haben eine andere Wirkung auf die Menschen und können sich auch gut in der Kommunikation abwechselnd ergänzen. Es hat eine besondere Wirkung, wenn etwa ein Mann einer Frau sagt, dass sie auf dem Foto klasse aussieht oder wenn eine Frau einem Mann sagt, dass er richtig cool rüberkommt. Mit Empathie plus ein bisschen geschlechtsspezifischer Kommunikation ist manches möglich, was sonst nicht so leicht klappen würde!

Eine andere Spielart ist, dass Assistenten auch mal in die Rolle eines Darstellers oder einer Darstellerin schlüpfen können. Wird zum Beispiel in einer Krankenhausszene jemand benötigt, der in die Rolle des Patienten schlüpft – und es findet sich vor Ort partout niemand, der diese Aufgabe übernehmen möchte –, ist es einfach prima, wenn sich Assistenten dazu bereit erklären und auch ein entsprechendes Model-Release unterzeichnen.

Wie gefährlich ist Industriefotografie?

Ist Corporate- und Industriefotografie gefährlich? Schwebt man permanent zwischen Leben und Tod? Ist das ein Abenteuer mit hohem Risikofaktor?

Die Antworten auf diese Fragen: Eigentlich nicht. Oder: Nur manchmal.

In Industrie- und Produktionsanlagen herrscht zumindest in Deutschland unserer Erfahrung nach meist ein hoher Sicherheitsstandard. Die Unternehmen sind sehr auf „Unfallfrei seit xxx Tagen" bedacht und wünschen sich, dass das „xxx" möglichst dreistellig ist. In besonders kritischen Industrien wie zum Beispiel Raffinerien werden die Sicherheitsbestimmungen extrem rigide gehandhabt. Hier sind oft Mitarbeiter von externen Dienstleistern unterwegs, deren Aufgabe vor allem darin besteht, auf die Einhaltung von Sicherheitsvorschriften zu achten: Helmpflicht, Sicherheitsschuhe, Warnwesten, Gehörschutz, Absturzsicherungen und so weiter.

Und so kann es dem begeisterten Fotografen leicht passieren, dass er im Eifer des Gefechts den Helm absetzt – weil es sich dann leichter fotografieren lässt –, und drei Minuten später tippt ihm der Sicherheitsbeauftragte auf die Schulter und macht eine unmissverständliche Geste. Im Wiederholungsfall kann es einem tatsächlich passieren, dass man vom Gelände fliegt und erst mal eine Persona non grata ist – ist uns zum Glück aber noch nie passiert.

Die Sicherheitsregeln sind mitunter echt nervig. Wenn man auf einer (kritischen) Industrieanlage zum ersten Mal auftaucht, darf man in aller Regel zunächst einen Sicherheitsfilm anschauen. Das sind meist ziemlich langweilig oder bemüht humoristisch produzierte Filme, in denen das jeweilige Unternehmen darstellt, wie Fremdfirmen und andere Gäste sich auf dem Gelände zu verhalten haben, was sie nicht dürfen („mit Restalkohol im Blut zur Arbeit erscheinen") und wie die Notrufnummer lautet. Meist geht diese Prozedur recht schnell, bei manchen Unternehmen muss man aber am Ende des Films sogar einen Test absolvieren und dabei per Ankreuzverfahren spannende Fangfragen richtig beantworten. Besonders sicherheitsbewusste Unternehmen (Explosivchemie oder Raffinerien) bringen es sogar fertig, nach dem filmischen Sicherheitstraining zusätzlich noch einen Sicherheitsbeauftragten abzustellen, der einem in einer weiteren Dreiviertelstunde das Gleiche dann noch einmal erzählt.

Aber okay! Das alles hat trotz der vor allem in der Wiederholung nervigen Aspekte letztlich seinen Sinn und soll verhindern, dass unbedachte Dienstleister eine Katastrophe auslösen – oder zumindest dafür sorgen, dass der Eintrag am Werkstor „Unfallfrei seit x Tagen" nicht auf „0 Tage" geändert werden muss. Und dass wir mit unseren „Nicht-Ex(plosions)-geschützten" Kameras eine Jahrhundertexplosion auslösen, halte ich für nahezu ausgeschlossen. Selbst in einer Raffinerie.

Auch wenn man einen 100-Meter-Strommast besteigt, ist man nicht wirklich in Lebensgefahr. Da wird man nur hochgelassen, wenn man ein zugelassenes Absturzgeschirr trägt und in die Sicherheitsleine eingehakt ist. Und selbst wenn einen beim Aufstieg ein Schwächeanfall heimsucht und man in die Tiefe stürzt, wird nicht wesentlich mehr passieren, als dass man im Sicherheitsgeschirr hängt, sich vielleicht ein paar Prellungen zugezogen hat – aber ansonsten am Leben ist. Bei solchen Abenteuern ist man eigentlich immer auf der sicheren Seite.

Gefahren für die Bilder

Für Fotografen ist noch ein weiterer Aspekt der Sicherheitsthematik interessant, nämlich der, ob sich auch die Darsteller vor der Kamera daran halten oder sich vielleicht ab und zu mal die eine oder andere Nachlässigkeit erlauben. Eine unserer wichtigsten Fragen ist beim Fotografieren einer Arbeitsszene daher:

- Sind alle Sicherheitsbestimmungen beachtet?
- Herrscht Helmpflicht?
- Müssen Handschuhe getragen wären?

Man kann auch fragen: Ist alles wirklich so, als hätte die BG (Berufsgenossenschaft) heute hier einen Termin? Spätestens dann fällt dem einen oder anderen ehrbaren Industriemeister ein, dass die Schutzbrille eigentlich eben doch vorschriftsmäßig wäre oder dass die Kollegen besser eine Warnweste tragen sollten.

Bei diesem Thema ist es gut, eher zweimal nachzufragen, als sich mit einer lässigen Geste zufriedenzugeben. Bei einem Auftrag für einen Energiekonzern ist es uns einmal passiert, dass eine ganze Serie von Fotos nicht verwendet werden konnte, weil bei einem Treppenaufgang zu einer nur etwa ein (!) Meter höher gelegenen Versuchsanordnung kein Geländer am Treppenaufgang montiert war. Waren wir Fotografen nachlässig gewesen? Eigentlich hatten wir uns nichts vorzuwerfen, denn das ganze Shooting wurde vom Sicherheitsbeauftragten des Unternehmens überwacht, er stand beim Fotografieren direkt neben uns und hatte nichts zu beanstanden. In diesem Fall hätten wir wohl besser dreimal nachfragen sollen.

Gefahren für Fotografen

Trotzdem gibt es beim Fotografieren auf fremdem Terrain realistische Gefahrensituationen auch für uns Fotografen. Der entscheidende Knackpunkt kommt dabei unserem Aufmerksamkeitsfokus zu und wie leicht es passieren kann, dass wir in der engagierten Ausübung unserer Kunst wichtige Aspekte im wahrsten Sinne aus dem Auge verlieren.

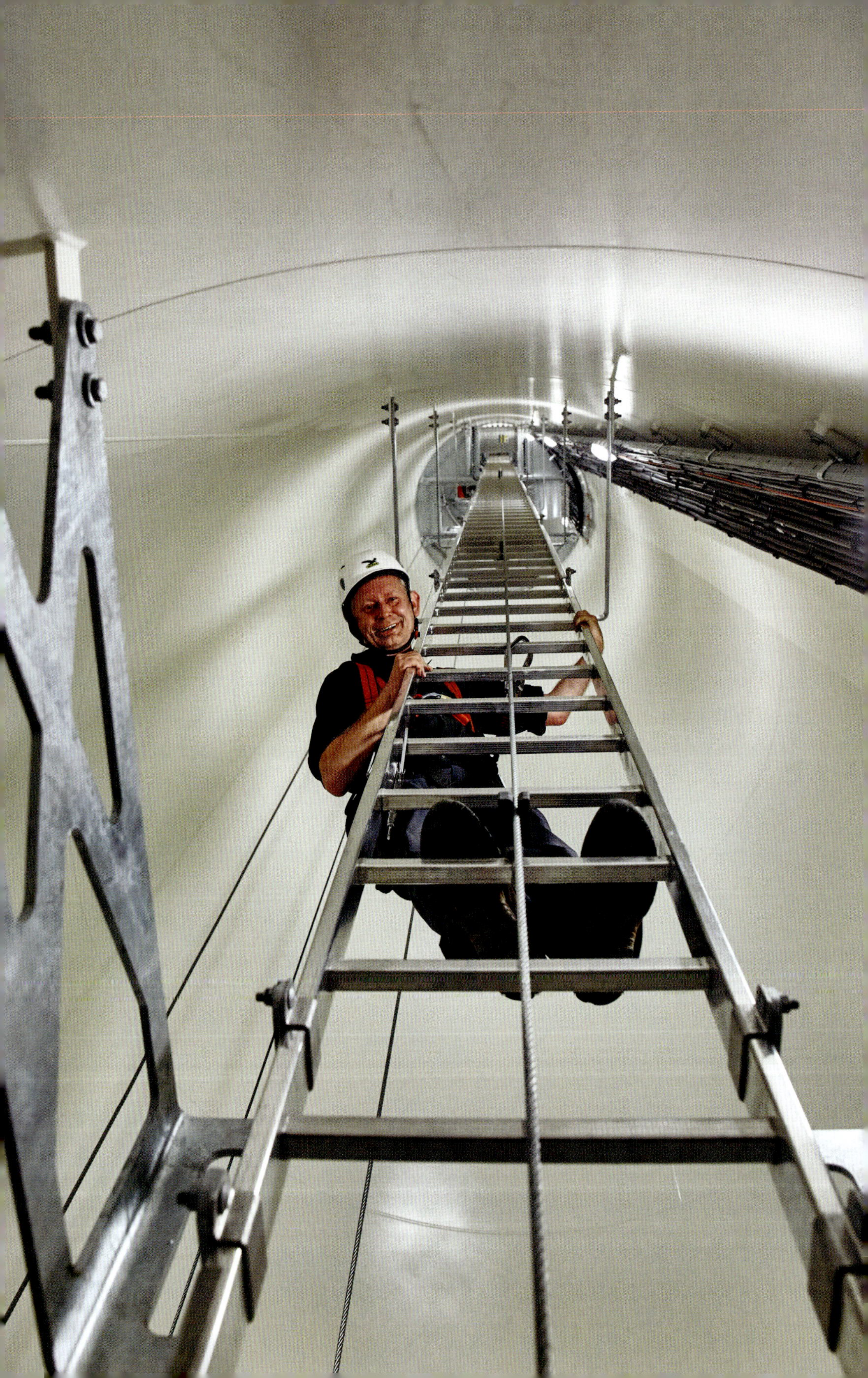

Beispiel: Ich fotografiere auf einer Industriebaustelle. Hier ist noch alles im Werden, und nichts ist vollständig fertig. Ich bin ganz vorsichtig und hoch konzentriert über eine Fünfmeterleiter auf eine Stahlkonstruktion geklettert, wo Montagearbeiten ausgeführt werden sollen, die ich fotografieren möchte. Ich schaue mich aufmerksam um und bemerke, dass es etliche „Löcher" in dieser Plattform gibt, unabgedeckte Stellen, in die noch kein Gitterrost eingelassen ist oder in die später irgendwelche Bauteile eingebaut werden. Als verantwortungsvoller Fotograf merke ich mir das und präge mir ein: Halte die Augen auf dem Boden, hier lauern echte Absturzgefahren, und selbst wenn man einfach nur in so ein Loch fällt und sich noch irgendwie festkrallen kann, hat man mindestens ein paar schmerzhafte Prellungen oder eine defekte Kamera zu beklagen. Nichts davon wünscht man sich wirklich.

Auf dieser Plattform habe ich mich über eine Stunde bewegt und aufmerksam alle Gefahrenpunkte umrundet. Irgendwann stehe ich da, mein Blick wird von irgendeinem Detail gefesselt, und eine Bildidee entsteht, der ich nachgehen möchte: Ja, genau, dieses Foto werde ich als Nächstes machen! Ich setze mich in Bewegung, gehe dahin, wo das Foto lockt – und trete prompt genau in so ein Loch, das ich seit 60 Minuten aufmerksam umrundet habe! Glück im Unglück: Ich erwische nur den Rand, registriere den unerwarteten Untergrund und habe zum Glück genug Geistesgegenwart, mich mit dem anderen Fuß abzustoßen und mich über das Loch zu retten. Glück gehabt!

Was passiert da? Unser visueller Sinn ist der am stärksten ausgeprägte, den wir Menschen haben – deshalb sind unsere Fotos ja auch so wirksam! Und unser Bewusstsein ist nach wie vor nicht in der Lage, echtes Multitasking zu betreiben. In dem Moment, in dem sich unser Fokus auf ein Bild oder eine Idee konzentriert, vernachlässigen wir unsere eigene Sicherheit und

Bei Abenteuern wie diesem achten alle Beteiligten auf die penible Einhaltung der Sicherheitsvorschriften – hier kann nicht wirklich etwas passieren. Die eigentlichen Gefahren lauen anderswo.

ISO 3200 | 1/160 s | f/4.5 | 24 mm

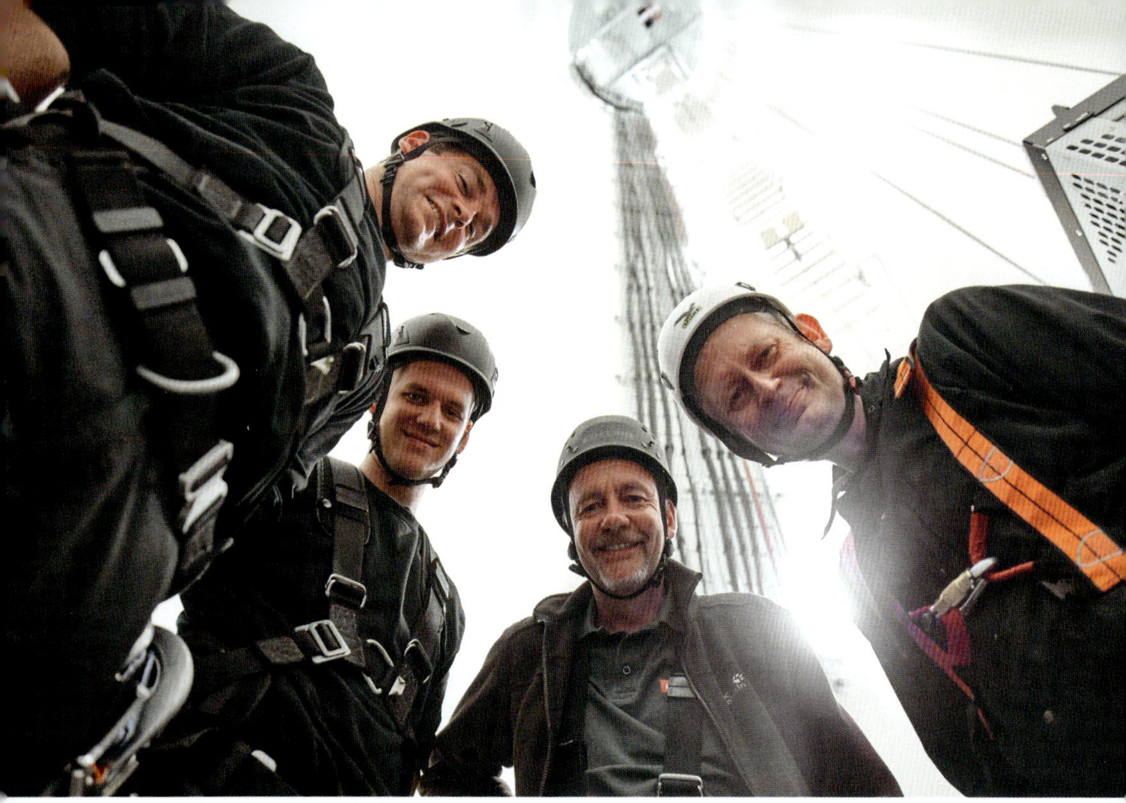

Echte Profis schützen sich und tragen die vorgeschriebene Sicherheitsausrüstung, so wie hier diese Experten zur Wartung von Windkraftanlagen. Für uns Fotografen ist es selbstverständlich, die Regeln ebenfalls zu beachten. Das vermeidet Ärger und stößt meist auf wohlwollende Anerkennung durch die Verantwortlichen vor Ort. (Kunde: Halki TECHNIK GmbH)

ISO 6400 | 1/100 s | f/2.8 | 24 mm

sind auf einmal einer Gefahr ausgeliefert. So etwas ist mir nicht nur einmal passiert, ich hatte aber immer Glück im Moment der Unaufmerksamkeit. Bisher ist alles glimpflich abgelaufen oder hat nur zu einem Sachschaden geführt.

Zu Letzterem fällt mir auch ein schönes Beispiel ein: Ich wollte auf eine Arbeitsbühne, um anschließend damit – wieder in einer Baustelle – auf eine Arbeitsebene fahren, wo Stahlbauarbeiten ausgeführt wurden. Hier funktionierten das Bewusstsein und die Übersicht noch. Ich klettere also vorsichtig die Leiter hoch, die zur Arbeitsbühne führt. Ich setze Fuß für Fuß, ich achte auf meine Kameras, damit sie nirgendwo anschlagen, ich erreiche die Bühne. Ehe ich mich selbst da hochschwinge, denke ich an meine Kameras und beschließe, erst mal die umhängenden Fujifilms sorgfältig auf der Arbeitsbühne abzulegen, ehe ich selbst da reinklettere.

Und jetzt funktionieren mein Bewusstsein und meine Übersicht nicht mehr.

Ich streife die erste Kamera ab und lege sie sorgfältig auf den Boden der Arbeitsbühne. Da kann jetzt eigentlich nichts mehr passieren. Oder doch? Was ich nicht beachtet habe: Die Tür zur Arbeitsbühne hat eine Rückschwingeinrichtung. Sie fällt immer automatisch zu, wenn sie losgelassen wird. Und das hat ein Facharbeiter gerade getan – die Tür schlägt zu und fegt meine Kamera mitsamt teurem Ultraweitwinkel in die Tiefe. Fallhöhe mindestens zwei Meter. Schock! Was für eine Scheiße! Ich suche die abgestürzten Teile und unterziehe sie einer ersten Untersuchung: Die Kamera und das angesetzte Objektiv funktionieren noch, die Kamera hat aber einen komplett herausgerissenen Hotshoe, und der vorher aufgesetzte Blitzauslöser fliegt irgendwo als schrottreifes Einzelteil auf dem Hallenboden herum.

So schnell geht das: aufgepasst, mögliche Gefahren vorhergesehen, umsichtig gehandelt – und trotzdem entsteht ein erheblicher Schaden, weil man eine unbekannte Komponente in dem Spiel nicht gesehen oder nicht erkannt hat.

Wenn man sich also in solchen Kontexten bewegt, ist es eigentlich nicht zu verhindern: Irgendwann wird etwas passieren – genau wie im ganz normalen Leben, beim Sport oder im Straßenverkehr. Es bleibt einem nichts anderes übrig, als sich möglichst optimal vorzubereiten, die Aufmerksamkeit hochzuhalten und im Falle des Falles Glück zu haben.

Noch ein Wort zur Sicherheitsausrüstung: Helme, Handschuhe, Sicherheitsschuhe, Gehörschutz etc., das ist alles ein bisschen lästig. Aber es hat trotzdem Sinn. Wenn man mal stundenlang in einer sehr lauten Produktionshalle fotografiert hat, wird man den Gehörschutz zu schätzen wissen.

Und wenn man mal erlebt hat, wie nur ein Meter neben einem ein großer Bolzen aus der Höhe auf den Hallenboden gekracht ist, sieht man den Helm auf einmal mit ganz anderen Augen an. Zu Letzterem noch ein Tipp. Normale Schutzhelme haben einen weit überstehenden Schirm, der beim Fotografieren sehr hinderlich ist – man stößt dauernd mit der Kamera dagegen. Abhilfe schafft, den Helm einfach andersherum aufzusetzen. Dann stört der Schirm nicht mehr – dafür sieht man allerdings ziemlich bescheuert aus. Die optimale Lösung ist ein Kletterhelm, der nur einen sehr schwach ausgeprägten Schirm hat. Diese Modelle haben außerdem einen Kinnriemen, der bei Kletteraktionen in der Höhe sehr hilfreich ist und verhindert, dass man den Helm verliert. All das gibt es im Fachhandel oder bei Amazon.

Menschen vor der Kamera

Das Element „Überraschung als Prinzip" gilt nicht nur für die Themen Bildfindung und -ausarbeitung, es gilt im besonderen Maße für das Miteinander mit den Menschen vor Ort. Auch wenn der Kunde idealerweise alles gut vorbereitet hat, die Menschen (und Darsteller!) informiert sind und vielleicht sogar die Location gut präpariert ist, so ist das Miteinander mit den Menschen, die man da nun fotografieren darf und soll, trotzdem recht speziell. Denn anders als in anderen Bereichen der Fotografie hat man es hier immer mit Laien vor der Kamera zu tun. Die Leute sind Dreher oder Schweißer, Mechatroniker oder Büroangestellte, und sie sind es keineswegs gewohnt, bei einem so wichtigen Projekt vor der Kamera und auf einmal im Mittelpunkt zu stehen.

Bei solchen Aufträgen sollten wir uns daher immer darüber im Klaren sein, dass die Menschen, die wir fotografieren wollen, sehr viel aufgeregter sind als wir selbst und dass diese Situationen für sie als durchaus herausfordernd oder auch belastend empfunden werden können. Natürlich gibt es wie immer solche und solche. Manche Menschen fühlen sich geschmeichelt, gefragt worden zu sein, haben Spaß daran, im Rampenlicht zu stehen, und sehen das Fotoprojekt als willkommene Abwechslung in ihrem Arbeitsalltag. Andere fühlen sich regelrecht überfordert und reagieren mit Nervosität oder Abwehr.

Allerdings machen wir auch immer wieder die Erfahrung, dass die meisten „Worker" sehr in sich ruhend erscheinen und sehr selbstgewiss mit der Situation umgehen. Ganz anders in den Büros: Hier blühen anscheinend Neurosen und Eitelkeiten, und tatsächlich scheint die Situation Büroangestellte häufig sehr viel nervöser zu machen als die Leute in Produktion und Service.

Wie ist das Betriebsklima?

Ob man es mit den Menschen leicht oder eher schwer hat, kann man meistens nach wenigen Minuten im Betrieb erkennen. Unternehmen mit einem guten Betriebsklima erkennt man häufig daran, dass die Mitarbeiter, denen man zum Beispiel beim ersten Rundgang begegnet, einen von sich aus grüßen. Ist das nicht der Fall und schauen die Leute eher mit starrem Blick vor sich hin, liegt hier meist was im Argen, und es kann sein, dass man ordentlich Motivationsarbeit leisten muss, ehe die Menschen so richtig mitziehen.

Allerdings – Unternehmen, die Fotografen beauftragen, nicht nur ihre Technik und ihre Produkte zu fotografieren, sondern auch Arbeitsszenen, haben in der Regel ein mindestens ordentliches oder gar gutes Betriebsklima. Insofern sind solche negativen Situationen eher selten.

Ausstrahlung der Fotografen

Umgekehrt wird aber auch ein Schuh daraus. So informativ die Ausstrahlung der Menschen für uns Fotografen ist, so wichtig ist auch unsere Ausstrahlung und Wirkung auf sie. Wenn unbekannte Personen durch ein Werk geführt werden, wird das von den Mitarbeitern sehr wohl registriert,

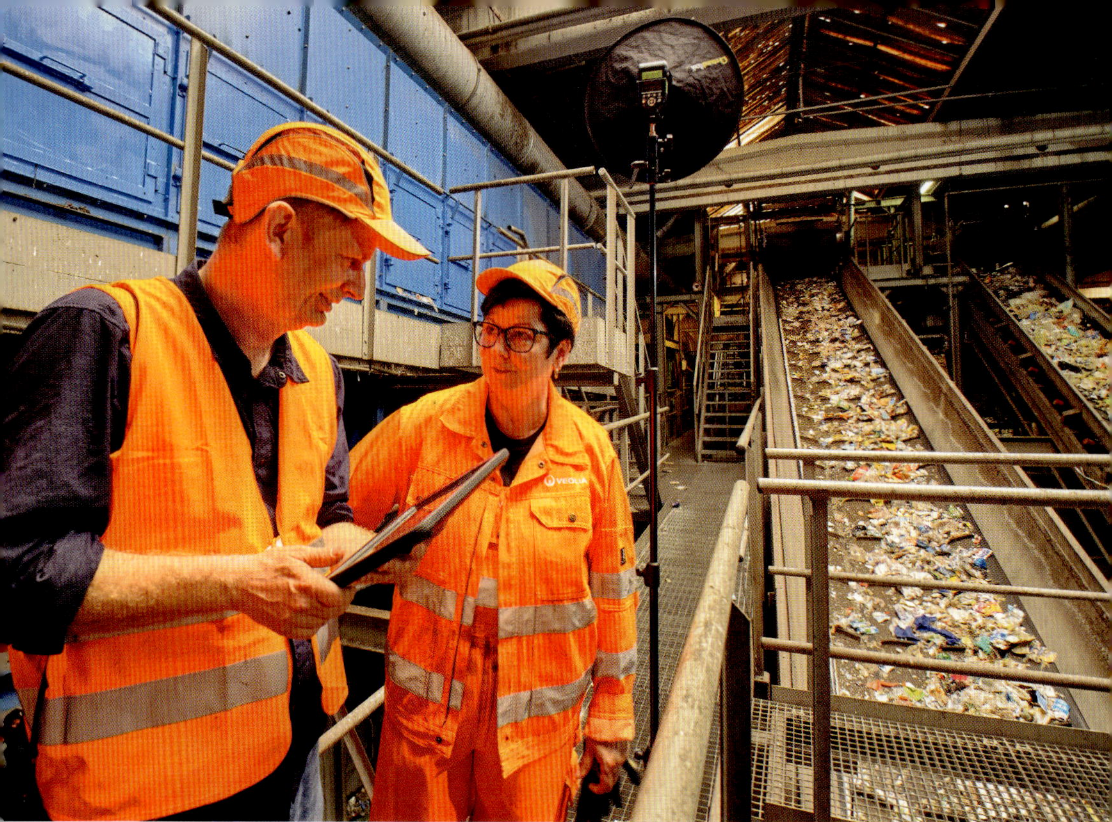

Miteinander sprechen, nachfragen, sich etwas erklären lassen, sich interessieren und mit den Mitarbeitern eine Beziehung aufbauen: ein wichtiger Schritt zu einem guten Foto!

ISO 1600 | 1/40 s | f/4 | 10 mm

sie sind neugierig und schauen zweimal hin. Vielleicht ist zu diesem Zeitpunkt, z. B. beim ersten Rundgang, noch gar nicht klar, wer da überhaupt unterwegs ist. Aber es ist unserer Erfahrung nach ungemein wichtig, auch bei solchen Gelegenheiten eine positiv-empathische Ausstrahlung zu haben, die Leute anzulächeln, sie zu grüßen, sich vielleicht für ein Detail ihrer Arbeit zu interessieren etc.

Das gilt auch und vor allem dann, wenn es sich um einen herausfordernden Job handelt und in unseren Köpfen möglicherweise die eine oder andere bange Frage herumgeistert. Trotzdem freundlich und interessiert zu bleiben, das signalisiert nicht nur gegenüber dem Kunden Sicherheit, sondern holt auch die Mitarbeiter, auf deren Kooperation wir später ja angewiesen sein werden, mit ins Boot.

Interesse und Wertschätzung

Wenn es dann konkret wird und man im Gespräch ist mit einem Mitarbeiter an einer speziellen Maschine, ist die beste vertrauensbildende Maßnahme, Interesse zu zeigen. Eigentlich ist das ohnehin eine Selbstverständlichkeit, man sollte ja ein gewisses Verständnis dafür entwickeln, was man hier eigentlich fotografiert und wie beispielsweise ein Arbeitsschritt korrekterweise aussieht. Das erfährt man am besten von dem zuständigen Mitarbeiter. Man verwickelt ihn in ein Gespräch, fragt nach, lässt sich etwas zeigen, und schon ist man mittendrin in einer intensiven Kommunikation. Dabei erfährt man nicht nur Wesentliches über den Kontext und kann daraus seine Bildidee ableiten, sondern man baut auch eine echte Beziehung auf.

Fast alle Menschen reden gern über das, was sie so gut beherrschen, und erklären gern, warum das so wichtig ist und was man dafür alles können muss. Nicht selten wird es auch so sein, dass die Protagonisten in ihrem Arbeitsalltag vielleicht Zeichen der Wertschätzung vermissen oder einfach zu selten mal ein Lob oder ein anderes Zeichen der Anerkennung erfahren. Da ist so ein Fotograf, dem man zeigen kann, was man kann, ein durchaus willkommener Gesprächspartner!

Gern gesehen werden

Die meisten Menschen möchten in ihrer Kompetenz gesehen werden und freuen sich insgeheim über das Interesse, die Aufmerksamkeit und die Bedeutung, die ihnen bei so einem Fotoshoot zukommt. Und meistens ist die Situation ja auch vorbereitet. Die Leute sind (hoffentlich) informiert und haben ihre grundsätzliche Bereitschaft bereits im Vorfeld kundgetan. Im Vorgespräch hat man sie vielleicht schon zusätzlich „weichgekocht", aber so richtig gewinnt man ihre Herzen mit einem coolen Bild. Wenn es also ans Eingemachte geht, die Bildidee gefunden ist, das Licht steht und erste gute Ergebnisse auf der Kamera oder auf dem iPad zu sehen sind, sollte man diese Bilder nicht nur dem Kunden zeigen, sondern auf jeden Fall auch dem oder den Protagonisten, die vor der Kamera agieren.

Wenn sie dann zum ersten Mal realisieren, dass hier kein normaler Arbeitsalltag fotografiert wird, sondern eine visuell starke Szene entsteht und der Darsteller als eine Art „Held der Arbeit" inszeniert wird, bricht das Eis oft erst richtig. Die Leute erkennen das Besondere und geben dann gern alles, um den Erfolg dieser Umsetzung zu gewährleisten. Oft ist es so, dass jetzt eine zusätzliche Bereitschaft entsteht, Dinge möglich zu machen, dem Fotografen jeden Wunsch zu erfüllen und so dazu beizutragen, dass das Foto noch etwas cooler wird. Nicht selten entwickeln die Mitarbeiter auch von sich aus Ideen für weitere Bilder oder zusätzliche Aspekte. Das sind oft Hinweise, die Gold wert sind!

Spätestens wenn von den Mitarbeitern dann die Frage kommt: „Können wir die Bilder auch bekommen?", wissen wir, dass wir gewonnen haben und dass sie aus ganzem Herzen mitziehen. Leider müssen wir in dieser Situation immer an den Auftraggeber verweisen und den Leuten deutlich machen, dass wir selbst die Fotos nicht direkt an sie herausgeben dürfen – im Gegenzug sollten wir uns aber auch wirklich dafür einsetzen und den Arbeitgeber dafür sensibilisieren, den Mitarbeitern die Fotos zur Verfügung zu stellen. Wir kommunizieren das immer so und sprechen unsere Kunden immer direkt darauf an. Hier hilft auch der Hinweis, dass Werbung durch die eigenen Mitarbeiter, z. B. über Facebook und andere soziale Medien, gerade im Zeitalter von Fachkräfte- und Azubimangel nicht zu unterschätzen ist.

Harte Nüsse knacken

Obwohl wir unsere Kunden im Vorfeld einer Produktion regelmäßig darauf hinweisen, dass es sinnvoll und wichtig ist, die zu fotografierenden Mitarbeiter vorab zu informieren, gegebenenfalls eine Kleiderempfehlung auszusprechen – benutzte Arbeitskleidung, aber nicht dreckig – und ihr Einverständnis einzuholen, kommt es immer mal wieder vor, dass genau dies nicht geschieht und die Leute erst am Tag des Shoots von ihrem Glück erfahren. Das ist oft eine blöde Situation, die Menschen fühlen sich überrumpelt, sind vielleicht nicht passend gekleidet, manche reagieren dann auch eher bockig als kooperativ.

In solchen Fällen hilft nur Charme und Empathie. Es ist meist am Fotografen, die richtigen Worte zu finden, die Leute in ein Gespräch zu verwickeln, sie ihre Arbeit zeigen zu lassen und so langsam ihr Vertrauen zu gewinnen. Es hilft auch, eine Broschüre mit dem eigenen Portfolio dabeizuhaben, sodass die Menschen vielleicht schon eine Ahnung davon bekommen, dass hier etwas Cooles entstehen wird und dass das Ganze Spaß machen könnte – und dass sie selbst und ihre Arbeit die Heldenrolle einnehmen.

Das klappt eigentlich sehr oft, aber manchmal auch nicht. Wenn jemand partout nicht will, dann ist das halt so, und man sollte zusammen mit dem Kunden (dem Vorarbeiter, dem Schichtleiter etc.) klären, wer denn stattdessen infrage käme oder wer zum Beispiel nach Schichtwechsel für diese Aufgabe angesprochen werden könnte.

Besonders in den Büros können solche Überrumpelungsszenarien zu unerquicklichen Situationen führen. Vor allem Frauen schätzen es gar nicht, wenn ihnen erst am Morgen des fraglichen Tags mitgeteilt wird, dass heute die Fotografen kommen. Daher weisen wir im Vorfeld unsere Kunden immer mehrfach darauf hin, die Belegschaft mindestens zwei Wochen vorher zu informieren. So können rechtzeitig Friseurtermine gebucht werden, und die Lieblingsbluse ist dann zum Tag X auch gewaschen und gebügelt. Das ist ungemein wichtig!

Gastbeitrag Corinna Spitzbarth

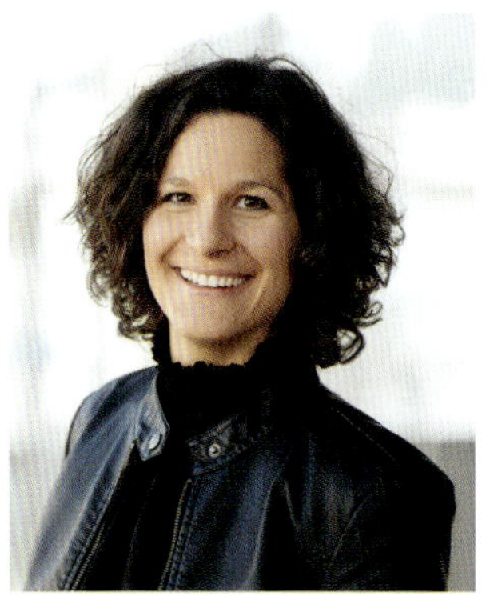

www.corinnaspitzbarth.de

Corinna Spitzbarth ist Unternehmensfotografin, eine empathische, vor Begeisterung sprühende Kollegin, die bei allem, was sie tut, eine mitreißende Aura um sich herum verbreitet. Sie bewegt sich auch da sehr gern, worum ich lieber einen Bogen mache: in Büros, Vorstandsetagen und Besprechungszimmern. Ich habe sie nach ihrem Werdegang und ihren Beweggründen gefragt und freue mich sehr über ihren Gastbeitrag.

Corinna Spitzbarth – Unternehmensfotografie, menschenfokussiert, branchenübergreifend und stimmungsvoll. „Für mich ist die Unternehmensfotografie das Schönste, was ich der Welt schenken kann."

Wie bist du zur Unternehmensfotografie gekommen?
Nach der Schule habe ich eine Grafikdesignausbildung absolviert. Dabei hat mich das Hauptfach Fotografie sofort begeistert, und ich wollte mehr lernen. So beschloss ich, nach der Ausbildung bei der renommierten Celebrity-Fotografin Margaretha Olschweski zu assistieren. Gleichzeitig kam der Wunsch, mehr von der Welt und dem Leben zu sehen. So beschloss ich kurzerhand, Wirtschaftsingenieurwesen zu studieren. Nach dem Studium arbeitete ich mehrere Jahre in mittelständischen Unternehmen im Bereich Marketing und bemerkte, dass ich wieder kreativ tätig sein wollte. Wie ein Geistesblitz kam mir die Idee, für Unternehmen zu fotografieren. Denn Unternehmen begeistern mich, schöne Bilder liebe ich – und beides vereine ich in der Unternehmensfotografie.

Was ist der Mehrwert für den Kunden?
Fotoshootings als Team-Building-Event: Mir hilft es sehr, dass ich den Unternehmensalltag kenne und dass ich sowohl in einem Großkonzern als auch in kleinen und mittelständischen Betrieben tätig war. So kann ich

mich in die Menschen und deren Arbeitsweisen hineinversetzen. Ich verstehe die Prozesse und unterschiedliche Unternehmensstrukturen. Das, was man fotografiert, sollte man verstehen, kennen und im besten Fall lieben! Denn dann können großartige Bilder entstehen. Ein Fotograf fotografiert schließlich immer aus seiner Sichtweise, aus seinem Verständnis und bringt seine Persönlichkeit in die Bilder ein. Hat man keinen Bezug zum Thema, werden die Bilder nicht wertvoll für den Kunden sein. Durch meine Mitarbeit in diversen Unternehmen weiß ich, wie toll es sein kann, wenn man aus seinem gewöhnlichen Alltag gerissen wird und etwas Neues und Besonderes erlebt. Meine Shootings sollen daher auch eine Art Event für die Mitarbeiter/-innen sein. Sie sollen Wertschätzung und einen freudvollen Tag erleben. Solche Aspekte kommen im Unternehmensalltag oft zu kurz. Eine schöne und besondere Atmosphäre kommt nicht nur den Bildern zugute, sondern vor allem den Menschen im Betrieb. Deswegen ist es immer mein Ziel, eine schöne Stimmung zu erschaffen: dass alle an einem Strang ziehen und wir gemeinsam aussagekräftige Bilder kreieren, zum Beispiel für Employer-Branding-Kampagnen, Firmenpräsentationen oder Webseiten. Die Bilder sind wichtig, damit sie ihren Zweck erfüllen – und die Mitarbeiter erleben einen besonderen Tag.

Was ist dein Ziel, und was treibt dich an?

In mir ist ein tiefer innerer Wunsch, für meine Kunden wunderschöne, authentische und aussagekräftige Bilder zu erschaffen. Einfach weil ich schöne Bilder liebe. Schon als Teenager konnte ich stundenlang ästhetische Fotos anschauen und bekam nicht genug davon. Sie ziehen mich einfach in ihren Bann. Egal wo ich bin, was ich betrachte: Die Texte überfliege ich, aber schöne Fotos kann ich ewig anschauen. Dann analysiere ich alle Details des Bilds: Woher kommt das Licht? Wie wurde das Bild bearbeitet? Wie ist der Bildaufbau?

In der praktischen Fotografie ist es wahrlich eine Herausforderung und Kunst, aus allen Gegebenheiten, wie Location, Lichtsituation und Persönlichkeit, die Botschaft herauszuarbeiten, die sich der Kunde vorstellt. Das

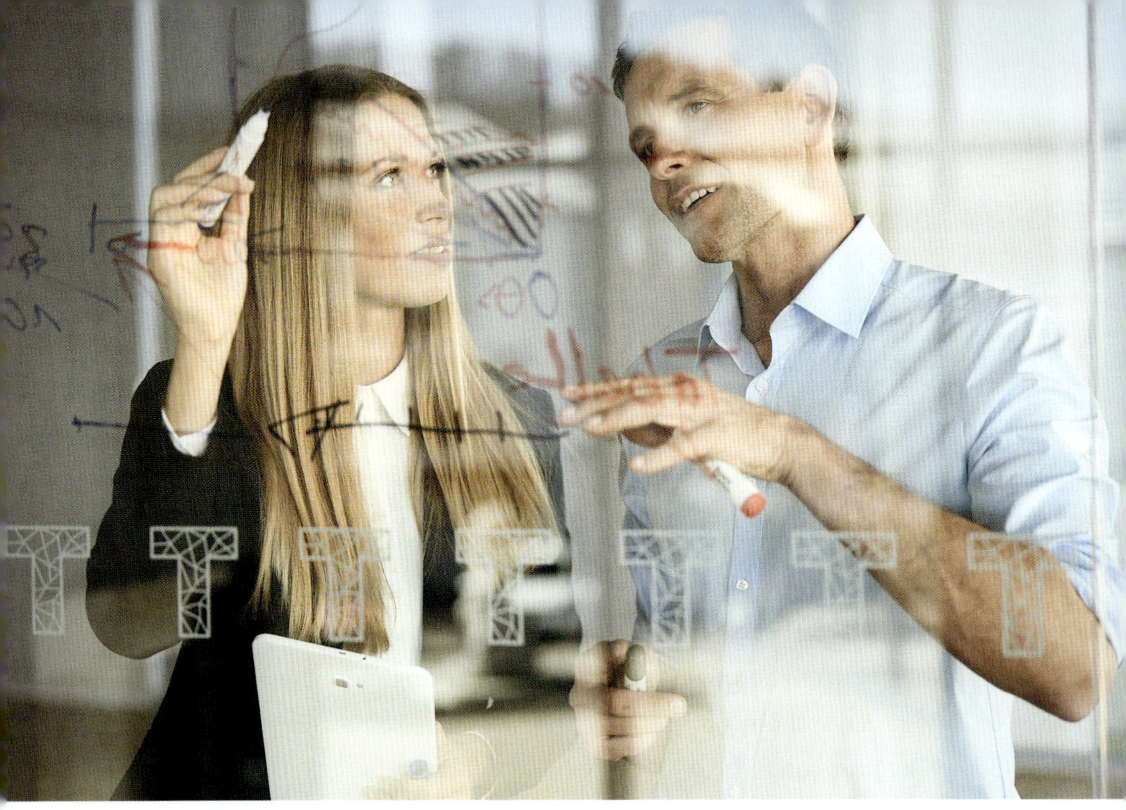

Das Businessfoto habe ich in der Technologiewerkstatt in Süddeutschland aufgenommen. Wir wollten eine lebendige Gesprächssituation auf eine moderne Art und Weise darstellen. Da die Location zahlreiche Glasflächen hat, kam schnell die Idee auf, dass wir eine dieser Glasflächen in die Bilder einbauen. Die erste Herausforderung war, dass die meisten der Glasflächen zu stark reflektierten oder nicht transparent waren. Schließlich fanden wir eine geeignete Stelle. Die Situation sollte so authentisch wie möglich eingefangen werden. Daher sollten sich die Personen bewegen und die Situation spielen. Die größte Herausforderung war es, eine authentische und lebendige Situation einzufangen und die gewünschte Reflexion an den richtigen Stellen zu erzeugen.

Zeitfenster ist zudem meist knapp, und neben mir stehen oft kritische Menschen, die Wert auf jedes Detail legen. Zugleich ist es mein Ziel, Bilder zu erschaffen, die echt aussehen. Ausgangssituationen und Menschen vor der Kamera sind immer anders, und das macht diesen Beruf so einzigartig und reizvoll. Auf jede Person gehe ich individuell ein und versuche, eine Beziehung aufzubauen. Eine Routine gibt es nicht, sondern eher einen leichten Nervenkitzel, der sich nach dem Shooting fast wie ein kleiner Rausch anfühlt. Dann fühle ich mich lebendig. Und das ist es, was mich ebenfalls antreibt. Das Gefühl, am Leben zu sein. Im Jetzt zu sein und das zu tun, was ich liebe.

Verrate uns ein wenig über deine Vorgehensweise

Authentische und moderne Bilder mit weichem, natürlichem Licht sind mein Ziel. Allerdings ist es in der Unternehmensfotografie unmöglich, nur mit Available Light zu fotografieren. Oft bin ich in Locations, wo kein schönes Licht herrscht. Oder es regnet in Strömen, und es kommt kein Tageslicht von außen in die Büroräume. In solchen Fällen muss man Licht setzen, das natürlich und echt aussieht. Somit ist es für einen Unternehmensfotografen unabdingbar, zu lernen, wie (Blitz-)Licht funktioniert. Während des Fotoshootings unterhalte ich mich viel mit den Menschen vor der Kamera. Sie sollen die gewünschte Situation authentisch „spielen". Dafür ist eine angenehme, lockere Atmosphäre notwendig. Ich möchte Bewegung einfangen und immer an den schönsten Locations fotografieren. Die Persönlichkeit des Fotografen spiegelt sich in seinen Bildern. Es ergibt keinen Sinn, Fotos „nachzufotografieren". Meiner Meinung nach ist das auch nicht möglich. Jeder sollte herausfinden, wer er im tiefsten Inneren ist und was ihm wichtig ist, was ihm wirklich gefällt. Erst wenn man beginnt, diverse Inspirationen mit eigenen Ideen zu kombinieren, und daraus seinen eigenen Stil entwickelt, ist man einzigartig. Dann kann Großartiges entstehen. Meiner Fotografie liegt zugrunde, dass ich einfach ich bin und dass ich tue, was ich liebe. Dass ich immer versuche, aus mir heraus zu erschaffen, und das jeweilige Motiv durch meine persönliche Herangehensweise umsetze. Mein persönliches Statement lautet:

Fotografiere, was du kennst und liebst. Fotografiere die Bilder, die du liebst. Dann werden sie auch deine Kunden lieben.

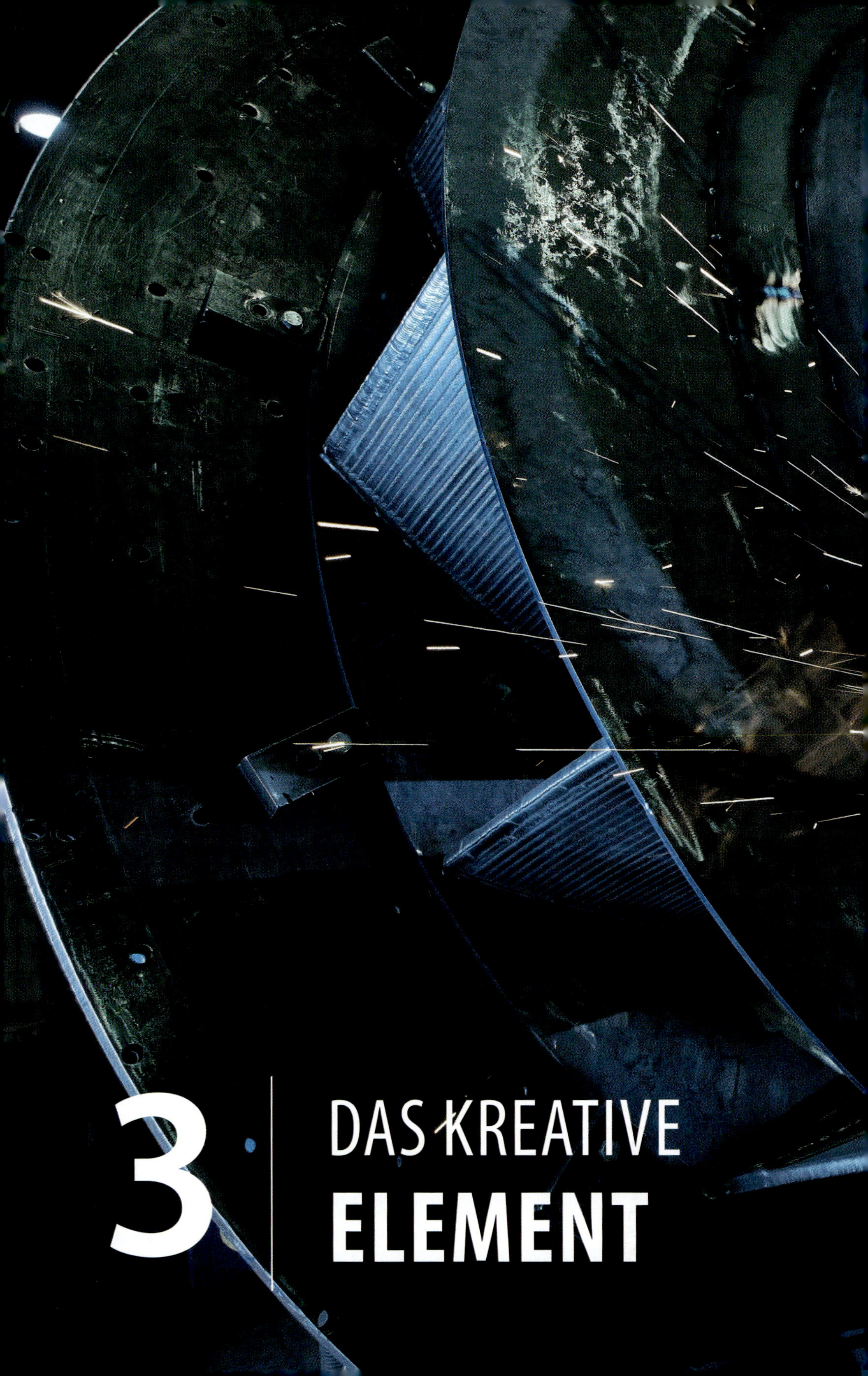

3 DAS KREATIVE ELEMENT

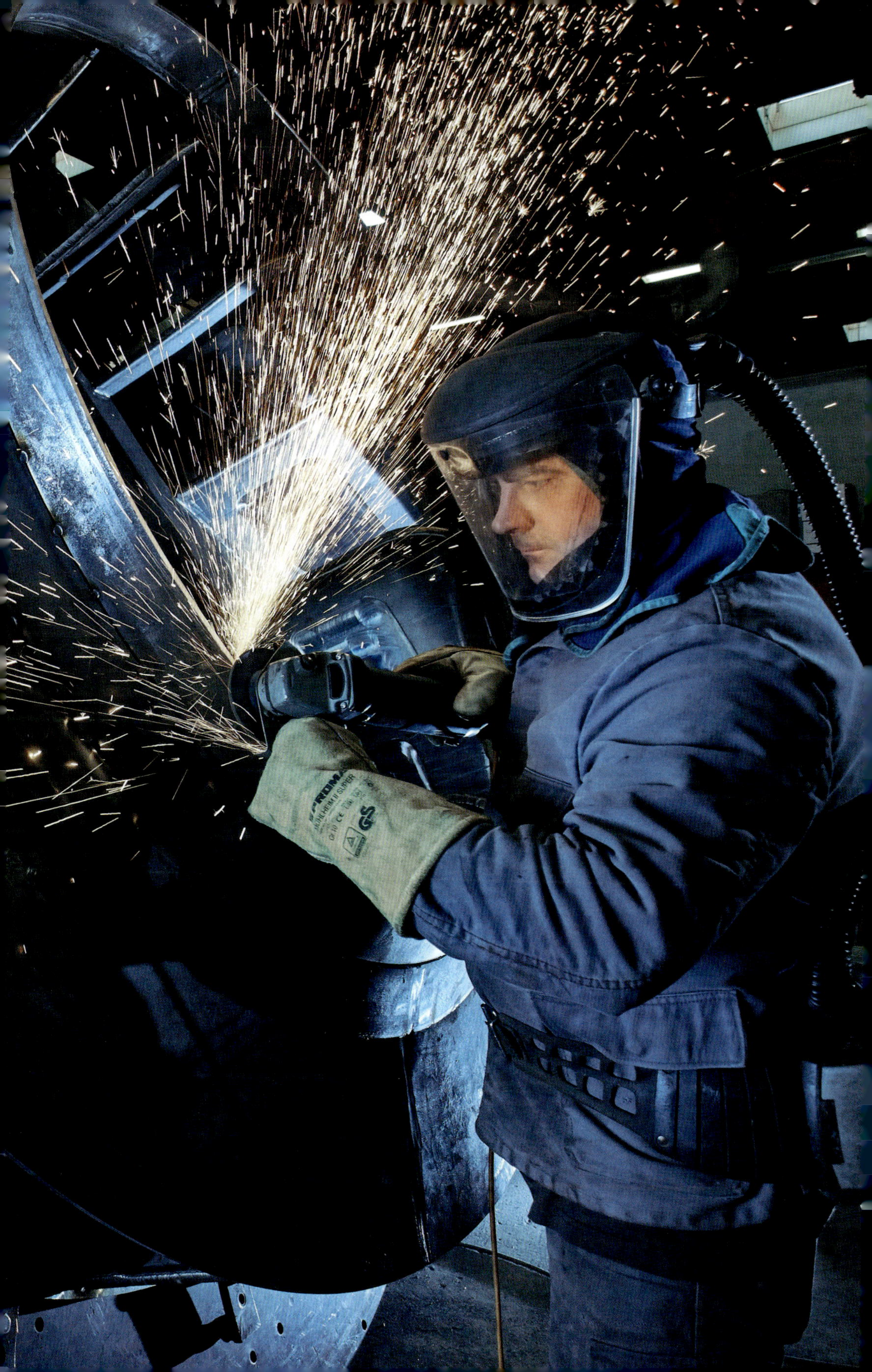

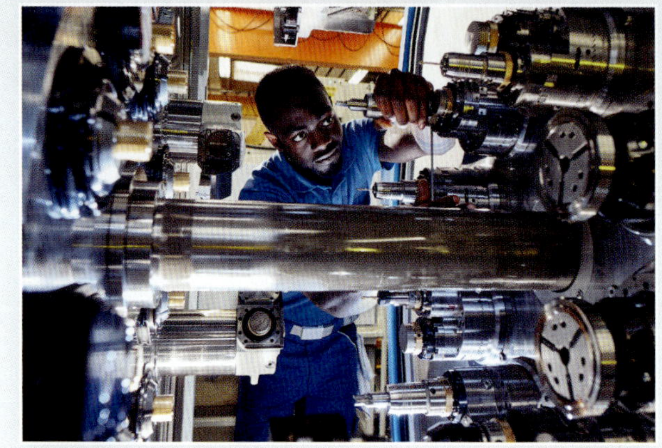

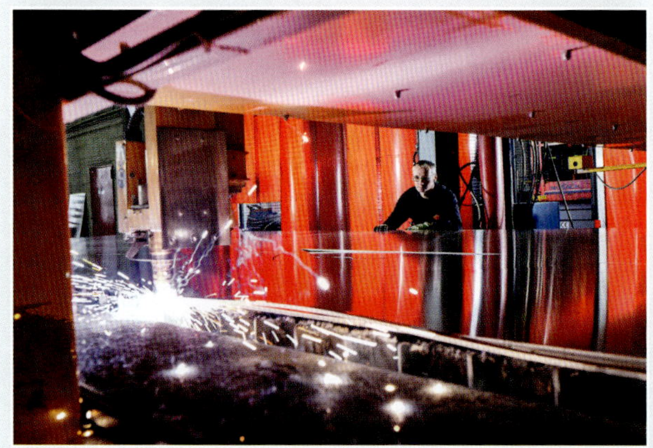

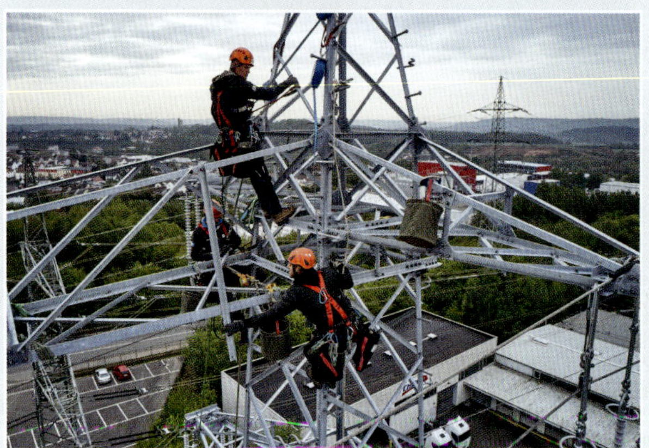

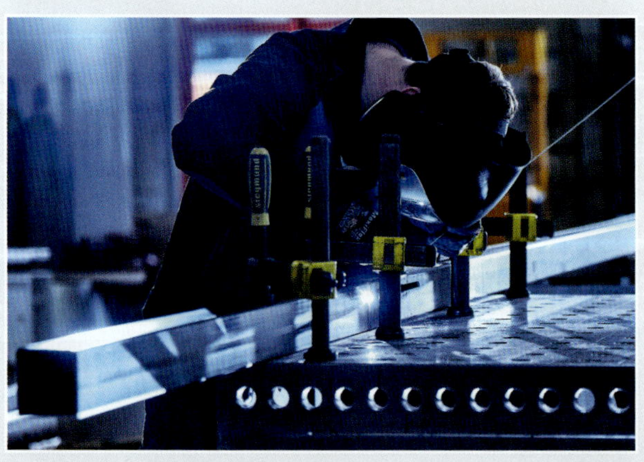

3

Das kreative Element

Bildauffassung und Philosophie

Jeder Fotograf sieht die Welt anders, jeder Fotograf hat eine eigene Stilistik, eigene Ausdrucksmittel, die er bevorzugt, nimmt andere Blickwinkel oder Perspektiven ein oder nähert sich einem Thema von ganz verschiedenen inhaltlichen Seiten. Würde man fünf Fotografen bitten, an einem definierten Ort eine klar definierte Vorgabe in einem Foto umzusetzen, würden trotzdem fünf völlig unterschiedliche Bilder entstehen. Das ist vielleicht auch einer der Gründe dafür, dass unser Beruf so großartig ist. Es ist das kreative Element, das Sich-Ausdrücken, das man in der Fotografie ausleben kann – und eben nicht nur in der freien und künstlerischen Fotografie, sondern auch in der auftragsbezogenen sogenannten angewandten Fotografie.

In der Diskussion über Auftragsfotografie wird häufig das Argument gebracht, dass die Fotografen hier eigentlich wenig kreativ arbeiten können und vor allem die Wünsche und Vorstellungen ihrer Auftraggeber umzusetzen haben. Ich sehe das für unseren Bereich nicht so, sondern würde es sogar andersherum formulieren. Meine Vorstellung ist eher, dass der Fotograf im Laufe seiner Entwicklung idealerweise etwas herausarbeiten sollte, das ihn ausmacht. Eine Stilistik, eine Ästhetik, eine bestimmte Art, Themen anzugehen und zu „sehen" – eben eine Bildsprache und eine Bildauffassung, die seinem Wesen und seiner kreativen Herangehensweise entspricht und für die er gebucht wird.

Das scheint mir eine wichtige Stellschraube für ein erfülltes Fotografenleben zu sein: dass man seine fotografische Kunst in Übereinstimmung mit seinen stilistischen und ästhetischen Vorstellungen und Idealen kommerziell ausüben kann und eben nicht nur ein Handwerker ist, der bestehende Vorgaben umsetzt.

Ein großer Vorteil in der Corporate-Fotografie ist auch, dass wir sehr häufig direkt mit dem Kunden arbeiten. Daher können wir mit ihm Dinge wie Bildkonzepte, Bildsprache oder Ästhetik besprechen und ihn dahin gehend beraten. Dies ist anders als zum Beispiel in der Werbefotografie, in der ja meist eine Kreativagentur mitwirkt und diesen Part übernimmt. Hier ist es dann in der Tat oft so, dass den Fotografen fertige Scribbles vorgelegt werden oder, noch schlimmer, Entwürfe, die bereits mit mehr oder weniger passenden Stockfotos gestaltet wurden. Hier wird der kreative Spielraum sehr viel enger, unter anderem auch deswegen, weil die Fotografen sehr oft erst am Ende des Kreativprozesses gebucht werden und dann nur noch Einfluss auf die tatsächliche Bildumsetzung haben.

Bei uns Corporate-Fotografen sieht es aber meist anders aus. Hier sitzen wir mit Geschäftsführern oder Marketingleitern zusammen, manchmal auch mit Vertriebschefs oder sogar direkt mit den technischen Direktoren oder Abteilungsleitern. Und das Briefing lautet oft ungefähr so: „Wir planen eine neue Broschüre und eine neue Website und brauchen coole Fotos dazu. Bei unserer Recherche im Internet sind wir auf Sie gestoßen, und Ihre Arbeit hat uns gefallen. Was schlagen Sie vor?"

In solchen Fällen sind die Tore ganz weit offen, und wir haben als Fotografen die schöne Aufgabe, gemeinsam mit dem Kunden etwas zu entwickeln, was ihm nützt und woran wir selbst Freude in der Umsetzung haben. Es ist daher übrigens auch eine gute Idee, für diesen Prozess ein Honorar zu nehmen, zum Beispiel für einen ganz- oder halbtägigen Projekt-Workshop. Schließlich ersparen wir dem Kunden an dieser Stelle zeitaufwendige interne Abstimmungen und/oder teure Agenturstunden.

Zentrale Fragen für solche Workshops sind zum Beispiel:

- Was möchte der Kunde erreichen? Geht es ihm um eine allgemeine Imagewirkung, oder sollen die Fotos noch andere Aufgaben übernehmen – zum Beispiel vertriebsunterstützend sein?
- Welche Werte hat der Kunde? Wie will er sich nach außen präsentieren?
- Was ist das Besondere, was zeichnet ihn aus, und was unterscheidet ihn von den Mitbewerbern? Wie kann man das in Fotos darstellen?

- Gibt es CI-Vorgaben, die in irgendeiner Weise in die Fotografien einfließen sollen? Zum Beispiel Lichtstimmung, Look der Bilder, Farbwelten etc.?
- Gibt es No-gos? Was darf gar nicht oder was darf nicht auf eine bestimmte Weise umgesetzt oder gezeigt werden?
- Gibt es formale Vorgaben? Hat z. B. eine Grafikagentur bereits ein bestimmtes Webdesign oder Broschürenlayout entwickelt, und haben diese Entwürfe Einfluss auf die Fotografie – z. B. auf benötigte Seitenverhältnisse der Bilder?
- Welche Atmosphäre sollen die Fotos haben? Hightech? Bodenständiges Handwerk? Edeleleganz oder brachiale Materialwucht? Auch hier gibt es viele Möglichkeiten?

Viele Wege führen nach Rom

Es gibt unendlich viele Varianten, wirkungsvolle und interessante Fotografien für Kunden zu gestalten. Man kann sich der Thematik dokumentarisch widmen, man kann einen mehr „magazinigen" Stil wählen, oder man setzt auf starke, klare Bilder, die eher der Werbeästhetik zuzurechnen sind. Vielleicht lässt man die Dinge vor der Kamera erst mal geschehen und wartet auf den magischen Moment – oder andersherum: Man inszeniert die Welt, die man beim Kunden vorfindet, und arbeitet auf ein Ergebnis hin, das zuerst im Kopf des Fotografen existiert und dann nach und nach in ein Bild umgemünzt wird.

Für mich sind Corporate- und Industriefotografien in erster Linie Bilder, die ein Unternehmen für Imagezwecke einsetzt. Es geht darum, zu zeigen, was man kann, wo die besonderen Stärken liegen, welche herausragenden Leistungen die jeweilige Firma bietet – oder auch welche Werte das Unternehmen zum Beispiel als Arbeitgebermarke vertritt, welche Mitarbeiter es anziehen möchte und wie der „Spirit" dort ist.

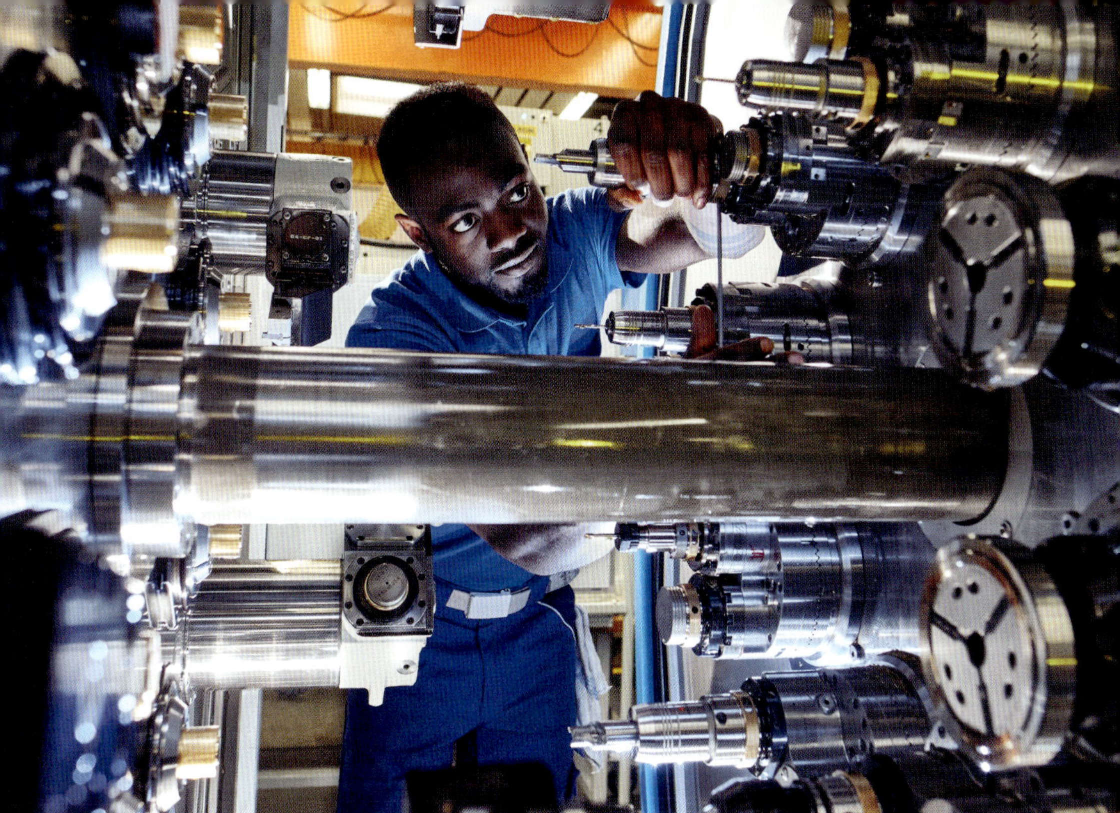

Kraftvolle Farben, starke Kontraste, coole Technik und ein Mensch in Aktion: Es macht Spaß, so ein Foto anzuschauen.

ISO 2000 | 1/250 s | f/2.8 | 16 mm

Wir leben in einer Welt, die von Bildern stark dominiert wird. Im Fernsehen, auf Internetseiten, in Social-Media-Kanälen – überall gibt es Bilder, Bilder und nochmals Bilder. Viele dieser Fotos sind nicht besonders gut – gut im Sinne von wirkungsvoll und kommunikationsstark –, sehr viele sind nur mehr oder weniger unpassende Lückenfüller. Gerade auf Social-Media-Kanälen sieht man häufig lieblos geknipstes Material, das seine eigentliche Aufgabe als Blickfänger nicht erfüllt. Nichtsdestotrotz werden unsere Sinne permanent mit Bildern gefüttert, die aufgrund ihrer schieren Menge von unserem Bewusstsein auch sehr gern umgehend weggefiltert und ins Kurzzeitvergessen verschoben werden.

Damit unsere Bilder in der Flut noch auffallen und „gute Bilder" im Sinne von Henri Cartier-Bresson sind („Ein gutes Foto ist ein Foto, auf das man länger als eine Sekunde schaut."), müssen wir möglichst starke und kraftvolle Bilder abliefern. Ich strebe Fotos an, die einen Wow-Effekt auslösen, die Staunen hervorrufen, Begeisterung wecken können und eine starke atmosphärische Wirkung haben. Ich glaube auch, dass Bilder in der Corporate-Fotografie durchaus „laut" sein können – keine stillen Beobachtungen oder subtile Momente zeigen müssen, sondern so richtig auf die K.... hauen können.

Was ist ein starkes Imagefoto für Unternehmen?

Ich versuche mal eine Definition: Es ist ein Foto, dessen Bildaufbau und Organisation den Blick anzieht, fesselt und beeindruckt. Das kann über eine starke Grafik, spannende Perspektiven oder andere formale Mittel geschehen. Das Foto verwirrt nicht mit unnötigen und schwer verständlichen Details, sondern setzt auf Klarheit und Konzentration. Weil Menschen nicht müde werden, Menschen anzuschauen, gehört meiner Meinung nach in das Bild mindestens ein Mensch: sei es als porträtierte Persönlichkeit in einem interessanten Umfeld, sei es als tätiger Mensch, der einer interessanten Arbeit nachgeht, sei es auch als Team, bei dem mehrere Menschen gemeinsam arbeiten.

Besonders wichtig ist für mich die Atmosphäre eines Fotos, die vor allem durch das Licht bestimmt wird. Je nachdem, in welchem Kontext man unterwegs ist, kann man hier mit ganz unterschiedlichen Stimmungen arbeiten. In der Industrie erzeugt man vielleicht die Atmosphäre eines Hightecharbeitsplatzes, in einer Manufaktur oder im Handwerk kann die Atmosphäre auch intimer und bodenständiger werden. Es ist ein Unterschied, ob man automatisch gesteuerte Aluminiumschweißanlagen in der Großindustrie fotografiert oder die konzentrierte, sensible Arbeit eines Glasbläsers in seiner Werkstatt.

Gut für die Botschaft eines Bilds ist es, wenn der Fotograf auch einen Weg findet, bestimmte Werte und Qualitäten in seinem Foto zu transportieren. Präzision und Genauigkeit kann zum Beispiel so eine Botschaft sein. Oder auch rekordverdächtige Stückzahlen, schiere Größe, Schnelligkeit oder Lieferfähigkeit. Hier entscheiden vor allem die Motivwahl und die Betonung bestimmter Tätigkeiten und Handlungen. Wichtig sind auch Symbole, aus denen ersichtlich wird, in welchem Kontext das Bild entstanden ist und in welcher Branche oder mit welchen Produkten wir es zu tun haben.

Gut ist es zudem, wenn das Foto in irgendeiner Form eine Überraschung beinhaltet: durch eine ungewöhnliche Perspektive, aber auch indem man Klischeevorstellungen bewusst bricht und betont, dass auch in klassischen Handwerksberufen Hightechwerkzeuge eingesetzt werden und zum Beispiel ein Sanitärfacharbeiter nicht nur mit der Rohrzange hantiert, sondern ferngesteuerte Kamerasysteme benutzt, um Kanäle und Rohre zu untersuchen.

Für mich gilt: Ein Corporate-Foto ist umso stärker und erfolgreicher, je mehr es von diesen Aspekten in möglichst starker Weise transportieren kann. Dafür ist eine sorgfältige Recherche vor Ort, Zeit bei der Motivauswahl und sorgsame Lichtsetzung erforderlich.

Authentizität oder Fantasy?

Licht spielt eine große Rolle bei uns. Unserer Meinung nach ist es eines der wichtigsten Instrumente, ein Foto zu gestalten, das zweidimensionale Bild eindrücklicher und plastischer wirken zu lassen, eine Realität zu formen und Atmosphäre im Bild zu erzeugen. Dies umso mehr, da die Orte, in denen wir in der Regel fotografieren, normalerweise wenig Stimmung zeigen und von nüchternen und langweiligen Neonlampen ausgeleuchtet werden. Hier kann man selbst mit nur einer überlegt eingesetzten Lichtquelle viel bewirken oder bei Bedarf auch ein ganzes Feuerwerk zünden.

Allerdings sollte sowohl bei der Inszenierung einer Handlung als auch bei der Erzeugung einer Lichtstimmung meiner Auffassung nach grundsätzlich Authentizität gewahrt bleiben. Reine Fantasy lehne ich ab, zum Beispiel sollte man eine Szene nicht nur deswegen fotografieren, weil sie gut aussieht. Das Gezeigte sollte immer real und wahrscheinlich erscheinen und auch dem kritischen Auge eines Fachmenschen aus der jeweiligen Branche standhalten. Ideal ist es, wenn Licht und Inszenierung vom Betrachter als „Wow" wahrgenommen werden, das Gezeigte aber nicht in Zweifel gezogen, sondern als wahr empfunden wird.

Vielleicht könnte man es auch so formulieren: Das fertige Foto sollte so aussehen, wie ein begeisterungsfähiger Mensch die Szene emotional wahrnimmt. Wenn das gelingt, kann das Foto dieses Gefühl auch an Dritte weitertransportieren.

Lebendige Inszenierung

Bei so viel Überlegung, Inszenierung und technischem Aufwand läuft man durchaus Gefahr, dass ein im Bild dargestellter Mensch sich sozusagen kaum noch rühren kann, allzu statisch wirkt und daher Lebendigkeit und Authentizität vermissen lässt. Das ist eine reale Gefahr, und ich habe nicht wenige Fotos gemacht, in denen das genau so passiert ist und zum Beispiel ein Facharbeiter in einem Meer von Blitzköpfen an einer genau definierten Stelle zu stehen hatte, ein Werkzeug hielt und irgendwie statisch und unecht wirkte.

Dem kann man entgegentreten, zum Beispiel indem man seinem Protagonisten eine wirkliche Aufgabe gibt, und sei es nur, eine bestimmte Schraube zu lösen und wieder festzuziehen oder einen Chip wirklich auszulöten und nicht nur so zu tun, als ob. Wenn man das Bild so inszeniert, wirkt der Protagonist gleich sehr viel echter, er konzentriert sich auf seine Aufgabe und kommt in den Flow seines Tuns. Das ist eine gute Basis für ein Foto,

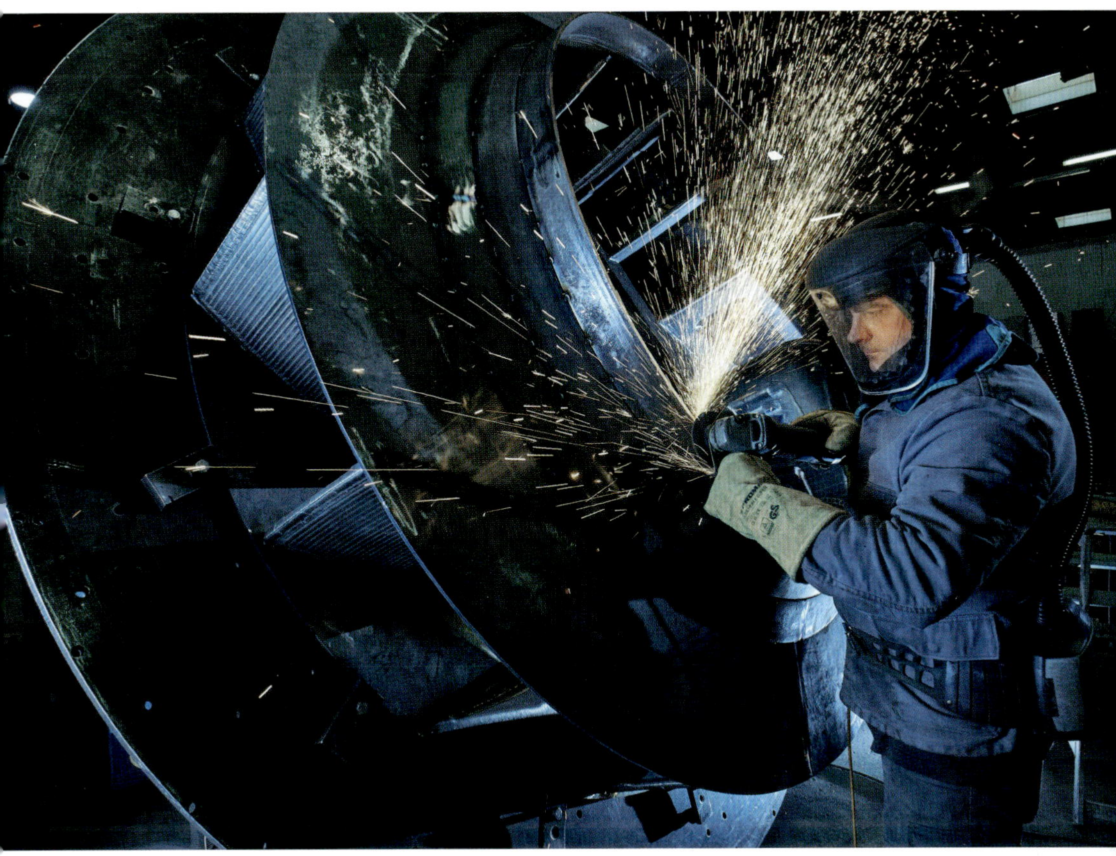

Arbeitet der Protagonist „wirklich“, ist keine Zeit mehr für Verlegenheit oder Schüchternheit vor der Kamera. Beim Flexen muss man sich konzentrieren, der Facharbeiter ist voll dabei.

ISO 800 | 1/125 s | f/4 | 12,6 mm

allerdings kann es sein, dass der Betreffende dann allzu verbissen schaut und sich vom Ausdruck her sehr in sich zurückzieht. Hier hilft dann gegebenenfalls der Hinweis, die Mundwinkel ein kleines bisschen nach oben zu ziehen.

Attraktive Lichtsetzung

Die Lichtsetzung in der Corporate- und Industriefotografie ist ziemlich speziell. Sie unterliegt ganz bestimmten Umständen, und sie fordert vom Fotografen ein hohes Maß an Flexibilität und Einfallsreichtum. Natürlich nur dann, wenn man zu den Fotografen zählt, die überhaupt Licht setzen! Es gibt erfolgreiche Kollegen, die praktisch ohne künstliches Licht auskommen und auch damit ihren Weg gehen. Aber das ist nicht meiner. Ich setze gern und viel Licht und halte eine wirkungsvolle, atmosphärische und attraktive Lichtsetzung für ein wesentliches Merkmal guter Unternehmensfotografie.

Lichtsetzung in unserem Metier funktioniert jedoch ganz anders als etwa im Studio. Wir sind vor Ort, on location, wir arbeiten in Werkstätten oder großen Hallen, wir sind unter Tage oder auf Baustellen. Die äußeren Umstände, die gegebenen Bedingungen spielen daher immer eine große Rolle. Wir haben selten die volle Kontrolle über das Licht und müssen uns daher mit der vorhandenen Situation arrangieren, die Schwächen ausbügeln und eigene Stärken ins Feld führen.

Betrachten wir eine klassische Situation: Wir arbeiten in einer Werkshalle im produzierenden Gewerbe. Wir wollen einen bestimmten Produktionsschritt fotografieren. Die Halle hat nur wenige Fenster nach außen, das Tageslicht spielt praktisch keine Rolle. Das dominierende Licht kommt von zahlreichen Neonlampen, die in der Hallendecke montiert sind und ein weiches, konturenloses Licht produzieren. Unser Motiv ist ein Facharbeiter an einer Maschine. Der Auftrag lautet: geile Fotos! Bilder, die ansprechen und verdeutlichen, dass hier auf hohem Niveau Hightech in Deutschland produziert wird.

Gehen wir an so ein Motiv reportagehaft heran und verwenden nur das vorhandene Licht, bekommen wir ein flaues, kontrastarmes Bild mit unattraktiven Farben. Das gilt auch dann, wenn der Weißabgleich der Kamera optimal eingestellt ist und eventuell vorhandene Farbstiche gut ausgebügelt werden. Natürlich kann man in der Bildbearbeitung noch einiges tun, den Weißabgleich noch etwas besser setzen, Kontraste erhöhen, gegebenenfalls selektive Änderungen vornehmen und die Farben lebendiger trimmen. Aber grundlegend wird sich am miserablen Licht nichts ändern. Also werde ich in solchen Fällen selbst aktiv und verändere mit Blitz oder Dauerlicht oder einer Kombination von beidem die Situation zu meinen Gunsten.

Wie gehe ich dabei vor? Im Folgenden lernen Sie einen prototypischen Ablauf kennen.

Lichtsituation analysieren

Um ein Gefühl für die Situation zu bekommen, analysiere ich erst mal die Qualität des vorhandenen Lichts. Das geschieht ganz schlicht mit der Kamera. Ich stelle dabei deren Weißabgleich auf „Tageslicht" und fotografiere

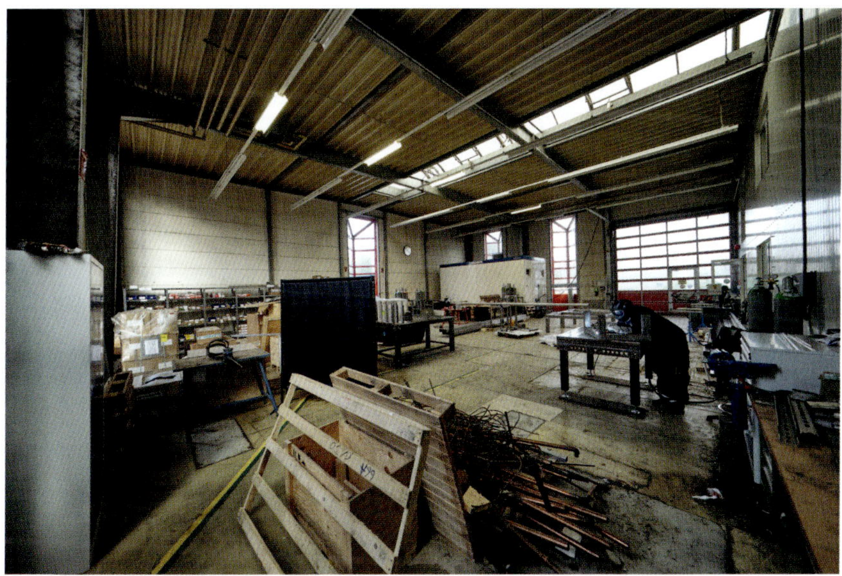

Das Beispielbild zeigt sehr schön die vorhandene Lichtsituation. Hier herrscht eine Mischlichtsituation zwischen weißem Tageslicht draußen und einem bräunlich grünen Neonlicht in der Halle. Ganz gewiss keine optimalen Bedingungen, und attraktiv sieht das (jedenfalls noch) nicht aus.

ISO 640 | 1/160 s | f/2.8 | 8 mm

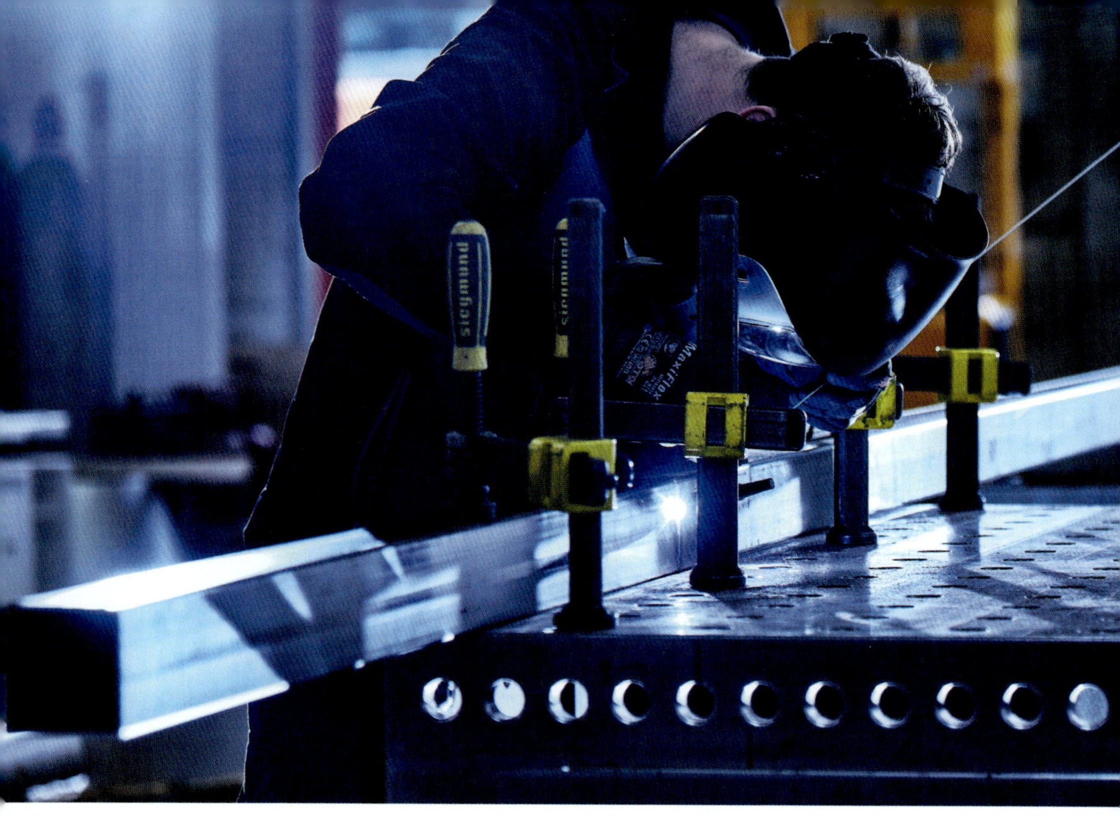

Dass es auch anders geht, zeigt dieses Foto: gleicher Ort, gleiche Szene. Ich bin mit der Kamera nahe an den Schweißtisch herangerückt, habe das Umgebungslicht mittels Unterbelichtung reduziert und zusätzlich eigenes Effektlicht auf die Situation gesetzt. Das Bild wirkt crisp und interessant, die banalen Elemente des Raums sind verschwunden, und es wirkt die Magie des Feuers. Zugegeben: Funken und Feuer sind immer dankbar, aber das Licht ist hier entscheidend. (Location: Fuchs & Hoffmann GmbH, Saarland)

ISO 200 | f/2.8 | 1/250 s | 18 mm

die Situation ohne weitere Hilfsmittel. Das dabei entstehende Bild zeigt sofort, mit welcher Farbqualität man vor Ort rechnen muss. Häufig ist das Hallenlicht grünstichig, es gibt aber auch magentastichiges oder bräunliches Neonlicht. Bei neuen oder modernisierten Anlagen hat man öfter das Glück, dass das Hallenlicht in der Farbtemperatur praktisch dem Tageslicht entspricht und annähernd „weiß" erscheint.

Diese erste Analyse hilft schon mal sehr viel weiter und zeigt, wie sich das Hallenlicht gegenüber weißem Tages- oder Blitzlicht verhalten wird und zu welchen Effekten es bei einer Mischlichtsituation kommen kann.

Limitierendes vorhandenes Licht

Das langweilige und farbstichige Deckenlicht in industriellen Anlagen werde ich nur allzu gern los. Anders sieht es bei Leuchten und Lichtern aus, die auf den ersten Blick kaum auffallen, die aber dennoch maßgeblich sind und sogar Atmosphäre transportieren können. Gemeint sind Leuchtdioden, Statuslampen oder Bildschirme, die es in vielen Anlagenteilen gibt. Unsere Welt wird immer digitaler, und sehr viele Maschinen werden heute nicht mehr über haptische Regler, sondern über berührungssensitive Touchscreens gesteuert. Eine Heerschar von Sensoren überwachen Anlagenteile, und Computer dringen immer mehr vor. Sind solche Elemente vorhanden,

Hier sind es die Monitore, die das limitierende Licht setzen. Da ihre Leuchtkraft begrenzt ist, muss bei der Belichtung und auch bei der Lichtsetzung darauf Rücksicht genommen werden, sonst würden die Bildschirme dunkel und flau wirken. (Location: Currenta GmbH & Co. OHG, Leverkusen)

ISO 1600 | 1/160 s | f/2.8 | 22 mm

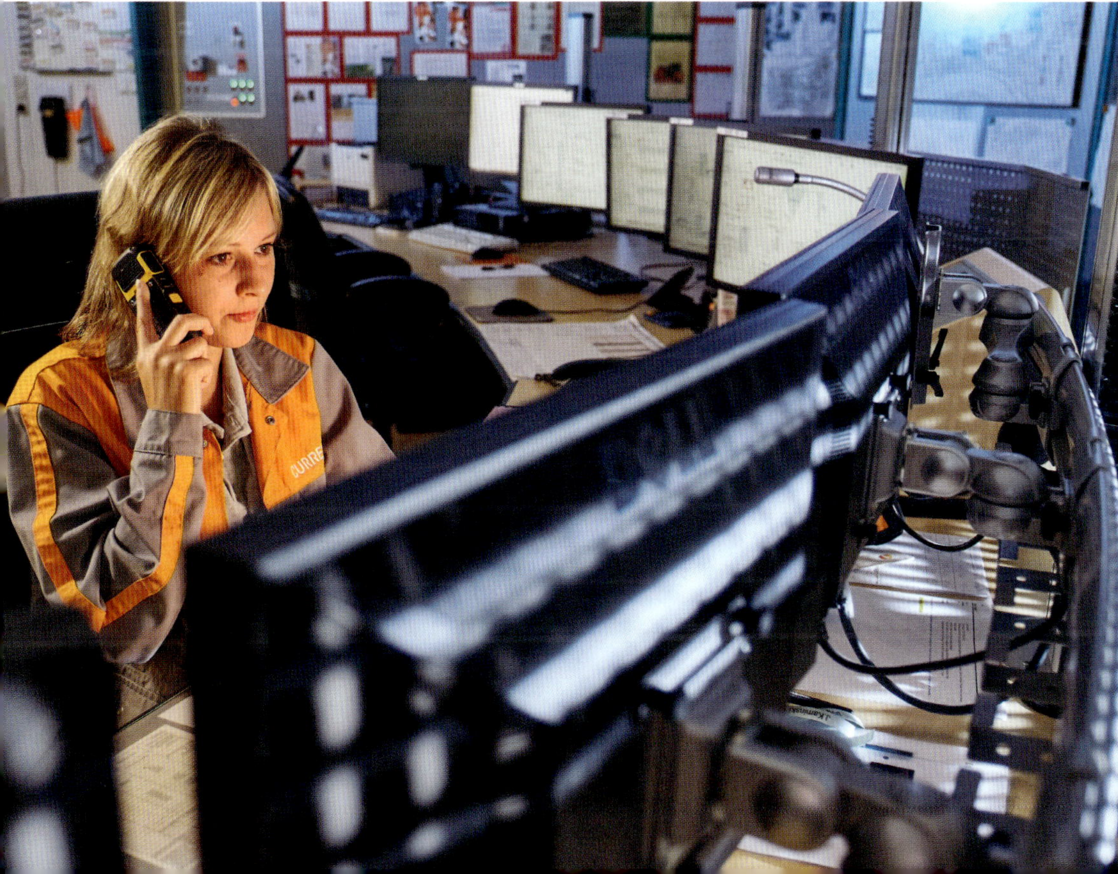

nehme ich sie dankbar an, denn ihr Licht kann wunderschöne Akzente setzen, farbige Bildpunkte erzeugen, Gesichter stimmungsvoll anleuchten und auf diese Weise für eine sehr schöne Hightechatmosphäre sorgen.

Eines haben diese Lichtquellen gemeinsam: Sie sind in der Regel nicht sehr leuchtstark und können sich gegenüber einem gleißenden Deckenlicht nicht bildwirksam durchsetzen. Daher gilt auch hier: Hallenlicht aus – und schauen, was passiert. Bei solchen Aufnahmen muss man häufig mit hohen Empfindlichkeiten arbeiten, damit sich dieses Licht im Foto bemerkbar machen kann.

Einfluss nehmen

Weiter oben habe ich geschrieben, dass man die Situation nicht kontrollieren kann, man kann sie aber manchmal in Teilen doch verändern. Zum Beispiel ist es – natürlich abhängig vom jeweiligen Motiv bzw. von der Frage, ob es für die jeweilige Bildidee überhaupt sinnvoll ist – einen Versuch wert, die Verantwortlichen vor Ort zu fragen, ob man das Hallenlicht ganz oder partiell abstellen kann. Das ist erstaunlich oft möglich – sofern nach einigem Herumsuchen endlich der richtige Schalter gefunden wurde –, und die dort arbeitenden Menschen wundern sich zwar manchmal, akzeptieren die ungewohnte Situation aber meist ohne Murren. Auf diese Weise kann man den betreffenden Hallenteil in ein gnädiges Dämmerlicht tauchen und vermeidet so die Farbstiche im Grundlicht. Die Kehrseite der Medaille: Liegt die Situation praktisch im Dunkeln, ist man natürlich gezwungen, das Licht für die Szene auch komplett selbst zu „machen".

Mehr zum Licht

Auf spezielle Lichtsituationen und Strategien im Umgang mit Licht gehe ich auch an verschiedenen Stellen im Bildtafelteil dieses Buchs ein.

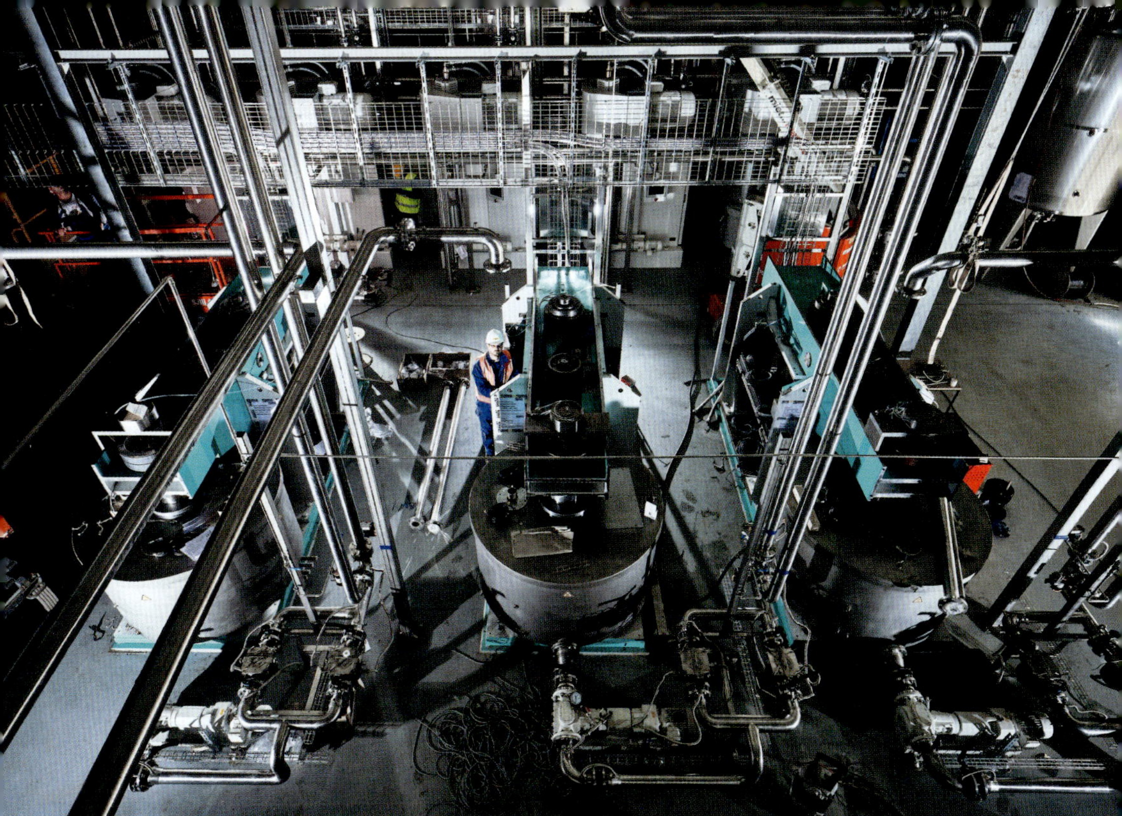

Dies ist so eine Situation. Location ist ein Werk der Fuchs & Hoffmann GmbH, ein Hersteller von Kakaoprodukten. Die Halle wird größtenteils von modernen LED-Lichtern erleuchtet, die eine tageslichtähnliche Farbtemperatur haben. Ich wollte aber ein „magischeres" Bild der Situation erzeugen. Das weiche Hallenlicht tritt dank Unterbelichtung zurück, dagegen dominiert das von schräg hinten und vorn gesetzte Streiflicht die Aufnahme. Das Foto wurde „live" realisiert – die Leute posieren nicht für die Kamera, sondern sind mitten im Arbeitsprozess.

ISO 200 | f/2.8 | 1/250 s | 18 mm

Ist es nicht möglich, das Hallenlicht auszuschalten, hilft noch ein anderer Trick. Man stellt die Kamera so ein, dass die vorhandene Lichtsituation kräftig unterbelichtet wird, und setzt dann ebenfalls das Licht, das man braucht. In diesem Fall wird die Mischlichtproblematik zwar nicht vollständig eliminiert, aber doch deutlich reduziert.

Lichtphilosophie

Über die Jahre haben wir einen Stil und eine Philosophie entwickelt, die uns angemessen und richtig für das gewählte Sujet erscheint. Dass es natürlich tausend andere Wege zu einem guten Lichtstil gibt, ist selbstverständlich. Jeder Fotograf findet seinen eigenen Weg. Dieser hier ist unserer.

Wir schätzen dramatische, farbprächtige, kontrastreiche und kraftvolle Bilder. Wir sehen unseren Weg nicht in subtilen Momenten und leisen Beobachtungen, sondern wir holen gern die ganze Klaviatur raus, überhöhen und dramatisieren die Szene. Die gezeigte Szene soll dabei inhaltlich aber immer authentisch bleiben. Das schließt jedoch nicht aus, dass wir Details im Bild liebevoll beleuchten und gern auch filigrane Detailarbeit im Gesamtgefüge leisten.

Wir stehen auf Gegenlicht. Wir mögen scharfe Konturen, leuchtende Maschinenteile und glitzernde Akzentlichter. Wir sind der Meinung, dass die großartigen Menschen, die wir vor der Kamera haben, es verdienen, als Helden gezeigt zu werden. Sie leisten oft Außerordentliches, und ich sehe einen Teil meiner Aufgabe darin, diesen Menschen ein Denkmal zu setzen.

Im Gegenlicht

Wenn wir nach Analyse der vorhandenen Situation und nach der Entwicklung einer Bildidee so weit sind, das Licht einzurichten, bauen wir es recht unorthodox auf– nämlich von hinten. Dafür setzen wir meistens erst einmal Streif- oder Gegenlichter. Nehmen wir obiges Beispiel wieder auf. Bei der unspektakulären Halle handelt es sich um eine Interimswerkstatt, die nur für eine bestimmte Zeit genutzt wird. Hier werden Metallteile zurechtgeschnitten und Schweißarbeiten ausgeführt.

Eine Szene in Industrie, Technik und Wissenschaft (und in anderen Sujets desgleichen) profitiert sehr von Gegenlicht. Ein Blitz links oder rechts hinter dem Protagonisten – oder auf beiden Seiten – bewirkt sehr viel.

Die Person bekommt eine schöne Lichtkontur, wird scharfkantiger und kontrastreicher gezeichnet, Haare leuchten, Hände und Werkzeuge bekommen Form.

Ein willkommener Nebeneffekt ist, technische Geräte im Bild zu sehen. Bekommen auch diese ihren Teil vom Gegenlicht ab, glänzen Metallteile, dunkle Partien werden detailreich moduliert, und Spitzlichter setzen Akzente. Wollte man es sich leicht machen, könnte man bei vielen Motiven in diesem Stadium des Lichtsetzens schon aufhören. Das Ergebnis gefällt, die Farben und Kontraste sind sehr viel besser, und das Motiv wird auch atmosphärisch interessanter.

Ein systembedingter Nebeneffekt des Gegenlichts ist, dass die der Kamera zugewandten Bildpartien, z. B. das Gesicht des Protagonisten, theoretisch im Schatten liegt. Sehr oft ist das aber ein erstaunlich unbedeutendes Problem, denn nicht selten reflektiert ein von hinten gesetztes Licht von einer Wand oder einer Maschine gegenüber und sorgt für ausreichende Aufhellung. Ist das nicht der Fall, kann man natürlich mit einem weiteren Blitz oder einem Dauerlicht dafür sorgen. Wir nutzen hierfür häufig die Gegebenheiten vor Ort und blitzen indirekt gegen eine Hallenwand oder einen Baucontainer.

Steht das Grundlicht, kann man in die Feinarbeit gehen. Werden manuelle Arbeiten ausgeführt, stellen Hände – egal ob in Arbeitshandschuhen oder nicht – einen sehr wichtigen Teil der Bildinformation dar. Auch hier sind von hinten oder von der Seite gesetzte Streiflichter enorm wirksam. Ihr modulierendes Licht macht die „manuelle Tätigkeit" haptischer und griffiger, es sieht einfach sexy aus.

Häufig ist es auch interessant oder wichtig, ein Licht auf verwendete Werkzeuge oder Bauteile zu richten. Ist Metall, Glas oder durchscheinender Kunststoff im Spiel, fangen hier die Farben und Texturen richtig an

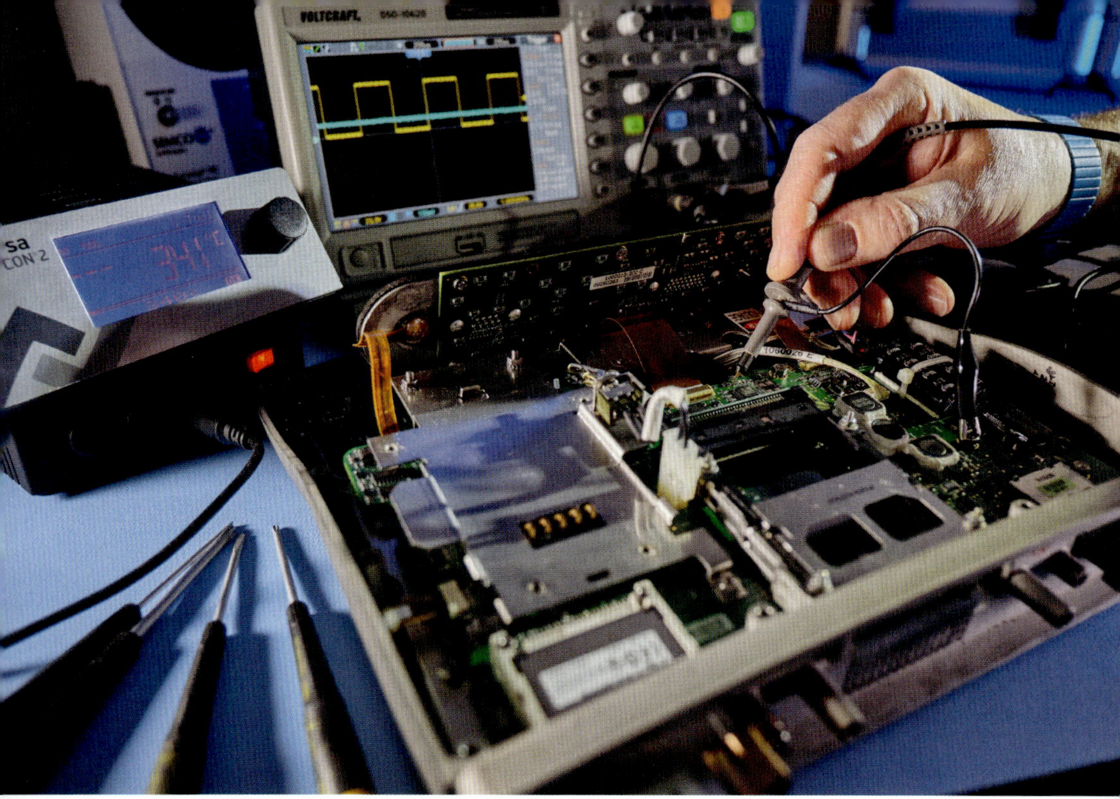

(Location: Weilandt Elektronik GmbH)

ISO 800 | 1/125 s | f/2.8 | 16 mm

zu leuchten, die Konturen werden scharf und knackig, das Bild wird sinnlicher. Für solche Effekte setzen wir gern leistungsfähige LED-Taschenlampen ein, die über eine fokussierbare Optik verfügen.

LED ist überhaupt ein Thema, das noch lange nicht ausgereizt ist. Seit einigen Jahren gibt es hier eine enorme Entwicklung, immer neue Tools in immer besserer Qualität kommen auf den Markt. LEDs sind daher zu einem wichtigen technischen Instrument für uns geworden, das wir häufig auch in Kombination mit Blitzlicht einsetzen. In manchen Situationen, wenn man die Anmutung einer Nachtszene erzeugen will, sind LEDs einfach das Mittel der Wahl. Das Lichtset ist viel, viel schneller aufgebaut, als dass das mit Blitzlicht möglich wäre. „What you see is what you get" gilt hier in besonderem Maße, während man bei Blitzlicht den Effekt immer erst nach einer erfolgten Auslösung beurteilen kann.

Eigenes Licht kann durchaus auch sichtbar im Motiv platziert werden, ein im Hintergrund des Bilds sichtbarer Blitz ist nicht zwingend ein Fehler. Sehr häufig werden in unserem Umfeld Arbeitslampen eingesetzt, die einen ganz ähnlichen Effekt haben. Allerdings bin ich da durchaus empfindlich, ich möchte nicht, dass jemand die wahre Natur eines solchen Lichts erkennt, und achte daher darauf, dass die Situation natürlich wirkt und zum Beispiel keine typischen Stativteile zu erkennen sind.

So weit erst einmal das Instrumentarium der Lichtsetzung. In der Praxis sieht es so aus, dass bei jedem Motiv eine andere Konstellation der verwendeten Mittel eingesetzt wird, dass die Location eigene und ganz spezielle Herausforderungen stellt und dass man immer wieder auch auf neue Lösungen und Improvisationen kommen muss. Nicht zuletzt das gehört zu den Reizen der Industriefotografie: Man weiß nie genau, was man vor Ort vorfinden wird und welche Herausforderungen gestellt werden – man muss aber immer eine Lösung finden, die der Idee und der Botschaft dient und Fotograf und Kunde glücklich macht.

Lichttechnik on location

Im Laufe der Jahre haben wir eine Menge Lichttechnik ausprobiert und eingesetzt – unterschiedliche Hersteller, unterschiedliche Bauformen (und Größen und Gewichte), unterschiedliche Techniken der Lichterzeugung (Blitz, Dauerlicht). Wie alles in der Fotografie ist das ein Prozess, der an Erfahrungen gekoppelt ist, aber auch an technische Entwicklungen, an neue Produkte und an Innovationen aus der Fotoindustrie.

Zu den wichtigsten Rahmenbedingungen unserer Arbeit gehört Portabilität: Anders als in einem Studio sind Gewicht, Größe und Volumen der verwendeten Lichttechnik von großer Bedeutung. Wenn man einen ganzen Tag in einer technischen Anlage zubringt und beim Umsetzen seiner Motive mehrere Kilometer und etliche Höhenmeter zurücklegt, sind große und schwere Generatoren, nerviges Kabelgebaumel und voluminöse

Lichtformer überhaupt nicht hilfreich, sondern auch dann eine schwere Belastung, wenn man zu zweit oder mit Assistent arbeitet.

Smarte, stromnetzunabhängige und leichte Geräte sind daher das Gebot in unserer Fotografie. Fast von Anfang an haben wir daher auf akkubetriebene Blitzgeräte gesetzt, um in Sachen Stromversorgung unabhängig zu sein. Akkublitzanlagen sind viel teurer als stromnetzgebundene Blitzköpfe, aber ihr Einsatz lohnt sich allemal. Das nervige Gesuche nach Steckdosen entfällt genauso wie Kabeltrommel-Action oder Stolperfallen am Set. Häufig wird uns Hilfe bei der Stromversorgung on location angeboten, aber wir sind immer heilfroh, dass wir antworten können: „Danke, ist nicht nötig. Wir haben unseren Strom dabei!"

Und – anders als in der Werbung für Consumer-Produkte ist bei uns das letzte Quäntchen Lichtqualität nicht besonders wichtig. Farbstabilität der Blitzköpfe bei unterschiedlichen Leistungsabgaben hat mich noch nie besonders interessiert. Solche Aspekte sind eher wichtig, wenn man Corporate-Identity-Farben exakt reproduzieren will, aber nicht, wenn man in ohnehin schon sehr problematischen Mischlichtsituationen Menschen bei der Arbeit fotografiert. Bei einer Entscheidung zwischen High-End-Lichtqualität und Portabilität wäre mir daher Letzteres immer wesentlich wichtiger.

„Kleines" Licht

Nicht wegzudenken aus unserer Fotografie sind die klassischen Handblitze, die wir entfesselt über Funksender auslösen. Wir verwenden hierfür Speedlites der Marken Godox und Yongnuo. Diese kleinen, handlichen und durchaus leistungsstarken Geräte sind in Sachen Portabilität ungeschlagen. Das Verhältnis zwischen Leistung und Gewicht ist top, die eingebauten Funkempfänger funktionieren ganz hervorragend, zudem lassen sich die Blitze via Sender oder Fernsteuerung auch aus der Entfernung einstellen. In der Leistung haben sie natürlich ihre Grenzen, aber für Streif- und Effektlicht sind sie exzellent geeignet, und nicht wenige Motive haben wir sogar ausschließlich mit diesen kleinen Gerätschaften ausgeleuchtet.

Zwischenruf

Godox? Yongnuo? Ich sehe so manchen Zweifel beim Leser und vielleicht die eine oder andere gerunzelte Stirn. Diese billige Chinaware soll professionell sein? Kann man damit wirklich produktionssicher arbeiten? Man kann. Und ich möchte gern eine Lanze brechen für diese Hersteller, die nicht nur sehr günstig, sondern durchaus auch sehr innovativ sind. Vor allem Godox hat mit seinen smarten Lösungen unsere Fototaschen im Sturm erobert und die flexible Lichtsetzung on location beflügelt.

Sehr lange konnten die Handblitzgeräte der etablierten Kamerahersteller entfesselt nur über sogenannte Infrarotsender ausgelöst werden – eine unsäglich unzuverlässige Katastrophe für jeden Fotografen. Die 70-Euro-Handblitze zum Beispiel von Yongnuo brachten eine solide Funkverbindung mit, hatten den Empfänger bereits eingebaut und erlaubten auf einmal das sichere Auslösen outdoor oder quer durch eine Produktionshalle. Oder der AD200 von Godox: In Abmessungen und Gewicht kaum größer als ein Speedlite, ist dieses Gerät mit 200 Ws (Wattsekunden) richtig leistungsstark, hat den Funkempfänger und die Stromversorgung mit eingebaut und funktioniert auch über weite Strecken absolut zuverlässig. Goodies wie TTL oder HSS sind ebenfalls dabei.

Alles drin, alles dran! Es gibt von keinem der etablierten Hersteller ein vergleichbares Gerät – und zu diesem Preis schon mal gar nicht. Letzteres ist für mich aber gar nicht mal entscheidend, die Geräte dürften auch ruhig das Doppelte kosten, sie wären ihr Geld allemal wert.

Warum zwei verschiedene Hersteller? Das klingt auf den ersten Blick in der Tat etwas merkwürdig und sinnlos. Es hat vor allem historische Gründe: Die Yongnuos waren zuerst da, und wir haben insgesamt acht Stück dieser mit Leitzahl 56 sehr gut nutzbaren manuellen Blitzgeräte. Die schmeißt man nicht einfach so weg. Auch von Godox gibt es diese Blitzgeräte, aber die Godox-Funksender können nur insgesamt fünf verschiedene Blitzgruppen ansteuern. Da ist es manchmal gut, wenn man das System erweitern kann. In diesem Fall wird auf den Godox-Sender „huckepack" einfach der Yongnuo-Sender aufgesetzt, und wir haben damit die Möglichkeit, weitere sechs Blitze separat anzusteuern bzw. mit unterschiedlicher Leistung blitzen zu lassen.

An alle unsere Handblitzgeräte ist übrigens etwas dran- und drumgebaut, damit sie optimal in unseren Workflow passen:

- Da die Handblitze immer entfesselt genutzt werden, ist jedes Gerät dauerhaft mit einem Blitzfußadapter verbunden, der ein problemloses Befestigen an einem Stativ mit Schirmneiger und Spigot erlaubt.

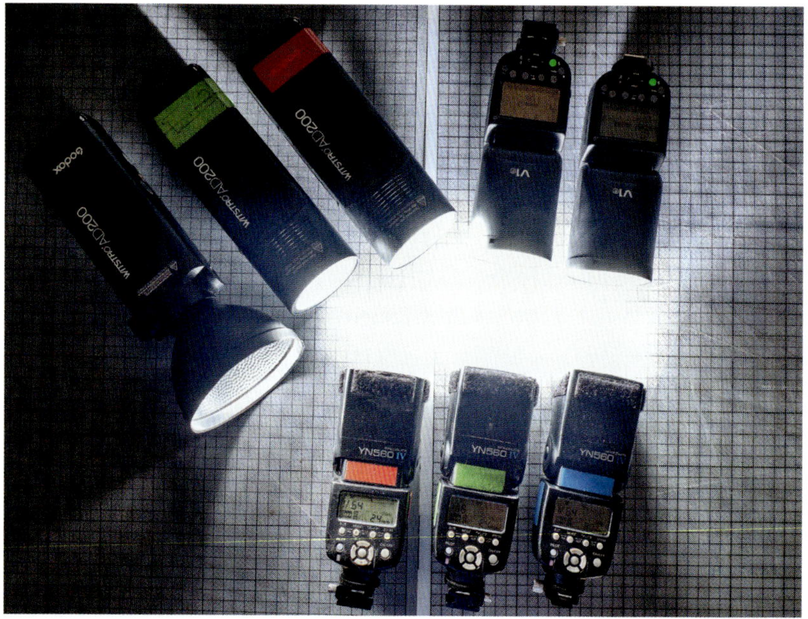

Kleines und mittleres Licht vereint und synchron zündbar.

- Jeder Blitzkopf wurde mit Streifen oder kleinen Winkeln von Klettbändern versehen. Damit lassen sich dann ohne Mühe kleine Softboxen oder farbige Farbfilter befestigen, die wir in großer Zahl vorhalten. So kann das Licht in Farbtemperatur oder Farbe sowie in Weichheit und Härte moduliert werden.

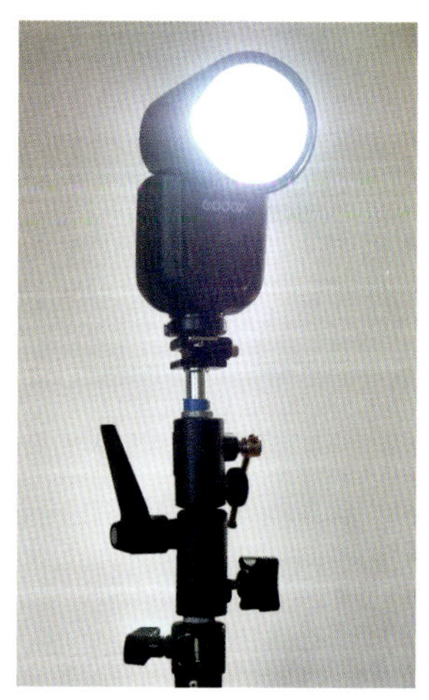

Der Yongnuo-Blitzkopf auf dem Blitzstativ.

- Bei den moderneren Godox-Blitzen greife ich gern auf die runden Blitzköpfe zurück, die das Befestigen von kleinen Lichtformern oder Farbfolien mithilfe von Magnetadaptern erlaubt. Das ist eine sehr befriedigende technische Lösung, geht sehr schnell und funktioniert ausgezeichnet.

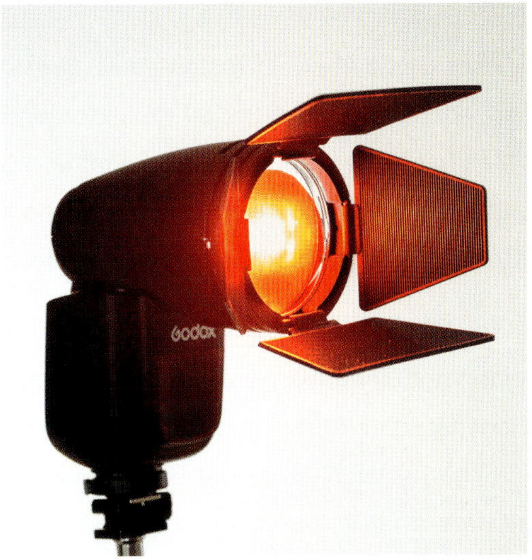

Die praktischen Magnethalterungen erlauben das mühelose Anbringen von Wabenvorsätzen, Abschirmklappen, Farbfiltern (hier ein Rotfilter) oder anderen Vorsätzen.

„Mittleres" Licht

Das sind die Geräte, die wir am häufigsten nutzen, z. B. Godox AD 200. Diese immer noch sehr handlichen Blitze spielen leistungsmäßig aber in einer anderen Liga als die Handblitze und sind mit 200 Ws Leistung zumindest in geschlossenen Räumen in der Lage, auch großflächig Lichteffekte oder Ausleuchtungen zu stemmen. Sogar draußen liefern sie noch eine erstaunliche Leistung und können zumindest kleine Personengruppen oder Einzelpersonen auch bei Tageslicht ordentlich in zusätzliches rechtes Licht rücken.

Es ist ebenfalls ein All-in-one-Blitzgerät: Akku, Funkempfänger, der Generator für die Erzeugung der Hochspannung und die Blitzröhre selbst sind in einem einzigen Gerät zusammengefasst, was auch hier den großen Vorteil bietet, dass keine externen Funkempfänger und keine Verkabelung zwischen einzelnen Geräteteilen nötig ist. Aus der Tasche holen, aufs Stativ stecken und fertig!

Ein großer Vorteil ist, dass dieses Gerät über ein zwar kleines, aber sehr brauchbares Bajonett verfügt, sodass man bei Bedarf Reflektoren oder Lichtformer ansetzen kann. Man hat hier zwar nicht die Solidität und Größe eines Bowens-Bajonetts, aber trotzdem – dank dieser Schnittstelle wird das Gerät deutlich aufgewertet und in seinen Möglichkeiten erweitert.

Spannend ist zudem, dass jeder AD 200 mit zwei unterschiedlichen Blitzröhren geliefert wird, zum einen mit einem Blitzkopf mit Fresnel-Vorsatz, zum anderen mit einer klassischen Blitzröhre. Letzteres eignet sich insbesondere für das Blitzen in Schirmsoftboxen, da das Licht hier rundum abgegeben wird. Man kann statt Blitzröhre auch einen LED-Vorsatz für kleines Geld bestellen, dann mutiert das Gerät zum Dauerlicht. Allerdings ist das bisher erhältliche Zubehör sehr lichtschwach und keine sehr ernsthafte Alternative.

Nicht zuletzt sei noch die Möglichkeit erwähnt, dass man zwei dieser Geräte auch zusammenschließen und mit einem soliden Bajonettring verbinden kann. So werden aus den smarten Gerätchen deutlich leistungsstärkere Einheiten, an die auch große Softboxen angeschlossen werden können. Wir selbst haben das zwar noch nicht sehr häufig genutzt, aber es ist ein gutes Beispiel für die innovativen Ideen des Herstellers, der immer wieder überraschende Wege geht und altbewährte Konzepte überdenkt.

Sehr häufig nutzen wir die Geräte ja ganz pur, das heißt, wir nehmen das Licht ohne Lichtformer und blitzen direkt. Deshalb haben wir auch bei den größeren Godox-Systemen Möglichkeiten zur Modulation der Lichtfarbe vorgesehen. Seltsam, diese Filterfolien unterliegen einem regelmäßigen „Schwund", alle paar Monate setzen wir uns daher hin und schneiden neue Folien … Zur Not tut es aber auch unkonfektioniertes Material, das einfach mit Klebeband an den Reflektoren befestigt wird.

„Großes" Licht

Wir haben auch noch etwas fettere Kaliber im Geräteraum, zum Beispiel einen 1.200-Ws-Akkublitz von Elinchrom. Die Dinger machen einen gewaltigen „Bums" und geben unerhörte Lichtmengen ab. Aber, ganz ehrlich, ich kann mich nicht entsinnen, wann wir sie zum letzten Mal eingesetzt haben. In aller Regel wird diese Power nicht benötigt. Oder nur dann, wenn wir die großen Kanonen mal nicht dabeihaben. Was uns ebenfalls daran stört, ist, dass sie weder HSS noch TTL können, vor allem Ersteres braucht man aber oft für den Einsatz im Freien.

Hier besteht übrigens in der Tat Handlungsbedarf. Sind wir zum Beispiel gezwungen, an hellen Tagen mit weißlichem Licht draußen zu fotografieren, z. B. im Fuhrpark eines Unternehmens, fehlt uns momentan eine moderne Lichtquelle, die auch hier Lichtakzente ermöglicht. Von Godox gibt es einen sehr leistungsstarken und schnell ladenden AD600 mit, der Name verrät es, 600 Ws.

Das wäre doch etwas! Technik aus einer Hand, nur ein Sender auf der Kamera und gute Qualität zu überschaubaren Preisen. Mal schauen, was das Investitionsbudget noch hergibt.

Exkurs: Von den Anfängen bis heute

Unsere Lichtauffassung und -philosophie hat sich über die Jahre sehr verändert. Was wir heute machen, entspricht überhaupt nicht mehr dem, womit ich vor Jahren einmal begann. Es hat eine echte Veränderung stattgefunden, die eng verknüpft ist mit der persönlichen und fotografischen Entwicklung. „Licht machen" ist in meinen Augen daher nur zum Teil ein technisches Thema, sondern viel, viel mehr. Es berührt geradezu philosophische Fragen. Auf jeden Fall geht es nicht nur um Wissen, sondern auch und vor allem um eine Auffassung.

Als ich anfing, mich mit Fotografie als Profession auseinanderzusetzen, bin ich naturgemäß klein gestartet: mit zwei Systemblitzen und einem Steuergerät, das ein entfesseltes Blitzen mittels TTL und Infrarot ermöglichte.

Aus meiner heutigen Sicht waren das bescheidene Möglichkeiten, die zudem extrem störanfällig waren. Outdoor war Blitzsteuerung damit praktisch nicht möglich, und indoor musste man immer genügend gut reflektierende Wandflächen oder direkten Sichtkontakt haben, damit die Kommunikation zwischen Kamera, Steuergerät und entfesselten Blitzen einwandfrei funktionierte. Wie sah mein weiteres Equipment aus? Ein Schirm und etwas später dann der Diffusor Gary Fong Lightsphere, den man direkt auf die Kamera steckt und der sich vor allem bei Events bewährt hat.

Was habe ich damit gemacht? Businessporträts zum Beispiel. Schirm-Hauptlicht von schräg rechts oben. Habe ich schon Streif- und Gegenlichter gesetzt? Am Anfang wohl nicht. Ich habe „hell" gemacht und fühlte mich erfolgreich, wenn die Gesichter gut ausgeleuchtet waren und weitgehend schattenfrei. Das funktionierte so weit, meine frühen Kunden haben es akzeptiert und bezahlt.

Die erste Blitzanlage

Einige Zeit später kam eine „richtige" Blitzanlage hinzu, aus Preisgründen vom fernöstlichen Billiganbieter: insgesamt drei stromnetzgebundene Kompaktblitze mit 1 × 260 und 2 × 500 Ws, Schirme natürlich und erstmals richtige Softboxen, wobei ich irgendwie einen Narren an Striplights gefressen hatte und davon zwei Stück besaß. Ich erinnere mich noch gut, wie ich am ersten Tag mit dem neuen Geraffel anfing, in unserer Wohnung herumzuprobieren – und fasziniert war von den vielfältigen Möglichkeiten wie, im Schatten liegende Wände aufzuhellen, Szenen auszuleuchten, einen Kontrastausgleich zum Fensterlicht zu schaffen und insgesamt einen Bildeindruck zu schaffen, der mit blitzloser Arbeit und auch mit Kompaktblitzen nicht zu erreichen war.

Eine neue Welt tat sich auf, wenn auch mit dem großen Nachteil, dass die Dinger einfach einen zu kleinen Regelbereich hatten und dass ich an das Stromnetz gebunden war.

Ich habe mir in der Zeit Unmengen an Informationen zu Gemüte geführt, was Lichtsetzung angeht. Habe mir Bücher gekauft, Tutorials erlitten und Lern-DVDs gefressen. Darin erklärten mir ausgebuffte Studioprofis, wie man mit zahlreichen Lichtformern, Beauty-Dishes und dem ganzen Arsenal eines Werbefotografen tolles Studiolicht macht. Ehrlich gesagt, hat mich das total überfordert. Ich dachte, das lerne ich nie. Und es entsprach auch überhaupt nicht meinen Arbeitsrealitäten on location.

Endlich ohne Kabel

Einen im wahrsten Sinne des Wortes großen „Flash" bekam ich, als ich das Buch von Altmeister Gary Gladstone in die Finger bekam. Der amerikanische Fotograf hatte in den 90er-Jahren des vergangenen Jahrhunderts in der Reihe „Kodak Professionals" ein Buch mit dem Titel „Corporate & Location Photography" veröffentlicht.

In dem Kapitel „Taking Your Show on the Road“ erläutert er im Detail, mit welchem Equipment er seine „Assignments“ bewältigte. Ausgelegt auf die Überbrückung weiter Entfernungen im Flugzeug in den USA, stellt Gary technische Lösungen vor, die richtiges Blitzen, aber akkubetrieben, auch on location ermöglicht. Feinfühlig, aber bei Bedarf auch mit richtig Bums. Das fand ich faszinierend, so etwas wollte ich auch!

Nach langen Recherchen und vielen Klickkilometern in Google & Co. bin ich dann bei den Produkten eines amerikanischen Herstellers gelandet – Lumedyne: für damalige Verhältnisse smarte, relativ kleine 400-Ws-Generatoren, kleine Blitzleuchten, adaptierbar an richtige Lichtformer, und das Ganze stromnetzungebunden, da akkubetrieben. Eben so etwas Ähnliches, wie Gary es in seinem Buch vorgestellt hat. Und auch wenn das ein teurer Spaß war, haben wir uns dieses Equipment nach und nach gekauft und kamen irgendwann auf fünf oder sechs Generatoren, Akkus und Blitzleuchten in Verbindung mit Lichtformern diverser Art.

Wie ich zu dieser Anlage kam und welche Überlegungen mich in dieser Zeit beschäftigten, habe ich ausführlich in einem Artikel dargestellt, der auch heute noch auf der Fotografenplattform *fotografr.de* unter dem Titel „Mini-Blitzanlage für mobile Fotografen“ nachzulesen ist.

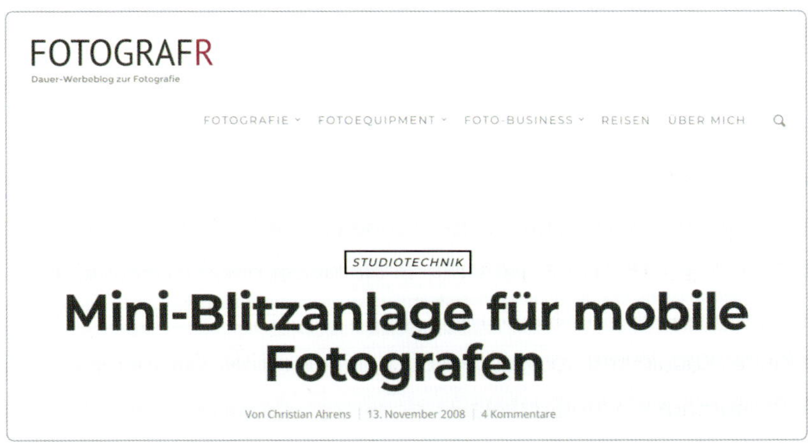

Wer Interesse an diesem historischen Dokument hat, findet es unter *https://fotografr.de/815/mini-blitzanlage-fuer-mobile-fotografen/*.

Kleine Anekdote am Rande: Jahre später habe ich Gary eine E-Mail geschickt und mich bei ihm für die Inspiration bedankt, die mir sein Buch, nicht nur in Sachen Blitztechnik, gegeben hat. Gary, jetzt im Ruhestand, hat mir sehr freundlich geantwortet und sogar einige wertschätzende Worte für unsere Fotografie gefunden. Solche Begegnungen, und seien sie auch nur virtuell, empfinde ich immer als besonders bereichernd.

Lichtphilosophie

Welche Philosophie haben wir damals verfolgt? Technik besitzen, stromunabhängig sein – ja, das war schon klasse. Aber entscheidend ist das, was man damit macht und wie man damit arbeitet. Es war die Zeit, da ich zusammen mit meiner heutigen Geschäftspartnerin Silvia Steinbach anfing, nach größeren Aufgaben zu streben, Jobs in der Industrie anzupeilen und in möglichst aufregenden Locations zu fotografieren. Leider waren wir auch zu diesem Zeitpunkt immer noch der Meinung, dass Fotos gut ausgeleuchtet sein müssen. Dass Menschen von vorn mit weichem Licht angeblitzt werden, dass Schatten im Gesicht wegmüssen und dass alles gut erkennbar sein muss. Was uns gerettet hat, war der Umstand, dass wir wenigstens ein gutes Gespür für spannende Orte und coole Perspektiven hatten. Das Licht kam aber immer hauptsächlich von vorne. Ein Streiflicht manchmal dazu und irgendwas im Hintergrund.

Von Könnern lernen

Was uns nachhaltig beeinflusst und uns neue Wege bereitet hat, war die Begegnung mit einem Könner der Fotografie. Unser heutiger Freund und Mentor Gert Wagner lud uns zu sich ein, und Silvia und ich besuchten ihn in seinem Haus im hohen Norden. Es empfing uns ein Kollege, der seit Jahrzehnten auf hohem Niveau Fotografie betrieb, für Magazine wie GEO, Stern und National Geographics gearbeitet und für große Agenturen und Konzerne Kampagnen und Geschäftsberichte fotografiert hat.

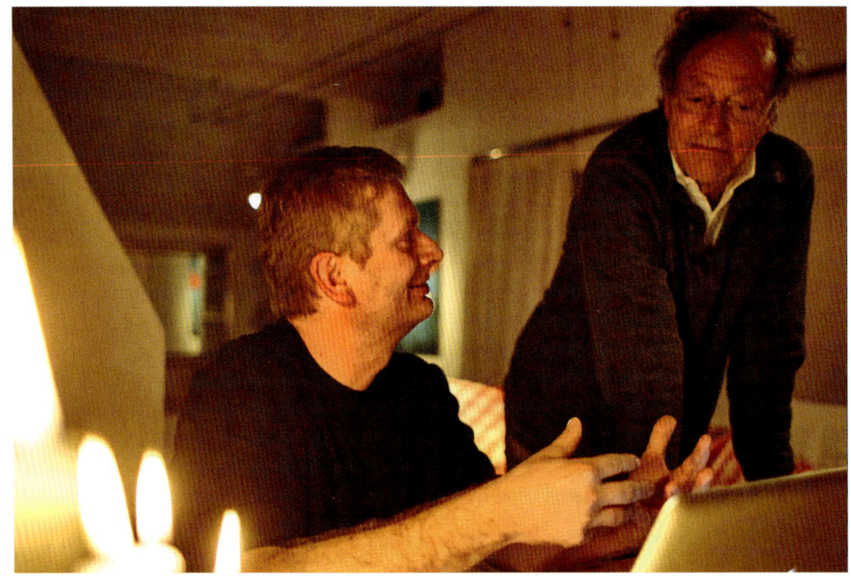

Alle großen und in einem nachhaltigen Sinne erfolgreichen Fotografen haben meiner Erfahrung nach etwas gemeinsam: Sie sind offen im Wesen, großzügig im Denken und Handeln, und sie halten nicht mit ihrem Wissen hinter dem Berg. Auch Gert Wagner ist so, er gibt freimütig tiefe Einblicke in seine Art zu arbeiten und zu denken.

Ich erinnere mich gut an diese lange Nacht in Gert Wagners Haus, an loderndes Kaminfeuer nach einer frischen Scholle und jeder Menge Gläser Weißwein. Wir tauschten uns aus, erzählten Geschichten, zeigten Bilder, berichteten von unseren Absichten, Zielen und Plänen. Und ich erinnere mich auch, wie Gert Wagner ganz zart und beiläufig Kritik äußerte an unserer Lichtauffassung, an dem Aufwand, den wir trieben, und ob das nicht in die falsche Richtung liefe. Ich weiß noch, wie Silvia und ich unisono geradezu aufstöhnten und ablehnten, was da an neuen Ideen vorsichtig in den Raum gestellt wurde. Nein! Gesichter müssen doch leuchten. Nein! Richtige Blitzanlagen sind einfach ein Muss. Schatten müssen weggeblitzt werden!

Gert hat das smart und unaufgeregt zur Kenntnis genommen und es erst einmal dabei belassen. Aber er hat an diesem Abend den Samen eines Gedankens und neuer Impulse gelegt, die erst später aufgehen und unsere Arbeit nachhaltig verändern sollten.

Ich kann heute gar nicht mehr genau sagen, wie die Entwicklung ab dann verlief, wann sich erste Änderungen zeigten, wie und warum wir diese Impulse verfolgt haben und wie sie sich ausdrückten. Ich denke, es war ein schleichender Prozess, der über zwei oder drei Jahre ging. Tatsache ist jedenfalls, dass unsere Fotos wenige Jahre später schon ganz anders aussahen. Unser Licht wurde nicht mehr eingesetzt, um einen Raum hell zu machen oder einen Menschen anzuleuchten – es war jetzt ein Licht, das Atmosphäre erzeugte und dramatisch akzentuierte. Es war ein langer Weg, den wir immer weiterzugehen versuchten und der uns dahin geführt hat, wo wir heute stehen und wie wir heute arbeiten. Und dieser Weg ist noch lange nicht zu Ende. Danke, Gert, für deinen Input!

Umgang mit Farbe

Professionelle Corporate- und Industriefotografie ist Farbfotografie. Ich unterstelle einfach mal, dass das in praktisch 100 % der Fälle so ist. Natürlich gibt es immer auch wieder Projekte, die in unserem Bereich angesiedelt sind und die in Schwarz-Weiß realisiert werden, so der sehr beeindruckende Bildband „Industrious" von Marco Grob, David Hiepler und Fritz Brunier – aber solchen Projekten liegt ein eher künstlerisches Selbstverständnis zugrunde und sind selten.

Wirkungsvolle Farbfotografie arbeitet aktiv mit der Farbe, nutzt starke Farbstrukturen, arbeitet mit den grafischen Effekten von Farbflächen, setzt auf kraftvolle Farbgegensätze und auf deren atmosphärische Wirkung. Mit anderen Worten: Farbfotografie macht nicht einfach nur bunte Bilder, sondern setzt die Farbe als aktives Element ein, das sich idealerweise als kraftvolles Gestaltungselement in einem Bild entfaltet.

Fotografiert man in Produktionsumgebungen, Werkshallen oder Werkstätten, stößt man auf den Umstand, dass diese Räume nur selten aus dem Blickwinkel eines Architekten oder Designers mit dem Ziel einer Ästhetisierung gestaltet sind.

In aller Regel sind es Nutzräume, gebaut, um zu funktionieren, und in denen die Ästhetik nur selten eine Rolle spielt. Maschinen sehen aus, wie sie halt aussehen, Hallendecken oder -wände sind funktional, und nicht selten herrscht ein wildes Durcheinander von stilistischen Signalen. Bewährte Maschinen aus früheren Jahrzehnten präsentieren sich in abgestoßenem „Maschinenbaugrün", daneben steht etwas Moderneres im Kunststoffgehäuse, und die Farbe der von den Mitarbeitern getragenen Warnwesten oder der Helme wurde vom Einkäufer jedenfalls nicht unter ästhetischen Gesichtspunkten ausgesucht.

Mit Farbe gestalten

Trotz dieser limitierenden Umstände gibt es auch in der Corporate- und Industriefotografie vielfältige Möglichkeiten, Farbe als aktives Gestaltungselement einzusetzen. Hier bieten sich vor allem folgende Möglichkeiten an:

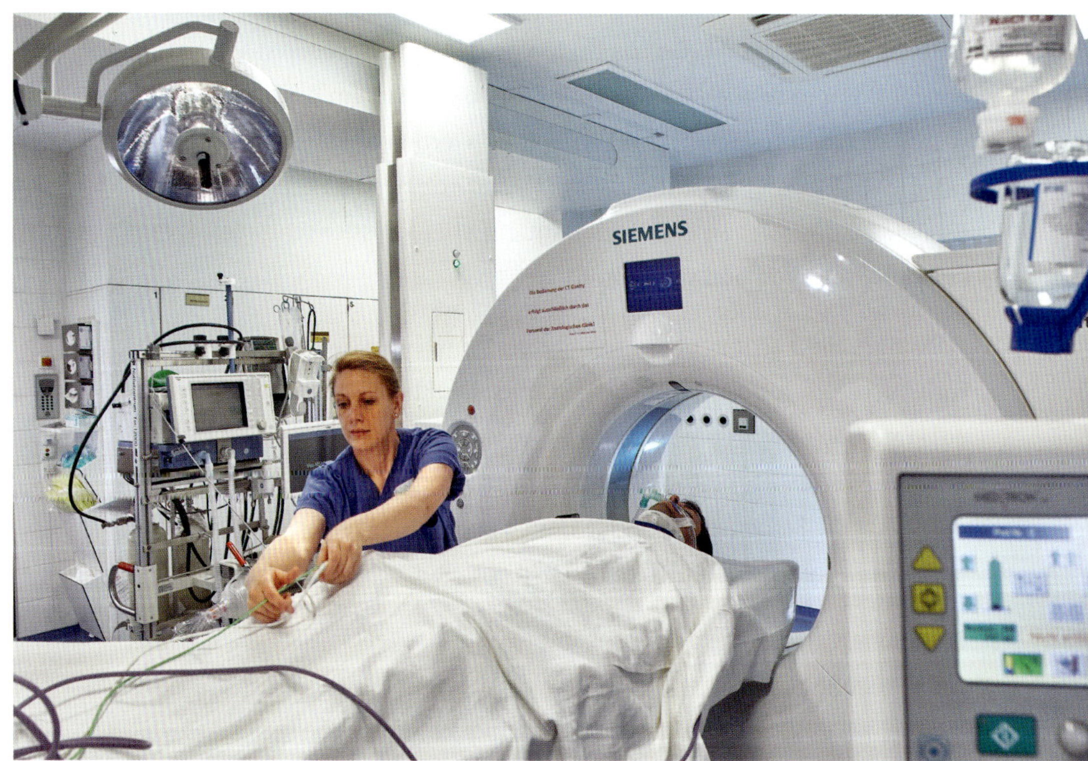

Dieses Foto aus dem Schockraum einer Unfallklinik arbeitet trotz des „klinisch weißen" Gesamteindrucks dennoch mit Farbe.

ISO 500 | 1/80 s | f/5 | 16 mm

- Einsatz von farbigem Licht.
- Nutzung von Farbverschiebungen mittels Filter und Weißabgleich der Kamera.
- Nachträgliche Farbveränderungen in der Bildbearbeitung.

Wobei auch hier gilt: Alle diese Möglichkeiten können natürlich auch in Kombination genutzt werden und sich so gegenseitig ergänzen und verstärken.

Im Vordergrund des Bildes (Seite 118) habe ich zwar alles auf ein helles, gleißendes Weiß abgestimmt, bei einer Lichtquelle aber eine Ausnahme gemacht. Hinter der Röhre liegt ein kleiner Handblitz auf dem Boden, der mit einer Folie versehen wurde. Dabei habe ich keine Farbfolie, sondern eine Konvertierfolie genutzt, die eigentlich dafür gedacht ist, warmes Licht in

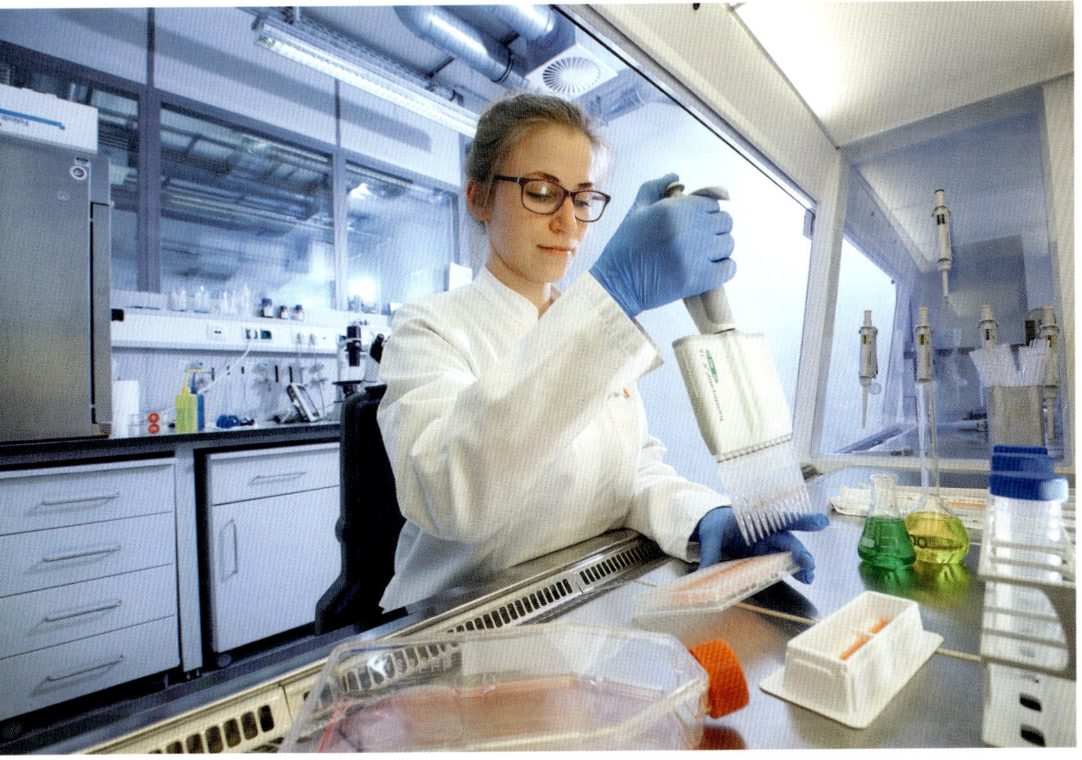

In diesem Bildbeispiel bin ich nicht so dezent vorgegangen, sondern habe den Gegensatz zwischen dem warmen Licht im Vordergrund und dem kühlen „Wissenschaftsblau" im Hintergrund stärker betont.

ISO 500 | 1/200 s | f/4.5 | 10 mm

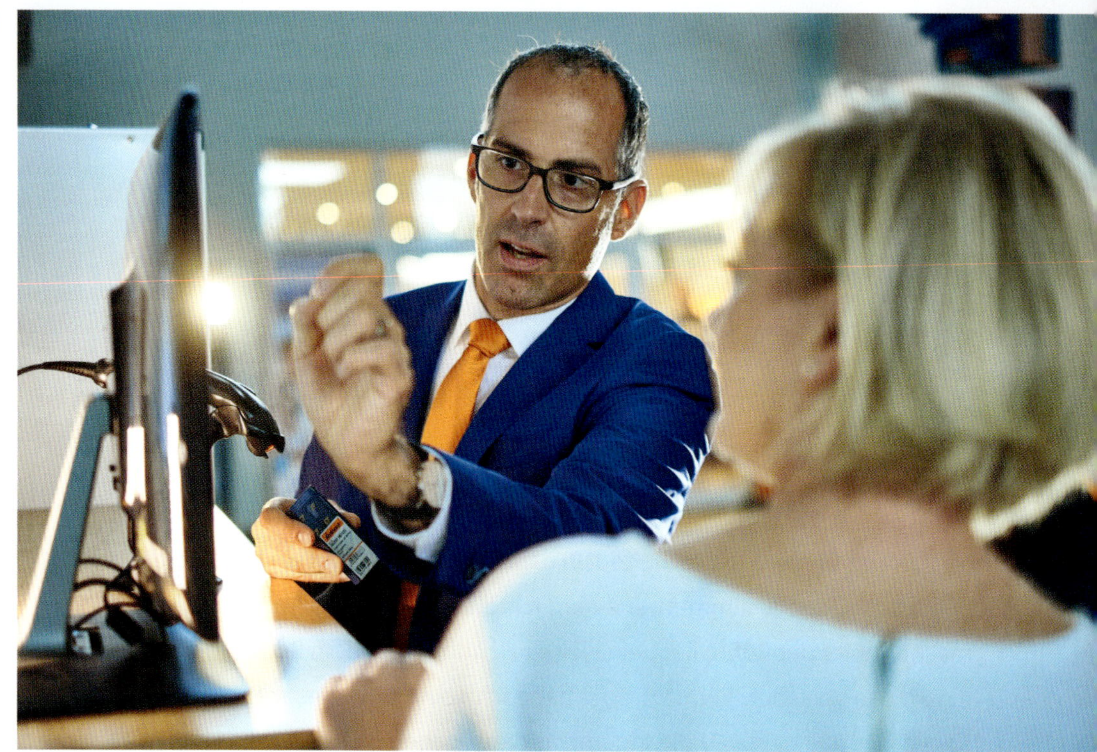

Farbe hier ganz anders: In diesem Beispiel hatte der Kunde eine spezielle Vorgabe an unsere Fotos. Bei allen Motiven sollten die CI-Farben des Unternehmens – Orange und Türkis – mit eingearbeitet werden und die Ästhetik des Fotos maßgeblich bestimmen. Eine spannende Herausforderung, die wir mit einem sehr warmen Licht auf die Protagonisten und entsprechenden türkisen Farbfolien beim Hintergrundlicht lösten. (Location: Gödde GmbH)

ISO 640 | 1/125 s | f/1.4 | 35 mm

Tageslicht zu verwandeln. Da der Weißabgleich der Kamera in diesem Fall bereits auf Tageslicht eingestellt war, verschiebt sich das Licht dieses Blitzes in Richtung eines zarten Hellblaus. Diese Farbe steht in der Wahrnehmung symbolisch für „Wissenschaft" oder „Hightech" und unterstützt daher die Aussage, dass in dieser Klinik mit modernstem Gerät gearbeitet wird (siehe Bild Seite 119). Das Effektblau passt zudem sehr gut zur sonstigen Farbigkeit und nimmt das Blau der Dienstkleidung und der Bedienelemente des Touchpanels rechts im Vordergrund auf.

In diesem Fall passierte das über ein betont warmes LED-Licht für den Menschen, das rechts außerhalb des Bilds platziert war und die junge Dame anleuchtet. In der Kamera habe ich den Weißabgleich so verstellt,

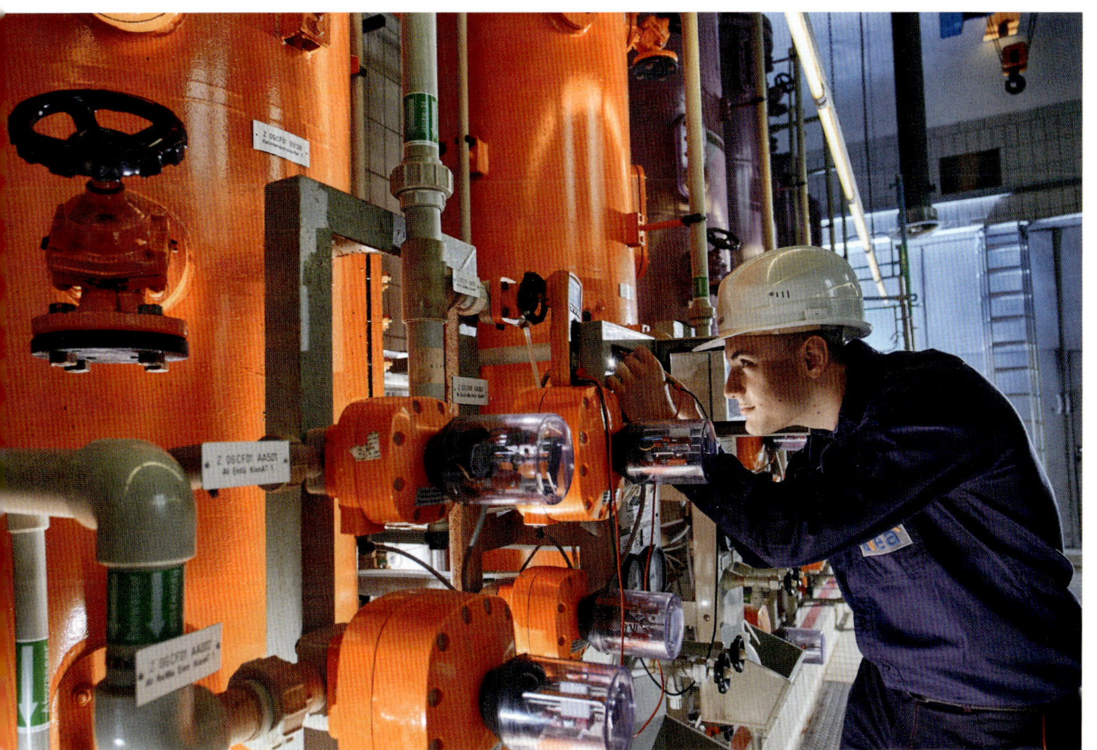

ISO 250 | 1/200 s | f/2.8 | 16 mm

dass das Licht vorne nur noch leicht warm erscheint, während sich das Neonlicht des Labors im Hintergrund deutlich in Richtung Blau verschiebt. Mir gefielen bei dieser Komposition der Gegensatz zwischen „menschlich warm" und „technisch kühl" sowie die klaren Farben, die das Bild insgesamt bestimmen: Weiß, Blau, Rot, Grün und Gelb.

Dem Einsatz von Farbe in der Corporate- und Industriefotografie sind praktisch keine Grenzen gesetzt. Man kann sie dezent-symbolisch einsetzen oder richtig dick auftragen, Unternehmensfarben transportieren, Warm-Kalt-Gegensätze betonen, z. B. Mensch – Maschine, Sonnenuntergangslicht simulieren oder fast monochrome Szenarien gestalten, wie z. B. Nachtszenen in Dunkelblau. Das Instrumentarium ist denkbar leicht, und man kann es mühelos immer dabeihaben. Farb- und Konvertierfolien nehmen kaum Platz ein, wiegen nichts und können die Welt in Verbindung mit Blitz- oder LED-Licht dennoch radikal verändern. Ein Schuss Bildbearbeitung darf dann gern noch dazukommen und verfeinert das Ergebnis.

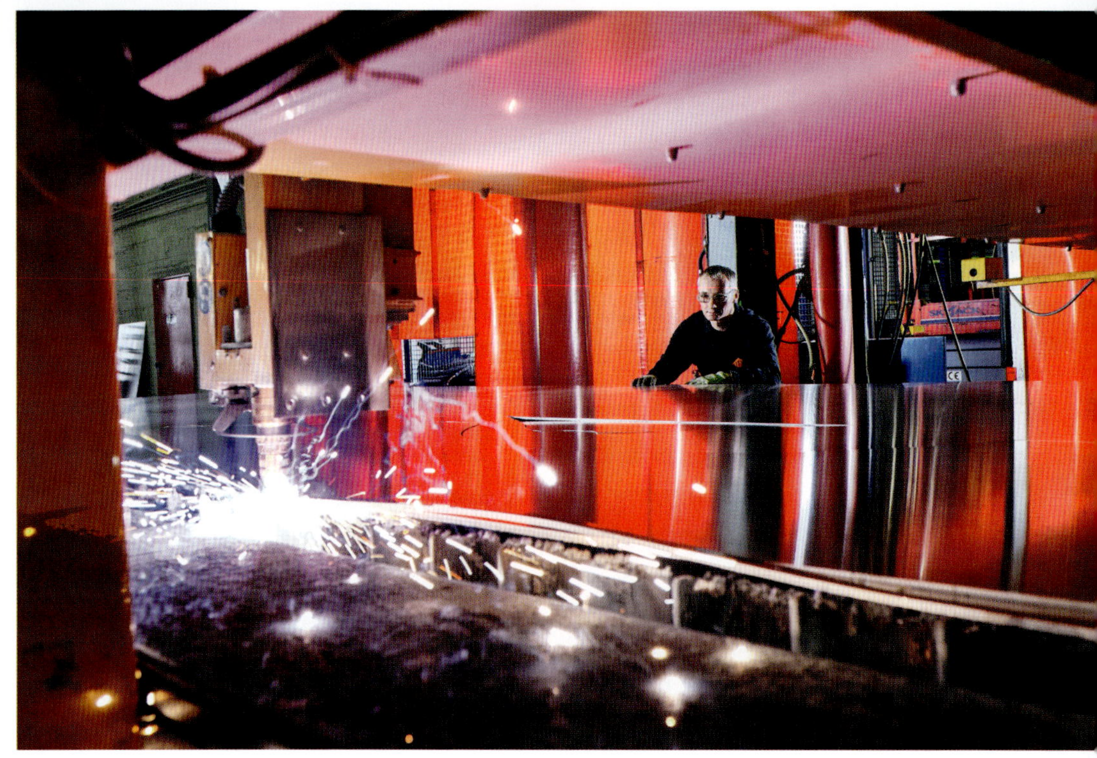

Mit kräftigen Farben Akzente setzen.

ISO 1250 | 1/80 s | f/4 | 11,5 mm

Ich mag auch richtig kräftige Farben im Bild. Bei dem Motiv (Seite 121) luden die vorhandenen Elemente dazu förmlich ein. Das kräftige Orange auf den Anlagenteilen im Vordergrund wird durch einen Lilaton im hinteren Bildteil fortgesetzt. Danach hörte es leider auf, und im Hintergrund rechts gibt es eigentlich nur noch eine grau gestrichene Wand. Für Fotografen mit ein paar Blitzen im Gepäck kein Problem. Ein weiches Effektlicht mit einem Blaufilter sorgte für einen kongenialen Abschluss des Fotos und füllt auch die Fläche – zwar nicht mit einer Information, dafür aber mit einer Farbe. Zu bunt? Zu dick aufgetragen? Natürlich ist das immer eine Geschmacksfrage, und es muss auch zum Auftritt des Kunden passen. Mir gefällt's. Wir können mit unseren Fotos ruhig starke Akzente setzen!

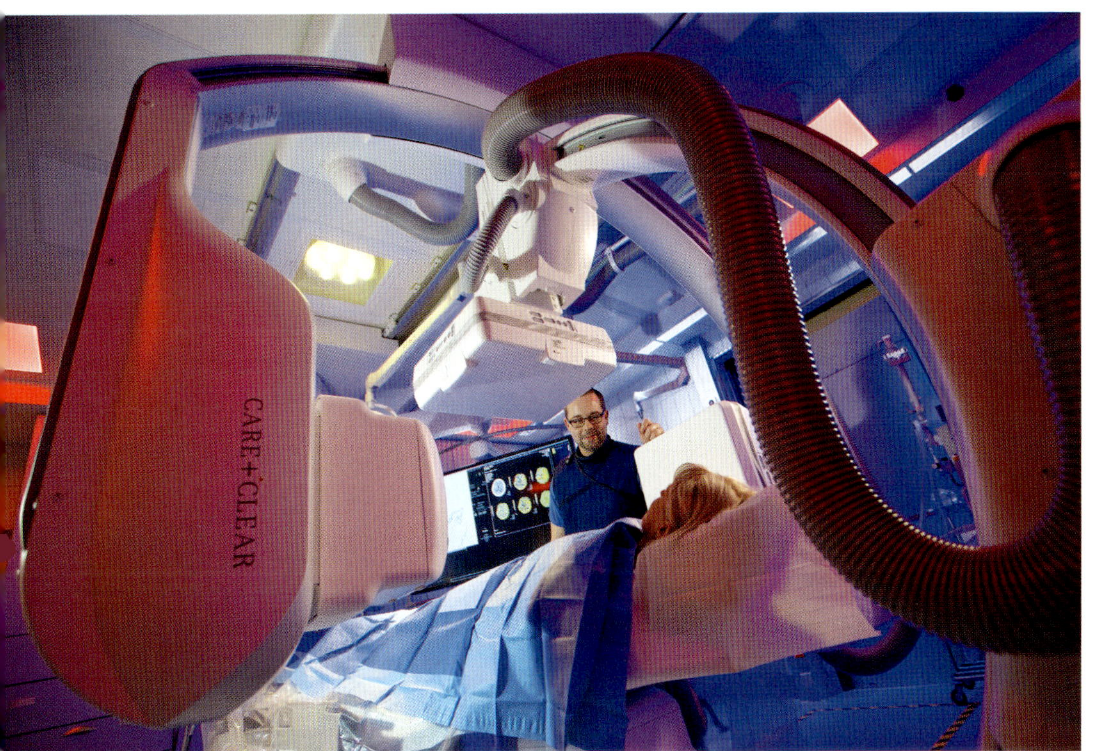

Das Foto ist übrigens auch ein Beispiel dafür, dass ein Kollege/eine Kollegin oder ein Assistent in die Rolle eines Darstellers vor der Kamera schlüpfen kann. Die Patientin im Bild ist meine Kollegin Silvia Steinbach, die schon zahlreiche ähnliche Rollen eingenommen hat – wie auch ich natürlich.

ISO 1250 | 1/60 s | f/3.2 | 17 mm

Noch ein Beispiel: Im Bild oben ist jede Menge Farbe im Spiel, lustigerweise haben wir trotzdem keine einzige farbige Lichtquelle eingesetzt. Des Rätsels Lösung: Dieser Untersuchungsraum in einem Bundeswehrkrankenhaus verfügte von Hause aus über die Möglichkeit, praktisch jede Wand- oder Deckenfläche mit einer beliebigen Farbe zu illuminieren. So konnten wir ganz entspannt im Raum stehen, mit einer Fernbedienung die verschiedenen Farben ausprobieren und uns schließlich für eine Komposition entscheiden. Das einzige Licht, das von uns stammt, ist ein weiches, warmes LED-Licht für das Gesicht des Protagonisten.

Drohnenfotografie

Seit kurzer Zeit arbeiten wir bei bestimmten Jobs auch mit einer Drohne. Wir haben uns damit durchaus Zeit gelassen und die Entwicklung der „fliegenden Kamera" zwar verfolgt, sind aber nicht besonders frühzeitig eingestiegen. Am Anfang wirkte diese Technik vielfältig unausgereift, sie war sehr teuer und durchaus anfällig. Vor einigen Jahren habe ich mal gesehen, wie so ein 20.000-Euro-Teil ohne erkennbaren äußeren Anlass vom Himmel gekracht ist und wie sein äußerst blasser Besitzer anschließend die Einzelteile eingesammelt hat. Das waren für mich alles nicht die richtigen Zeichen, ich habe das Feld in dieser Zeit daher gern den Freaks und Spezialisten überlassen.

Auf Anregung eines Kunden und anlässlich eines großen industriellen Bauprojekts haben wir uns dann aber doch näher damit befasst und für dieses Projekt eine Drohne eingesetzt. Die DJI Mavic 2 Pro kostet inklusive Zusatzakkus und Zubehör ungefähr 2.000 Euro und war damit in einer Preisregion gelandet, die sie als Ergänzungswerkzeug für uns interessant machte. Zudem schienen uns Hard- und Software inzwischen sehr ausgereift zu sein. Bisher haben wir beste Erfahrungen mit diesem Gerät machen können – und das bei sehr überschaubarer Einarbeitungszeit.

Am Abend vor unserem ersten richtigen Einsatz haben wir die Drohne auf einer Wiese getestet und vielleicht eine Stunde damit geübt. Das reichte, um die Grundfunktionen kennenzulernen und die Drohne sicher dorthin zu fliegen, wo wir sie hinhaben wollten – und zurück. Wir nutzen die Drohne derzeit ausschließlich für Fotografie und produzierten keine Videoclips. Das könnte auch noch kommen – und wäre vielleicht so etwas wie ein Einstieg in das Bewegtbild –, ist aber zurzeit noch kein Thema.

Spannend an der Drohnenfotografie ist, wie schwer es eigentlich ist, zu einem wirklich eindrucksvollen Foto zu kommen. Auf den ersten Blick erscheinen die Bilder aus der Vogelperspektive zwar spektakulär und ungewöhnlich, jedoch nutzt sich dieser Effekt auch sehr schnell ab. Ja, man fotografiert aus 100 Metern Höhe (eine Anlage, eine Baustelle etc.), und das ist toll, weil man so etwas bisher einfach nicht (oder nur ganz selten und dann sehr aufwendig mit einem Hubschrauber) machen konnte. Als Dokument ist es in jedem Fall interessant, aber ist es auch ein gutes Foto?

Bisher haben wir hierfür drei Wege gefunden, die uns überzeugend erscheinen. Interessanterweise nutzen wir dabei wesentliche Gestaltungselemente aus der Landschaftsfotografie, aber auch aus der technischen Actionfotografie.

Grafische Bildwirkung

Ein Beispiel aus einer Industriebaustelle. Hier entsteht ein Umspannwerk und zeigt die im Vorfeld notwendigen Erdarbeiten. Das Foto lebt von dem schönen Farbgegensatz Blau – Rotbraun und von dem grafischen Aufbau. Der Bagger steht fast im Zentrum des von ihm gerade bearbeiteten kreisförmigen Raums, die Farbe der Erde ist hier noch etwas intensiver und klarer. Es gibt keine störenden Elemente, die von der Komposition ablenken. Sogar das Licht spielt mit. Die noch sehr schräg stehende Morgensonne wirft einen interessanten Schatten genau ins Zentrum des Bilds, das der Luftaufnahme eine zusätzliche Tiefe und fast schon Dreidimensionalität verleiht. Der Schatten erklärt auch etwas, er macht die Bauform des Baggers sichtbar und das Bild damit begreifbarer.

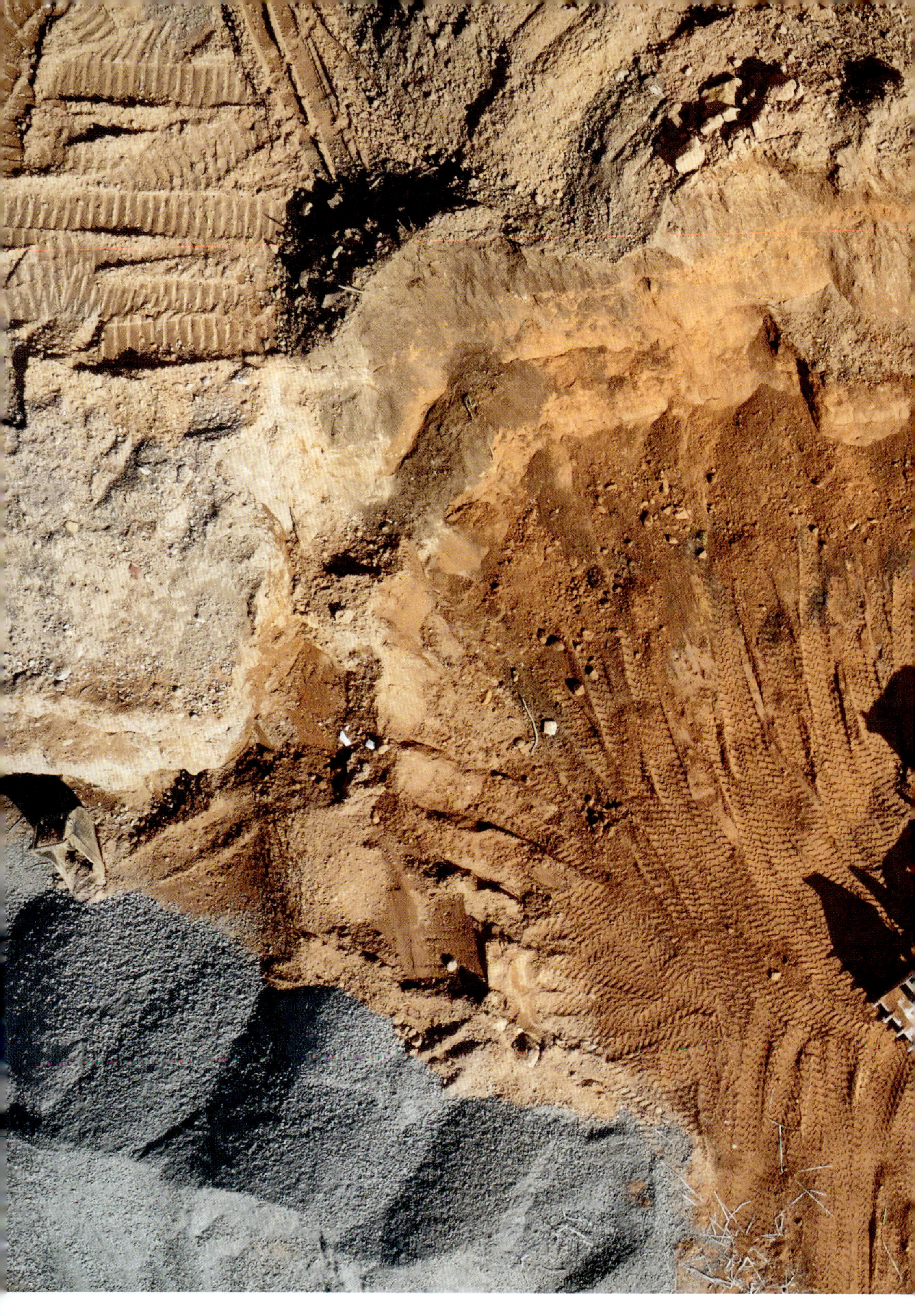

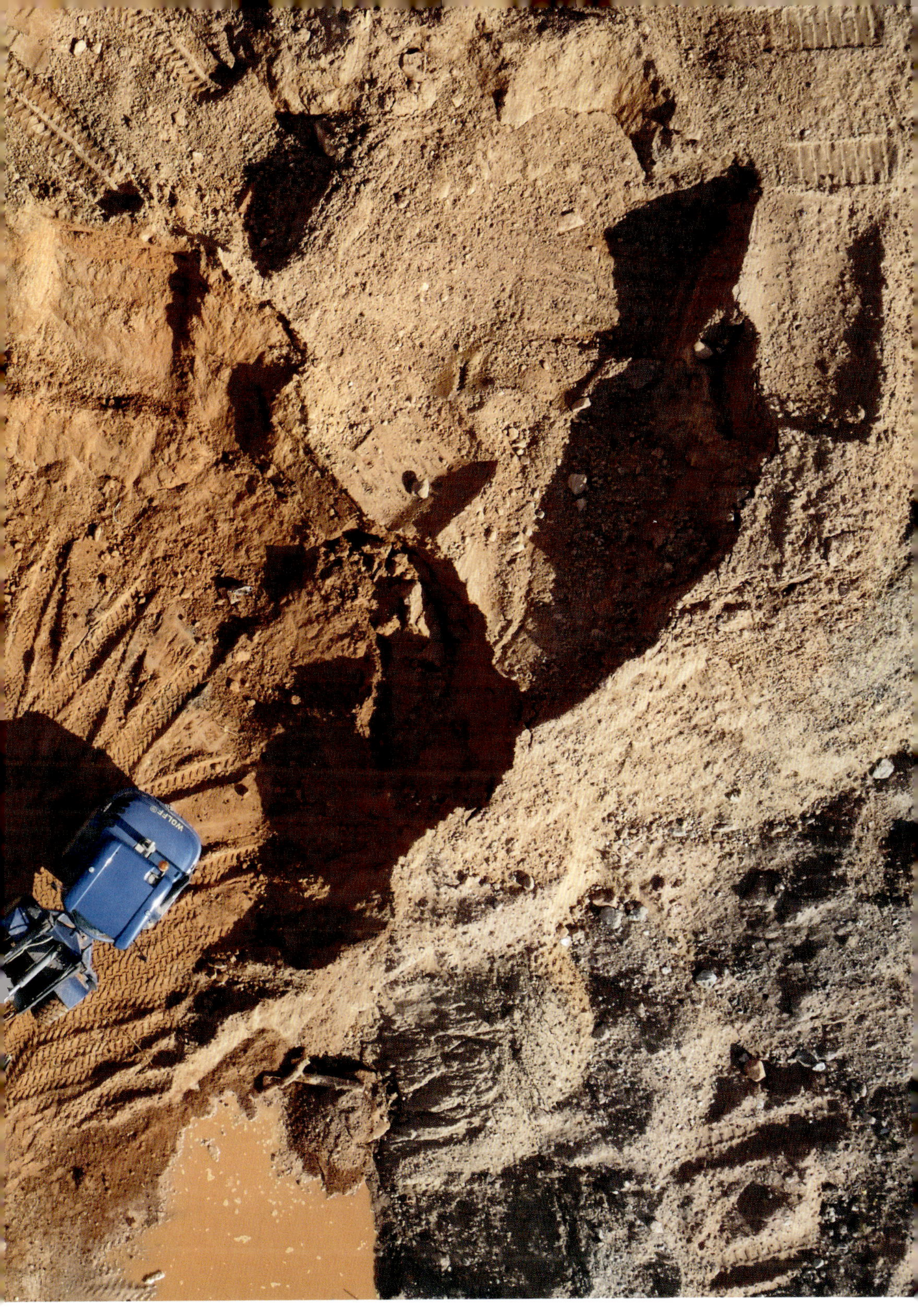

Starkes Licht und grafische Bildwirkung.

ISO 200 | 1/500 s | f/6.3 | 10,3 mm

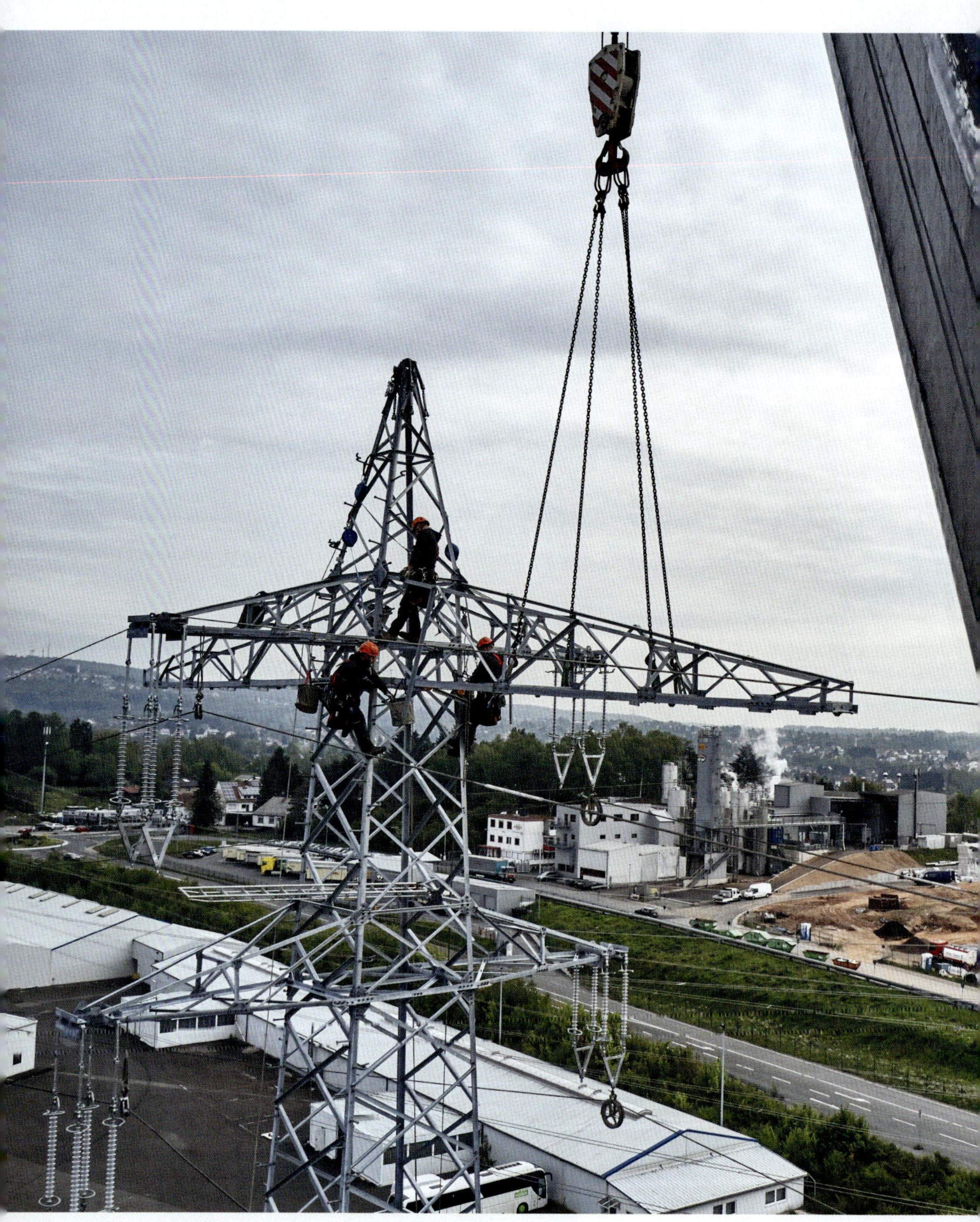

Der schwere Lastenkran im Vordergrund ist das dominierende Element dieser Aufnahme.

ISO 100 | 1/1250 s | f/3.6 | 10,3 mm

Tiefe ins Bild bringen

Aufnahmen aus der Höhe, vor allem wenn die Kamera senkrecht nach unten gerichtet ist, wirken zwangsläufig sehr flach und zweidimensional. Durch lange Schatten und schräg stehendes Licht kann man Abhilfe schaffen. Wie auch in der konventionellen Fotografie kann man Tiefe im Bild durch Vorder- und Hintergrund schaffen. Sehr gut geht das zum Beispiel auf Baustellen, auf denen Kranarbeiten vorgenommen werden.

Der sehr hohe Lastenkran dominiert das Bild im Vordergrund und erzeugt eine starke perspektivische Wirkung, durch die in diesem Fall die Dreidimensionalität und das Packende des Bilds zustande kommen. Damit das klappt und damit sich die Wirkung des 28-mm-Weitwinkels (KB-Äquivalent) entfalten kann, muss man richtig nah ran – auf dem Kontrollmonitor sieht das Ganze so aus, als wäre die Drohne nur wenige Zentimeter von dem stählernen Koloss entfernt. Doch dem ist nicht so, auch bei solchen Perspektiven gibt es noch genügend Abstand zum Hindernis, wie ein prüfender Blick in den Himmel bestätigte. Trotzdem ist hier natürlich Vorsicht geboten, denn so ein Kran bewegt sich, dreht sich und kann ganz überraschende Aktionen ausführen. Auch hier gilt also: vorsichtig fliegen und im Falle des Falles schnell ausweichen.

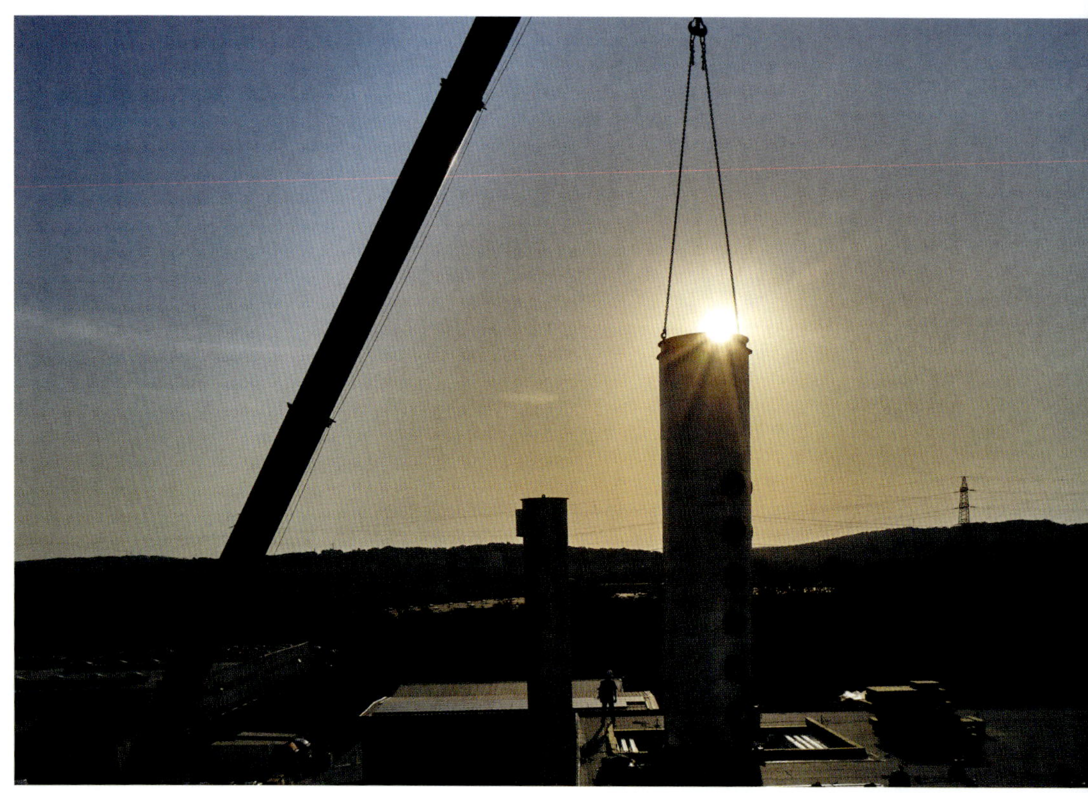

ISO 100 | 1/2000 s | f/8 | 10,3 mm

Atmosphäre schaffen

Wie immer in der Fotografie wirken besondere Lichtsituationen intensiv: Dramatische Wolkenhimmel oder das warme Licht eines Sonnenuntergangs schaffen besondere Stimmungen. Im Grunde gelten hier die gleichen Regeln wie in der Landschaftsfotografie und können vom Drohnenpiloten genutzt werden, wenn er Glück mit dem Wetter hat, früh genug aufsteht oder auch nach Feierabend noch auf eine besondere Lichtstimmung wartet.

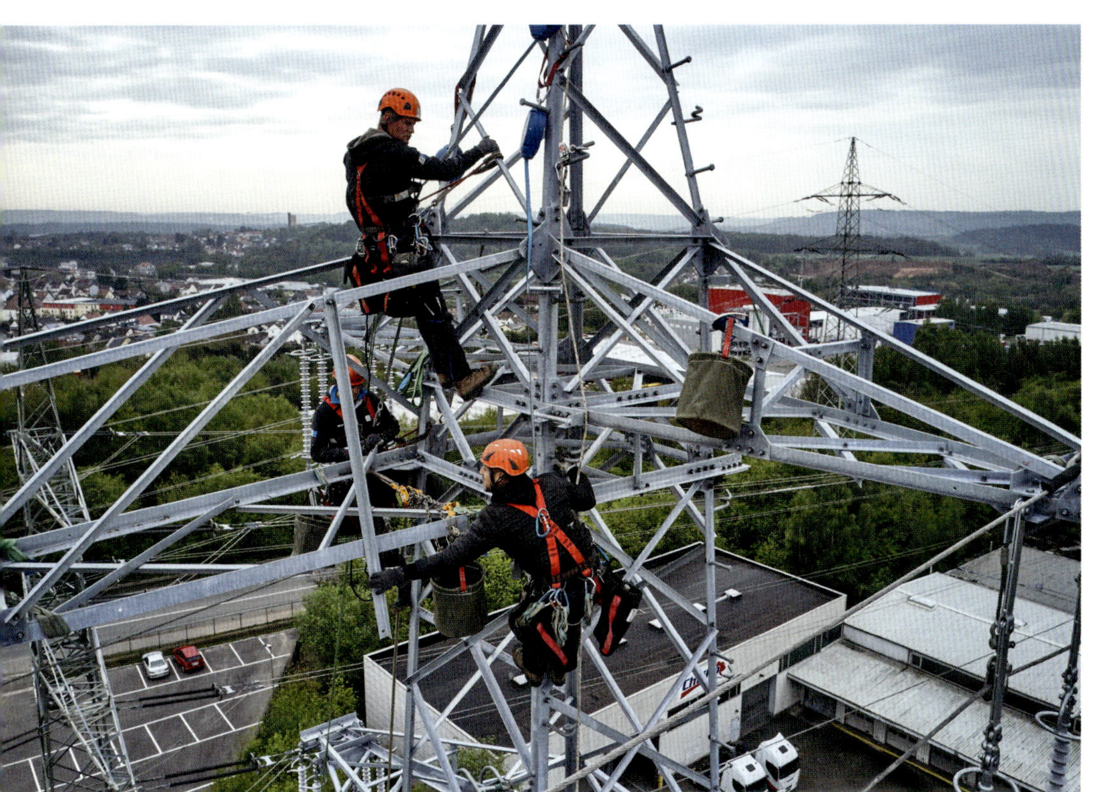

ISO 100 | 1/500 s | f/3.5 | 10,3 mm

Action zeigen

Sogar Arbeitsszenen können mit Drohnen fotografiert werden. Im Beispiel ahnt man die große Höhe, in der die Mastbauer tätig sind, dahinter entfaltet sich die Landschaft mit dem Werk des Auftraggebers. Hier ist unsere Philosophie wieder voll erfüllt. Ein wirkungsvolles Imagefoto braucht tätige Menschen, die in einer spannenden Umgebung aufregende Dinge tun!

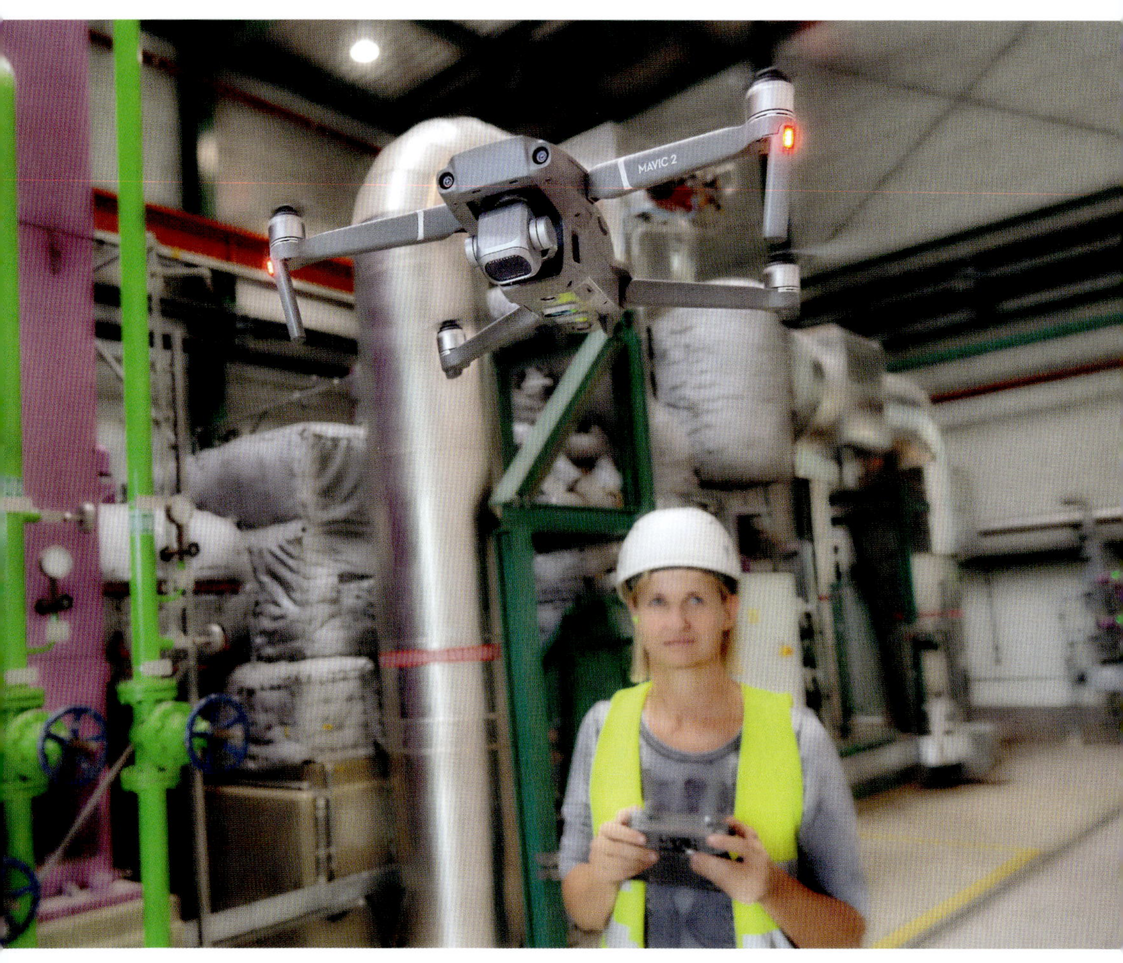

ISO 1600 | 1/160 s | f/3.5 | 15 mm

In Hallen fliegen

Eine sehr spezielle Form des Drohnenfotografierens findet in der Halle statt. Auch hier kann man das Fluggerät einsetzen, um zu eindrucksvollen Aufnahmen zu kommen oder um sich in Kamerapositionen zu bringen, die sonst einfach nicht zugänglich wären. Das Fliegen in einer Halle stellt besondere Anforderungen. Überall gibt es Wände und Decken, und es ist noch weniger als draußen eine gute Idee, gegen irgendetwas zu fliegen oder gar einen Absturz zu riskieren.

Hinzu kommt, dass die eingebauten Abstandssensoren das Erreichen der gewünschten Aufnahmeposition oft verhindern. Bei unserer Mavic 2 Pro kann man zwar die seitlichen Abstandswarner deaktivieren, aber der nach oben gerichtete Sensor scheint immer aktiv zu sein und verhindert das Aufsteigen direkt unter die Hallendecke. Genau da will man aber vielleicht hin, um das bestmögliche Foto zu machen!

Hier hilft nur das beherzte Abkleben des entsprechenden Sensors. Und jetzt ist wirklich Vorsicht geboten! Eine unbedachte Bewegung am Steuer-Joystick, und das Ding schmettert gegen die Decke. Der anschließende Absturz ist unvermeidbar, und wenn in der Halle Menschen arbeiten oder empfindliche und teure Gerätschaften herumstehen, kann das sehr unlustig werden.

Daher mit sehr viel Bedacht fliegen. Es ist durchaus ein Nervenkitzel, derlei zu realisieren, aber dafür wird man belohnt mit ungewöhnlichen Perspektiven und überraschenden Ansichten. Ein Grund mehr, es zu versuchen. Die alte Forderung der Art-Direktoren und Bildredakteure an die Fotografen – *Surprise me!* – kann auch durch so ein Bild seine Erfüllung finden.

Bildfindung

Zu den großen Herausforderungen in der Corporate- und Industriefotografie gehört das Thema „Bildfindung". Wir starten in einem Unternehmen, haben möglicherweise vorher keinen Location-Check durchführen können und werden nach einem ersten Rundgang ins kalte Wasser geschmissen. Wir sind an einem Produktionsort, in einer Werkstatt, wir schauen uns ein wenig ratlos um, und womöglich formt sich in unserem Kopf die bange Frage: „Was um Gottes Willen kann man denn hier fotografieren?" Das Licht ist vielleicht trübe, die Geräte alt, der Ort unaufgeräumt, und es sieht so gar nicht nach etwas Bedeutungsvollem aus, obwohl der Kunde nicht müde wird, zu betonen, dass hier ein wichtiger Prozessschritt stattfindet.

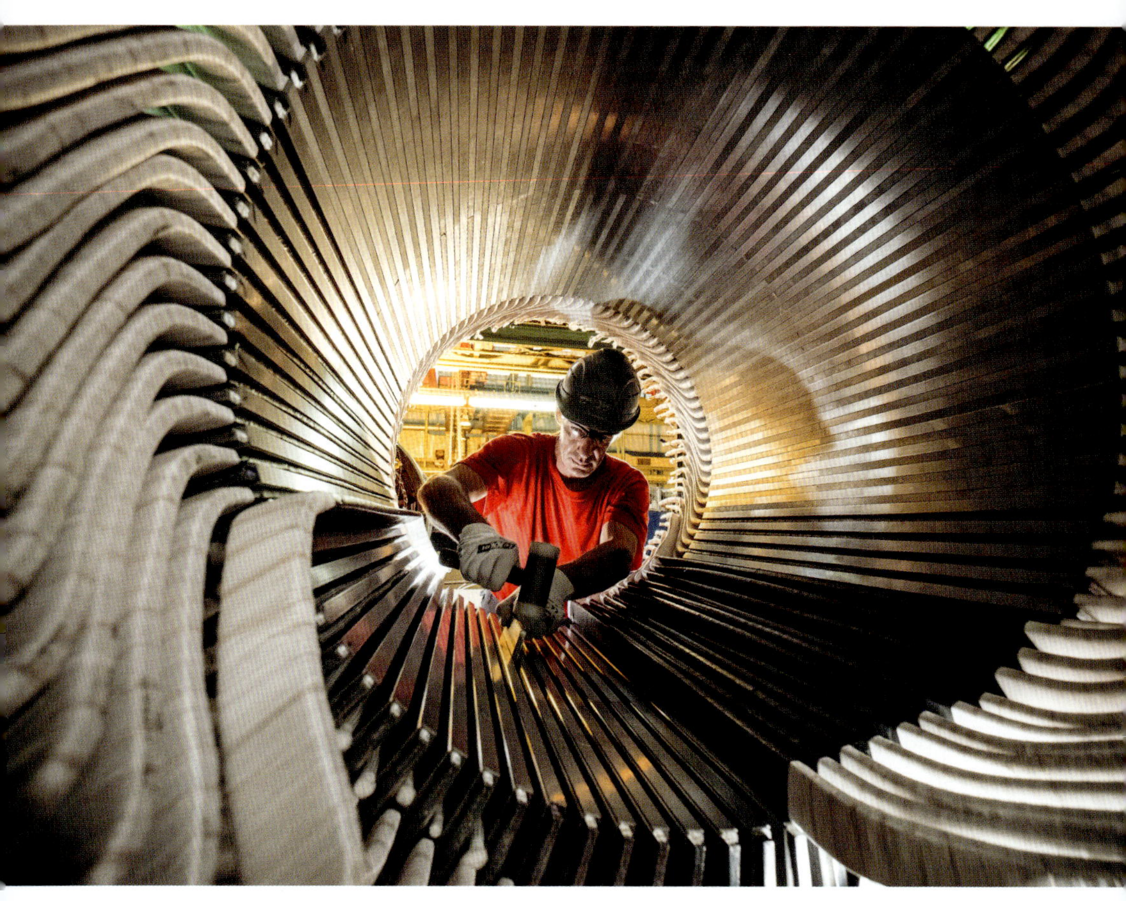

ISO 3200 | 1/200 s | f/4 | 10,5 mm

Natürlich ist das nur der Worst Case. Es geht auch anders, und die Bilder fallen einem mehr oder weniger in den Schoß. Oder die Lage ist irgendwo dazwischen angesiedelt. Die Location sieht schon irgendwie gut aus, es passiert auch etwas Interessantes, aber so richtig zündet es nicht sofort, und man muss sich erst einmal näher mit dem Ort und dem Thema beschäftigen, ehe eine gute Bildidee gefunden ist.

Das geschenkte Foto

Manchmal hat man Glück, und die Umstände präsentieren dem Fotografen sofort eine fix und fertige Bildidee. Beim Rundgang durch die Montagehalle eines Unternehmens für die Reparatur von Elektromotoren (von klein bis gigantisch) sah ich diesen Facharbeiter am Werk (siehe Bild links). Dass die wunderbar große und runde Form des Elektromotors ein dankbares Motiv abgeben würde, lag auf der Hand – also frisch ans Werk.

Was Komposition und Ausschnitt anging, musste ich gar nichts machen. Die große runde Form, die schönen Formen, der Facharbeiter eingerahmt von attraktiver Technik und einer starken grafischen Form – das funktioniert in jedem Fall! Allerdings habe ich beim Licht ein bisschen nachgeholfen. Die Werkshalle war eine klassisch mit Neon ausgeleuchtete Großhalle mit grünstichigem Touch. Dabei wollte ich es nicht belassen und stellte erst einmal links und rechts hinter dem Facharbeiter jeweils einen Blitz als Gegenlicht auf, sodass sich schöne Streif- und Konturlichter für den Menschen ergaben. Ein zusätzlicher Effekt war der schöne Schatten rechts und der Glanz auf den Metallteilen. Einen dritten Blitz richtete ich frontal in den hinteren Hallenteil und versah den Blitzkopf mit einer orangefarbenen Folie. Damit war die Hauptarbeit eigentlich schon getan.

Mit einem kleinen Handblitz setzte ich dann vorne noch ein Akzentlicht (das sind die hellen Streifen in der rechten unteren Ecke), die dem Ganzen einen zusätzlichen Pep verliehen.

Das erarbeitete Foto

Die Situation: Bei der Feldbinder Spezialfahrzeugwerke GmbH werden Silo- und Tankfahrzeuge, Bahnwaggons und Container gefertigt. In den ausgedehnten Werkshallen gibt es überall attraktive Dinge zu sehen, die Fahrzeugrohlinge sind groß und glänzend, Metallarbeiten jeglicher Art laden zum Bildermachen ein. Für das fertige Bild war dennoch einiges an Arbeit zu tun. Das Foto sollte einen besonderen technischen Vorgang illustrieren – das sogenannte Synchronschweißen. Hierbei arbeiten zwei Experten

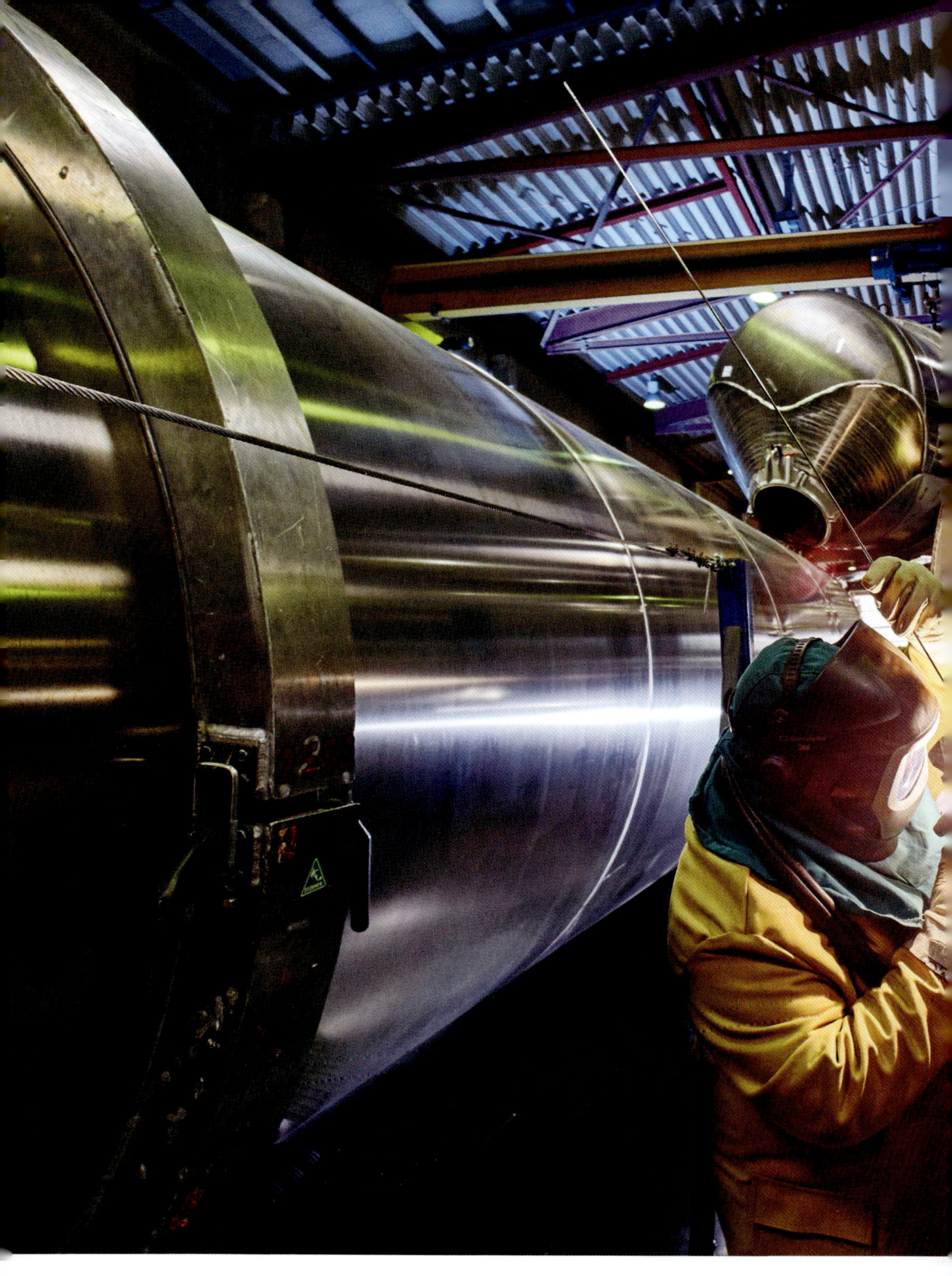

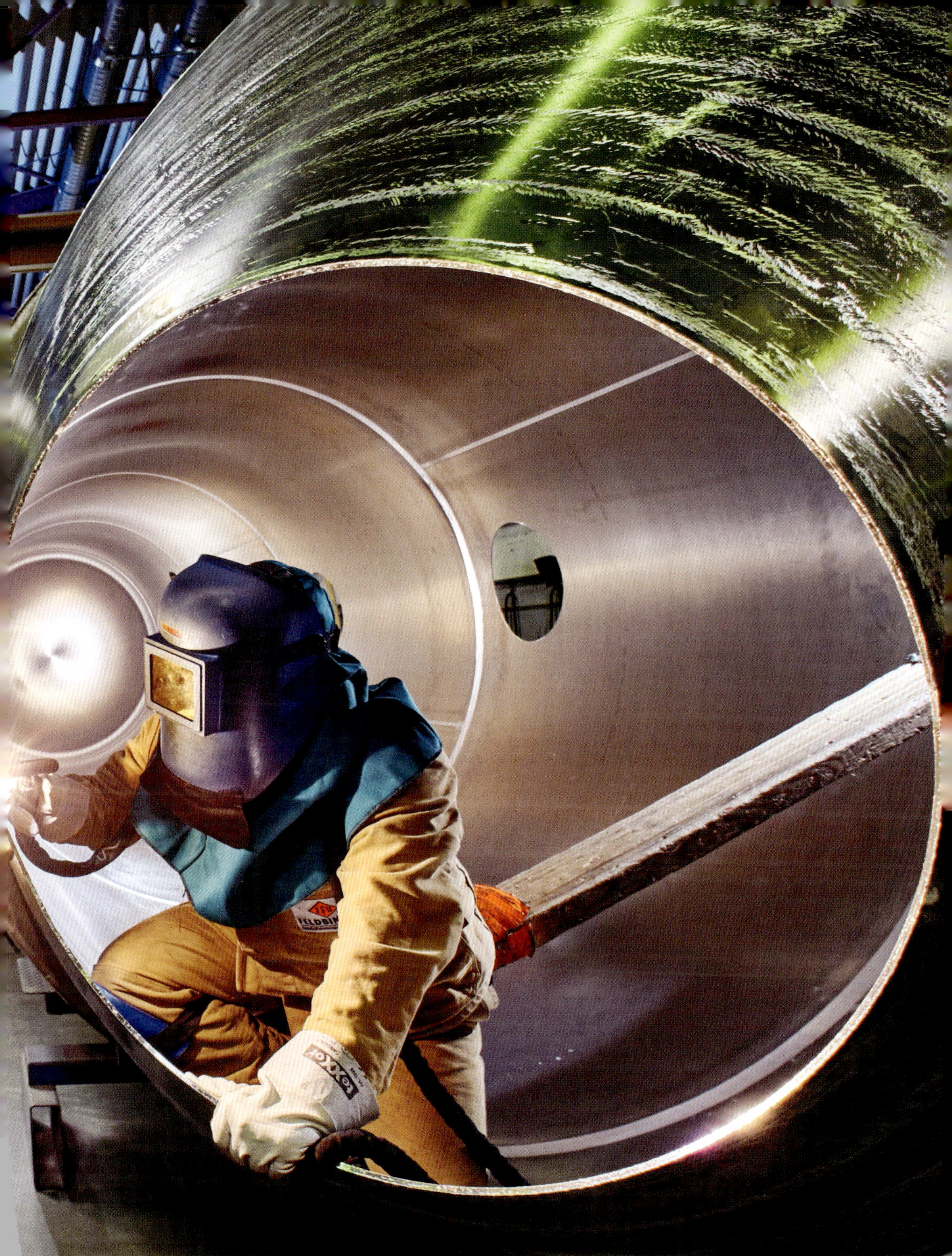

In diesem Motiv steckt einiges an Arbeit drin: Die Location musste erst einmal vorbereitet werden, das „Synchronschweißen als Thema verstanden werden und der dritte Fahrzeugrohling im Hintergrund per Kran an die richtige Stelle positioniert werden. Doch der Aufwand hat sich gelohnt. (Location: Feldbinder Spezialfahrzeugwerke GmbH)

ISO 500 | 1/160 s | f/4 | 10 mm

gleichzeitig an einer Naht, einmal von außen und einmal im Inneren des zukünftigen Fahrzeugs. Die Schweißnaht wird dann exakt synchron gezogen, auch wenn sich die Facharbeiter nicht mehr sehen können!

Zur Vorbereitung des Fotos musste zwischen den beiden Rohlingen erst mal ordentlich aufgeräumt werden, hier stand allerlei ablenkendes technisches Gerät herum. Ein Blitz im rechten Fahrzeug erzeugte das magische Gegenlicht für den im Inneren des Fahrzeugs schweißenden Facharbeiter. Die grünen Reflexionen stammen übrigens vom Hallenlicht, das etwas grünstichig war – was ich normalerweise ja nicht so attraktiv finde. Hier wirkte es aber im Vorschaubild des elektronischen Suchers meiner Kamera so interessant und auch so stimmig in der Farbkomposition, dass ich in diesem Fall das Grün nicht zu eliminieren versuchte, sondern es im Gegenteil in der Bildbearbeitung nachträglich verstärkte.

Der Clou in dem Bild ist aber der dritte Fahrzeugrohling, der zwischen den beiden im Vordergrund befindlichen Modellen unter der Hallendecke schwebt. Hierfür haben wir die Verantwortlichen gebeten, eben diesen Rohling „auf den Haken" zu nehmen und mittels des Hallenkrans genau dort zu positionieren. Wie ich finde, ein wichtiger Schritt, denn dieses dritte Objekt „erzählt", worum es hier eigentlich geht. Durch die klar erkennbare Form, wie man sie vom Lkw-Verkehr auf unseren Autobahnen gut kennt, wird hier deutlich gemacht, was das eigentliche Produkt ist und in welchem Kontext die im Vordergrund arbeitenden Synchronschweißer tätig sind.

Das erkämpfte Foto

Manche Motive machen es einem aber auch richtig schwer. Bei diesem Auftrag ging es um verschiedene Arbeitsszenen in der Reifenindustrie. Wir hatten vor Ort drei Locations, die wir bespielen konnten und zu denen auch Fotogenehmigungen vorlagen. In manchen Unternehmen werden Fotografiererlaubnisse sehr restriktiv gehandhabt, es muss tatsächlich ein entsprechendes Schriftstück vorliegen und vom zuständigen Vorgesetzten per Unterschrift autorisiert sein.

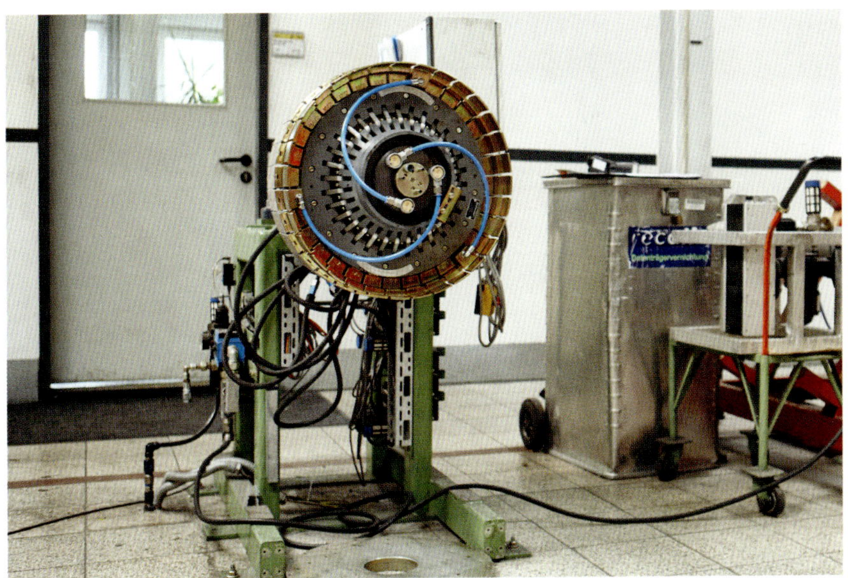

ISO 200 | 1/50 s | f/2.8 | 35 mm

Eines der vom Unternehmen ausgesuchten Locations wirkte auf den ersten Blick ausgesprochen unscheinbar und zunächst einmal wenig attraktiv, obwohl uns glaubhaft versichert wurde, dass es sich hierbei um ein wichtiges Gerät handele und dass es eine große Bedeutung habe. Wenn ich ehrlich bin, habe ich den Kontext allerdings inzwischen vergessen. Auf jeden Fall standen wir erst mal ziemlich ratlos vor diesem Gerät, das recht klein war, unscheinbar auf dem gefliesten Boden stand und nicht so richtig „zu uns sprechen" wollte.

Wie immer in solchen Situationen hat es Sinn, sich mit den Experten vor Ort zu unterhalten. Wozu ist das Gerät gut? Was macht es? Wie arbeitet man daran? Wie oder wo wird es bedient? In der Beantwortung dieser Fragen stellte sich dann heraus, dass Teile der Maschine aufklappen können und das Gerät auf diese Weise zumindest optisch ein wenig größer wird – schon mal gut, aber noch kein Durchbruch. Anschließend packte ich meine Kamera mit angesetztem Zoomobjektiv aus und fing an, das Gerät zu umkreisen, verschiedene Perspektiven auszuprobieren, von oben, von unten, von der Seite, zusammen mit dem Protagonisten und so weiter.

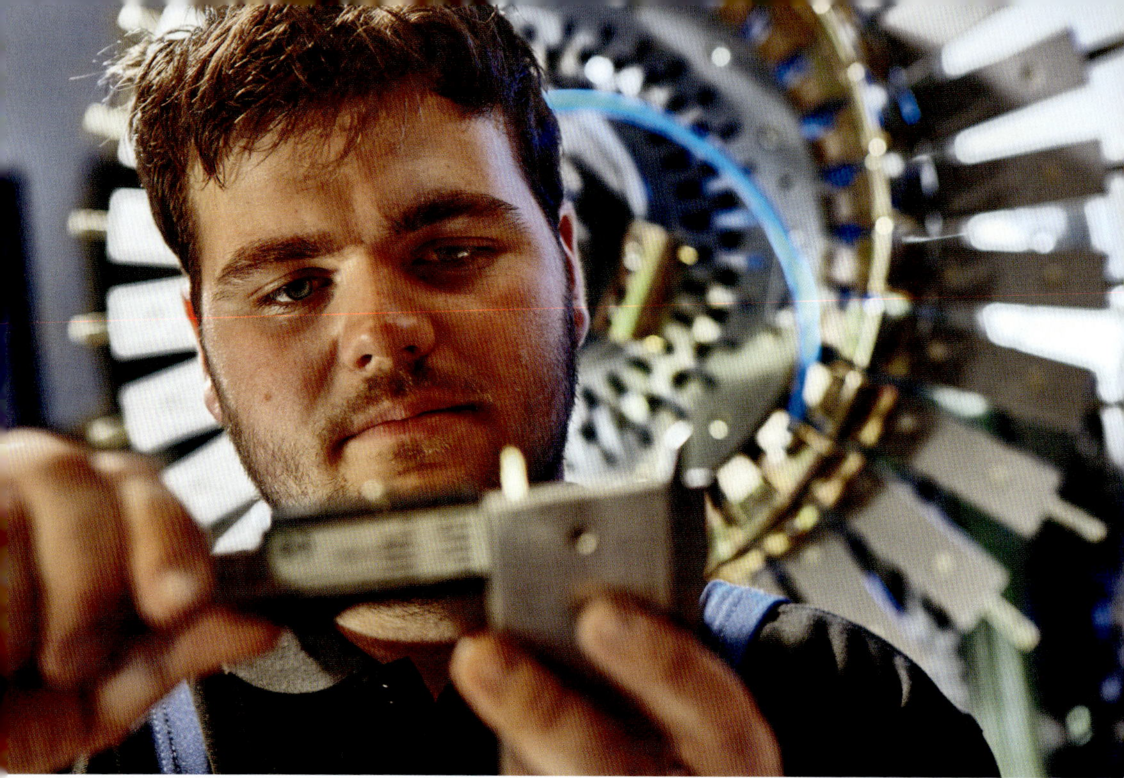

Es hat gedauert und brauchte einige Versuche, bis aus der Location, der handelnden Person und der Maschine ein attraktives Foto geworden ist. Es gibt immer eine Lösung!

ISO 200 | 1/125 s | f/4 | 66 mm

Das alles brachte aber gar nichts, das Foto wollte sich nicht einstellen, es ergab sich einfach keine schlüssige Bildidee. Das war eine harte Nuss, die Verzweiflung beim Fotografen stieg langsam an, aber irgendwann platzte dann doch der Knoten. Und zwar genau in dem Moment, in dem ich beschloss, nicht mehr die Idee zu verfolgen, dass die Protagonisten an der Maschine etwas tut. Vielmehr probierte ich aus, wie es aussehen würde, wenn die Maschine einfach nur im Hintergrund stehen würde, während der Darsteller mit einem Werkzeug in der Hand in Richtung Kamera agiert. Das sah nach etwas aus! Das war der Durchbruch! So könnte es gehen!

Fazit: Es gibt immer eine Lösung. Manchmal liegt sie auf der Hand und fliegt einem zu, manchmal braucht es einen durchaus arbeitsamen Prozess, und manchmal muss man sehr intensiv nach ihr suchen. Es lohnt sich dabei immer, sich nicht mit der zweit- oder drittbesten Lösung zufriedenzugeben, sondern alles zu geben und das Bestmögliche herauszuholen.

Fotografieren in Büros

Corporate-Fotografie findet nicht nur in Produktionsanlagen, Werkstätten oder Labors statt, sondern natürlich auch in Büros. Viele Unternehmen sind in den Bereichen Dienstleistung, Beratung, Verwaltung, Planung etc. unterwegs, und der genuine Arbeitsort dafür sind natürlich Büros. Leider bin ich versucht, hinzuzufügen, dass Büros eine ganz andere Anmutung und ganz andere Eigenschaften haben, als es in Produktion und Technik normalerweise der Fall ist.

Natürlich gibt es auch bei den Büros große Unterschiede. In der Größe, in der Qualität der Ausstattung, in der Qualität der Architektur und der Innenraumgestaltung. Und natürlich ist es ein Unterschied, ob man in einem 70er-Jahre-Büro mit ockerfarbenen Resopaltischen fotografiert oder in einem stylish eingerichteten Raum mit zeitgemäßer Ästhetik. Aber ganz egal, ob wir in der Vorstandsetage eines Dax-Konzerns oder in der Buchhaltung eines bodenständigen Mittelständlers agieren, in einem unterscheiden sich Büros nicht – das, was die Mitarbeiter dort tun, ist meistens nicht sichtbar!

Während wir in Technik und Wissenschaft mit Maschinen, Werkzeugen, Instrumenten, Produkten oder Halbfertigteilen zu tun haben und diese fast immer auch wirklich sichtbar sind, ist das im Büro nicht so. Hier gibt es über alle Unterschiede hinweg im Prinzip immer das Gleiche zu sehen. Schreibtische, Ablagen, Büroutensilien, Computer natürlich und eine Telefonanlage – das ist es. Ergänzt werden diese Standardobjekte gegebenenfalls noch mit unterschiedlich traurig aussehenden Topfpflanzen oder persönlichen Gegenständen wie Kinderfotos und Urlaubspostkarten.

Natürlich gibt es auch Ausnahmen. In einem Architekturbüro gibt es Pläne, die großformatig ausgedruckt werden, in einem Buchhalterbüro werden stapelweise Belege erfasst, und im Büro eines Chefarztes findet sich vielleicht das Modell eines Kniegelenks, anhand dessen er seinen Patienten den geplanten Eingriff erklären kann. Doch all diese Objekte sind im

Vergleich zu großen Maschinen, handfest zupackenden Arbeitern oder apparateintensiven Forschungslabors vergleichsweise klein, unhaptisch und für ein Foto bestenfalls Beiwerk, aber keine Attraktion.

Man könnte es auch so ausdrücken: Das, was in Büros gearbeitet wird, findet in den Köpfen der Mitarbeiter statt und wird in Computern inhaltlich entwickelt und gespeichert. Die Ausstattung mag variieren, aber im Prinzip ist der Arbeitsplatz einer Sekretärin genau der gleiche wie der eines Vertriebsleiters oder Geschäftsführers.

Wie soll man hier ausdrucksstarke Corporate-Fotos machen? Wie den Geist und die Thematik eines Unternehmens transportieren? Wie macht man das Unsichtbare sichtbar?

In unserer Praxis haben sich vier Wege herauskristallisiert, mit dieser Thematik umzugehen und zu versuchen, sie in Fotografien auszudrücken:

- **Persönlichkeit**: Hier steht der abgebildete Mensch mit seiner Ausstrahlung im Mittelpunkt des Fotos. Räume sind nur Beiwerk und transportieren nur einen architektonischen oder atmosphärischen Rahmen. Fotografisch sind solche Bilder sehr nah an einem Porträt.
- **Kommunikation**: Das ist ja das, was in Büroumgebungen eigentlich passiert. Menschen sprechen miteinander, tauschen sich aus, entwickeln gemeinsam Ideen und Lösungen oder beraten ihre Kunden. Über lebendige Bilder, die Kommunikationssituationen zeigen, ist es möglich, diese Art von Tätigkeit zu versinnbildlichen und darüber auch Werte zu transportieren.
- **Symbole sichtbar machen**: Gibt es haptische Elemente wie zum Beispiel die vorher erwähnten Pläne oder andere Objekte, die auch im Büro eine Rolle spielen und in eine Szene eingebaut werden können, sollte man das versuchen.

- **Kombination mit virtuellen Bildern**: Ist das nicht möglich, greifen wir häufig zu einem Trick. In fast jedem Unternehmen gibt es heute einen Besprechungsraum, in dem auch Beamertechnik zur Verfügung steht. Dies gibt uns Fotografen die Möglichkeit, eine reale Businesssituation mit Bildern zum Beispiel aus einer PowerPoint-Präsentation zu verbinden. Dadurch, dass der Raum verdunkelt werden muss, ergibt sich zudem die Möglichkeit, echte Atmosphäre zu schaffen und auf diese Weise ebenfalls zu einem ausdrucks- und inhaltsstarken Bild zu kommen.

Beratungsszenen sind eine gute Möglichkeit, Kommunikation und den Stil des Hauses zu visualisieren. Fachlichkeit und Freundlichkeit empfehlen diese Klinik als richtigen Ansprechpartner bei orthopädischen Problemen. Das Büro war zum Glück schön eingerichtet, und die Bücherwände wirken jedenfalls viel einladender als weiße Wände. Das Modell auf dem Tisch und das Röntgenbild im Hintergrund visualisieren unmissverständlich, wo wir uns befinden. Den Rechner haben wir allerdings extra dort aufgebaut, den gab es da eigentlich nicht, ansonsten ist mit weichem Licht von vorne

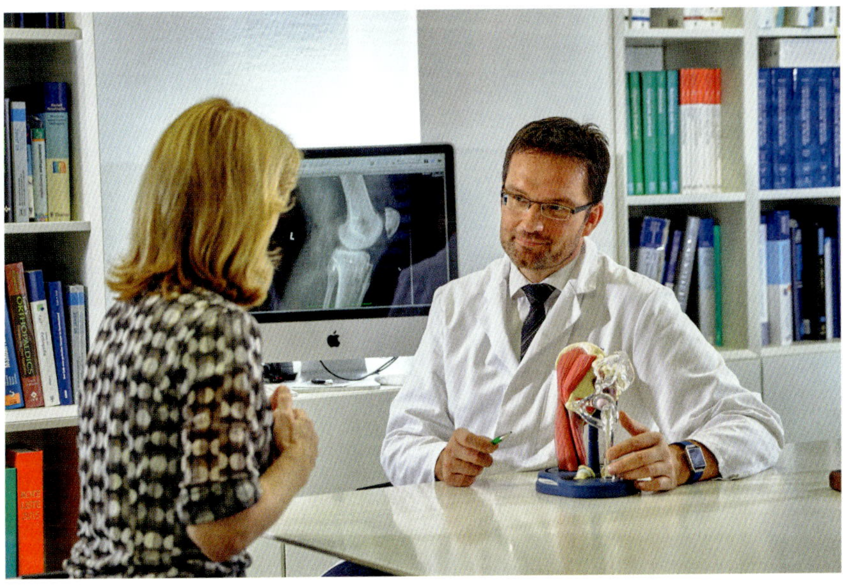

Beispiel einer Beratungsszene.

ISO 320 | 1/160 s | f/2.8 | 63,4 mm

und einem Streiflicht von der Seite das Bild mit klassischen fotografischen Mitteln ausgeleuchtet worden. Die Lichtkorona hinter dem Rechner ist ebenfalls gemacht. Hier liegt ein kleiner Handblitz und erzeugt dieses indirekte Licht.

Das nächste Beispiel zeigt eine Besprechungssituation bei einem Entsorgungsunternehmen. Hier hatten wir das Glück, auf eine sehr große Wandprojektion im Hintergrund zurückgreifen zu können, auf der wir einen Werbefilm des Unternehmens abgespielt haben. Konkret erkennbar ist dabei zwar nichts, aber die in der Unschärfe liegenden Bilder erzeugen eine Atmosphäre, die sonst in Büros nur mit Beamern hinzubekommen ist.

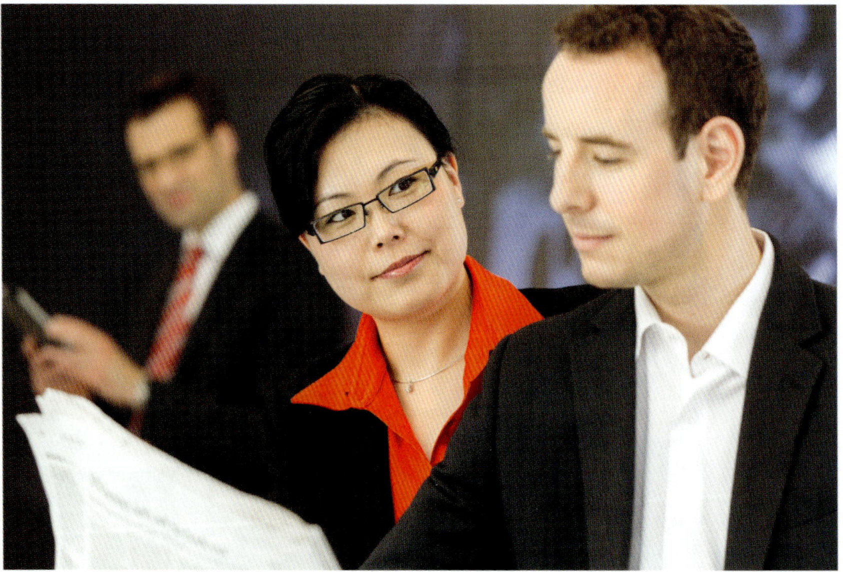

Beispiel 1 eines szenischen Porträts.

ISO 100 | 1/1000 s | f/1.4 | 35 mm

Bei diesem Auftrag einer Rechtsanwaltskanzlei für Arbeitsrecht ging es um „szenische Porträts". Alle Anwälte sollten in ihrer ureigenen Umgebung mit einem direkten Blick in die Kamera fotografiert werden – so, als würde der Betrachter dieses Fotos der Anwältin gegenübersitzen und sich mit ihr im Gespräch befinden.

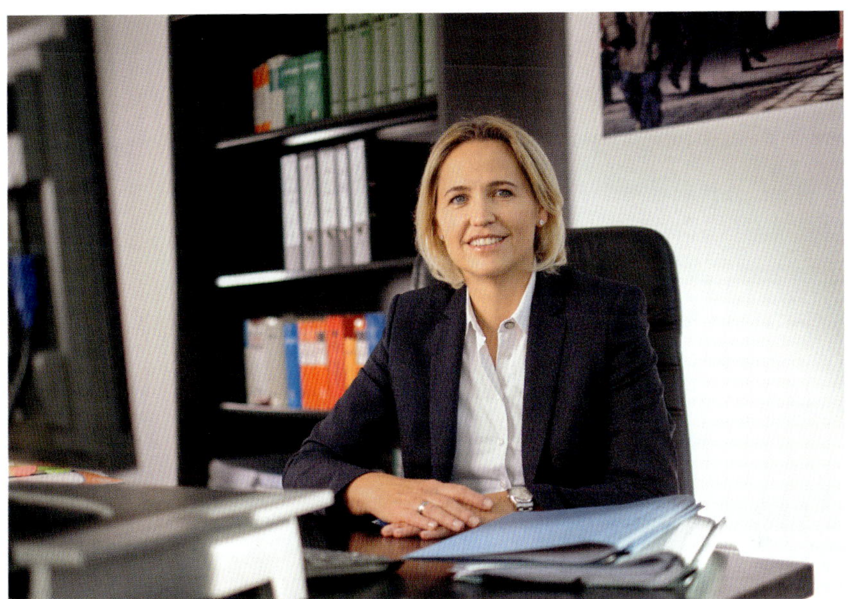

Beispiel 1 eines szenischen Porträts.

ISO 100 | 1/1000 s | f/1.4 | 35 mm

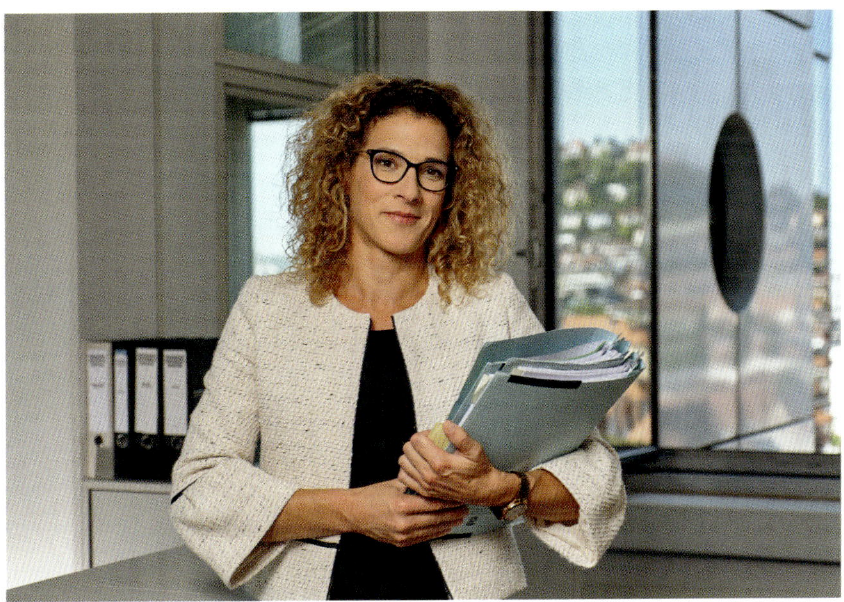

Beispiel 2 eines szenischen Porträts.

ISO 200 | 1/500 s | f/2.8 | 40,1 mm

Die Herausforderung bei diesem Auftrag, der uns mehrere Tage in Köln, Frankfurt und Stuttgart beschäftigte, bestand vor allem darin, möglichst viel Abwechslung in die Bilder zu bringen. Jedes Bild sollte etwas anders aufgefasst und gestaltet sein und gegenüber dem vorherigen Abwechslung bieten. Daher haben wir die Anwälte nicht nur am Schreibtisch, sondern zum Teil auch im Flur, in Besprechungszimmern oder anderen Konstellationen fotografiert, um hier möglichst optische Vielfalt zu bieten. Dieser Auftrag wurde übrigens durchgängig mit einer Visagistin umgesetzt.

Visagie oder nicht?

Sollte man bei der Corporate- und Industriefotografie eine Visagistin einsetzen bzw. den Kunden davon zu überzeugen versuchen? Die Antwort: Es kommt ganz darauf an!

Zunächst einmal kommt es natürlich darauf an, über welche Bilder wir sprechen. Wollen wir Arbeitsszenen in einer Industriewerkstatt fotografisch umsetzen und dabei zum Beispiel die Fähigkeit der Protagonisten in der Metallbearbeitung wirkungsvoll inszenieren, ist das ein anderes paar Schuhe, als wenn wir Porträts von Vorständen oder Arbeits- und Kommunikationsszenen im Marketing oder in der PR fotografieren wollen.

Bei Letzterem ist der Einsatz einer Visagistin sicherlich sinnvoll. Und zwar nicht nur, weil die Leute dann vor der Kamera tatsächlich „besser" aussehen, sondern auch, weil es die Hochwertigkeit einer Produktion unterstreicht, weil es für die Protagonisten vor der Kamera ein Erlebnis ist und nicht zuletzt das Ego der Menschen respektive Auftraggeber ein wenig streichelt. Die Leute fühlen sich oft auch etwas sicherer und selbstbewusster, wenn sie so vorbereitet vor die Kamera treten, was letztlich den Bildergebnissen ebenfalls zugutekommt. Natürlich verteuert die Visagistin auch die Produk-

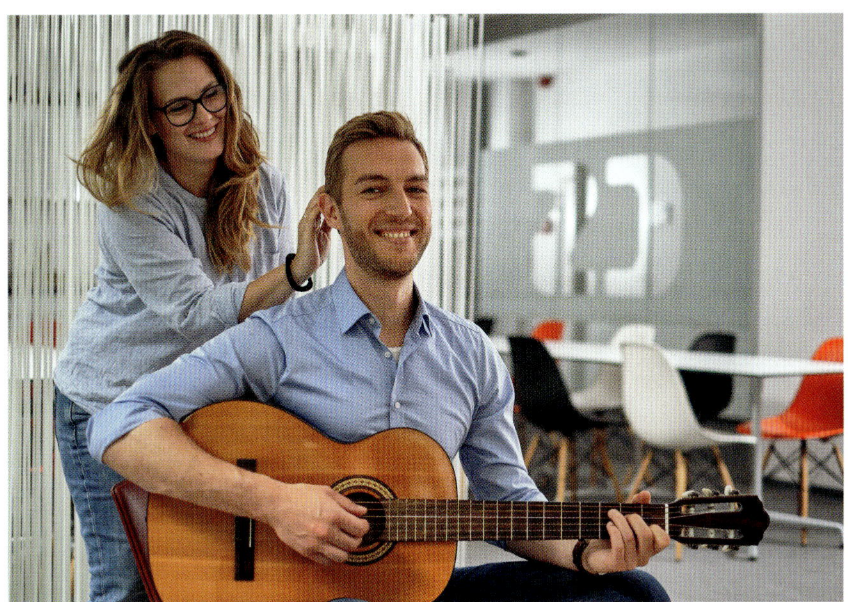

Unsere Visagistin im Einsatz am Model, hier bei einer Employer-Branding-Kampagne.

ISO 200 | 1/200 s | f/1.6 | 35 mm

tion, in vielen Kontexten scheint das jedoch überhaupt kein Problem zu sein und wird bei Kunden, die auf Visagie Wert legen, gerne in Kauf genommen.

Eine Visagistin wird vom Kunden ganz selbstverständlich als Teil des Teams wahrgenommen. Daher ist es gut, wenn sie nicht nur fachlich versiert ist, sondern auch menschlich und kommunikativ gut zum eigenen Auftreten und zum Arbeitsstil des Fotografen passt. Wir haben daher irgendwann zu „unserer" Visagistin gefunden, bei der wir uns darauf verlassen können, dass die Arbeit erstklassig ist, dass die Kommunikation mit dem Kunden reibungslos und ohne Spannungen funktioniert und dass wir insgesamt als harmonisches Team wahrgenommen werden, bei dem jeder weiß, was er zu tun hat.

Auch der Schminkstil ist wichtig. In der Corporate-Fotografie geht es nach meiner Auffassung nicht darum, mit aufwendigem und fantasievollem Make-up die Menschen zu verwandeln und das Maximale aus ihnen herauszuholen. Vielmehr bevorzuge ich einen zurückhaltenden Stil, bei dem die Menschen in ihrer Alltagsnormalität weiterhin erkennbar bleiben, trotzdem aber durch feine Korrekturen und dezentes Auftragen für die Kamera ein Stück fotogener werden. Ein Corporate-Porträt soll ja ein Bild von der tatsächlichen Person nach außen tragen, sei es als PR-Bild zur Weitergabe an die Presse oder zum Beispiel als Porträt auf der Website. In all diesen Anwendungsfällen finde ich es wichtig, dass der jeweilige Mensch authentisch bei sich bleibt und im Geschäftsleben bei realen Begegnungen auch wiedererkannt werden kann!

Der Einsatz einer Visagistin in diesem Kontext ist aber noch aus anderen Gründen interessant. Eine gute Visagistin kann ebenfalls etwas an den Haaren machen und beim eigentlichen Fotografieren als Stylistin wirken. Visagistinnen haben einen viel besseren Blick auf Details – etwa ob das Sakko sitzt, ob die Krawatte zum Hemd passt oder ob man nicht doch besser das Halstuch weglässt. Jedenfalls einen viel besseren Blick als ich! Für diese Hilfe und Beratung bin ich immer dankbar und verlasse mich gern auf die Stilkompetenz und den Geschmack von jemandem, dessen Metier das ist. Mein Metier ist es jedenfalls nicht.

Visagie in Produktion und Technik

Anders sieht es aus, wenn Fotos in Produktion, Technik, Labor, Forschung oder Logistik gemacht werden sollen. Hier empfinde ich eine Visagistin als verzichtbar. Handfeste Facharbeiter, kantige Wissenschaftlerköpfe oder zupackende weibliche Mitarbeiterinnen, fotografiert in interessanter Umgebung, vertragen sich in meinen Augen nicht besonders mit den Möglichkeiten und Auswirkungen einer Visagie. Selbst wenn sich die Visagistin sehr zurückhält, wirken Köpfe und Haut dann ein wenig zu glatt – für mich fördert ihr Einsatz jedenfalls nicht die angestrebte Wirkung von Authentizität und Glaubwürdigkeit. Das bedeutet aber auch, dass der Fotograf ein paar zusätzliche Aufgaben übernehmen muss.

Denn auch hier sollte die Arbeitskleidung, vom Blaumann plus Warnweste über Wissenschaftlerkittel bis hin zum Chefarzt-Dress, sitzen und im Sinne der angestrebten Imagewirkung funktionieren. Und auch hier gibt es eine Menge Details zu beachten. Der Arbeitsoverall darf ruhig benutzt aussehen, sollte aber nicht von unten bis oben mit einer frischen Ladung Altöl bespritzt sein. Die Arbeitsjacke sollte das aktuelle Logo des Unternehmens zeigen und beim Fotografieren gegebenenfalls auch zu sehen sein. Und beim Chefarzt sollten Krawatte, Hemd und weißer Kittel eine gute Einheit bilden, sonst wird es kontraproduktiv. Wohl dem Fotografen, dessen Assistent oder Assistentin einen Blick für derlei Feinheiten hat und seine Aufmerksamkeit darauf richtig. Das kann den Fotografen vor schlimmen Fehlgriffen und womöglich unverwendbaren Fotos bewahren.

Um dem Thema Visagie noch etwas näher zu rücken, habe ich mich mit unserer Lieblingsvisagistin getroffen und ein kleines Interview geführt.

Im Gespräch: Fiona Lang, Visagistin

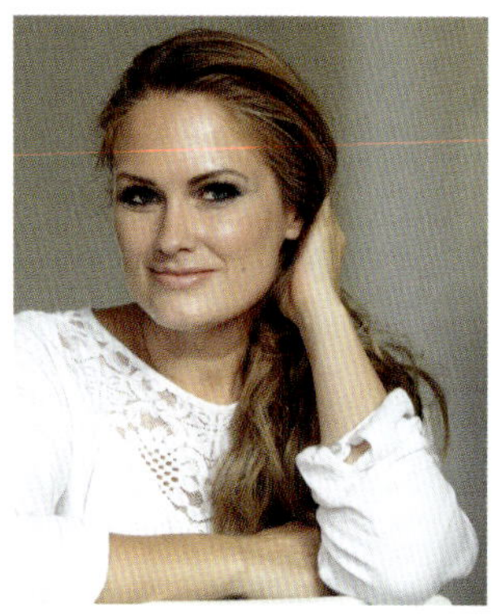

www.befein.de

www.fionalang.com

Wenn man als Fotograf bei einem Corporate-Shoot mit einer Visagistin zusammenarbeitet – worauf sollte man achten? Was muss der Fotograf wissen?
Zunächst einmal kostet professionelle Visagie Zeit. Das sollte bei der Planung einer Produktion beachtet werden. Die Visagistin braucht Vorlaufzeit, bis der erste Protagonist für die Kamera fertig ist.

Wie viel Zeit ungefähr?
Das hängt natürlich von der jeweiligen Aufgabe ab und wie die Rahmenbedingungen sind. Aber grundsätzlich kann man sagen: Um eine Frau professionell für ein Porträtshooting zu schminken und die Haare zu machen, braucht eine schnelle Visagistin ungefähr 45 bis 60 Minuten. Bei Männern geht es meist etwas schneller, ungefähr 10 bis 15 Minuten.

Die Männer sind die einfacheren Kandidaten?
Ja, sehr oft ist das so. Allerdings kann es manchmal auch länger dauern, und es ist nicht damit getan, den Glanz wegzumachen. Häufig haben Männer eine sehr trockene Haut oder rote Äderchen, sie haben an der Nase, an den Ohren oder an noch anderen Stellen Haare, um die man sich kümmern sollte. Manchmal sind sie auch nicht ganz optimal rasiert, oder der Bart ist nicht gleichmäßig dicht gewachsen. Bei vielen Männern ist es auch sinnvoll, die Kontur der Augenbrauen zu verbessern. All das sind Dinge, um die sich Männer in ihrem Alltag meist nicht bemühen und die die Visagistin im Sinne eines ansprechenden Fotos mit ihren Mitteln verbessern kann. Es kann also auch schon mal 30 Minuten dauern.

Für die Organisation des Shootings heißt das also ungefähr eine Stunde Vorlauf einplanen, bei Männern etwas weniger.
Ja, und vielleicht noch ein Tipp. Meistens ist es strategisch sinnvoll, mit einem Mann zu beginnen und Mann und Frau immer im Wechsel zu fotografieren. So entzerrt sich der Zeitplan. Wenn jedoch der Lichtaufbau länger dauert, kann man auch mit dem Make-up der Frau beginnen. Und zum Thema Gruppenbilder: Wenn zum Beispiel bei einem Büroshooting sowohl Einzelaufnahmen als auch Gruppenbilder geplant sind, ist es absolut sinnvoll, mit den Einzelaufnahmen anzufangen. So können die Protagonisten peu à peu ohne großen Zeitverlust geschminkt werden. Steht dann das Gruppenbild an, sind alle schon vorbereitet und müssen höchstens noch kurz nachgearbeitet werden.

Wenn ein Fotograf auf der Suche nach „seiner" Visagistin ist, worauf sollte er achten?
Ich finde es wichtig, dass die Visagistin nicht nur gut schminken kann, sondern dass das Gesamtpaket stimmt. In der Unternehmensfotografie begegnen wir Geschäftsführern, Vorständen und leitenden Angestellten. Die Visagistin sollte sich hier gut bewegen können, adäquat für den Job gekleidet sein und schnell einen Draht zu den Menschen finden. Gute Kommunikation ist sehr wichtig in diesem Job! Ach ja. Und gut geschminkt sollte sie auch sein! (lacht).

Wodurch zeichnet sich gute Visagie in der Corporate-Fotografie aus?
Zum Beispiel dadurch, dass die Visagistin nicht alle Personen auf die gleiche Weise schminkt, sondern dass sie sich Mühe gibt, den jeweiligen Typ zu erkennen, die Schokoladenseite zu betonen und auch den Stil des jeweiligen Menschen zu treffen. Die Leute sollen ja nicht nur auf den Fotos schön aussehen, sondern später auch wiedererkennbar sein. Ich möchte immer erreichen, dass die Menschen „frisch" aussehen – und nicht angemalt.

Noch mal zurück zu den Frauen: Sollen sie ungeschminkt oder geschminkt zum Shootingtermin erscheinen?
Das kommt ein bisschen darauf an. Wenn nur wenige Personen geschminkt werden müssen und genug Zeit da ist, würde ich ungeschminkt bevorzugen. Sind jedoch viele Menschen zurechtzumachen und es herrscht ein enger Zeitplan, dann besser geschminkt. In letzterem Fall optimiere ich dann das vorhandene Make-up und setze Akzente.

Hast du noch einen Tipp für die Fotografen?
Gerne. Ein besonderes Thema sind „zusammengemachte" Haare, zum Beispiel wenn Frauen sie als Dutt oder Pferdeschwanz tragen. Bei Porträts mit direktem Blick in die Kamera wirken diese Frisuren sehr streng, weil die Haarfülle nicht zu sehen ist. Das wirkt dann wie eine Kurzhaarfrisur. Hier ist es wichtig, dass man auf dem Foto trotzdem etwas davon sieht, zum Beispiel indem man den Pferdeschwanz über die Schulter legt. Das so entstehende Bild entspricht viel mehr dem tatsächlichen Typ dieser Frau. Viele Fotografen übersehen solche Details.

Ja, ich bin auch immer sehr dankbar, wenn du beim Fotografieren dabei bist und mir entscheidende Hinweise gibst!
Ich versuche, was möglich ist. Aber es ist ein Balanceakt: Einerseits fotografiert der Fotograf, und man sollte eigentlich dabei sein und auf die Details achten, andererseits wartet vielleicht schon der nächste Mitarbeiter, der geschminkt werden will. Im Grunde müsste beim Fotografieren eine zusätzliche Make-up-Artistin vor Ort sein, die sich um diese Aspekte kümmert. Aber natürlich ist dafür nicht immer das Budget da.

Mir persönlich ist es am liebsten, wenn so viel Zeit ist, dass ich nach dem Schminken auch beim Fotografieren dabei sein und gegebenenfalls korrigieren kann.

Wenn wir schon bei Wünschen sind: Hast du aus deiner Sicht Wünsche und Ideen, die sich an die Fotografen richten?
Ja, durchaus! Eine ganze Menge sogar (lacht).

Der Fotograf hat ja meistens den direkten Kundenkontakt und bietet die Produktion als Ganzes an. Er hat daher auch Einfluss auf die Organisation. Häufig wird vergessen, Pausen einzuplanen. Das ist aber gerade bei eng getakteten Produktionen immens wichtig, für alle Beteiligten. Und vielleicht könnte man dem Auftraggeber auch nahelegen, nicht immer die gleichen belegten weißen Brötchen als Catering anzubieten … Es ist zwar schön, wenn überhaupt etwas angeboten wird, aber ein bisschen Abwechslung wäre ganz prima.

Was noch wichtig ist: Fotograf und Visagistin sollten vorab die Honorarfrage klären, damit auch das angeboten wird, was die Visagistin für ihren Job haben muss. Details zu halben Tagessätzen oder Overtime sollten dabei ebenfalls besprochen werden. Manche Fotografen signalisieren dem Auftraggeber, dass es auch günstiger ginge – das geht dann aber fast immer auf Kosten der Qualität und ist nicht gut für unseren Markt.

Außerdem ist ein telefonisches Briefing vorab sehr hilfreich. Der Fotograf kann dann schon mal etwas zu dem Job sagen, die Aufgabe schildern oder etwas über den Kunden erzählen. So kann man sich ein Bild machen und sich besser vorbereiten. Wichtig ist ebenfalls, zu erfahren, worauf es dem Fotografen besonders ankommt.

Und zu guter Letzt: Fotograf und Visagistin bilden ein Team und ziehen an einem Strang – so sollte es jedenfalls sein. Es hilft überhaupt nicht, wenn der Ton am Set rau wird. Egal wie stressig die Situation auch gerade sein mag, alle Beteiligten sollten immer die Contenance bewahren und höflich und freundlich miteinander umgehen.

Mein Jahrbuch

Fotograf zu sein, heißt für mich auch, sich entwickeln, die eigenen Fähigkeiten vorantreiben zu wollen, Neues zu lernen und das Niveau der eigenen Arbeit steigern zu wollen. Alles eine wichtige Voraussetzung dafür, dass man nicht in Routine erstarrt und irgendwann keine Berufung mehr lebt, sondern einfach nur noch einen Job macht. Daher nutze ich die Zeit zwischen Weihnachten und Silvester gern, um mir den Stand der Dinge vor Augen zu führen. Das gilt für finanzielle und unternehmerische Aspekte genauso wie für die fotografische Identität und die fotografische Leistung des ablaufenden Jahres.

Eines meiner Instrumente für diese Selbstreflexion ist mein „Jahrbuch". Hierfür drucke ich zu jedem Job, den ich im abgelaufenen Jahr hatte, ein Blatt mit einem Motiv aus, in besonderen Fällen, wenn es ein wirklich schöner oder wichtiger Job war, auch mal zwei. Ich nutze dafür „Matte Paper – Heavyweight" von Epson, weil es ein schönes Papier ist, das hochwertige Drucke erlaubt und aufgrund seiner relativen Dünne noch geeignet ist, vom Buchbinder klassisch per Klebebindung zu einem dicken Buch verarbeitet zu werden. Das Format ist die Hälfte von Super A3, was eine sehr schöne Buchgröße ergibt.

Die Motive müssen nicht unbedingt Top Shots sein, manchmal nehme ich auch ein Seitenmotiv oder sogar ein Making-of. Es geht mir hier nicht um ein „Best of", sondern um ein charakteristisches Motiv aus der jeweiligen Produktion.

Wichtig! Kein Job, und sei er noch so nebensächlich, darf verschwiegen werden. Jeder Auftrag, jedes professionell veranlasste Shooting, bekommt mindestens ein Bild. Nur so kann das Jahrbuch seinen Zweck erfüllen, nämlich eine Art Rechenschaftsbericht darüber zu sein, womit man sein professionelles Jahr zugebracht hat, wie viele spannende und interessante Aufträge und Locations es gab und was eher in die Rubrik „Brot und Butter" gehört.

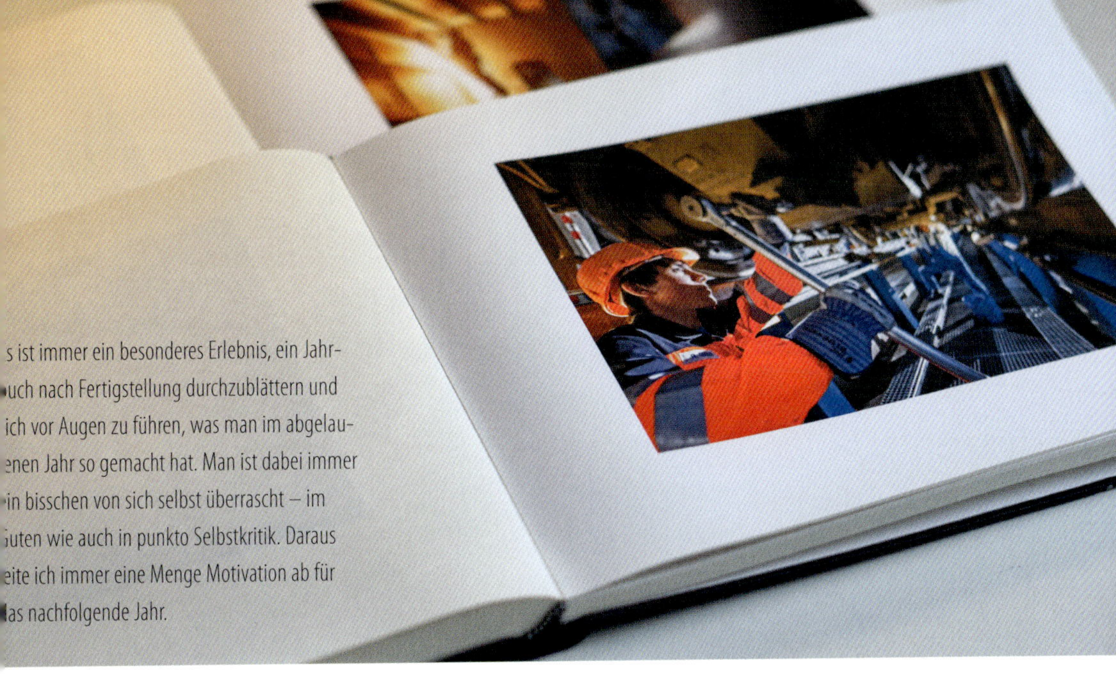

Es ist auch interessant, Unterschiede zum Vorjahr zu entdecken und dabei seine eigene Entwicklung herauszuarbeiten:

- Wie viele Jobs waren es überhaupt?
- Was hat sich fotografisch verändert?
- Wie hat sich die Auftragslage entwickelt?
- Wie viele Einsätze waren dabei, auf die man auch gern verzichtet hätte?
- Auf wie viele Produktionen ist man stolz?
- Was waren die schönsten Motive?
- Welche Bilder schaffen es in das Portfolio für das kommende Jahr?
- Was für Locations möchte ich in Zukunft häufiger sehen?

Ein gutes Signal ist auf jeden Fall, wenn das Buch des gerade abgeschlossenen Jahres dicker ist als das vom Vorjahr. Das heißt: Es gab entweder mehr Aufträge, und/oder es gab weniger Aufträge aus der Brot-und-Butter-Abteilung und dafür mehr spannende Locations und mehr Produktionen, die aufgrund ihrer Bedeutung zwei Motive rechtfertigten.

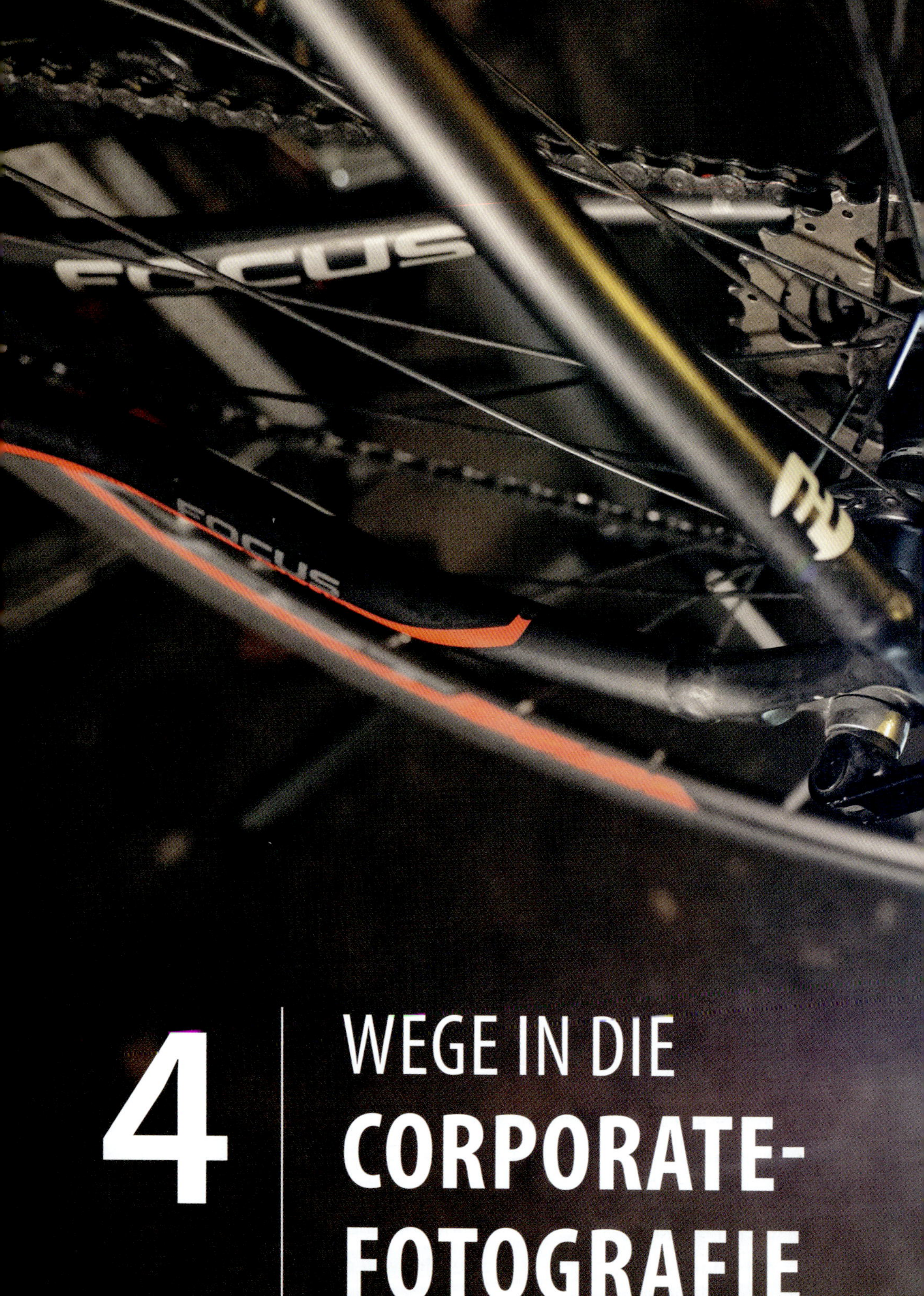

4 WEGE IN DIE CORPORATE-FOTOGRAFIE

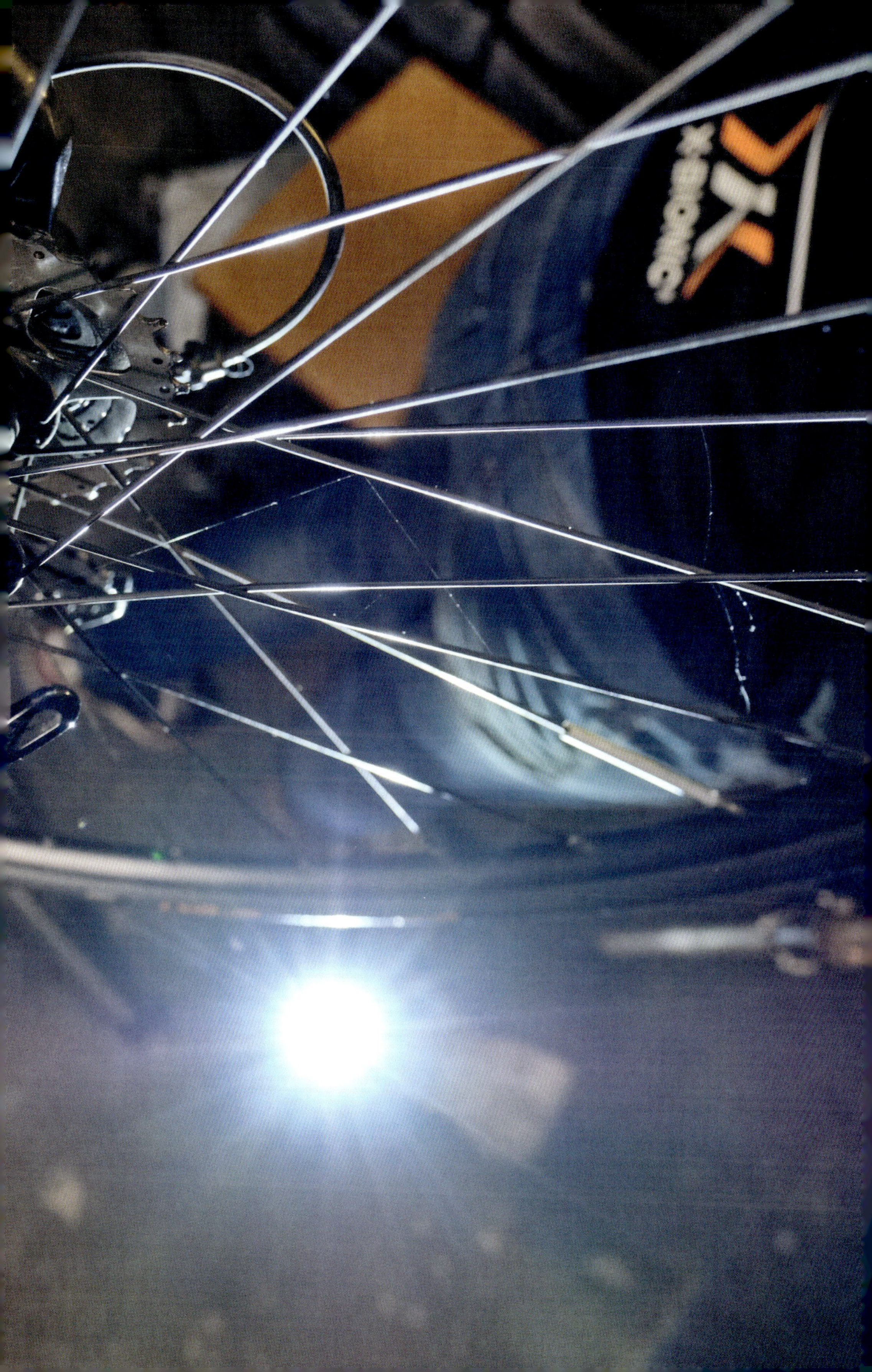

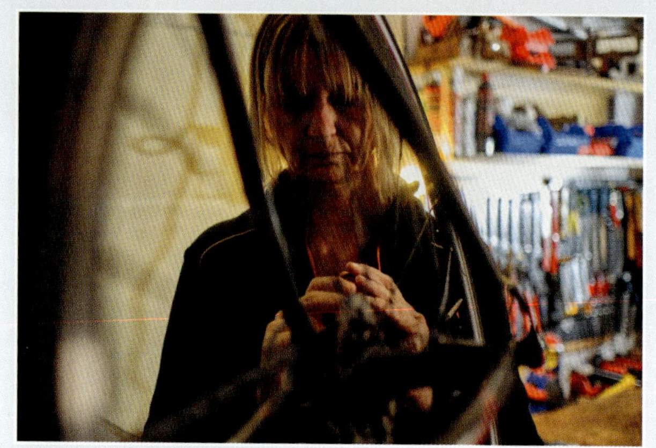

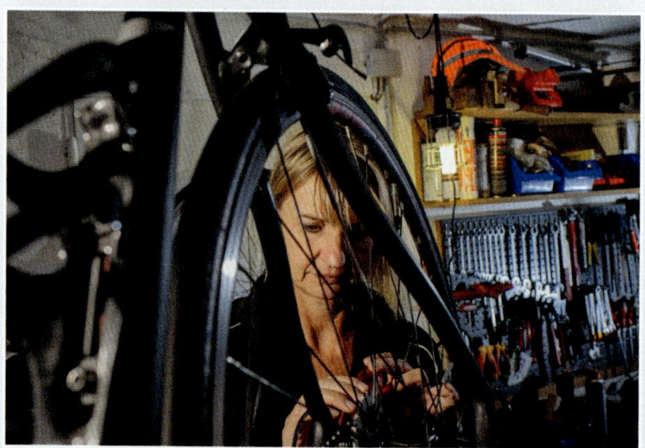

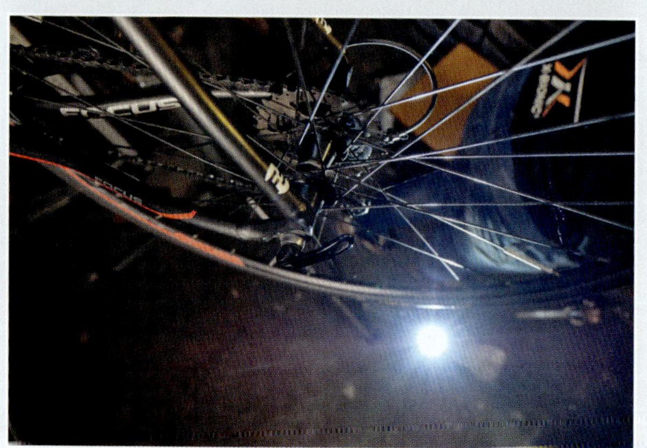

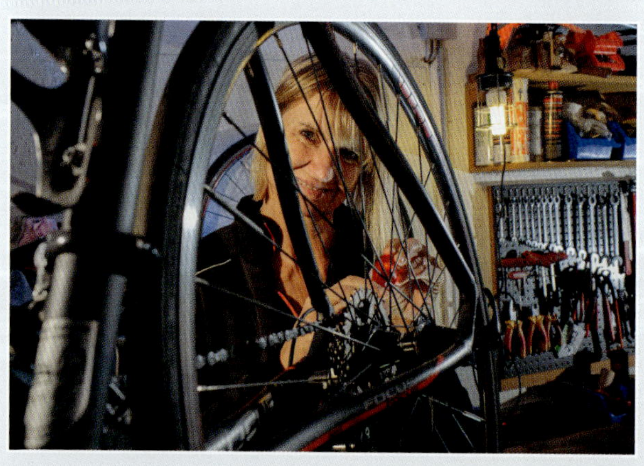

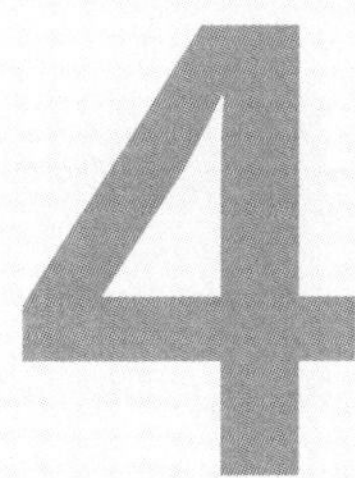

Wege in die Corporate-Fotografie

Workshop zum praktischen Einstieg

Aller Anfang ist schwer, heißt es nicht umsonst im Sprichwort. Wer Gefallen an der Unternehmensfotografie gefunden hat und einen Einstieg sucht, hat es erst mal nicht leicht: Keine Erfahrung, kein Portfolio – nur der Wunsch ist da. Vor vielen Jahren ist es uns genauso ergangen, wir hatten diese Idee, aber wir standen ganz weit draußen vor der Tür – ohne Kontakte, ohne Zugänge, ohne Bilder und ohne wirkliches Wissen, wie man da eigentlich fotografisch agiert. Dieses und die nachfolgenden Kapitel eröffnen Zugänge zu den spezifischen Möglichkeiten der Corporate Photography. Dabei geht es zunächst einmal um das spezifisch Fotografische.

Unsere Art der Fotografie setzt bestimmte Randparameter, die immer gleich sind: Man fotografiert in vorgegebenen Locations, die zunächst einmal so sind, wie sie sind: Die Räume folgen der Funktionalität eines Unternehmens, die Lichtverhältnisse sind zumeist problematisch (Neonlampen, Mischlicht), und die Menschen, die wir fotografieren wollen, sind Könner und Kenner ihres jeweiligen Metiers, sie sind es aber nicht gewohnt, im Mittelpunkt einer Medienproduktion zu stehen, und vor der Kamera natürlich absolute Laien.

Mit diesen Umständen souverän umzugehen, zeichnet den erfolgreichen Corporate-Fotografen aus. Und damit der erste Versuch kein Sprung ins eiskalte Wasser wird, sind Übungsprojekte im Vorfeld keine schlechte Idee. Nachfolgender Workshop ist für angehende Profis genauso geeignet wie für Fotografen, die die äußeren und inneren Umstände der On-Location-Fotografie beherrschen lernen wollen, zum Beispiel um eigene freie Projekte zu realisieren und Menschen in ihrer Umgebung zu inszenieren.

Die Übungsaufgabe

Wer über persönliche Beziehungen Zugang zu Produktionsstätten, Werkstätten von Handwerkern oder ähnliche Locations hat und sich dort austoben kann, ist natürlich herzlich eingeladen, diese Zugänge zu nutzen.

Das wird jedoch nur selten der Fall sein, daher ist unser Übungsprojekt anders gelagert.

Hier die Aufgabe: Fotografieren Sie einen oder mehrere Menschen aus ihrem Bekannten- oder Freundeskreis in der praktischen Ausübung eines Hobbys und fotografieren Sie ein atmosphärisches und aussagekräftiges „Arbeitsszene-on-Location-Bild".

Jeder von uns kennt jemanden, der ein Hobby intensiv betreibt, egal ob es die Gartenarbeit im Schrebergarten, das Schrauben am Motorrad in der Garage oder vielleicht das leidenschaftliche Arbeiten an häuslichen Projekten als Heimwerker ist. Natürlich sind noch viele andere Konstellationen denkbar, folgende Bestandteile sollten möglichst dabei sein:

- Ein Mensch im Mittelpunkt der Story.
- Ein Ort, an dem das stattfindet.
- Eine haptische Tätigkeit, idealerweise etwas, bei dem physische Objekte wie zum Beispiel Werkzeuge eine Rolle spielen.
- Auf den letzten Punkt lege ich für den Anfang vor allem deswegen Wert, weil es in solchen Kontexten wesentlich einfacher ist, ein spannendes Bild zu gestalten, als zum Beispiel bei denjenigen, deren Hobby das Programmieren von Apps ist und die dafür einfach vor einem Computer sitzen. Natürlich kann man sich auch an solchen Themen versuchen, aber es ist am Anfang leichter, sich mit einer physisch mehr oder weniger attraktiven Welt auseinanderzusetzen als mit Prozessen, die vor allem im Kopf stattfinden. Zu diesem Thema kommen wir zu einem späteren Zeitpunkt noch.
- Das Übungsprojekt enthält alle wichtigen Herausforderungen, die in der Corporate-Fotografie permanent auftreten: einen Laiendarsteller vor der Kamera, eine vorgegebene Location und eine Handlung, die aus dem Tun des jeweiligen Menschen entspringt und die das Thema (Ausüben eines Hobbys) aussagestark illustriert oder symbolisiert.

Das Vorgehen bei diesem Übungsprojekt entspricht praktisch eins zu eins einem möglichen Ablauf in der professionellen Corporate-Fotografie; daher ist es als Vorbereitung mehr als nur eine Fingerübung, es ist ein echter Praxistest. Der Ablauf gliedert sich in folgende Abschnitte:

- Gewinnung und Instruktion des Protagonisten
- Kennenlernen der Location(s)
- Einholen von Informationen
- Entwicklung einer Bildidee
- Festlegen von Bildausschnitt und Perspektive
- Lichtsetzung
- erste Testbilder
- Verfeinerung des Settings
- Umsetzung
- Bildbearbeitung und Präsentation

Gewinnung und Instruktion des Protagonisten

Wie auch im Job geht es bei so einem Übungsprojekt darum, jemanden für sich zu gewinnen. Machen Sie es sich leicht und fragen Sie im engeren Freundeskreis nach, wer welche Hobbys ausübt und wer Lust hat, bei so einem Fotoshoot die Rolle des Protagonisten zu übernehmen. Irgendwer wird schon anbeißen und Lust darauf haben, sich und seine Tätigkeit „im besten Licht" fotografiert zu sehen. Gern geben wir an der Stelle den Hinweis, dass „Modelqualitäten" keineswegs gefragt sind. Es muss niemand in die Kamera lächeln, stattdessen geht es um eine konzentrierte Situation, in der jemand tief in seinem Flow steckt und etwas mit Freude und Hingabe tut. Bei jemandem, der seinen Beruf gern ausübt, ist das genauso wie bei jemandem, der in seinem Hobby aufgeht. Das entspannt schon mal die Lage und reduziert beim Protagonisten den Druck und etwaigen Stress.

Kennenlernen der Location

Als Nächstes steht die Ortsbesichtigung an. Wo findet das Ganze statt? Wie sieht der Raum aus? Was passiert da eigentlich? Wobei die Frage nicht ist, ob man da ein cooles Foto machen kann – die Aufgabe lautet stattdessen: da unter allen Umständen ein Foto zu machen! Und zwar so cool wie möglich. Eben genau wie im wirklichen Leben und unter nativen Bedingungen.

Also Ortsbesichtigung! Als Protagonistin für diesen Workshop habe ich meine Kollegin Silvia Steinbach gefragt, ob sie bereit wäre, an diesem Projekt mitzuwirken. Im Privatleben ist sie nämlich eine leidenschaftliche Sportlerin (Triathletin). Und dazu gehört ja immer auch eine Fahrradstrecke, also spielt das Thema Radfahren/Rennrad eine wichtige Rolle. Natürlich gehört dazu auch die Pflege und Wartung des Sportgeräts. Folglich haben wir uns als Erstes die Garage angeschaut, in der das Fahrrad üblicherweise steht und gewartet wird.

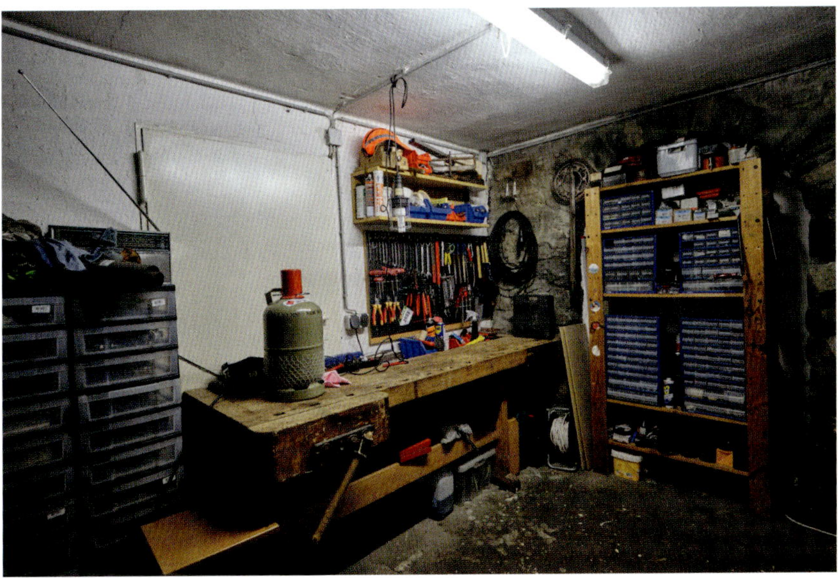

Wie man sieht: Das ist ein ganz normaler Ort, eine gut eingerichtete Werkstatt, aber keineswegs ein Hightechtempel. An der Decke ist eine Neonlampe befestigt, und hinten links (im Bild noch nicht eingeschaltet) hängt eine Energiesparlampe an einem Kabel herunter – wie das nun mal so ist in unserem Metier und daher eine ideale Aufgabe und eine echte Herausforderung! Das Bild fällt einem nicht in den Schoß, es muss gefunden und herausgearbeitet werden.

Einholen von Informationen

Als Nächstes verwickle ich meine Protagonistin in ein Gespräch und frage sie einfach ein bisschen aus: Was passiert in dieser Garage? Welche Arbeiten werden am Fahrrad überhaupt durchgeführt? Was passiert nach der Winterpause? Welche Arbeitsschritte sind nötig, um das Sportgerät wieder in Form zu bringen? Wo und wie im Raum passiert das alles? Wie sieht das aus?

Es ist praktisch und sinnvoll, sich möglichst viel davon wirklich zeigen zu lassen. Und durchaus auch, schon eine Kamera in der Hand zu halten und ab und zu mal durch den Sucher zu schauen, verschiedene Perspektiven und Brennweiten quick-and-dirty auszuprobieren und vielleicht sogar ab und zu mal eine Belichtung zu wagen, um sich die Wirkung anzuschauen.

Entwicklung einer Bildidee

Wichtig vorab noch mal die Bemerkung: Wir haben das Ziel, ein Corporate-Foto zu machen, also ein Bild, das nach außen „positiv" und im Sinne eines Imagefotos wirken soll. Es soll keine Sozialreportage werden, keine „Realität" abbilden, sondern die Idee einer Tätigkeit möglichst kraftvoll darstellen. Wir wollen den „Glanz" herausarbeiten – nicht den „Alltag".

Nach einigen Minuten Gespräch mit der Protagonistin kristallisiert sich irgendwann etwas heraus, bei dem es bei mir als Fotografen sozusagen „einrastet". Als die Kollegin erzählte, dass bei der Wartung des Fahrrads das Sportgerät auf einem Ständer befestigt wird und dass die Justage der Gangschaltung ein wichtiger Arbeitsschritt ist, hat es innerlich bei mir „Klick" gemacht. Hier ergab sich die Chance für ein gutes Bild! Also habe ich auf die Schnelle erst mal einen Probeschuss gemacht und mir das Ergebnis auf dem Display der Kamera angeschaut.

Bildausschnitt und Perspektive

Was mir daran schon einmal grundsätzlich gefällt: Das Foto zeigt einen engen Bildwinkel, stellt die Protagonistin in den Mittelpunkt und zeigt darüber hinaus ein wichtiges Symbol, nämlich die konzentrisch zulaufenden Fahrradspeichen mit dem Reifen im Vordergrund, der dem Bild einen schönen grafischen Rahmen gibt. Gut gefällt mir auch der Abschluss des Fotos nach rechts. Hier hängt ein ordentliches Werkzeugbrett an der Wand mit metallisch schimmernden Gerätschaften. Das gibt dem Foto zusätzlich Verortung und Symbolik. Trotz des engen Bildwinkels wird absolut klar – wir sind in einer Werkstatt.

Dass ich ein „enges" Foto machen wollte, stand eigentlich von Anfang an fest. Der Raum hat in seiner urigen Bodenständigkeit zwar durchaus Charme, aber für ein öffentlichkeitswirksames Corporate-Foto war er denkbar ungeeignet. Eine Möglichkeit, die einem in so einem Fall immer zur Verfügung steht, ist das Herangehen ans Motiv und das Ausblenden des Umfelds durch einen engen Bildwinkel.

Lichtsetzung

Perspektive und Bildausschnitt sind gefunden, auch die Art der Tätigkeit hat sich bereits herauskristallisiert. Jetzt geht es also an die Feinheiten und an die Ausgestaltung. Mit dem Licht fange ich meistens an.

Mir schwebt dabei ein crispes, knackiges Foto vor mit leuchtenden Farben, schönen Glanzeffekten und einer starken dreidimensionalen Wirkung. Meine erste Maßnahme ist das Einschalten der Energiesparlampe, die rechts hinter der Protagonistin im Bild zu sehen ist. Als Zweites positioniere ich einen kleinen Handblitz rechts außerhalb des Bilds, der die Werkzeuge im Hintergrund anleuchten soll. Die Energiesparlampe hat einen sehr warmen Farbton, was ich okay finde. Das Licht auf die Werkzeuge wird aber neutral abgestimmt.

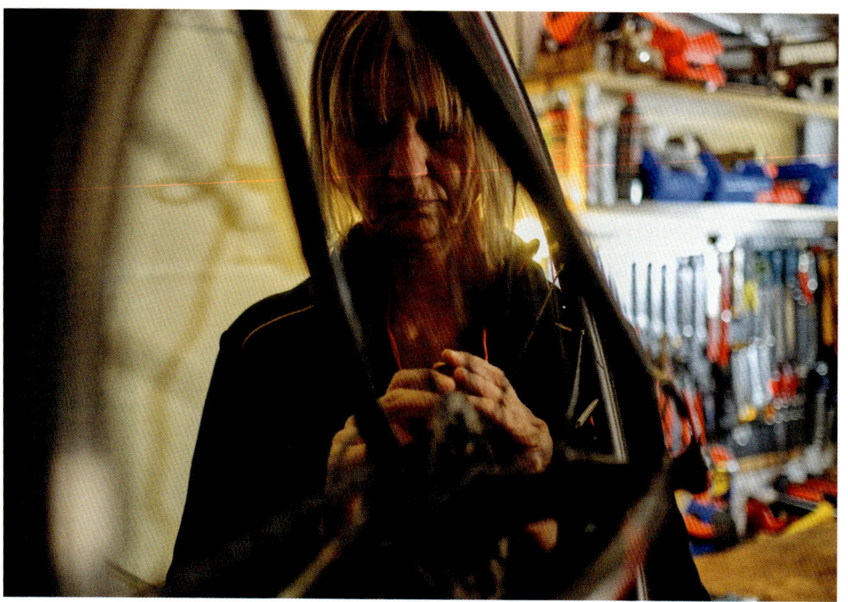

Das erste Ergebnis. Na ja, das geht aber noch viel besser.

ISO 200 | f/2.8 | 1/250 s | 18 mm

Übrigens: Der Weißabgleich der Kamera steht auf „Tageslicht", sodass das eingesetzte Licht immer in Relation zum Weißabgleich wirkt.

Um das unschöne Deckenlicht zu eliminieren, schalte ich es aus. Jetzt wird es allerdings ziemlich düster, weswegen ich rechts außerhalb des Bilds ein neutrales LED-Licht hinstelle, das die Szene leicht erhellt und mir das Scharfstellen besser ermöglicht. Eine Probebelichtung mit der Kamera bringt ein erstes Ergebnis.

Mich stört hier vor allem die leere Wand links neben der Protagonistin, die langweilig aussieht und schlechtes Licht hat. Außerdem fehlt mir ein gutes Licht auf dem Gesicht und auch auf den Händen und dem Schraubenzieher, der zum Einsatz kommt. Momentan ist kaum erkennbar, was die Kollegin da eigentlich macht. Das Bild ist einfach noch nicht cool.

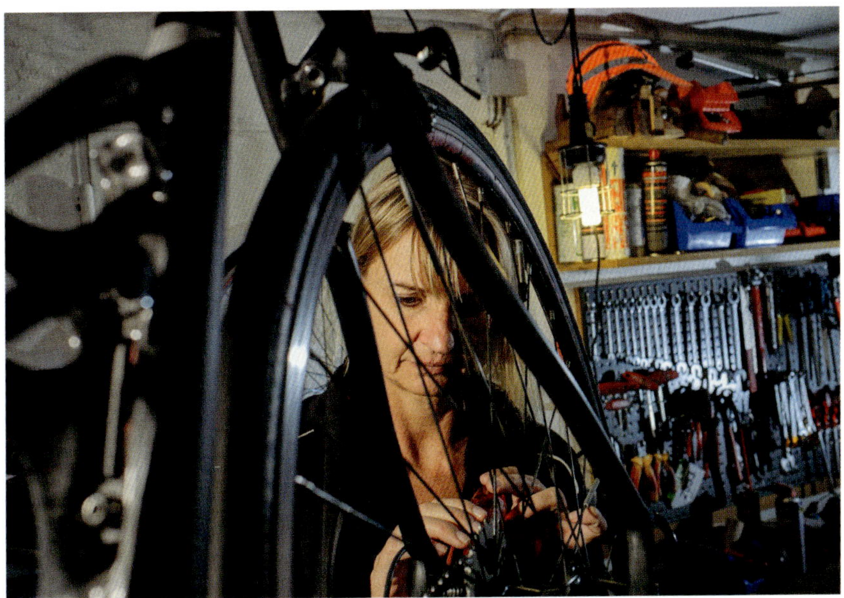

Ein schnelles Testbild zeigt: Ja, ganz okay, aber noch nicht gut. Silvias linke Gesichtshälfte verschwindet weiterhin im Dunkeln, die Hände leuchten auch noch nicht so richtig, und die Wand hinten links sieht immer noch langweilig aus.

ISO 200 | f/2.8 | 1/250 s | 18 mm

Als Erstes blende ich etwas ab, weil mir der Hintergrund ein wenig zu unscharf erscheint. Gleichzeitig erhöhe ich die eingestellte Empfindlichkeit, um den Lichtverlust auszugleichen. Als Nächstes versuchen wir, ein gutes Gesichtslicht zu finden. Das gelingt nach einigem Herumprobieren, indem ich links außerhalb des Bilds und praktisch parallel zu dem Fahrrad einen weiteren Blitz positioniere und ihn mit einer Wabe ausstatte, sodass dieses Licht sehr gerichtet abgestrahlt wird.

Um Letzteres etwas zu entschärfen, nehmen wir das Vorderrad des Fahrrads aus der Gabel und lehnen es lässig an die Kellerwand. Außerdem positioniere ich einen Handblitz dahinter und versehe ihn mit einer blauen Folie. Damit Silvias linke Gesichtshälfte etwas mehr Licht abbekommt,

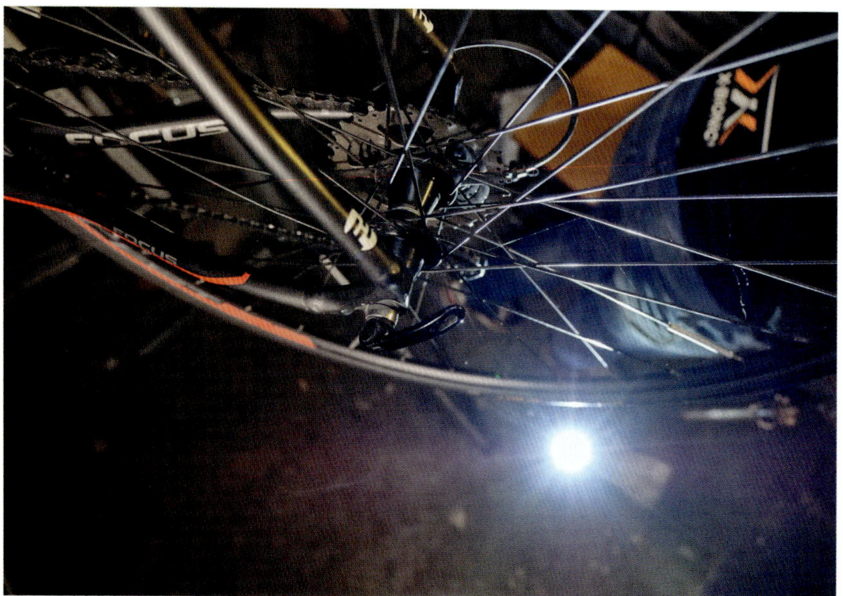

Positionierung der Taschenlampe.

ziehe ich das LED-Licht, das ich bisher nur für die Scharfstellung genutzt habe, etwas näher ran und drehe dessen Intensität hoch. Zu guter Letzt möchte ich außerdem noch, dass der rote, durchscheinende Griff des Schraubenziehers richtig leuchtet.

Also positioniere ich eine Taschenlampe auf dem Boden der Werkstatt und richte den Lichtkegel genau auf den Schraubenzieher. Das funktioniert! Angenehmer Nebeneffekt ist, dass die Hände nochmals ein schönes Streiflicht von unten bekommen und dadurch noch etwas dreidimensionaler werden. Das sieht gut aus!

Umsetzung

Das Bild ist für mein Empfinden nun fertig ausgearbeitet und kann so fotografiert werden. Ich bitte die Protagonistin, wirklich „loszulegen" und tatsächlich etwas zu tun. Eine Feinabstimmung an der Gangschaltung vorzunehmen, zu testen, ob das so funktioniert oder ob es noch ein bisschen besser geht. So lasse ich sie einige Minuten arbeiten, fotografiere dabei zahlreiche Momente – nicht im Serienbildmodus, sondern manuell immer dann, wenn ich glaube, dass der Ausdruck gerade besonders gut ist –, variiere den Bildausschnitt, gehe mal näher ran oder weiter weg.

Auf diese Weise entsteht eine ganze Menge Material, vielleicht 15 oder 20 Varianten dieses Motivs. Ich fotografiere so lange, bis ich das Gefühl habe, die Szene im Kasten zu haben. Ganz zum Schluss rufe ich die Protagonistin und bitte sie, für einen Moment in die Kamera zu schauen („so, als ob ein Kollege dich gerufen hätte"), und mache noch einige Bilder mit einem direkten Blick in die Kamera.

Bildbearbeitung und Präsentation

Tja, dazu gibt es jetzt eigentlich nicht viel zu sagen: Bildbearbeitung ist eine sehr individuelle Angelegenheit, und jeder Fotograf hat da so seine Tools. Was ich persönlich machen würde, lässt sich im Prinzip im Kapitel

Hier das Ergebnis: Die Bildbearbeitung in Capture One ging schnell und hat gerade mal drei Minuten gedauert.

ISO 200 | f/2.8 | 1/250 s | 18 mm

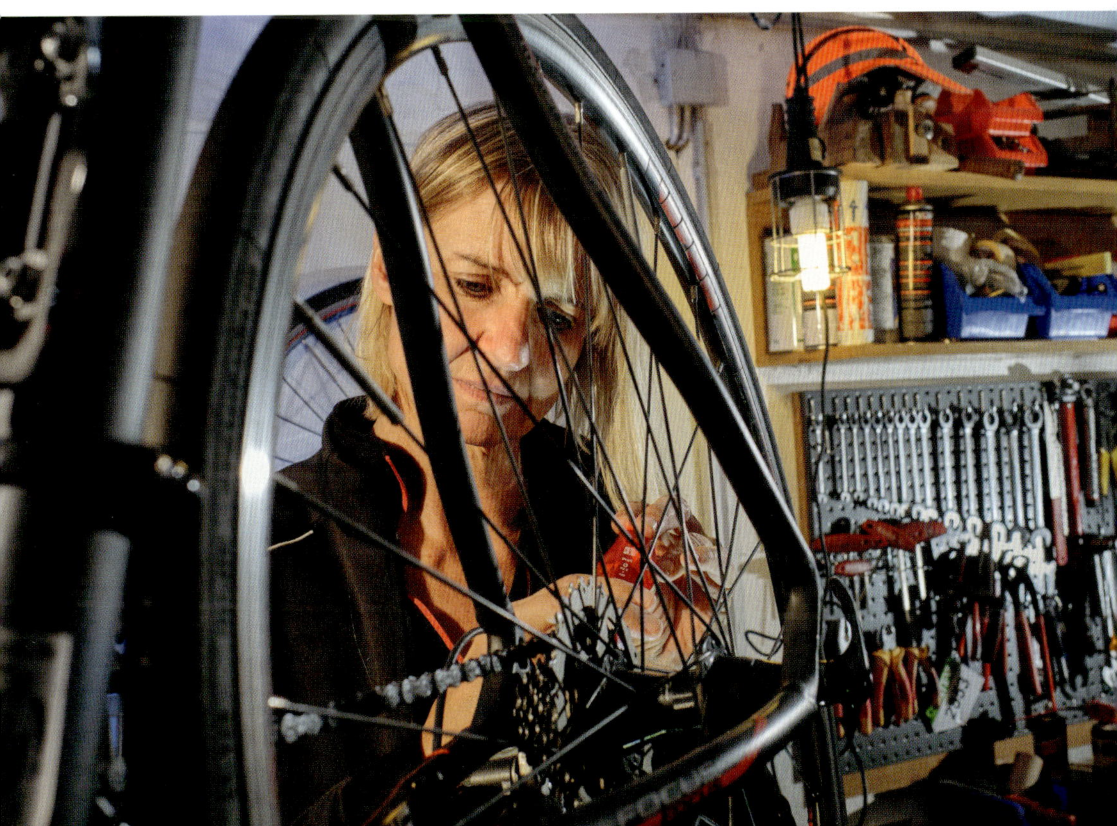

„Bildbearbeitung" nachlesen. Die grundlegenden Optimierungen, die ich dort angewendet habe, würde ich, mit Ausnahme der selektiven Bildbearbeitung, auch bei diesem Foto einsetzen. Die ist hier schlicht nicht nötig und entfällt daher.

Und wie sieht es mit Ihrem Übungsprojekt aus? Ich bin gespannt! Wenn Sie Lust haben, schicken Sie mir ruhig mal Ihre Ergebnisse und vielleicht eine Erläuterung dazu – ganz einfach an *corporate@christianahrens.de*.

Ausbildung, Studium, Akademie, Quereinstieg?

Wenn man sich als junger – oder auch nicht mehr ganz so junger – Mensch fragt, wie man den Weg in eine erfüllende Zukunft in der professionellen Fotografie finden könnte, kommt schnell das Thema „Ausbildung" auf. Was sind die besten Wege zum Profi? Soll man eine klassische „handwerkliche" Ausbildung machen, ein Studium anstreben oder in einer privaten Akademie lernen? Oder geht man ganz frech den direkten Weg, ernennt sich selbst zum Profi und steigt quer ein?

Als bekennender Quereinsteiger bin ich keineswegs der Meinung, dass eine wie auch immer geartete Ausbildung zum Fotografen unnötig sei, im Gegenteil. Ich habe oft den Background einer fundierten Ausbildung vermisst, sowohl im technisch-gestalterischen als auch im fotografischen und nicht zuletzt auch im sozialen Bereich: die Möglichkeit, jemand Kompetenten fragen zu können, auf den Rückhalt eines sozialen Netzwerks zum Beispiel von Kommilitonen zurückgreifen zu können oder schlicht und ergreifend Zeit zu haben, um herauszufinden, wohin man als Fotograf eigentlich will – das alles und manches mehr habe ich im Laufe meines Wegs vor allem am Anfang immer mal wieder vermisst. Aber auch der freche direkte Weg als Quereinsteiger hat viele Reize und ist für das richtige Naturell nicht der schlechteste Weg.

Eine umfassende Darstellung der möglichen Ausbildungswege zum Fotografen kann und will ich an dieser Stelle nicht leisten. Aber gern möchte ich ein paar Überlegungen anstellen und zum Nachdenken und recherchieren einladen.

Ist Fotografie ein Handwerk?

Die Frage legt die Antwort nahe – ich finde: nein. Natürlich hat die professionell ausgeübte Fotografie eine handwerkliche bzw. eine technische Seite, das ist bei einer so gerätegebundenen Kunst ganz selbstverständlich. Kann man sie deswegen aber mit klassischen Handwerken wie dem des Schreiners, Metallbauers oder Sanitärfachmanns gleichsetzen? Ein Schreiner lernt im Laufe seiner Ausbildung, wie man z. B. ein Möbelstück fachgerecht herstellt, wie das Holz bearbeitet werden muss, welchen Leim man am besten nimmt, wie die feineren Holzarbeiten ausgeführt werden etc. Nach allen Regeln der Kunst, wie man so schön sagt. Wenn er das gelernt hat, beherrscht er sein Handwerk und weiß, wie es geht.

Fasst man Fotografie als Handwerk auf, geht man von einer ähnlichen Regelhaftigkeit aus und vermittelt den Auszubildenden, wie man z. B. ein Porträt zu machen hat, wie das Licht gesetzt werden muss, welche Einstellungen man an der Kamera vorzunehmen hat und dergleichen. Doch das ist nicht so. Das Porträt kennt keine festen Regeln, sondern jeder Porträtfotograf hat seine eigene Auffassung davon. Das Verständnis des Fotografen verändert sich über die Zeit, Kultur, Geschmack und Zeitgeist spielen eine Rolle. Und vielleicht auch das Ureigene, das ganz Spezielle, das eben den einen Fotografen vom anderen unterscheidet. Ich sehe in der handwerklichen Auffassung nicht den richtigen Ansatz.

Wer aber doch eine klassisch handwerkliche Ausbildung in Erwägung zieht, sollte ganz besonders darauf achten, sich einen Betrieb auszusuchen, in dem man auch wirklich etwas lernen kann. Das Porträtstudio an der Ecke mit Laufkundschaft, Bilderrahmenverkauf und gelegentlichen Paar-, Bewerbungs- und Babyshootings ist dafür meines Erachtens kein geeigneter Ort. Anders sieht es in einem Werbestudio aus, in dem noch richtig produziert und möglichst vielfältig fotografiert wird. Hier kann man die dreijährige Lehrzeit eher mit Gewinn verbringen, sollte sich aber darüber im Klaren sein, dass die betriebliche Praxis auch dort relativ eng gefasst ist und viele spannende Aspekte der Fotografie keine Berücksichtigung finden.

Fotografie als Prozess

Ich glaube, dass Fotografie nicht einfach nur ein Ausbildungsberuf oder ein Studienfach ist, sondern dass jeder Fotografenweg ein Prozess ist, der irgendwann einmal beginnt und erst beim allerletzten Foto endet. Daher halte ich, wenn es um das Thema Ausbildung geht, ein Studium an einer Akademie oder Fachhochschule für eine gute Idee. Hier hat man ein paar Jahre Zeit, sich zu orientieren, sich in verschiedenen Sujets und Themen auszuprobieren und dabei auch herauszufinden, wo die eigenen Stärken, Vorlieben und Leidenschaften liegen.

Für welche Themen interessiere ich mich? Was ist mein eigentlicher Grund für das Bildermachen? Was für thematische und berufliche Möglichkeiten gibt es eigentlich? Je nach Fachhochschule und Ausrichtung der verschiedenen privaten Anbieter gibt es hier sehr unterschiedliche Wege und Möglichkeiten, manche Ausbildungswege sind sehr breit gefächert, andere von Beginn an spezialisiert.

Aus eigener Erfahrung weiß ich, wie wichtig das ist: Schauen Sie sich die Angebote genau an, fahren Sie hin, reden Sie mit Dozenten und Studenten, nehmen Sie Tage der offenen Tür wahr, besuchen Sie Events, die von den Ausbildungsstätten organisiert werden, und bilden Sie sich eine Meinung. Denn diese Zeit, in der man Neues lernt, nach Orientierung sucht und inspirierende Vorbilder finden könnte, ist sehr kostbar, und es ist absolut schade, wenn man sie an Orten verbringt, an die man eigentlich nicht gehört.

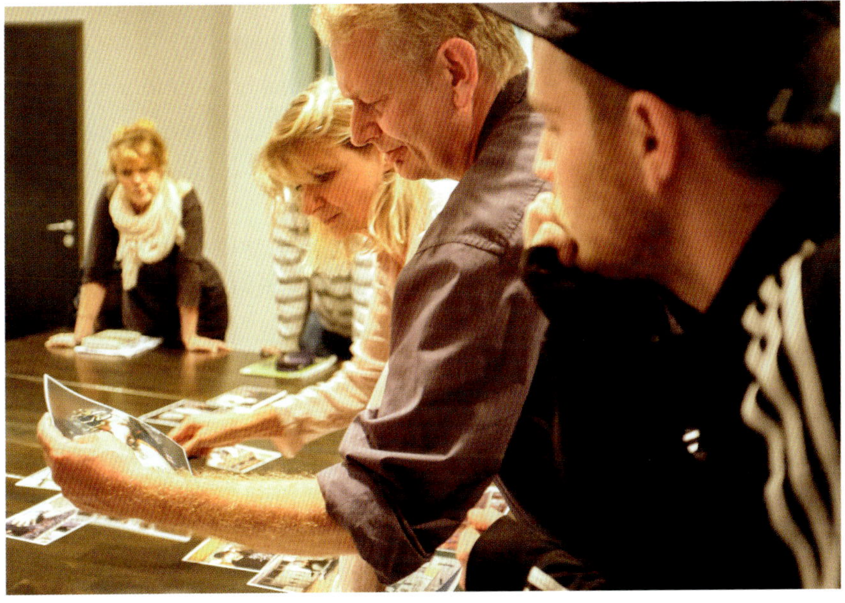

Als Dozent an der Fotoakademie Köln: Mit Fotostudenten arbeiten macht Freude und erweitert den Horizont – hoffentlich für beide Seiten!

ISO 6400 | 1/105 s | f/2 | 23 mm

Quereinstieg

Auch das ist natürlich eine Möglichkeit, und im Vergleich zu früher ist dieser Weg heute viel leichter zu gehen. Das liegt einerseits an der wesentlich zugänglicheren digitalen Technik, andererseits sind frühere gesellschaftliche Hürden, Stichwort „Meisterzwang", heute kein Thema mehr, und ich hoffe sehr, dass das auch so bleiben wird. Unbestritten ist, dass die technisch-handwerkliche Seite der Fotografie leichter geworden ist. Wer zu analogen Zeiten lernen wollte, wie man spiegelnde Produkte oder glänzende Maschinen auf Diafilm professionell fotografiert, hatte eine ordentliche Lernkurve zu bewältigen, und es war viel Erfahrung und Übung nötig, bis man es bei solchen Herausforderungen zu einer gewissen Meisterschaft gebracht hat.

Die digitale Fotografie macht Fehler sofort sichtbar und erlaubt eine sofortige Korrektur. Hinzu kommt, dass die digitale Aufzeichnungstechnik bei Fehlern wesentlich toleranter reagiert. Beim Diafilm war schon eine halbe Blende Unterbelichtung kritisch, eine RAW-Datei verzeiht einem auch drei oder mehr Blenden Unterbelichtung mühelos und erlaubt sogar das selektive Korrigieren von Belichtungs- oder Farbfehlern.

Ähnliches gilt für den Zugang von Produktionsmitteln. Selbst Einsteigerkameras bieten heute eine Qualität, die in den meisten Fällen mehr als ausreicht, flexible Lichttechnik ist erschwinglich, und es kann viel müheloser bei bester Qualität on location fotografiert werden, sodass ein festes Studio keine Voraussetzung mehr, sondern nur noch ein „Nice-to-have" ist bzw. sich nur noch für spezialisierte Fotografen lohnt.

Das alles kann jedoch nicht darüber hinwegtäuschen, dass gute, starke, wirkungsvolle Fotografie immer noch eine Kunst ist, die nicht von der Technik bestimmt wird, sondern wesentlich von kreativen, gestalterischen, ästhetischen, persönlichen und inhaltlichen Aspekten geprägt ist.

Wenn Sie es als Quereinsteiger versuchen wollen, ist so etwas wie ein Selbststudium daher wichtig, wenn man fotografische Substanz erlangen will. Bleiben Sie nicht bei der Technik hängen, sondern suchen Sie Inspiration, studieren Sie andere Fotografen, machen Sie Assistenzen, führen Sie Gespräche, tauschen Sie sich auch unter gleichgesinnten Kollegen aus, inspirieren Sie sich gegenseitig, machen Sie freie Arbeiten und versuchen Sie immer auch etwas Neues und Eigenes!

Ganz egal, welchen Weg Sie gehen, letztlich geht es immer darum, ein Stück weit herauszufinden, wer man selber ist, wohin man gehen will, welche Themen man interessant findet und welche Haltung man dazu einnimmt. Auch nach einer Ausbildung oder einem Studium ist niemand dann „fertig", sondern die Reise beginnt erst. Die Fotografie ist eine wunderbare Möglichkeit, sich essenzielle Fragen zu stellen und diese im Laufe des Lebens immer etwas mehr zu beantworten:

- Wer bin ich?
- Was möchte ich tun?
- Von welchen Menschen möchte ich umgeben sein?
- Wie möchte ich leben?

Gastbeitrag Silvia Steinbach

www.ahrens-steinbach-projekte.de

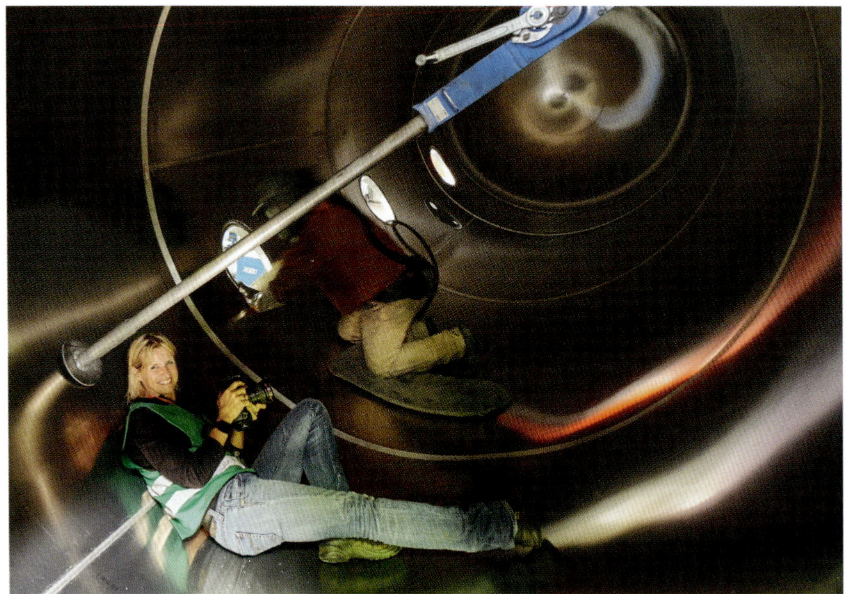

Silvia Steinbach – In Aktion.

Silvia Steinbach ist meine Kollegin und Geschäftspartnerin, mit der ich seit über zehn Jahren zusammenarbeite. Gemeinsam haben wir unser Geschäft aufgebaut und unseren Stil entwickelt. Für dieses Buch habe ich ein Interview mit ihr geführt. Hier ihre Statements:

Wie bist du zur Industrie- und Corporate-Fotografie gekommen? Bitte gib mir einen kurzen Überblick über deinen Werdegang.
Ich habe Fotografie an der Fachhochschule für Design in Dortmund studiert. Zu dieser Zeit war ich noch weit entfernt von der Industrie- und Corporate-Fotografie. Erste Berührungen hatte ich durch erste Aufträge am Anfang meiner Selbstständigkeit. Ich habe diesen Bereich der Fotografie vorher nie für mich in Betracht gezogen, aber ich war schnell gefangen und sehr fasziniert von dieser Arbeit. Und jetzt? Ich könnte mir nichts Besseres mehr vorstellen.

Warum hast du dich für diese Art Fotografie entschieden? Was fasziniert dich daran?

Die Fotografie hat für mich immer auch das Ziel gehabt, Abenteuer zu erleben und die Welt zu sehen.

Von Forschungsinstituten bis unter Tage, in Helikoptern oder auch in Müllsortierungsanlagen. Ich sage immer, unser Job ist wie die Sendung mit der Maus. Heute sind wir bei den Wachsziehern und morgen auf einer Windkraftanlage!

Ich bin ein neugieriger und wissbegieriger Mensch, und diese Art der Fotografie ist ein Mittel, diese Eigenschaft zu füttern. Jeder Job bringt neue Erfahrungen und Erlebnisse, neue Begegnungen mit Menschen, oft mit richtigen Freaks. Mit Freaks meine ich Menschen, die mit großer Leidenschaft und Intensität an eine Sache rangehen. Ganz gleich was, sie sind die Spezialisten, die Kenner, die Profis. Und ich liebe es, mit solchen leidenschaftlichen Menschen zusammenzuarbeiten. Das ist mir genauso wichtig geworden wie das Erleben von Abenteuern.

Ein weiterer wichtiger Aspekt ist, dass ich eine sinnerfüllte Fotografie betreiben möchte. Handtaschen in Szene zu setzen, ist keine Sinnerfüllung für mich. Technologien sichtbarer und verständlicher zu machen, aber schon.

Bitte verrate uns etwas über deine Arbeitsweise.

Mit welcher Kamera ich arbeite, spielt keine Rolle. Ich würde jedes Bild mit jedem Kameramodell gleich fotografieren. Allerdings bin ich begeistert von der spiegellosen Technik, die einem Dinge ermöglicht, die mit der Spiegelreflex so nicht möglich sind: die Beurteilung des Bilds im Sucher – ohne die Kamera vom Auge zu nehmen! –, die Fokuspunkte bis an den Rand setzen zu können, die helle Anzeige des Bilds auch bei schlechten Lichtverhältnissen. Das ist ein großer Fortschritt.

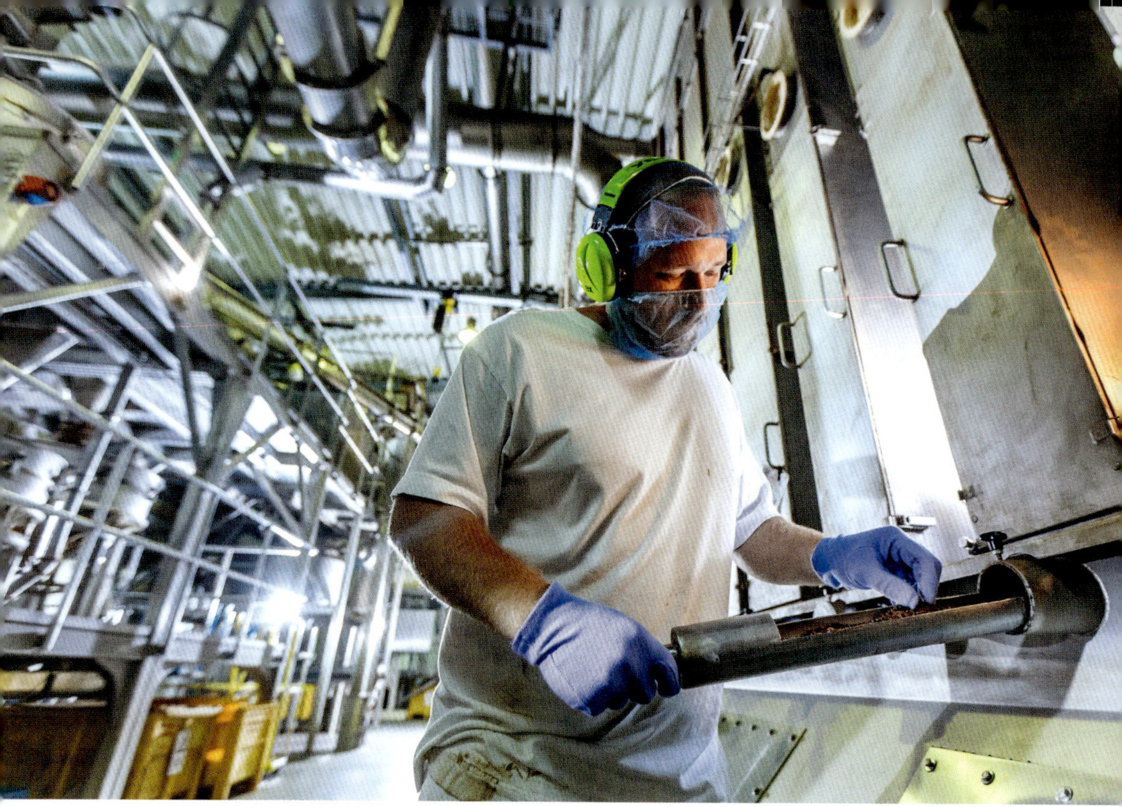

Ich habe dieses Bild ausgewählt, weil es eigentlich eine unspektakuläre, alltägliche Handlung zeigt – die Entnahme einer Probe in der Lebensmittelproduktion. Gleichzeitig demonstriert das Foto die Möglichkeiten, durch Licht und Perspektive einen Arbeitsschritt zu visualisieren, einen Menschen in seiner Tätigkeit zu würdigen und Atmosphäre zu erzeugen. (Location: Fuchs & Hoffmann Kakaoprodukte GmbH)

Das geringere Gewicht und die Größe spielen dabei für mich keine Rolle. Wir haben so viel weiteres Equipment (Lichttechnik) bei unseren Jobs dabei, da machen ein Paar Gramm mehr oder weniger auch nichts mehr.

Apropos weiteres Equipment: Eine große Rolle spielt in unserer Arbeit das Licht. Hier ist es uns wichtig, dass wir HS-Blitze, also Highspeedsynchronisation, einsetzen können. Bei bestimmten Lichtverhältnissen (zum Beispiel draußen bei Sonnenschein) möchte man eben nicht mit Blende 8 fotografieren, und da sind Blitze erforderlich, die auch 1/500 Sekunde oder schneller synchronisieren können.

Aber jetzt habe ich mit Details angefangen. Das Licht ist für uns von zentraler Bedeutung. Eigentlich machen wir kaum ein Bild ohne eigenes und geführtes Licht. Das Licht ist unser Mittel, um bestimmte Bereiche im Bild zu betonen oder eben zu verbergen, Stimmung und Dramatik zu erzeugen.

Neben der Technik ist der Umgang mit Menschen ein weiterer sehr wichtiger Aspekt. Da wir in unseren Bildern immer Menschen bei ihrer Arbeit zeigen, ist es entscheidend, diese Personen für sich und die Sache zu gewinnen.

Hier heißt das Zauberwort Respekt und Achtsamkeit. Egal ob Geschäftsführer oder Hilfsarbeiter, es ist entscheidend, die Prozesse zu verstehen und den Menschen mit Respekt und Achtung gegenüberzutreten. Nicht selten kommen die besten Ideen von den Mitarbeitern, die man fotografiert. Man muss nur hinhören.

Wie siehst du die Zukunft in unserem Beruf?
Ich bin sehr froh, dass mich mein Weg in die Industrie- und Corporate-Fotografie geführt hat. Hier steckt echtes Potenzial, Kunden, die meine Arbeit wertschätzen – das spiegelt sich auch im Honorar wider –, und echte Sinnhaftigkeit. Und das wird sich so schnell auch nicht ändern. Daher sehe ich einer positiven Zukunft entgegen.

Und zum Schluss noch ein persönliches Statement?
Die Arbeit im Team ist eine echte Bereicherung und erleichtert die Arbeit sehr. Ein zweites Paar Augen zur Beurteilung, ein zweiter Kopf, der raucht, ein zweites Paar Hände und ein weiterer Kommunikator im Gespräch mit dem Kunden.

Klar, wir teilen auch das Honorar, aber eben auch die Ausgaben, die Sorgen und ganz besonders die Freuden und Erfolge im Job. Geht's besser?

5 BILDTAFELN ZUR INSPIRATION

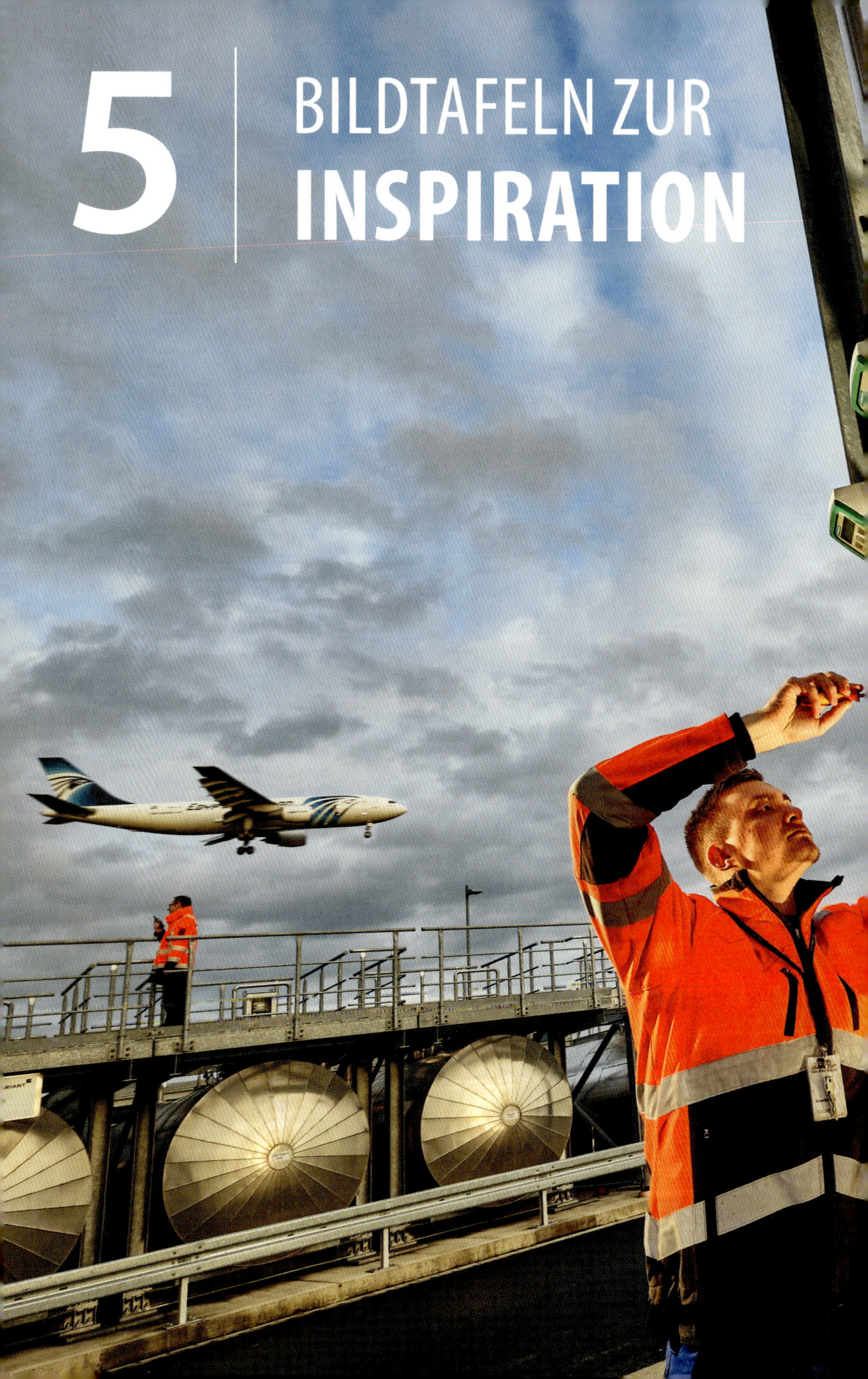

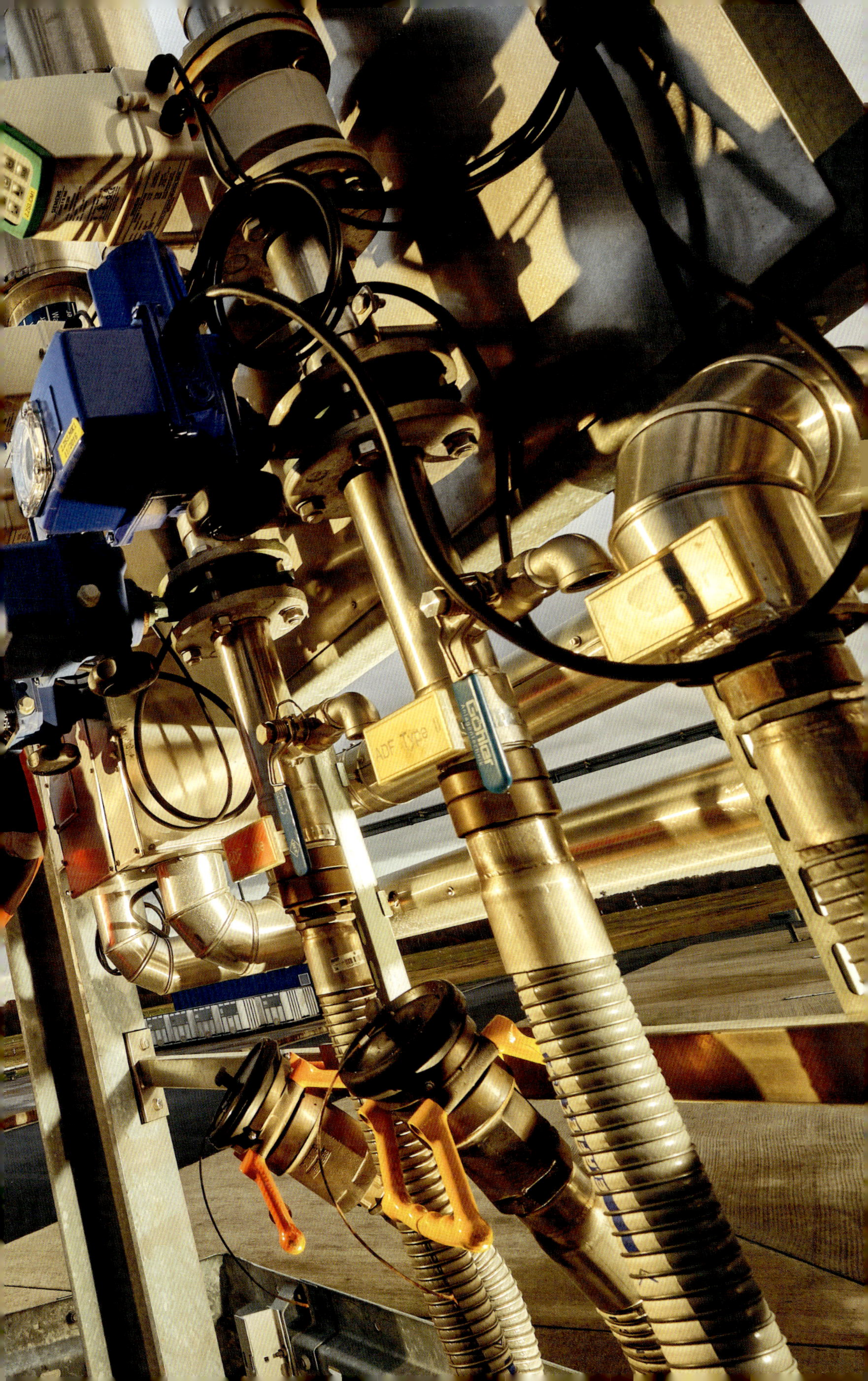
ADF Type II

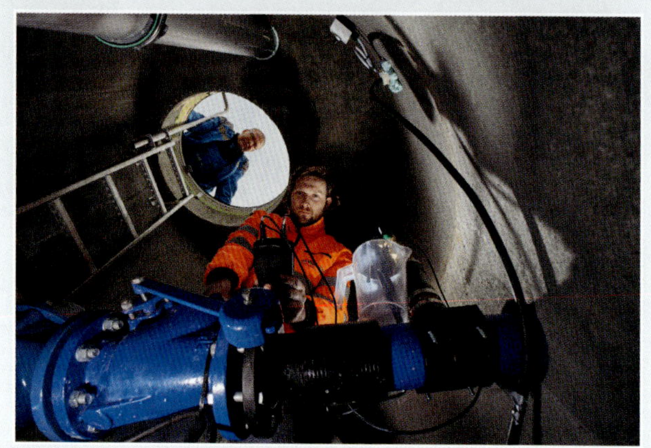

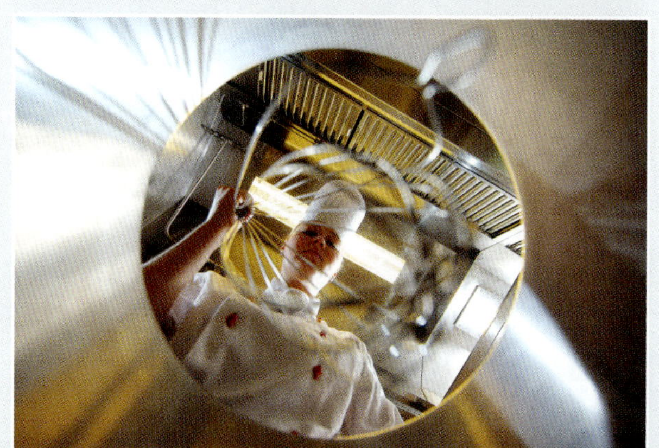

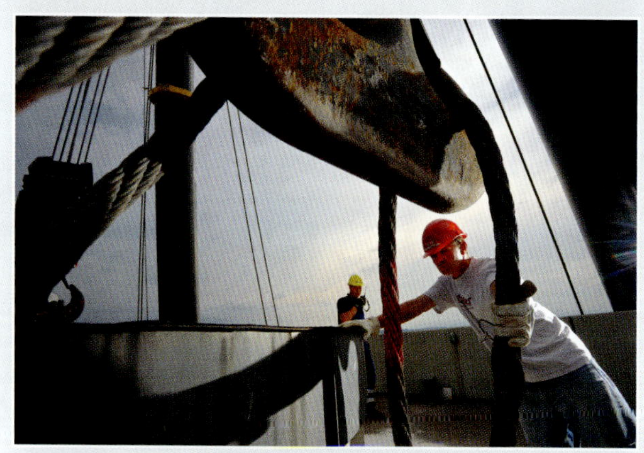

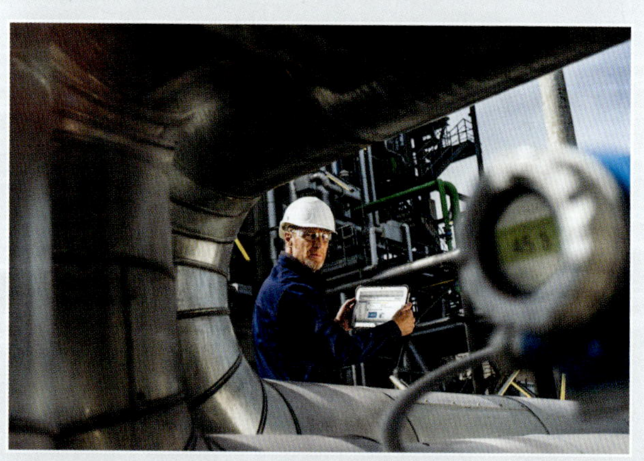

5

Bildtafeln zur Inspiration

Auf den Punkt

Dieses Kapitel zeigt eine Serie diverser Fotos mit Belichtungsdaten und einer pointierten Beschreibung über deren Entstehung. Dabei wird immer ein bestimmter Aspekt hervorgehoben.

Ein gutes Beispiel für Corporate-Fotografie mit reportageartigem Charakter. Wir hatten den Fahrer gebeten, eine richtig volle Schaufel aufzunehmen und dann die Ladung mit Schwung auf das Transportband zu kippen. Es musste zudem schnell gehen, die Leute dort hatten noch eine Menge anderer Dinge zu tun. Also habe ich mir meinen Standort gesucht und etwas Licht gesetzt: Ein Blitz streift von rechts hinten am Fahrzeug entlang, ein weiterer wurde links schräg außerhalb des Bildausschnitts platziert. Ein schneller Belichtungstest und dann das Zeichen an den Fahrer, die Ladung schwungvoll abzukippen. Ich habe dabei zwar mit langsamer Serienbildfunktion fotografiert (langsam, damit die Blitze Zeit genug hatten, nachzuladen), aber es ging mir eher darum, den richtigen Moment manuell abzupassen. So ist das erste

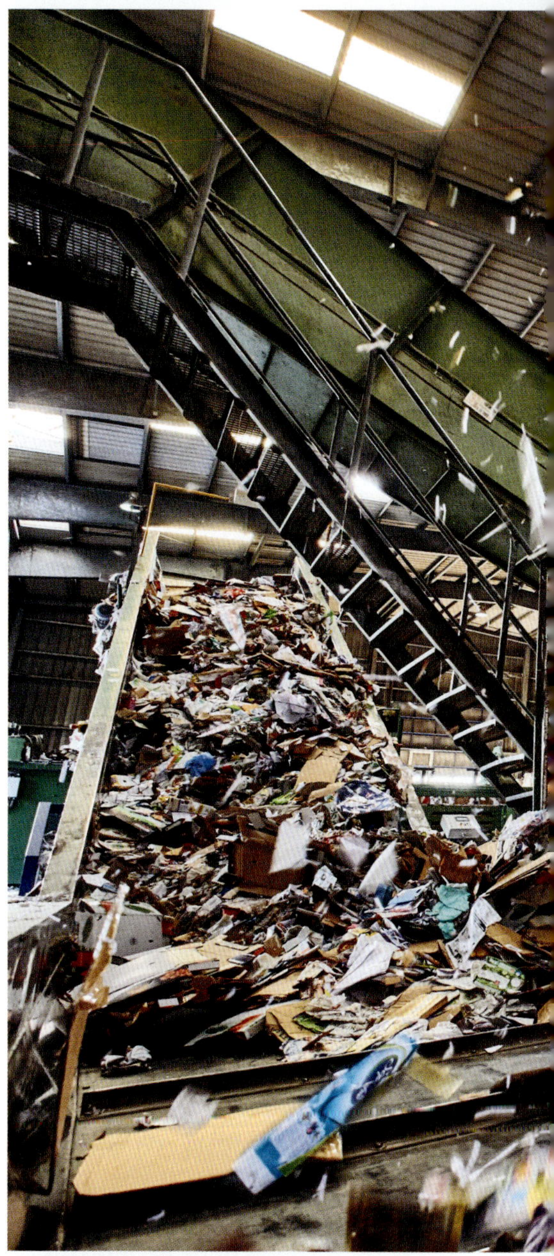

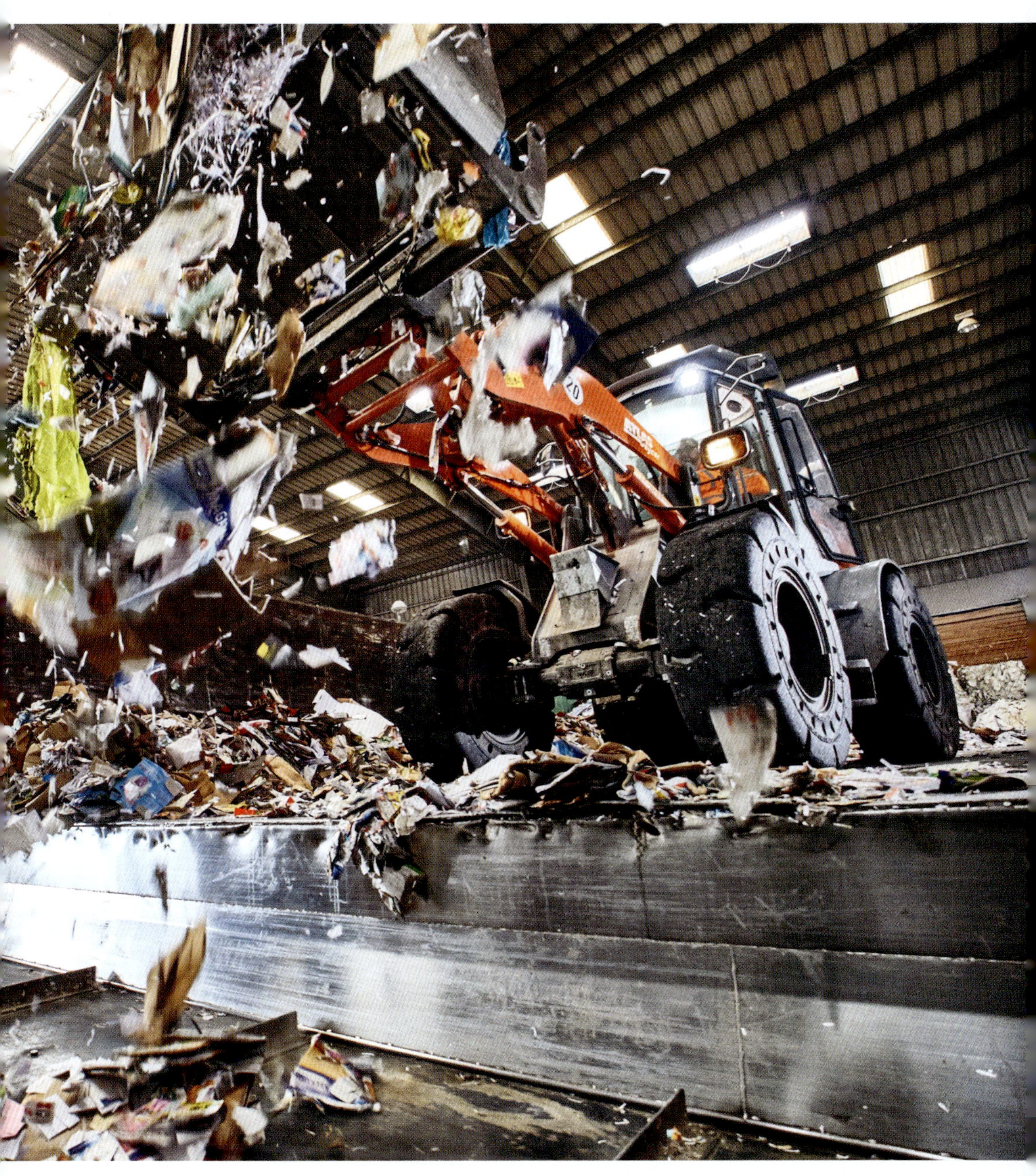

Auf den Punkt. (Location: Veolia Deutschland GmbH)

ISO 1250 | 1/160 s | f/4 | 10 mm

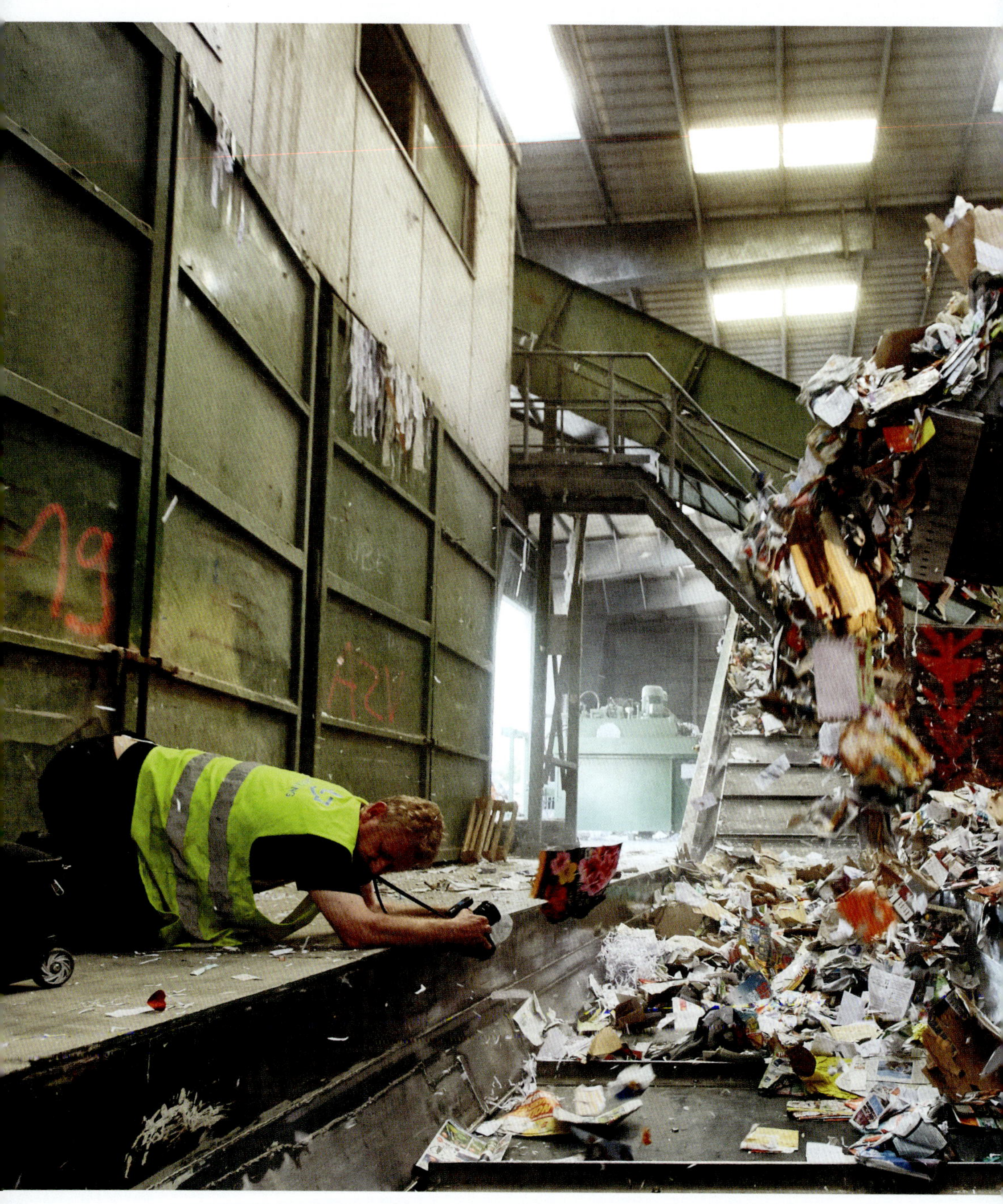

Making-of „Auf den Punkt“.

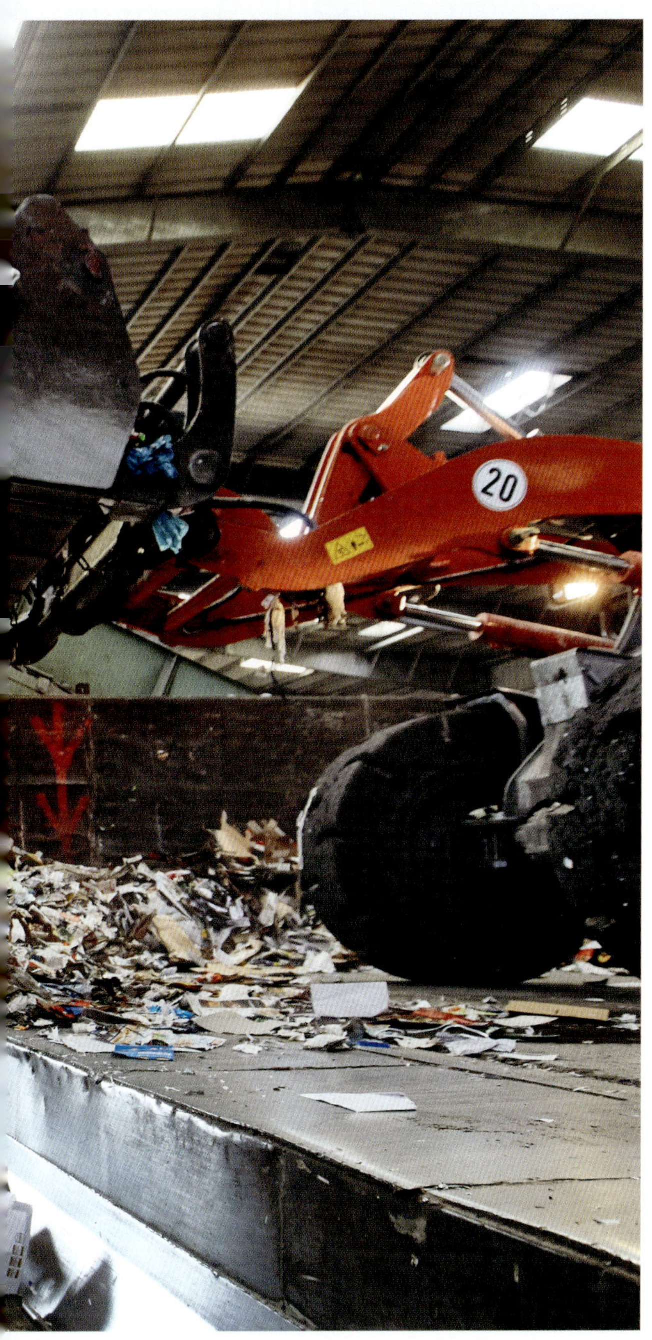

Foto der Serie auch das beste geworden. Mit Rücksicht auf die Abläufe vor Ort haben wir das Motiv nicht wiederholt, obwohl die Umsetzung durchaus Verbesserungspotenzial hat.

Mir gefällt zum Beispiel der heftige Reflex etwas links von der Mitte nicht, und mit mehr Zeit hätte ich versucht, über eine Veränderung des Blitzstandorts hier eine Verbesserung zu erzielen. Trotzdem ist es ein eindrucksvolles Motiv geworden, gut geklappt hat die von mir erhoffte Bewegungsunschärfe des herabfallenden Papiers in Verbindung mit dem Einfriereffekt durch den Blitz. Die Mischlichtsituation aus Neonlicht, Deckenluken und weißem Blitzlicht habe ich dahin gehend genutzt, in der Bildbearbeitung den Weißabgleich so zu verschieben, dass das Blitzlicht einen leicht bläulichen Charakter bekommt – dadurch wird das Hallenlicht neutraler, und die Action im Vordergrund bekommt einen leichten Hightechcharakter, der mir hier gut gefiel.

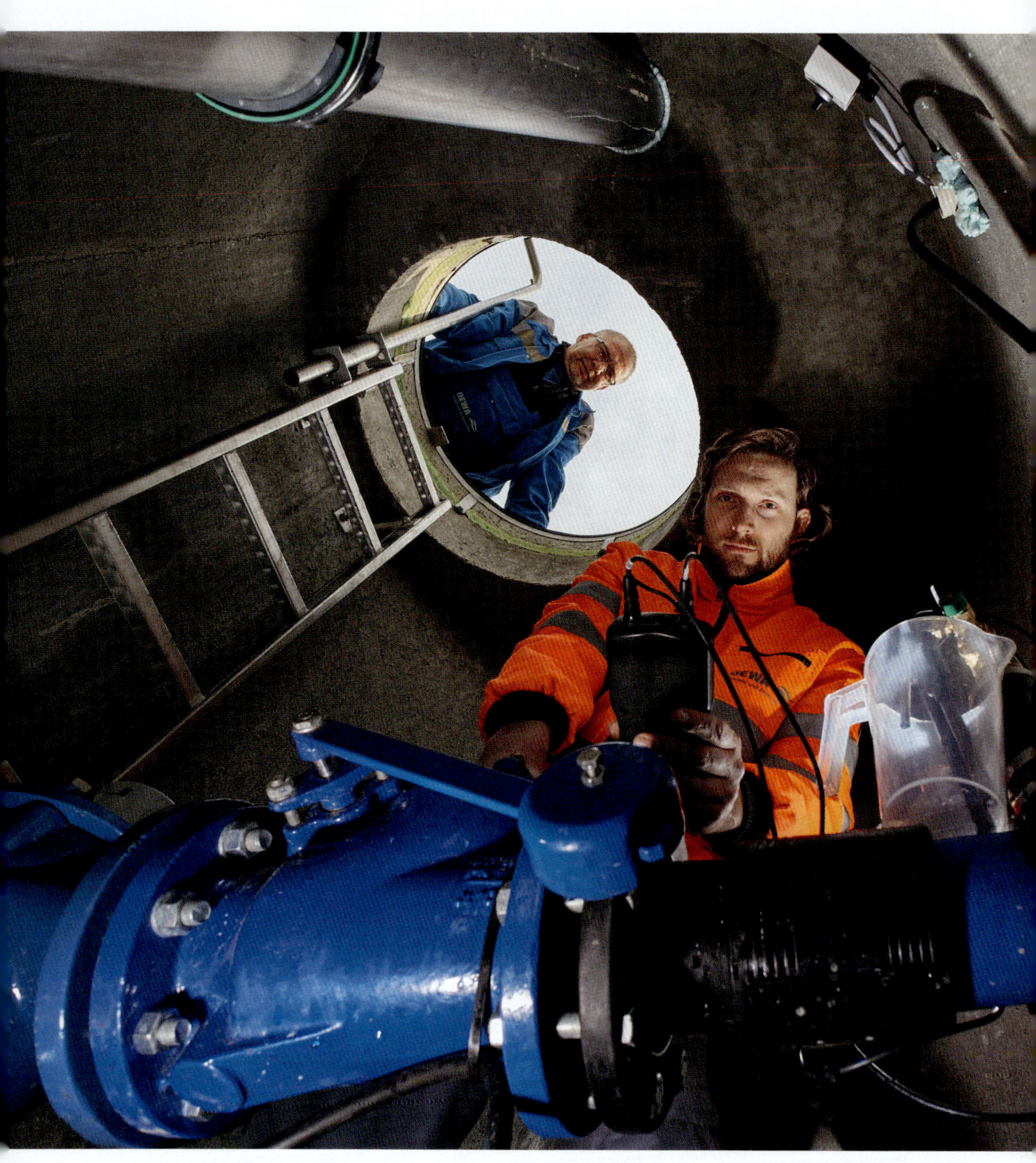

Enge Räume. (Location: Veolia Deutschland GmbH)

ISO 200 | 1/250 s | f/5 | 11 mm

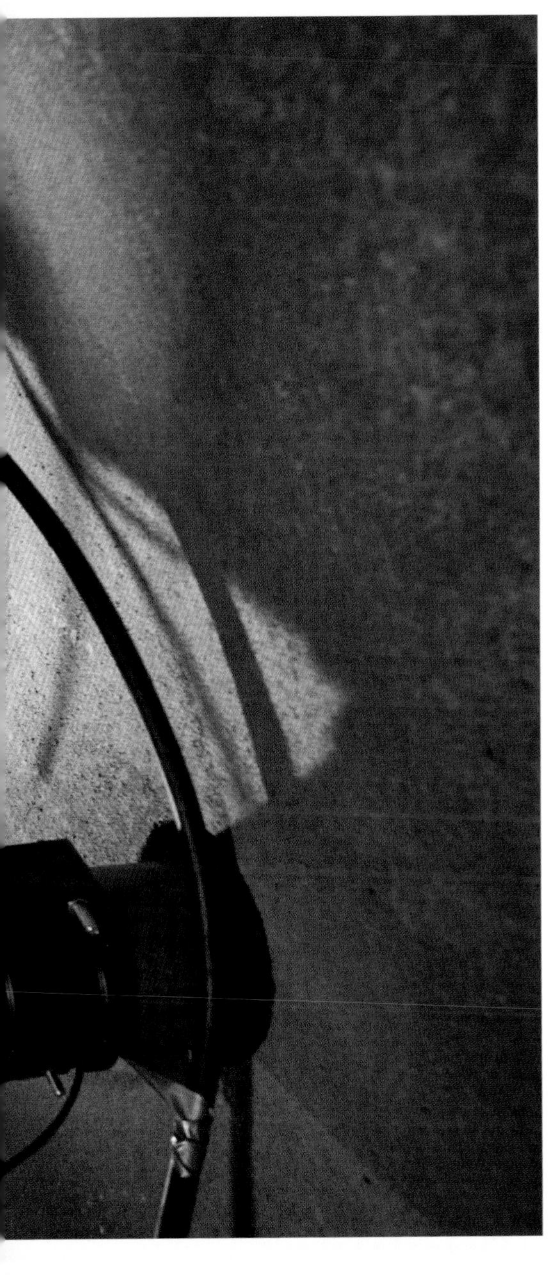

Enge Räume

An manchen Orten kann man einfach nicht fotografieren. Wie zum Beispiel hier – unsere Aufgabe bestand darin, einen Techniker bei der Entnahme einer Probe in einem Wasserwerk zu fotografieren. Im Vorfeld klang das erst mal spannend, aber on location entpuppte sich der Brunnen als winziger, mit Beton ausgekleideter Raum, dessen Abmessungen das Fotografieren einer Szene praktisch unmöglich machten. Man kann nicht fotografieren? Klar kann man fotografieren! In diesem Fall half nur ein Perspektivwechsel und ein starkes Weitwinkel. Eine Fujifilm X-Pro2 mit angesetztem 10–24-mm-Objektiv wurde mithilfe eines Ministativs auf dem Brunnenboden platziert und per Fernsteuerungs-App ausgerichtet. Ein kleiner Blitz und eine Taschenlampe sorgten für die Ausleuchtung und für ein interessantes Effektlicht auf dem Probenbehälter. Anschließend habe ich einen zweiten Kollegen gebeten, sich in der offenen Luke zu platzieren – einerseits, um das Bild noch ein bisschen voller zu machen, andererseits entspricht dieses Verhalten tatsächlich den Vorschriften: Der Kollege oben sichert seinen Teampartner in dem geschlossenen Raum und achtet darauf, dass nichts passiert.

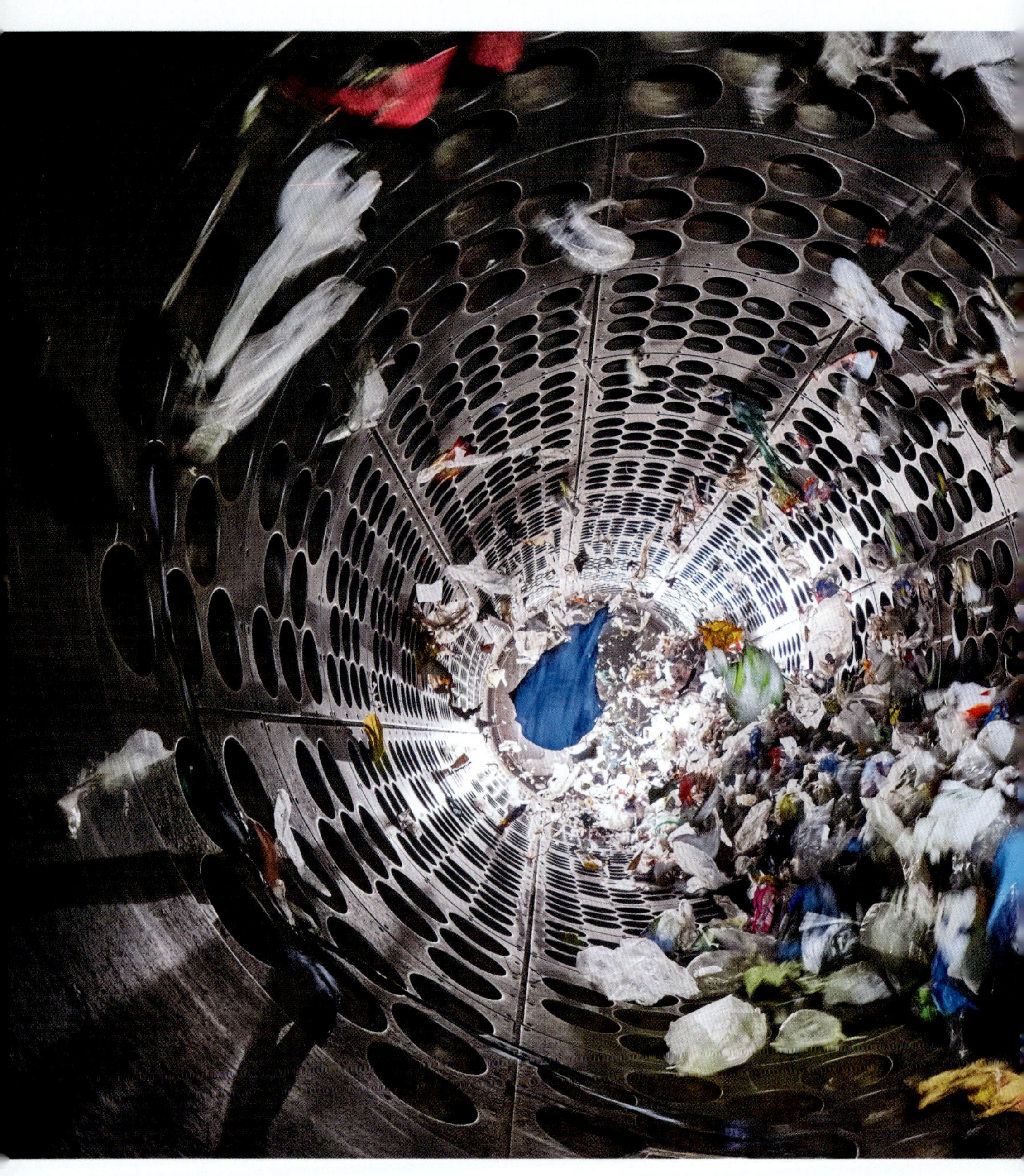

Gegenlicht pur. (Location: Veolia Deutschland GmbH)

ISO 2000 | 1/30 s | f/2.8 | 21 mm

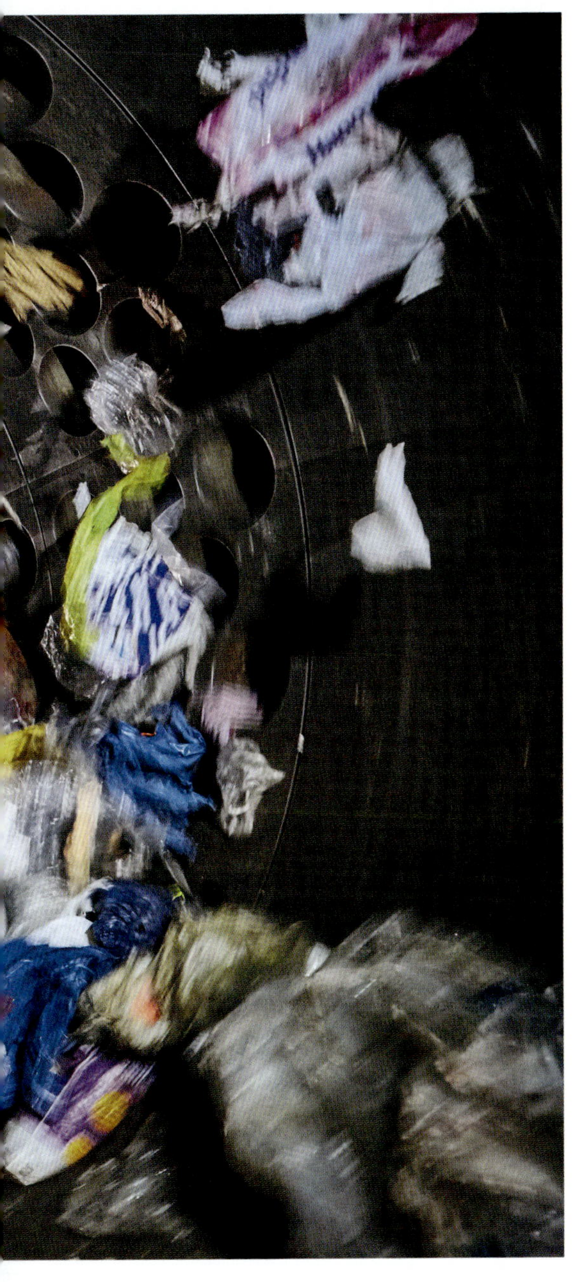

Gegenlicht pur

Meine Vorliebe für das Setzen von Gegenlicht ist ja schon an vielen Stellen im Buch deutlich geworden. Dieses Foto treibt das Prinzip gewissermaßen auf die Spitze. Die Trenntrommel einer Abfallaufbereitungsanlage ist im Grunde ein dunkles Loch, in dem normalerweise nicht viel zu sehen ist. Beleuchtet wird sie in diesem Fall von einem einzigen Blitz auf der gegenüberliegenden Seite, wo wir glücklicherweise eine Luke gefunden haben, um das Licht zu platzieren. Das Gegenlicht sorgt in Verbindung mit den häufig durchscheinenden Abfallobjekten in der Trommel für ein attraktives Foto – hätte man es mit Auflicht fotografiert, wäre es sehr hässlich und der verwendeten Technik nicht gerecht geworden. Die lange Belichtungszeit von 1/30 Sekunde sorgt in Kombination mit dem Blitzlicht für Wischeffekte und macht auch die Rotationsbewegung der Trommel deutlich. Der annähernd zentralperspektivische Bildaufbau unterstützt das. In diesem Fall habe ich auf einen Menschen im Bild verzichtet: Es wäre inhaltlich nicht richtig gewesen und hätte sehr gestellt gewirkt. Hier sprechen die Technik und ihre Inszenierung allein für sich.

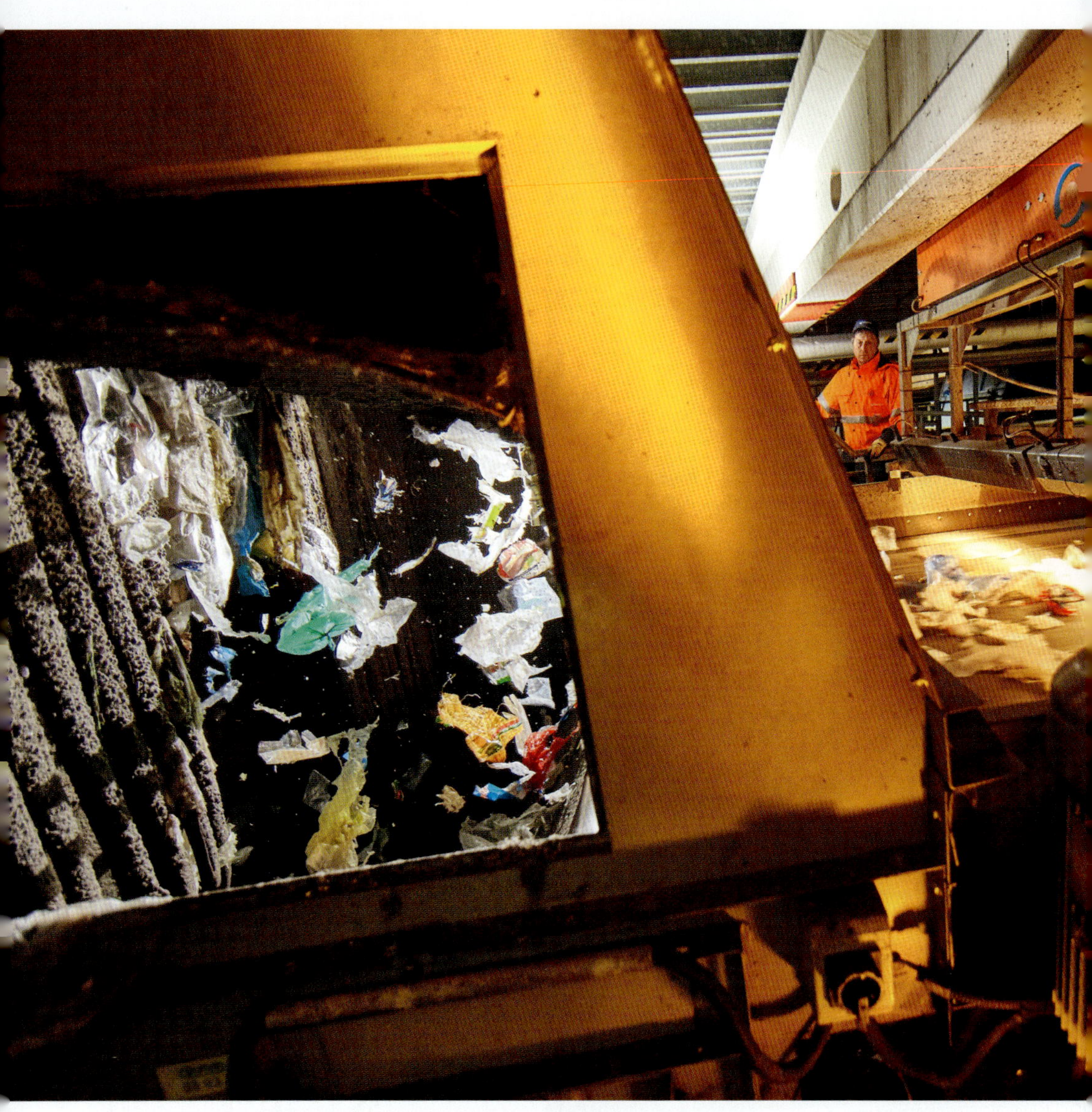

Bewegung einfrieren. (Location: Veolia Deutschland GmbH)

ISO 1250 | 1/100 s | f/3.3 | 14 mm

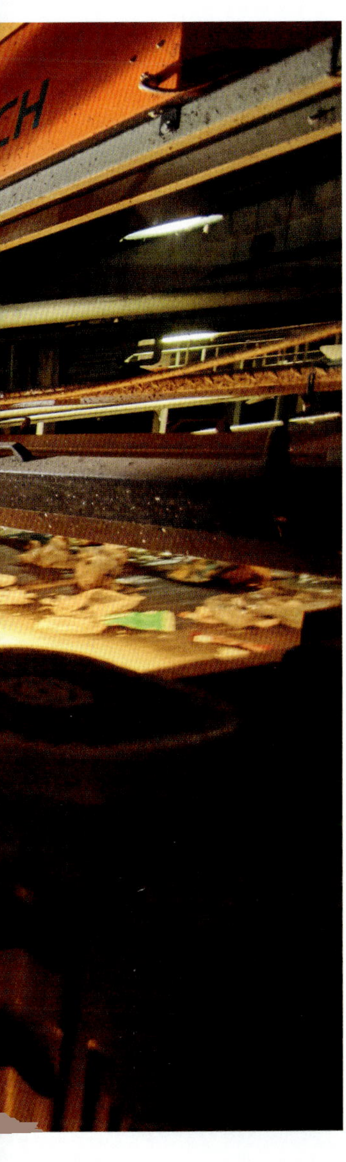

Bewegung einfrieren

In einer Abfalltrennungsanlage für Kunststoffe attraktive Fotos zu gestalten, ist nicht ganz leicht, vor allem wenn die Anlage schon jahrelang läuft. Besonders im Sommer erfreut einen zu Beginn des Shoots der Gestank ganz erheblich, bis man sich irgendwann daran gewöhnt hat und den fauligen Geruch fast nicht mehr wahrnimmt. Schwerwiegender ist jedoch der Umstand, dass so eine Anlage im Prinzip niemals sauber ist und die dort verwendeten Technologien daher nur schwierig auf attraktive Weise inszeniert werden können.

Bei der hier gezeigten Einheit wird mittels Pressluft leichter von schwerem Kunststoff getrennt. Natürlich geschieht dies normalerweise in einem geschlossenen Kasten, aber glücklicherweise konnten wir die Facharbeiter vor Ort dazu überreden, die Abdeckungen auf beiden Seiten zu öffnen.

Mittels eines als Gegenlicht gesetzten Blitzgeräts lässt sich so der Prozess nicht nur darstellen, sondern auch attraktiv inszenieren. Die auffliegenden Kunststoffteile frieren dank der kurzen Emitterzeiten des Blitzlichts ein und erscheinen in einem kalten, technischen Licht. Ganz anders die Bewegungsunschärfen im rechten Bildteil (auf dem Förderband). Die relativ lange Belichtungszeit und das dort vorherrschende Dauerlicht ermöglichen diesen Effekt.

Für einen Menschen gibt es hier eigentlich nicht viel zu tun, daher haben wir ihn lediglich als beobachtende Person ins Bild integriert. Etwas frische Farbe erzeugt eine von unten auf die gelbe Metallverkleidung gerichtete leistungsstarke Taschenlampe, die dem Neonlicht der Anlage einen wirkungsvollen Akzent entgegensetzt.

Authentizität

Bei dieser Arbeitsszene mit einem Industriemechaniker auf dem Gelände eines Flughafens hatten wir nur bedingt gute Wetterverhältnisse, die Sonne ließ sich recht selten blicken, und die wechselnde Bewölkung sorgte für meist diffuses Licht. Daher haben wir mit einem warmtönigen Licht von schräg rechts (hinter der im Bild gezeigten Anlage für die Enteisungsmittelbetankung) etwas nachgeholfen und in der Bildbearbeitung die Blauanteile des Himmels verstärkt. Das Flugzeug aber, das gerade landete, ist nicht gefakt. Wir haben auf hereinkommende Maschinen gewartet und dann versucht, den idealen Moment abzupassen.

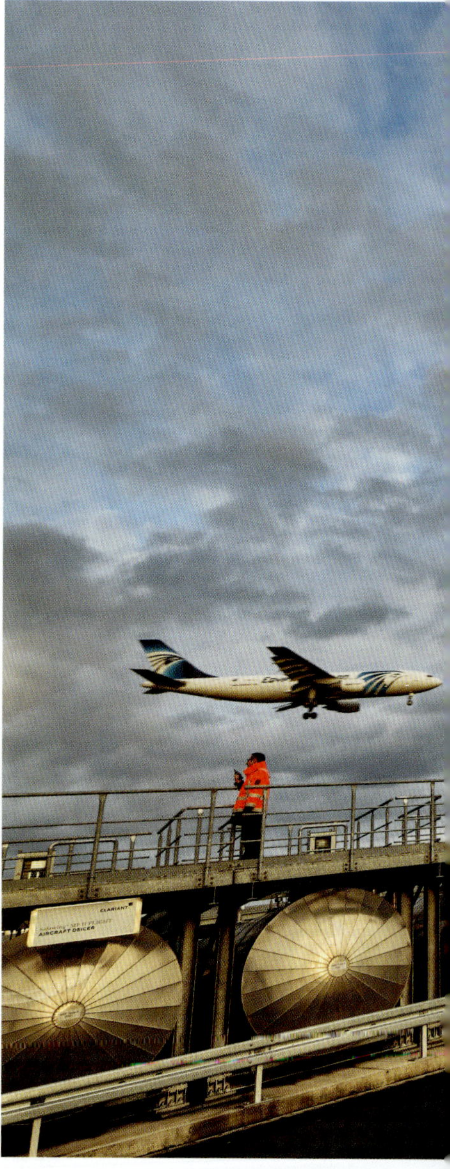

Menschen, die auf Flughäfen arbeiten, sind oft über ihre eigentlichen Aufgaben hinaus von Flugzeugen fasziniert. Die Techniker vor Ort verfügten daher über entsprechende Apps, die ihnen genau mitteilten, wann welche Maschine landen würde. Leider waren in dem zur Verfügung stehenden Zeitfenster nur relativ kleine Flugzeuge unterwegs. Das in der Abbildung gezeigte Modell war unter diesen noch am ehesten beeindruckend.

Aber lieber so, als einen Airbus 380 einzumontieren – das mag cool aussehen, wäre aber Fake. Ich habe hier die altmodische Einstellung, dass eine Fotografie (weitestgehend) mit einer Kamera fotografiert werden und nicht erst in Photoshop entstehen sollte.

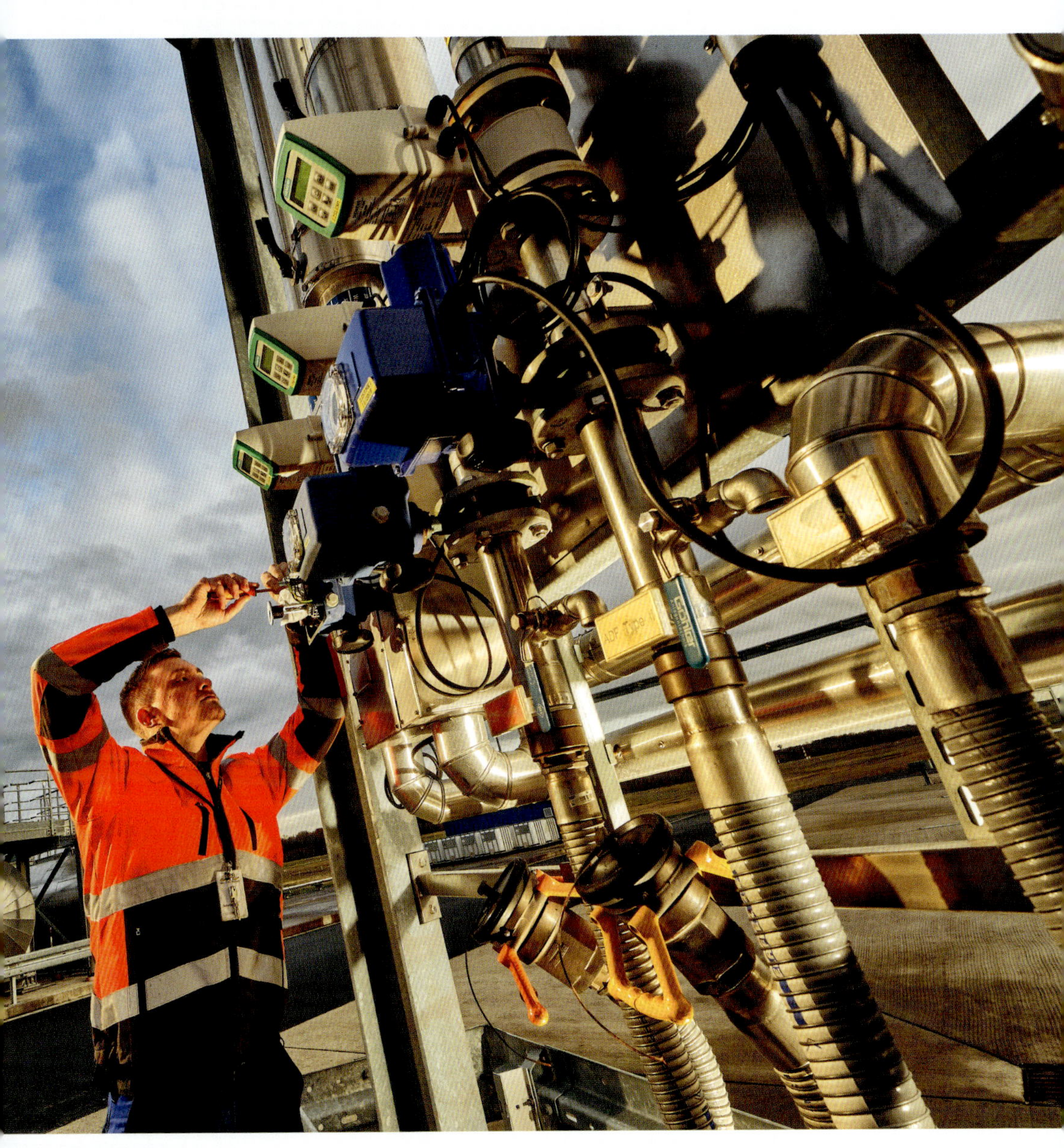

Authentizität.

ISO 200 | 1/125 s | f/7.1 | 11 mm

Montage

Aber manchmal muss es eben doch sein – eine nachträgliche Montage! Bei diesem Werbemotiv für den Schweizer Technologiekonzern Endress+Hauser haben wir wie gewohnt on location fotografiert, in diesem Fall in einer Raffinerie in Norddeutschland. Fast einen ganzen Tag haben wir darauf verwendet, das Werk nach geeigneten Locations und Perspektiven abzusuchen, was zusätzlich dadurch erschwert wurde, dass wir alle als „explosionsgefährdet“ gekennzeichneten Bereiche strikt zu meiden hatten. Davon gibt es in einer Raffinerie aber naturgemäß jede Menge!

Für dieses Motiv zum Thema digital vernetzter Anlagensteuerung fanden wir aber schließlich doch einen Ort, der den Sicherheitsvorschriften des Werks und unseren Ansprüchen an das Bild gleichermaßen gerecht wurde. Allerdings fehlte es hier definitiv an einem wichtigen Bildelement: Dort war einfach kein Produkt unseres Auftraggebers montiert. Etwas Passendes ließ sich zwar beschaffen (es ist die Ableseuhr rechts im Foto) und wurde von einem Assistenten ins Bild gehalten, das Gerät war aber nicht verdrahtet. Das graue Kabel im Vordergrund habe ich daher in einem anderen Anlagenteil separat fotografiert und später von unserer Grafikerin ins Bild montieren lassen.

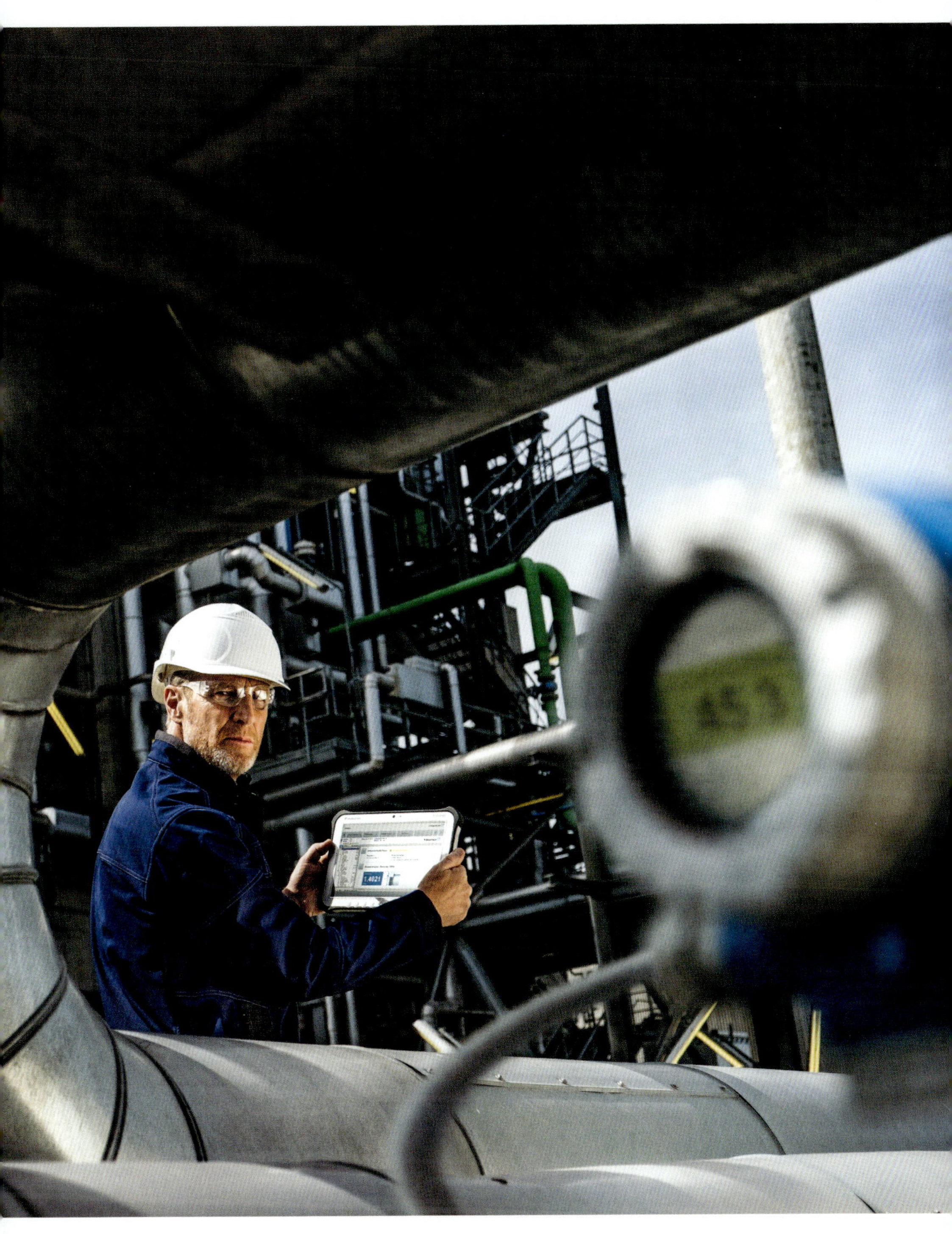

Montage. (Location: Endress+Hauser Group Services)

ISO 200 | 1/2400 s | f/3.6 | 30 mm

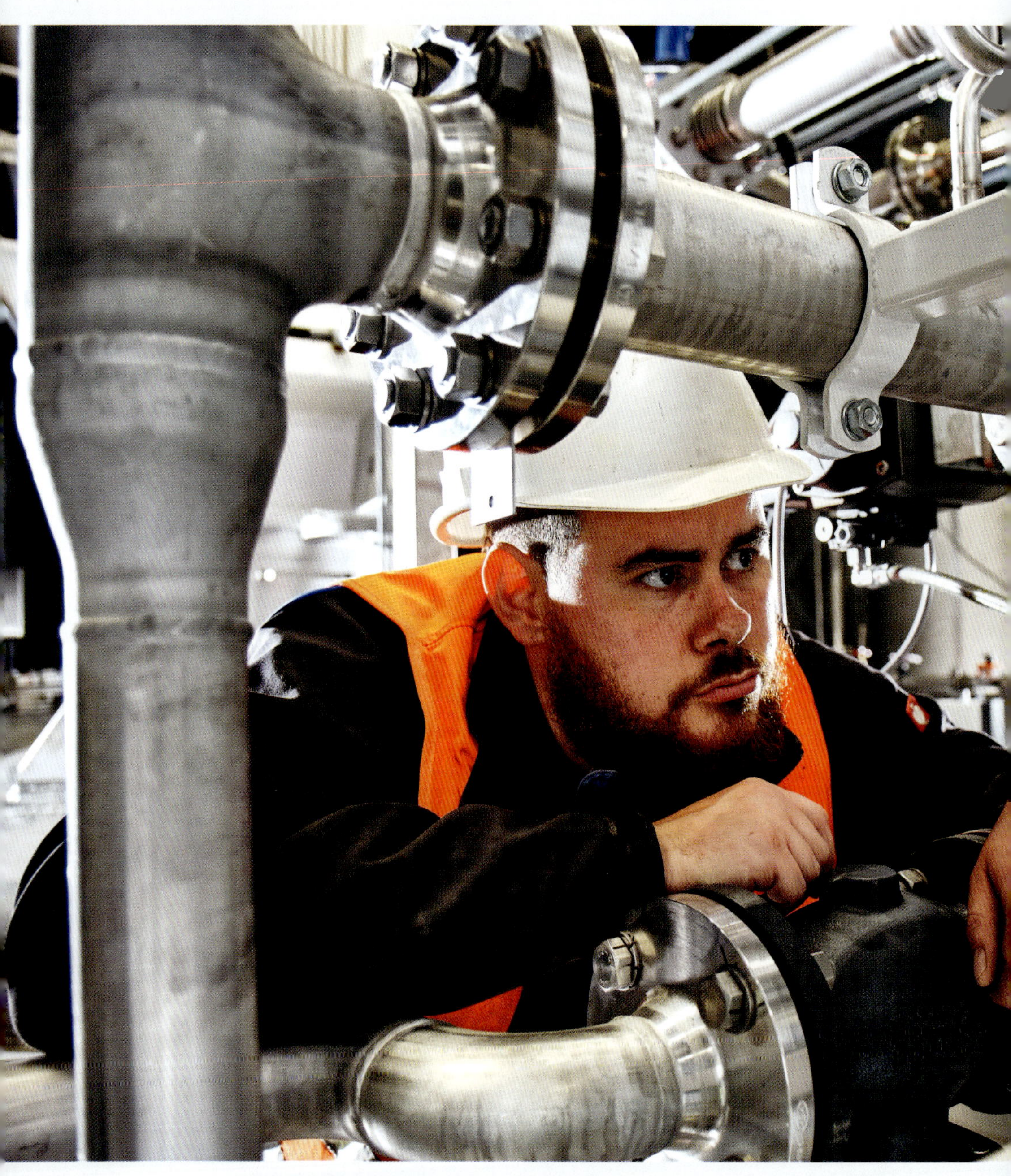

Mal ohne Action.

ISO 800 | 1/160 s | f/2.8 | 16 mm

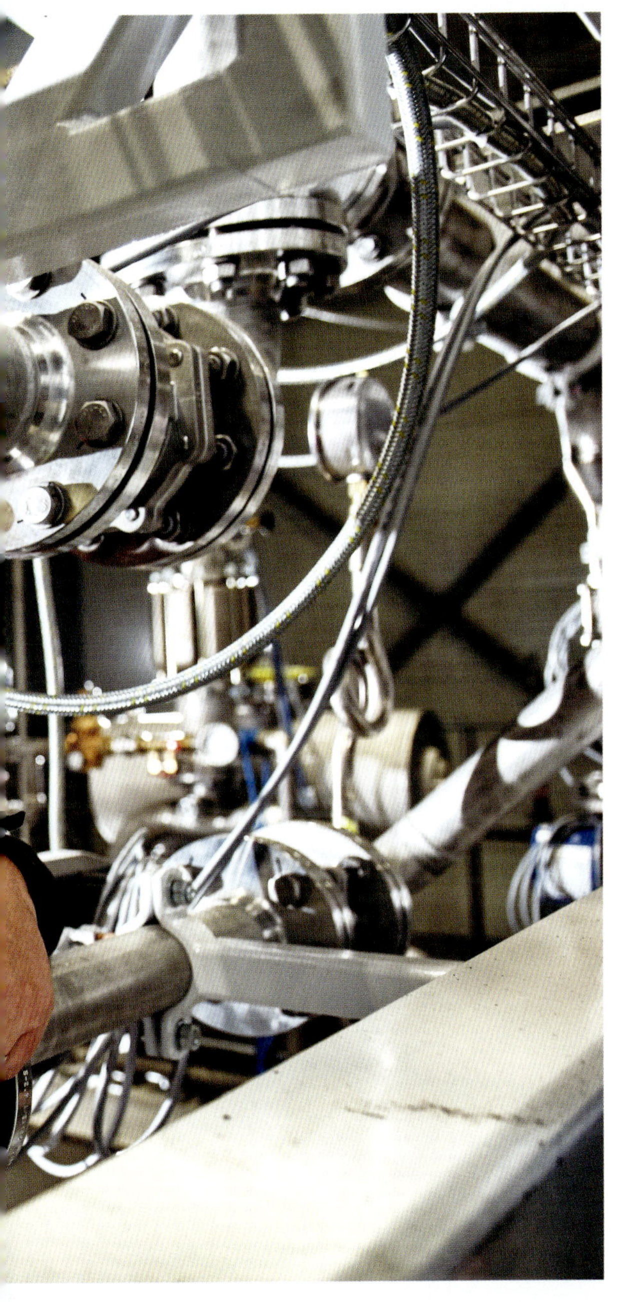

Mal ohne Action

Nicht immer findet man eine sinnvolle Tätigkeit für einen Protagonisten, oder man möchte einfach mal etwas anderes machen, als Techniker immer wieder mit Schraubenzieher, Akkubohrer oder sonstigem Werkzeug zu inszenieren.

Zwei Klassiker bieten sich in solchen Fällen an: Man drückt der Fachkraft ein Klemmbrett in die Hand und lässt ihn etwas kontrollieren. Oder man lässt sogar jegliches Accessoire weg und fotografiert den Kollegen mit einem „prüfenden Blick". Zu Letzterem habe ich mich bei diesem Motiv unseres Kunden Fuchs & Hoffmann entschieden. Das setzt allerdings einen Darsteller voraus, der ein bisschen schauspielern kann und den gewünschten Ausdruck entsprechend cool rüberbringt und der entspannt und selbstsicher wirkt. In diesem Fall ist das gut gelungen, und die Botschaft des Bilds könnte sein: „Unsere Leute schauen ganz genau hin."

Zeitdruck

Dieses Foto entstand auf einem Tower des Frankfurter Flughafens, der abgerissen werden sollte. Eigentlich war ich nur zur Besichtigung da, aber die dort arbeitenden Männer luden zu coolen Motiven ein. Als ich gerade meine Kamera ausgepackt und einen Blitz auf einem Stativ befestigt hatte, tippte mir einer der Facharbeiter auf die Schultern und deutete schweigend auf eine schwarz-dunkle Wetterfront, die sich sehr schnell dem Ort des Geschehens näherte. Aufgrund der exponierten Lage mussten wir uns schnellstmöglich in Sicherheit bringen. Er gab mir eine Minute für das Foto – also stellte ich schnell den Blitz rechts knapp außerhalb des Bilds, riss den Weitwinkelzoom maximal auf und drückte einfach ein paar Mal ab. Der Kol lege mit dem gelben Helm lief rein zufällig ins Bild – ein Glück für die Komposition und für den Fotografen!

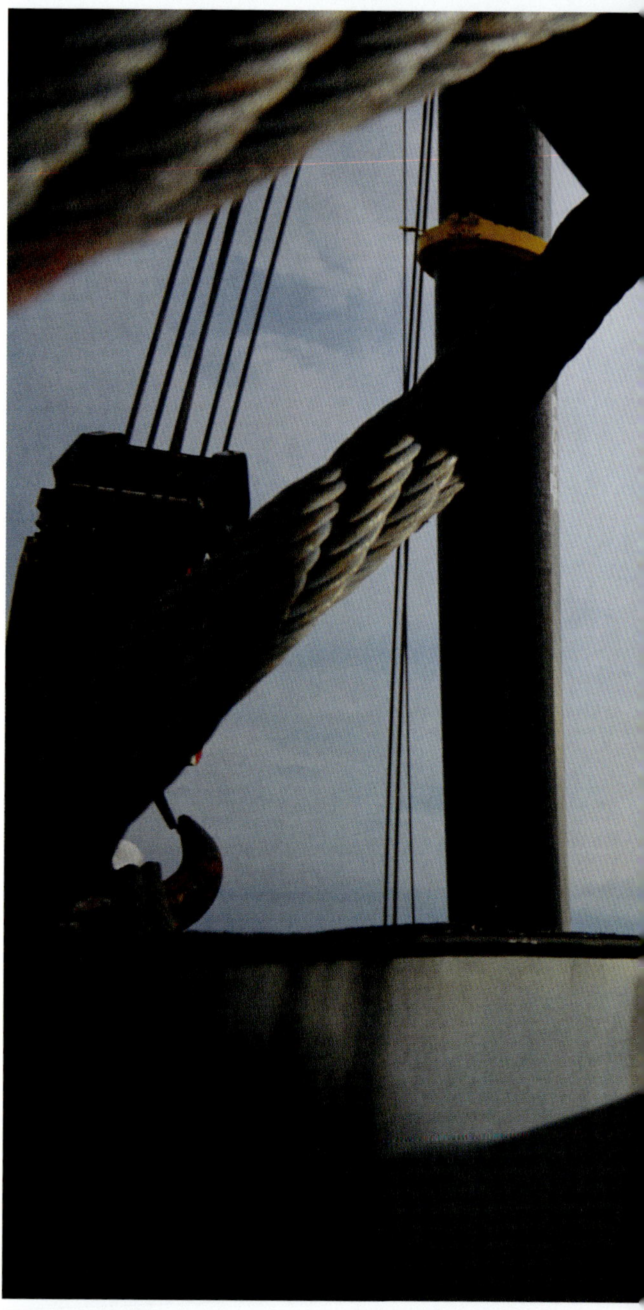

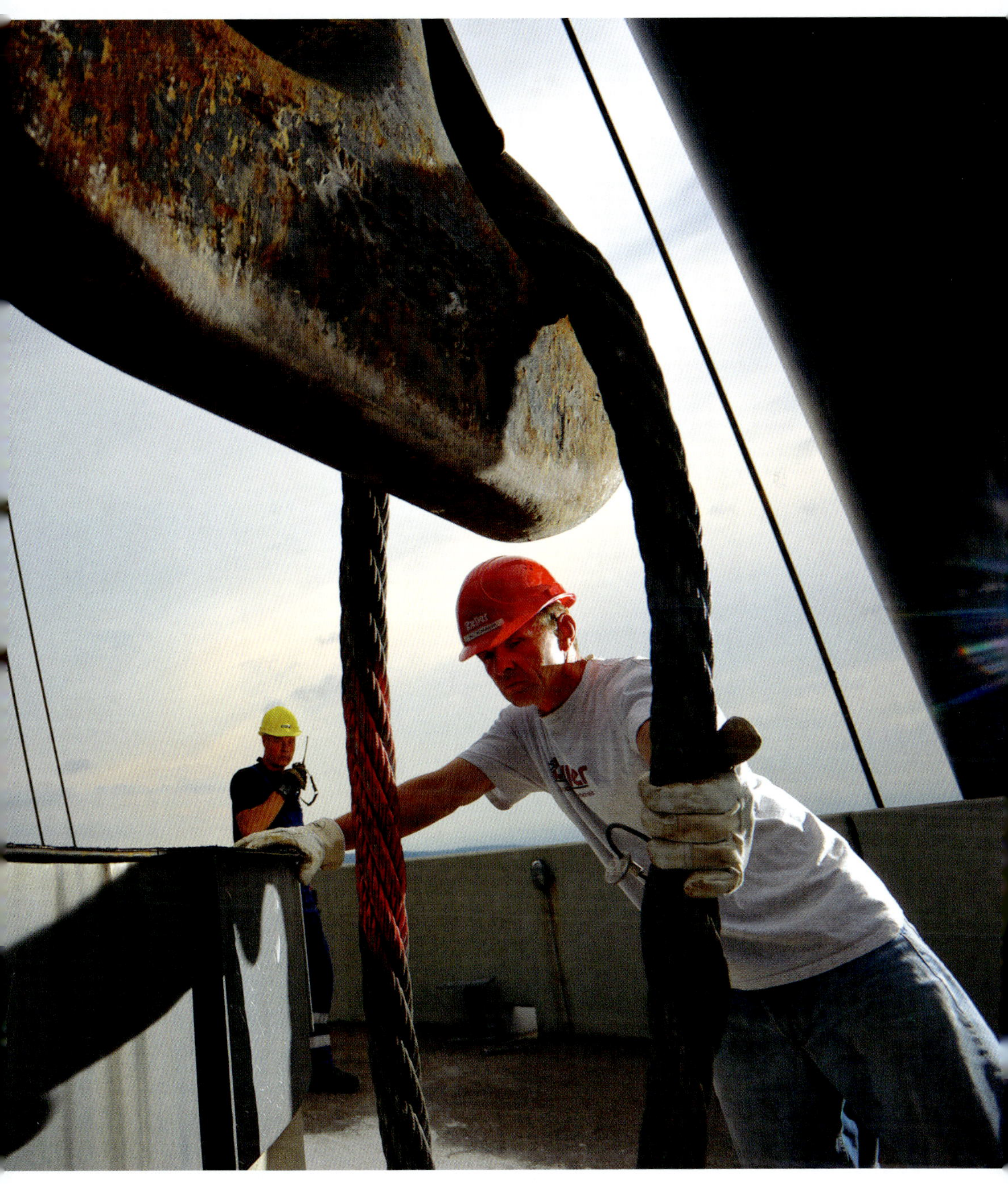

Dieses Bild entstand buchstäblich in wenigen Minuten, Glück und Zufall spielten dabei eine wichtige Rolle, aber auch die blinde Beherrschung der Kamera.

ISO 160 | 1/250 s | f/5 | 17 mm

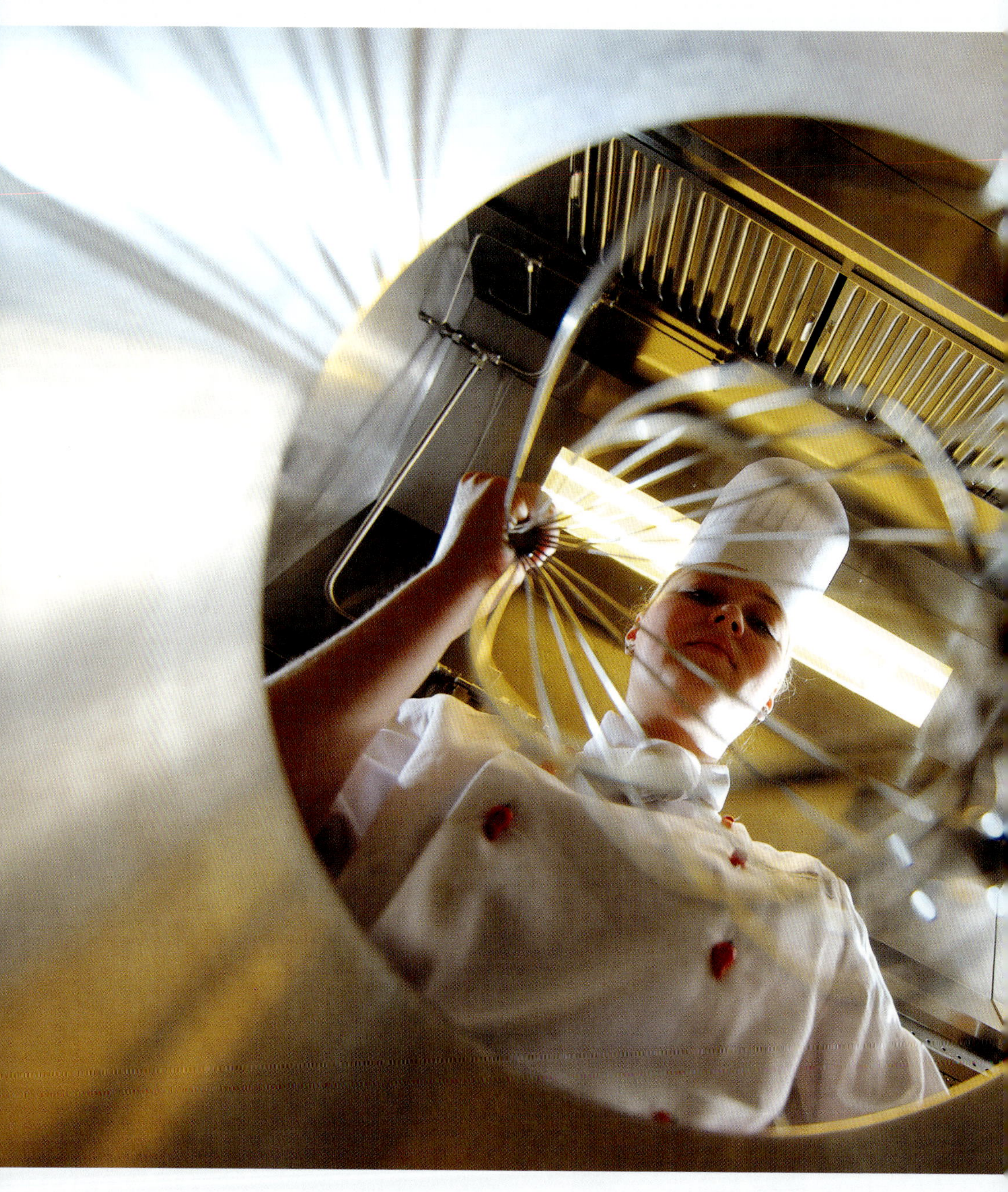

Perspektivwechsel.

ISO 400 | 1/125 s | f/3.2 | 17 mm

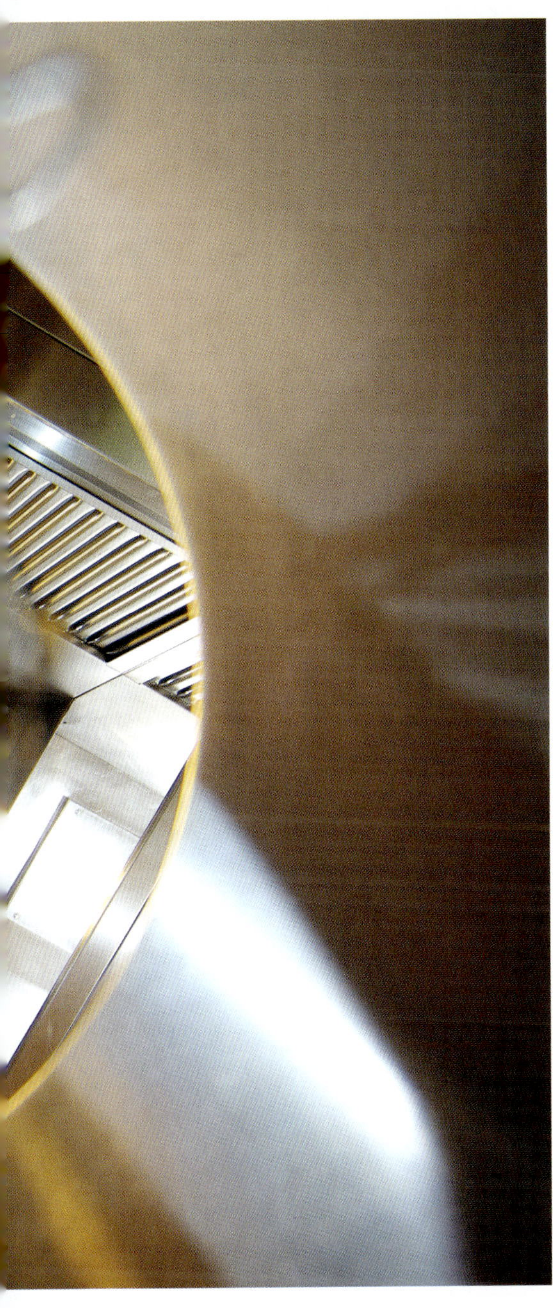

Perspektivwechsel

Von dieser Köchin wollte ich partout kein übliches Bild machen. Fotos in Hotelküchen hatte ich vorher schon ein paar Mal zu oft fotografiert und hatte einfach keine Lust mehr, Menschen zu fotografieren, die in Töpfen rühren oder Gemüse schnippeln. Aber wie sähe das Foto wohl aus, wenn wir es aus der Perspektive des Kochtopfs aufnähmen? Gesagt, getan – die Kamera wurde im Topf platziert, mit einem Weitwinkel bestückt und per Fernauslösung ausgelöst. Für die Köchin brauchte ich nur noch ein akzentuierendes Streiflicht, und fertig war das Foto. Als ich es später dem Küchenchef zeigte, sagte er spontan: „In 30 Jahren Hotelbetrieb habe ich noch nie so ein Foto gesehen!" Da wusste ich, dass ich irgendetwas richtig gemacht habe.

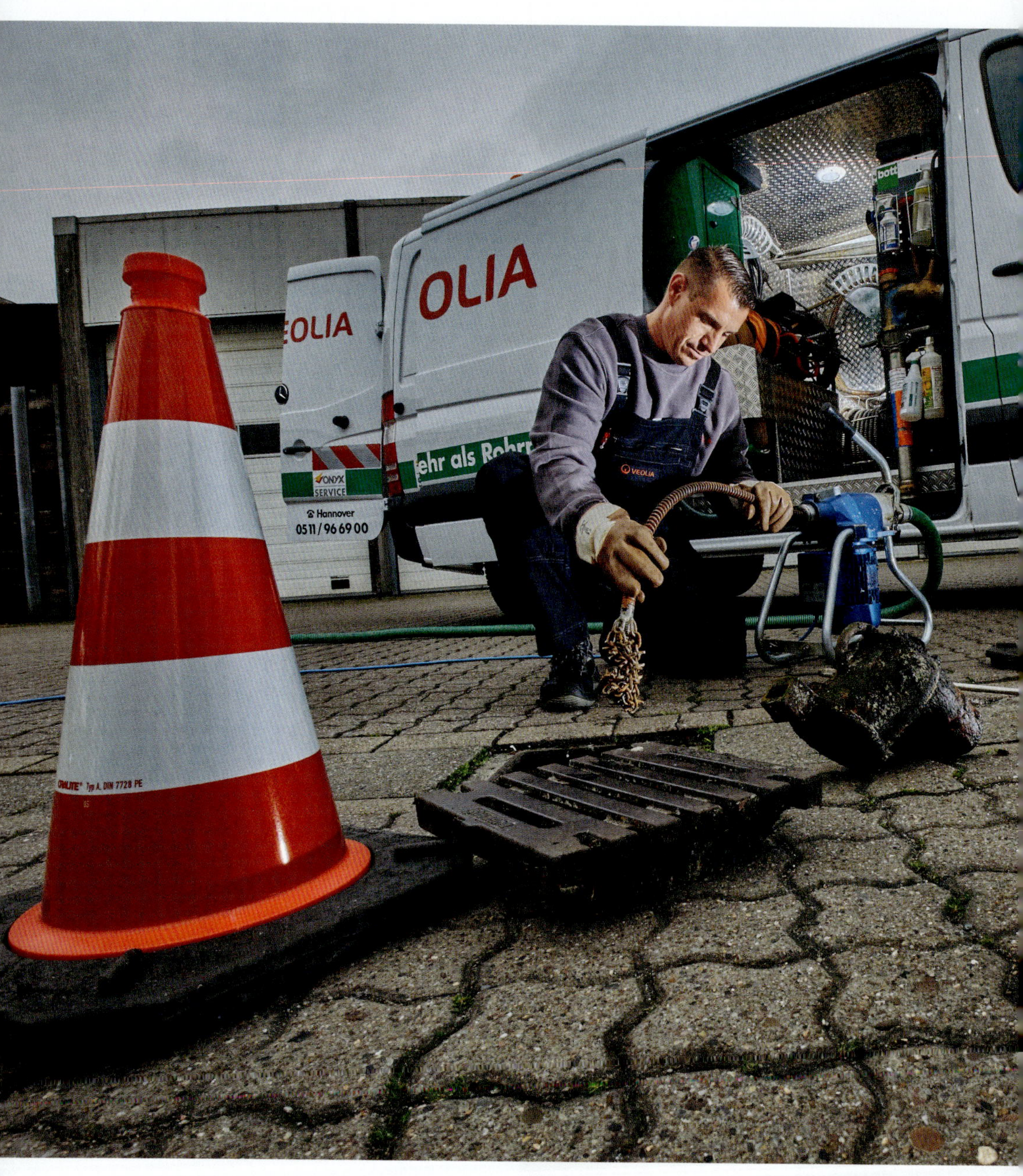

Unspektakuläres aufpeppen. (Location: Veolia Deutschland GmbH)

ISO 200 | 1/250 s | f/11 | 10 mm

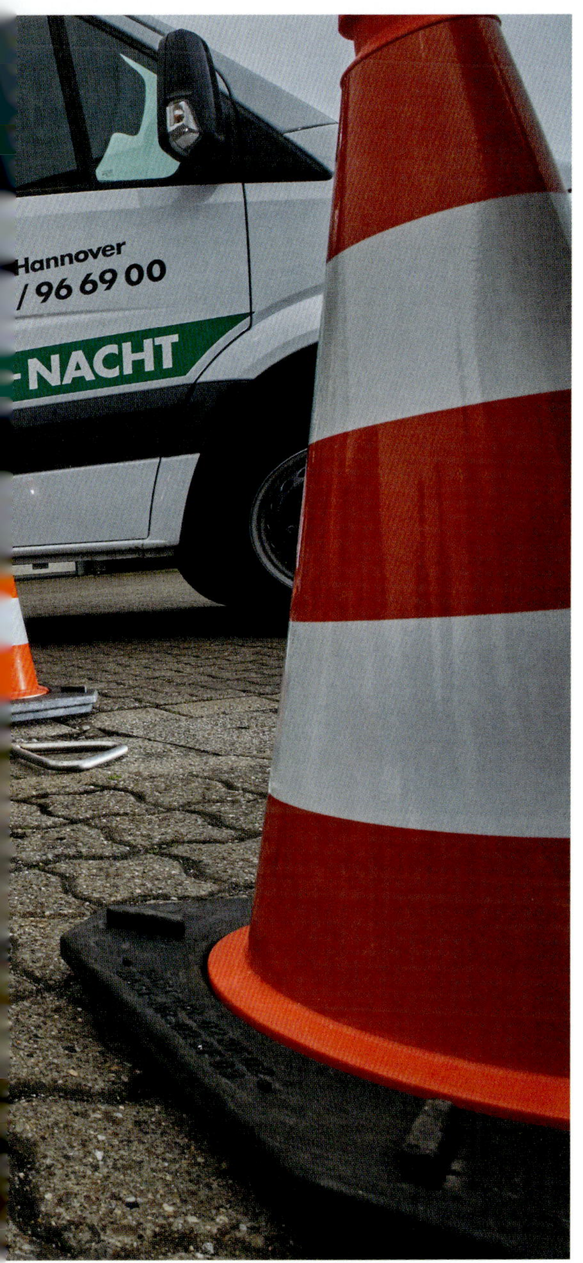

Mehr Pep ins Bild bringen

Die Szene gab eigentlich nicht viel her: Wir hatten einen Kanaldeckel, einen Facharbeiter und ein Gerät zum Beseitigen von Verstopfungen. Außerdem ein Auto und eine gepflasterte Fläche. Nicht gerade die Traumkonstellation für ein starkes Foto, trotzdem kann man sich natürlich auch in solchen Konstellationen etwas einfallen lassen. Ich bin ein großer Fan von gut „gefüllten" Bildern, die möglichst ohne Leerstellen auskommen. Daher haben wir, ausgehend von dem Kanaldeckelloch, erst einmal das Einsatzfahrzeug ins Bild platziert und damit den langweiligen Hintergrund und den öden Himmel weitgehend eliminiert. Schlechtes Wetter hatten wir natürlich auch noch! Das nächste Problem war dann der öde Vordergrund in Form der gepflasterten Fläche. Da kamen die Warnaufsteller, die das Arbeitsteam im Auto dabeihatte, gerade recht. Um etwas Pep ins Bild zu bringen, haben wir dann noch ein Licht von schräg rechts gesetzt. Hinzu kommt ein kleiner Blitz im Inneren des Fahrzeugs, damit die geöffnete Tür kein schwarzes Loch bleibt.

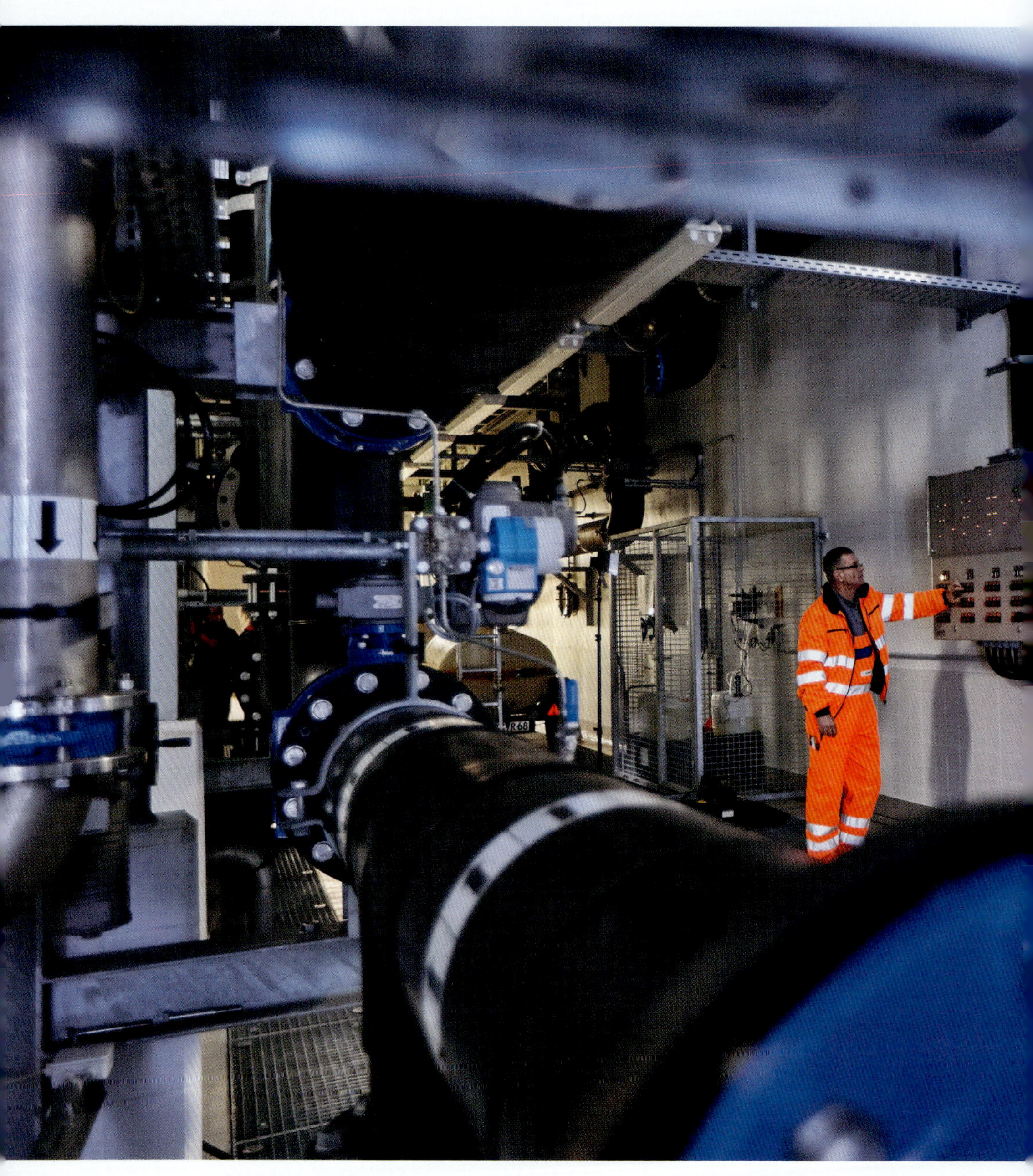

Unspektakuläre Handlungen. (Location: Veolia Deutschland GmbH)

ISO 1250 | 1/100 s | f/2.8 | 20 mm

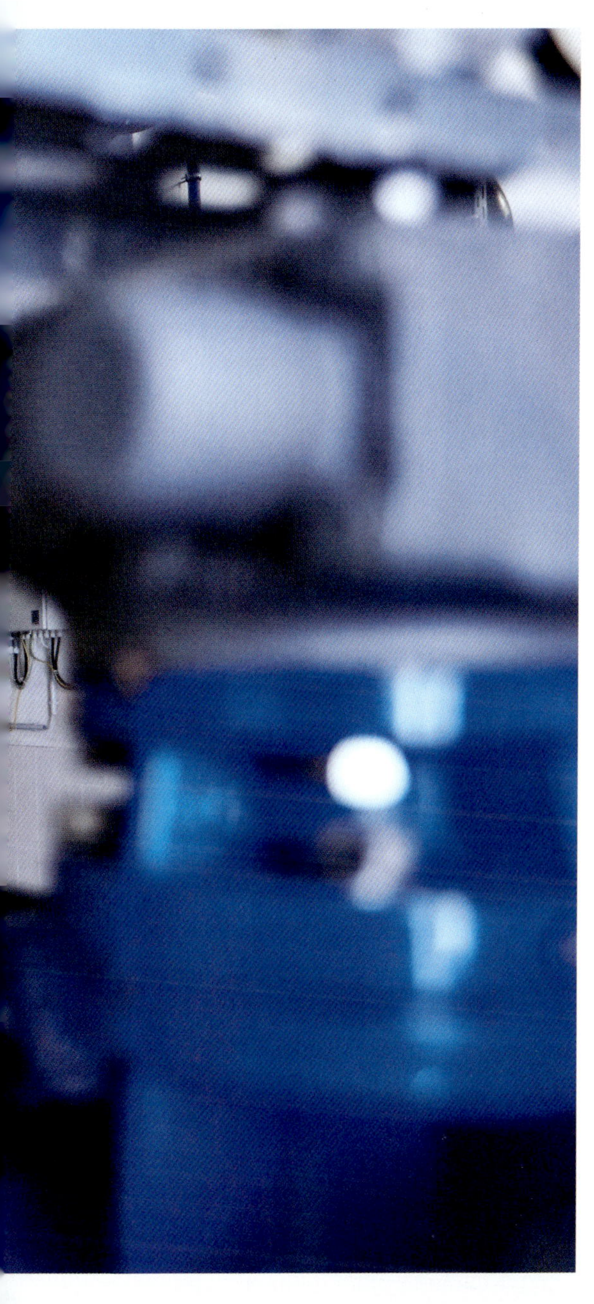

Unspektakuläre Handlungen

In manchen Situationen ergeben sich einfach keine besonders interessanten Arbeitsszenen. In diesem Beispiel etwa besteht die Arbeit des Mitarbeiters darin, Anlagen aufzuschalten und dafür Knöpfe zu drücken. Nichts, was einen vom Hocker reißt, zumal das Bedienpult auch an einer sehr uninteressanten Stelle an der Wand positioniert ist und sich daraus kaum Möglichkeiten zur Bildgestaltung ergeben hätten. Zum Glück ist die Location selbst sehr interessant gewesen, mit großen Rohren, Pumpen und anderen technischen Anlagen. Nach ein wenig Sucherei ergab sich ein schöner Blick durch die Technik hindurch, die den Facharbeiter gewissermaßen einrahmt. Das große Rohr im Vordergrund ist ein aussagestarkes Symbol für den Ort, an dem wir uns befinden, nämlich in einem Wasserwerk. Daraus leitete sich auch die Farbgebung für dieses Bild ab, ich arbeitete mit kühl abgestimmten Blitzgeräten (Assoziation Wasser = Blau) im Vordergrund. Das weiße Licht hinten stammt vermutlich von der Anlage selbst und wurde so belassen. Reizvoll ist auch der Orange-Blau-Gegensatz, der sich aus der Arbeitskleidung des Protagonisten ergibt.

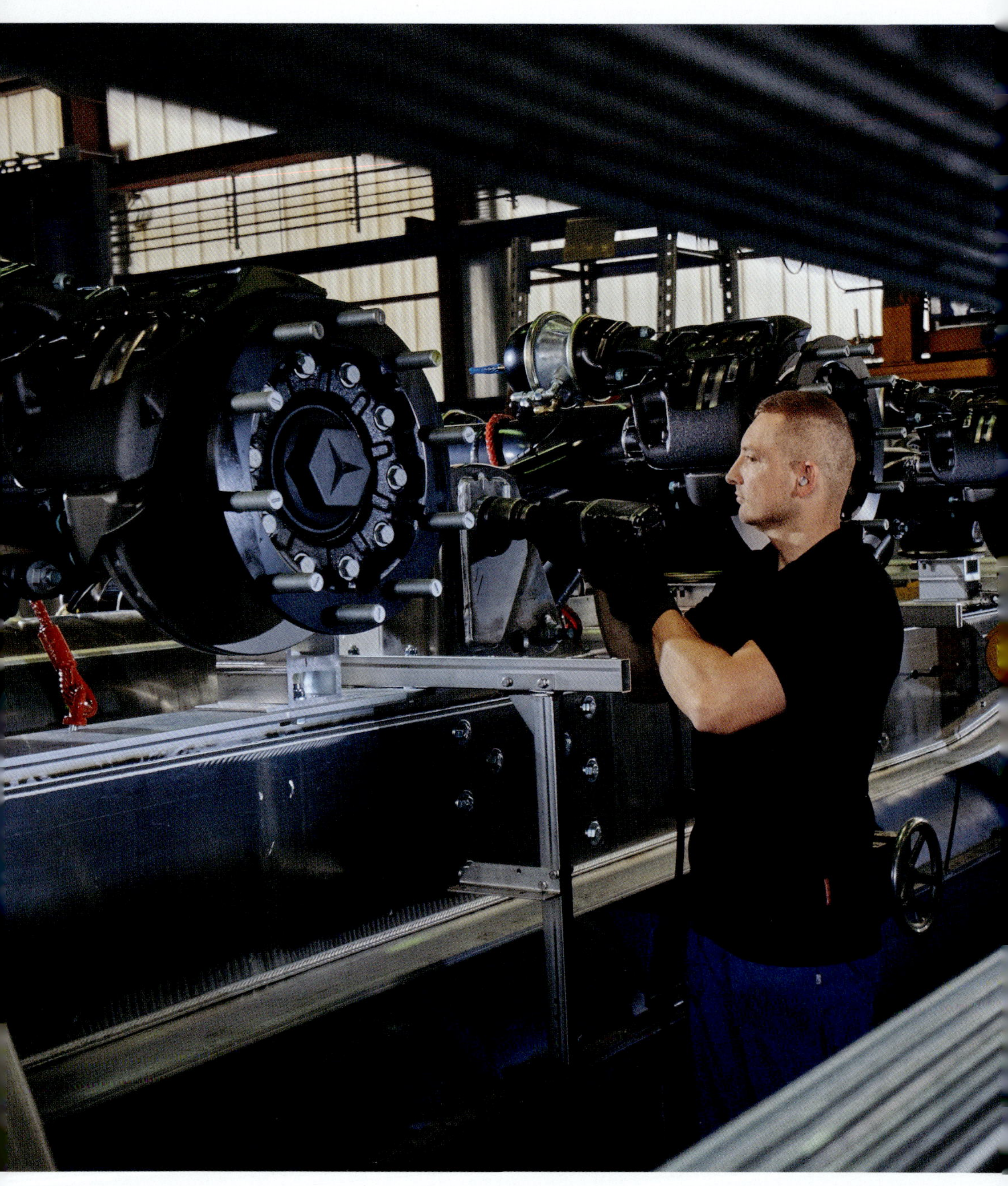

Das spröde Motiv.

ISO 500 | 1/60 s | f/4 | 22,9 mm

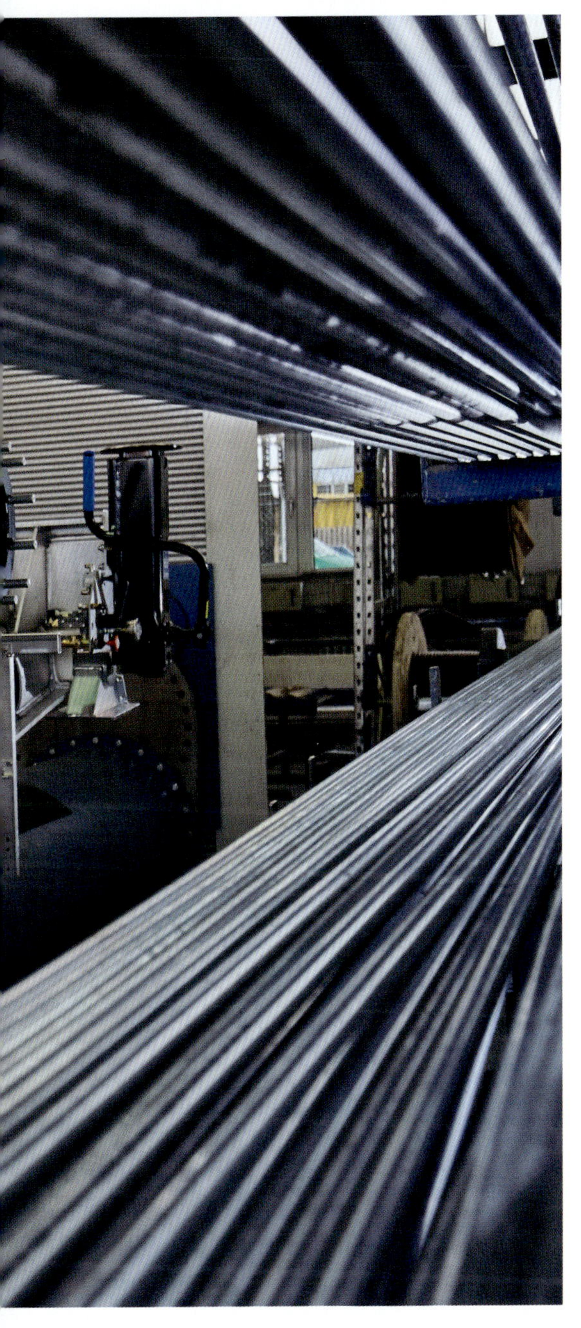

Das spröde Motiv

Ein attraktives Thema, ein motivierter Mitarbeiter und interessante Gerätschaften – eigentlich war hier alles okay. Trotzdem tat ich mich mit dieser Szene aus der Achsenmontage der Firma Feldbinder Spezialfahrzeugwerke GmbH anfangs schwer. Irgendwie gelang es mir nicht, zu einer attraktiven Bildkomposition zu kommen, man konnte nirgendwo „hindurchfotografieren", oder der Hintergrund war nicht interessant genug. In solchen Fällen schnappe ich mir gern die Kamera mit einem Standardzoom (zum Beispiel 24-70 KB-Äquivalent) und umkreise das Motiv. Gehe einmal drum herum, schaue durch den Sucher, versuche, irgendwie etwas zu finden, was interessant genug wirkt. Zwischendurch erwog ich eine Lösung, die ich in einer ähnlichen Situation schon einmal umgesetzt hatte, aber ich wusste, dass sie nur ein Kompromiss werden würde. Sie hatte mich auch damals nicht wirklich zufriedengestellt. Irgendwann fand ich diese Perspektive, und dann war klar: Die in dieser Situation für mich bestmögliche Lösung war gefunden! Der Rest war nur noch ein bisschen Lichtsetzung für die Glanzeffekte im Bild.

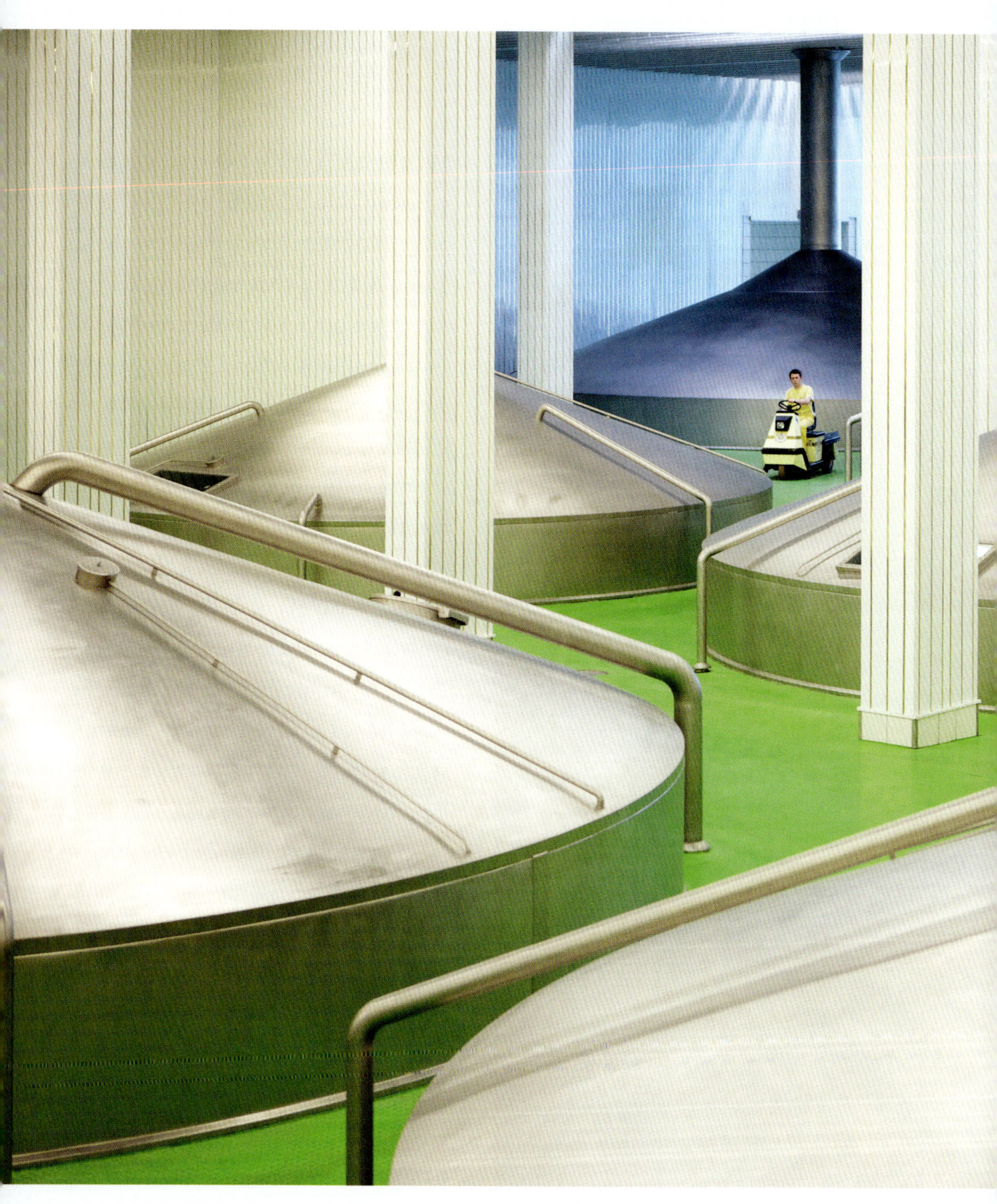

Schöne Architektur.

ISO 1000 | 1/100 s | f/2.8 | 54 mm

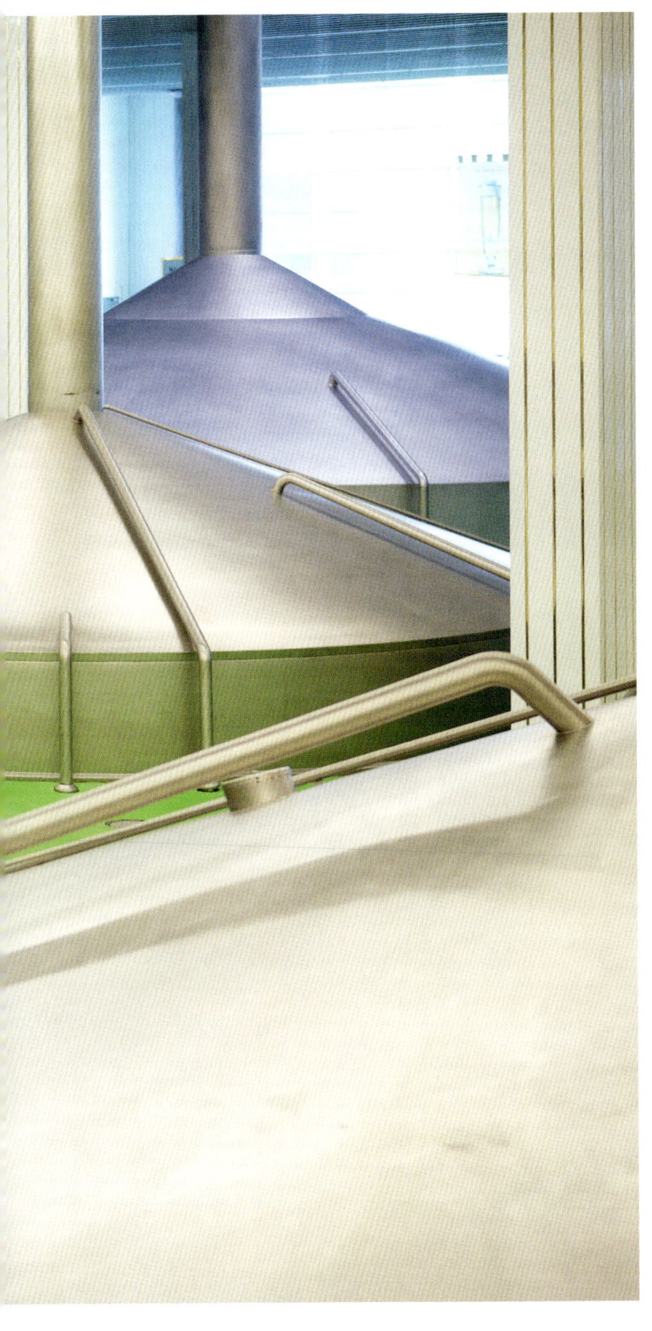

Schöne Architektur

In einem der Einleitungskapitel habe ich geschrieben, dass die meisten Fabrikhallen und technischen Anlagen einem pragmatischen Ansatz folgen und meistens nicht unter ästhetischen Gesichtspunkten gebaut werden. Das ist auch so, aber manchmal hat man eben auch Glück: Dieses Foto entstand in einer Großbrauerei, und hier konnte man das Motiv einfach „pflücken“. Das einzige Hilfsmittel, das ich benötigte, war ein Steiger, damit ich aus einigen Metern Höhe fotografieren konnte. Ansonsten: Kamera gerade halten, einen Menschen im Bild positionieren und abdrücken. Das blaue Licht im Hintergrund ergab sich durch das einfallende Tageslicht. Dadurch, dass ich das Neonlicht im Vordergrund in der Bildbearbeitung auf neutrales Weiß trimmte, verschob sich das Tageslicht in Richtung Blau. Das sah schön aus, und ich habe es dankbar zur Kenntnis genommen.

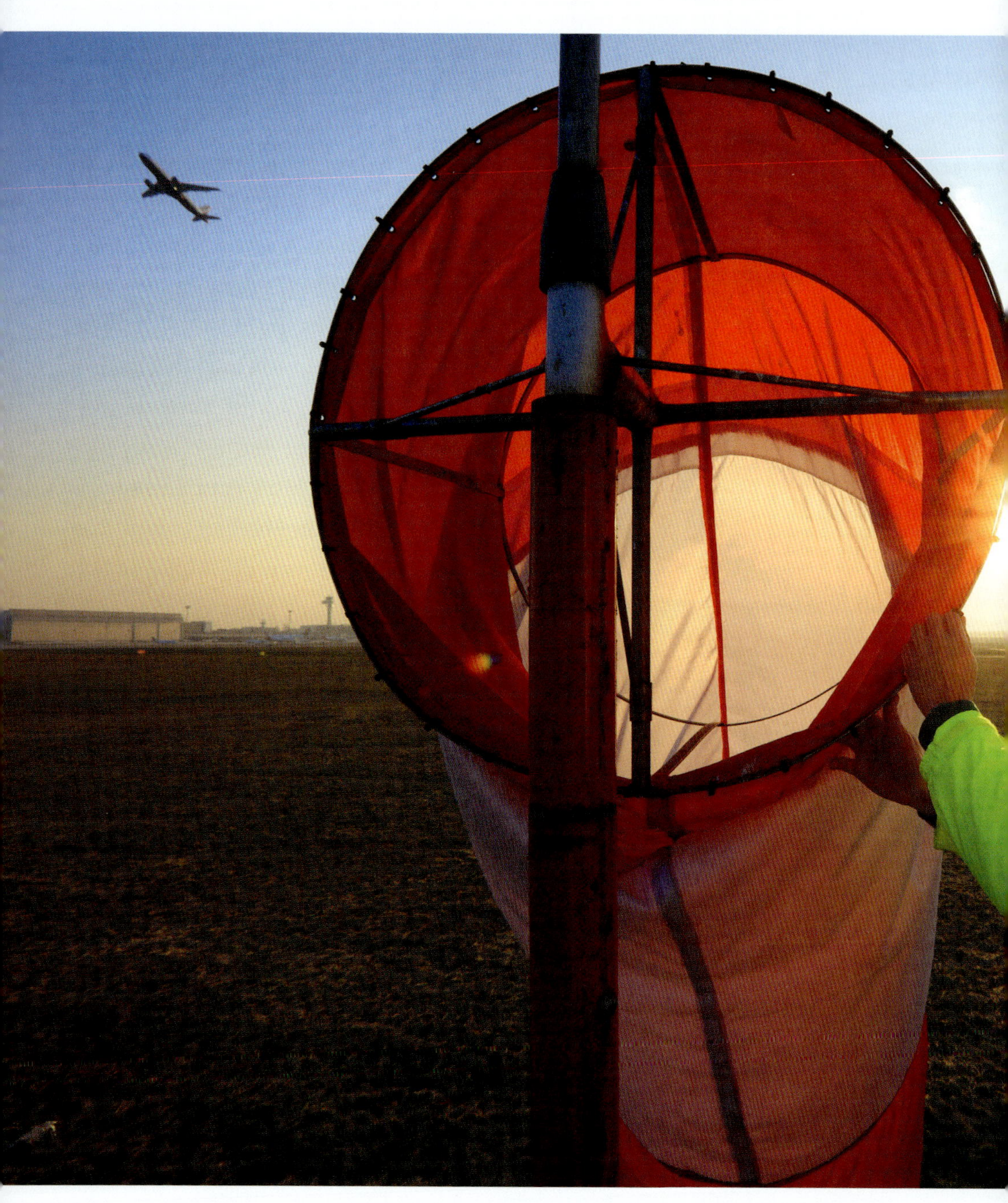

Available Light.

ISO 125 | 1/60 s | f/13 | 17 mm

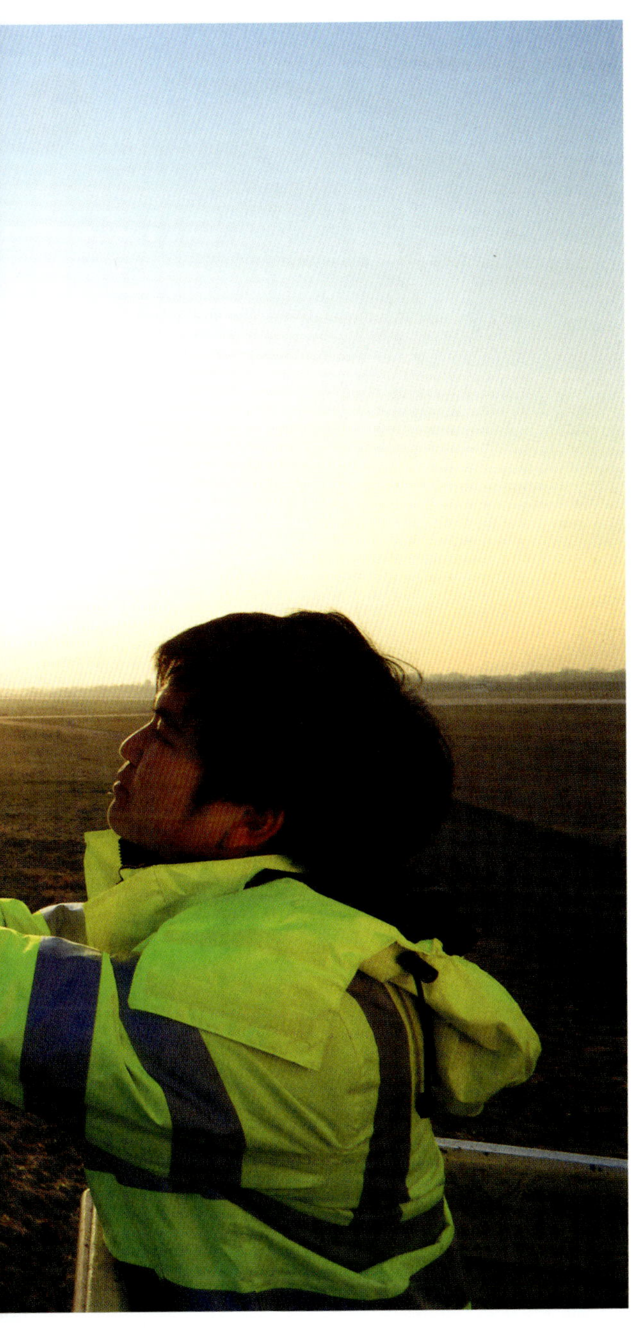

Available Light

Manchmal ist das Leben eines Industriefotografen erfreulich einfach. Die Szene ist toll, das Wetter ist herrlich, die Sonne geht gerade unter, die Farben im Bild sind klar und kraftvoll, und im richtigen Moment startet auch noch ein Flieger. Nicht mal mit künstlichem Licht musste nachgeholfen werden. In diesem Fall habe ich die Szene einfach genommen, wie sie war, das einzige Hilfsmittel war ein kleiner Aufheller von Lastolite, der etwas zusätzliches Licht auf das Gesicht des jungen Mannes reflektiert..

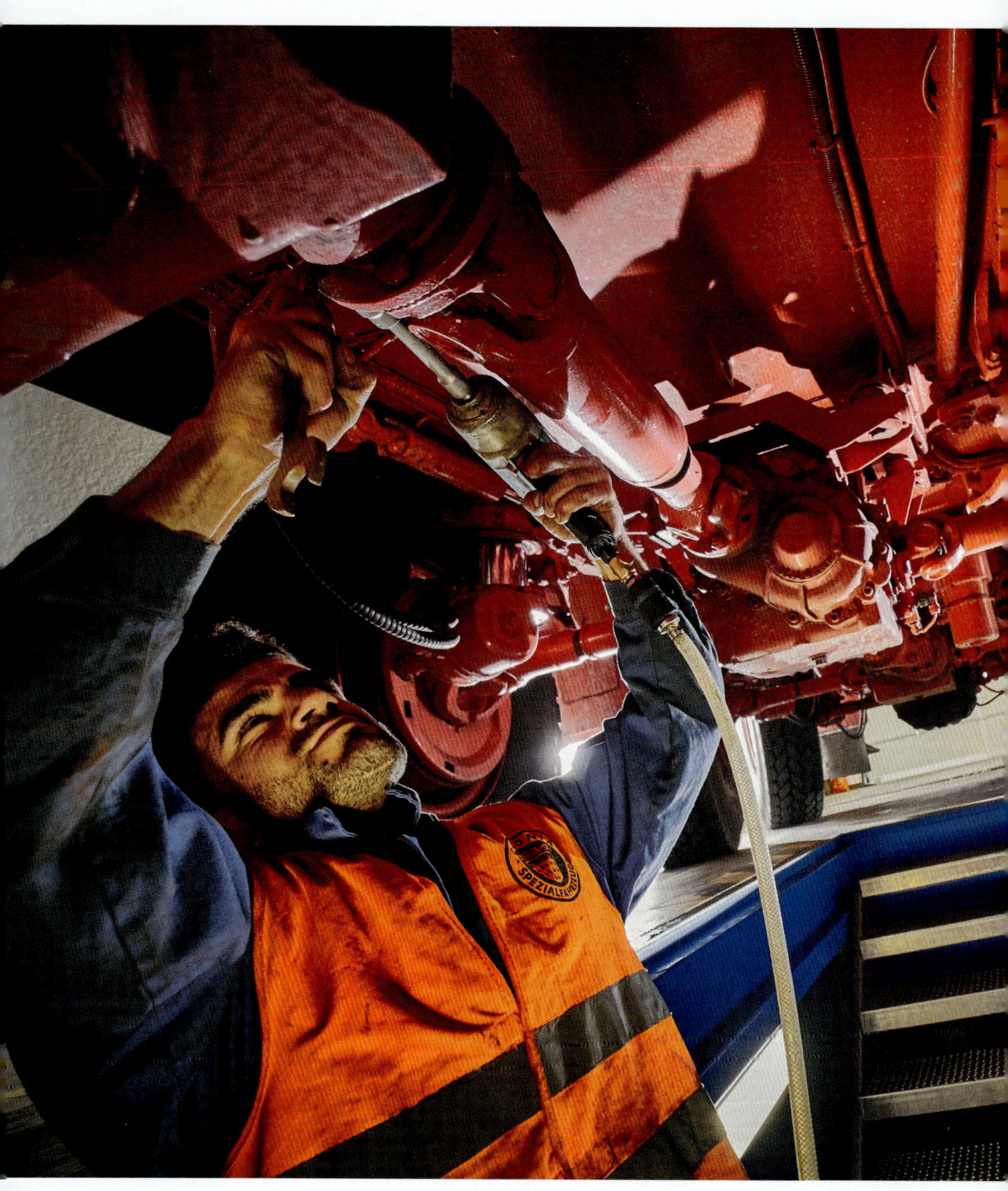

Die Dynamik des Moments. (Location: COLONIA Spezialfahrzeuge Gottfried Schönges GmbH & Co.)

ISO 1600 | 1/125 s | f/4 | 10 mm

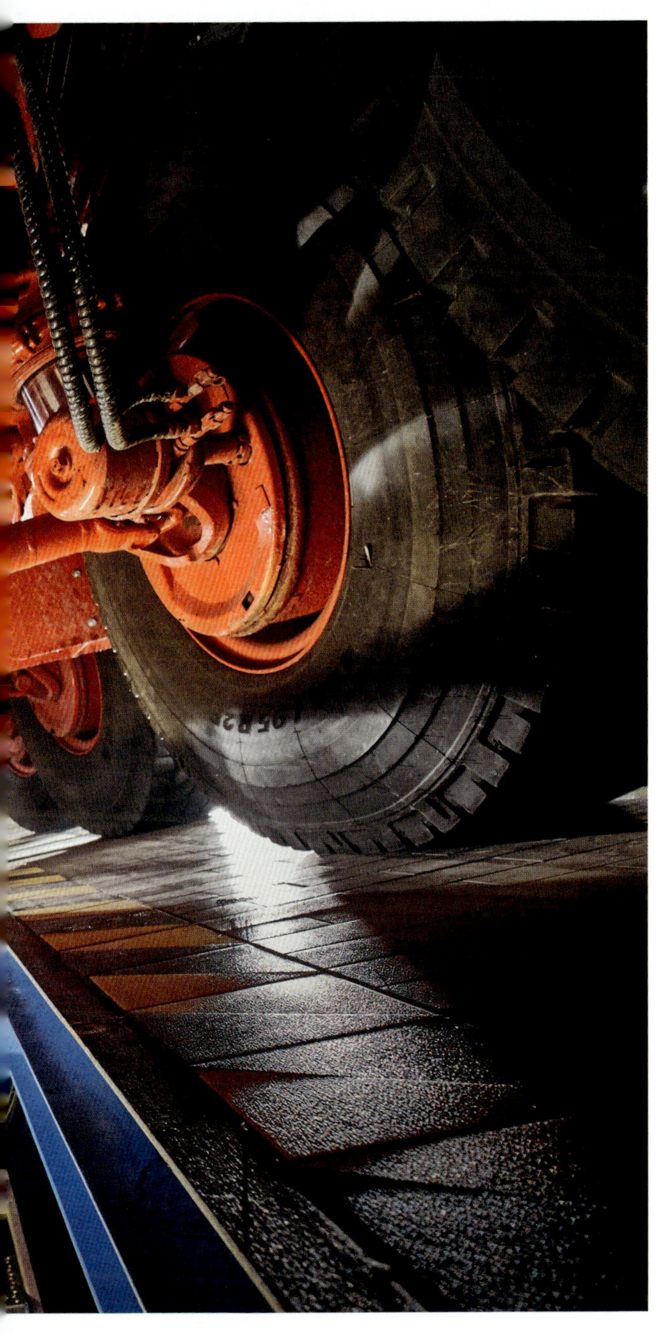

Die Dynamik des Moments

Hier wird gearbeitet! Der Auszubildende in dieser Szene langt richtig zu, man spürt die Anstrengung und die Dynamik des Moments. Hier hatten wir die Chance, das Setting so vorzubereiten, dass das Licht praktisch immer funktionierte. Anschließend haben wir den Protagonisten einfach seine Arbeit machen lassen. Ich verfolgte den Prozess so lange, bis ich das Gefühl hatte, ausreichend viele gute Motive im Kasten zu haben. Natürlich gibt es auch Bilder, auf denen die Anspannung im Gesicht nicht ganz so ausgeprägt war – der Kunde hat dann natürlich die Freiheit, das Bild herauszusuchen, das am besten in seine Kampagne passt.

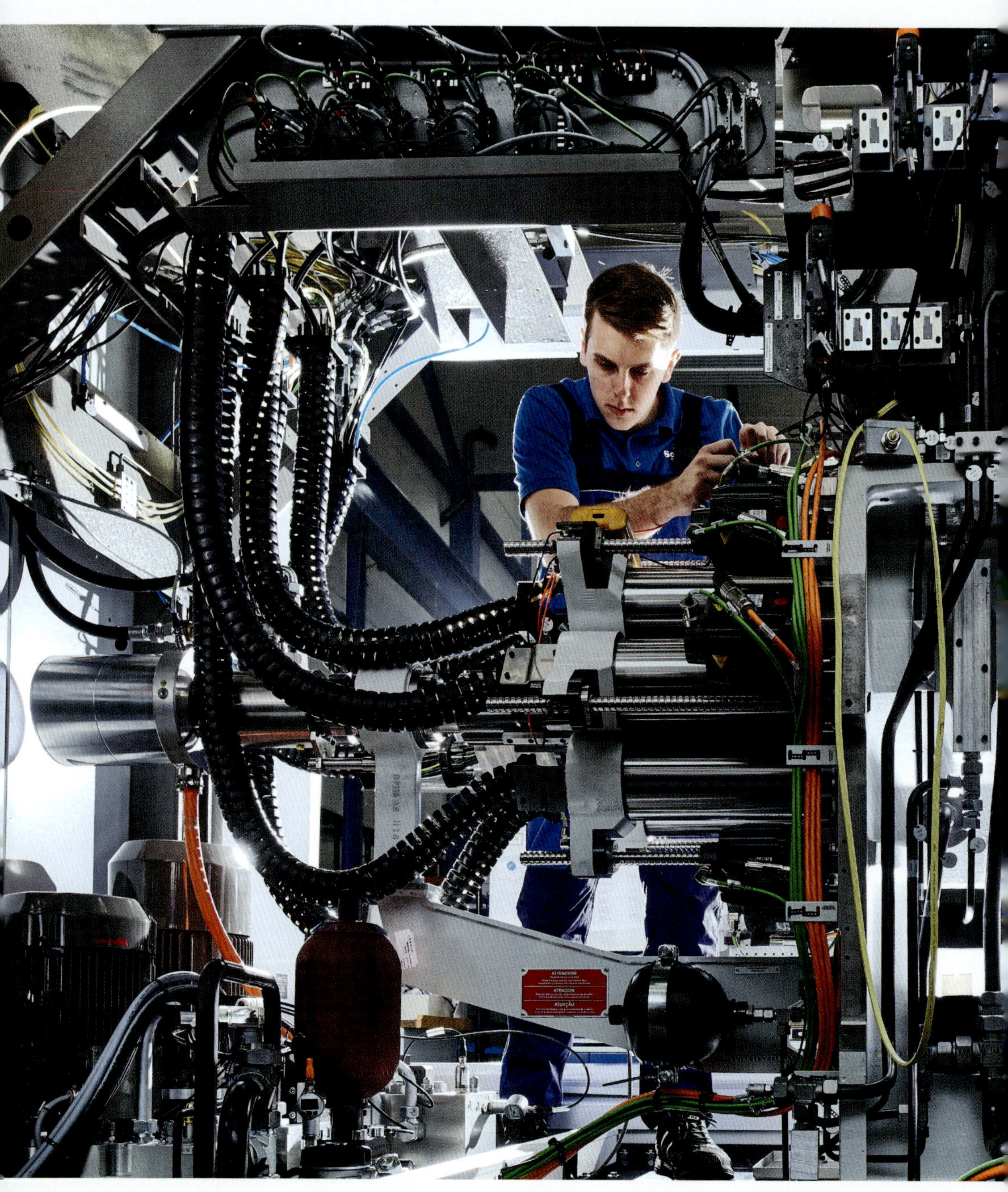

Durch eine Maschine hindurch.

ISO 400 | 1/160 s | f/4.5 | 16 mm

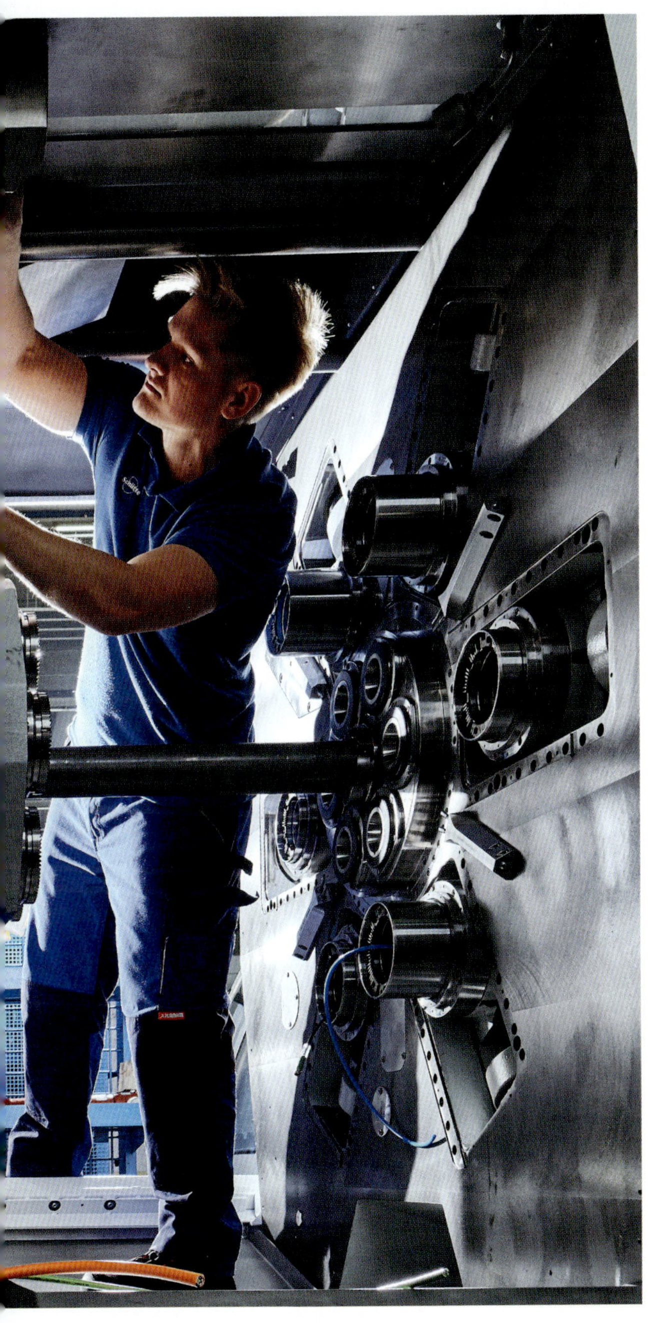

Durch eine Maschine hindurch

Das war natürlich eine Steilvorlage: Diese Maschine war bei unserem Eintreffen vor Ort noch in der Phase des Zusammenbaus und von beiden Seiten unverkleidet. Das ergab die wunderbare Möglichkeit, auf ganzer Fläche Mensch und Anlagenteile vor eine Art Lichtwand zu stellen. Hierzu wurden im Hintergrund zwei kräftige Blitzgeräte seitlich gestellt. Die Kamera habe ich so eingestellt, dass das Grundlicht der Montagehalle in dem Bild praktisch nicht wirksam wird (Unterbelichtung). Von vorne habe ich mit einem ganz weichen Licht leicht aufgehellt. Das Ergebnis überzeugt durch knackige Konturen, klare Farben und schöne Kontraste.

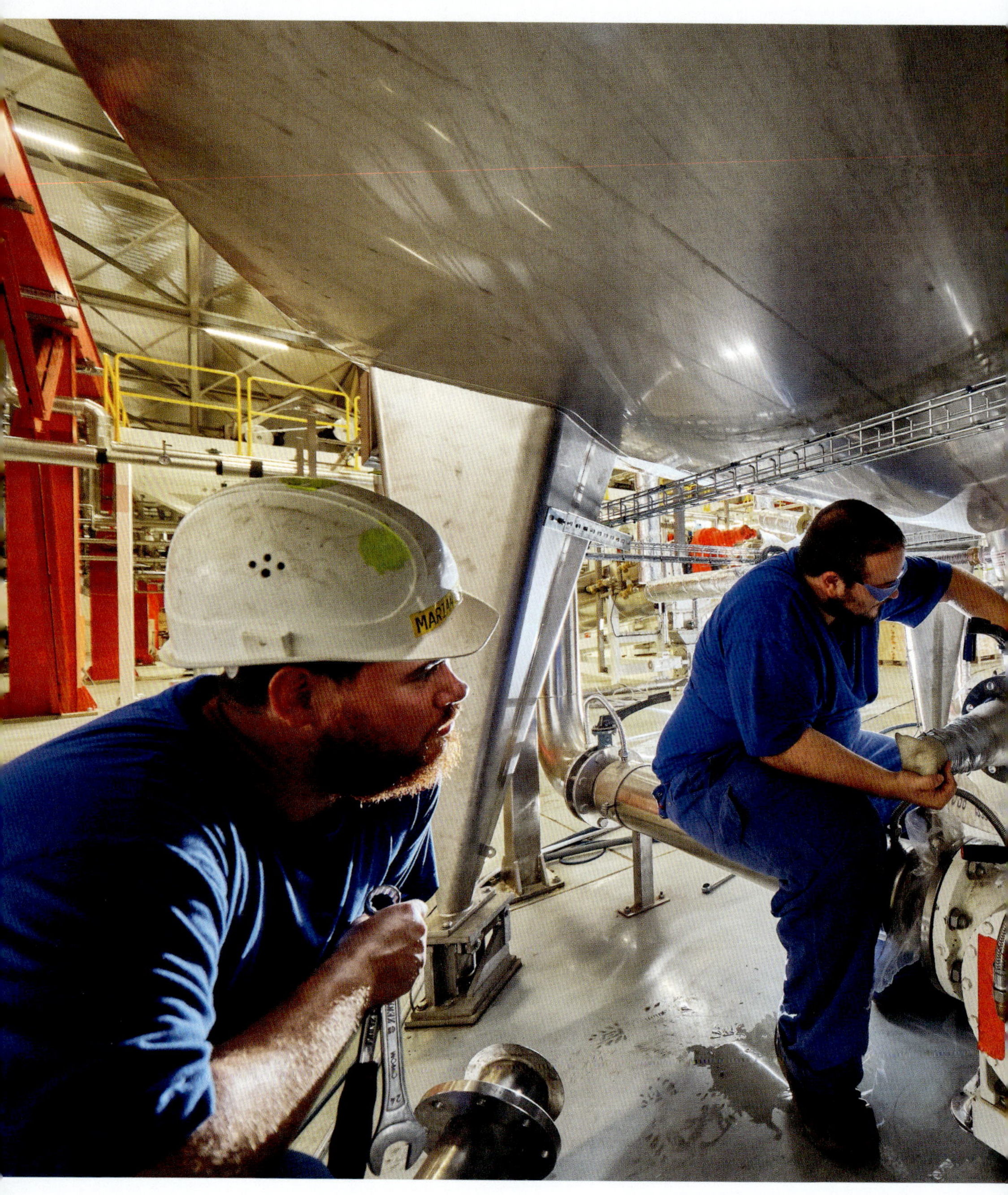

Mit nur einem Blitz.

ISO 1000 | 1/125 s | f/2.8 | 8,3 mm

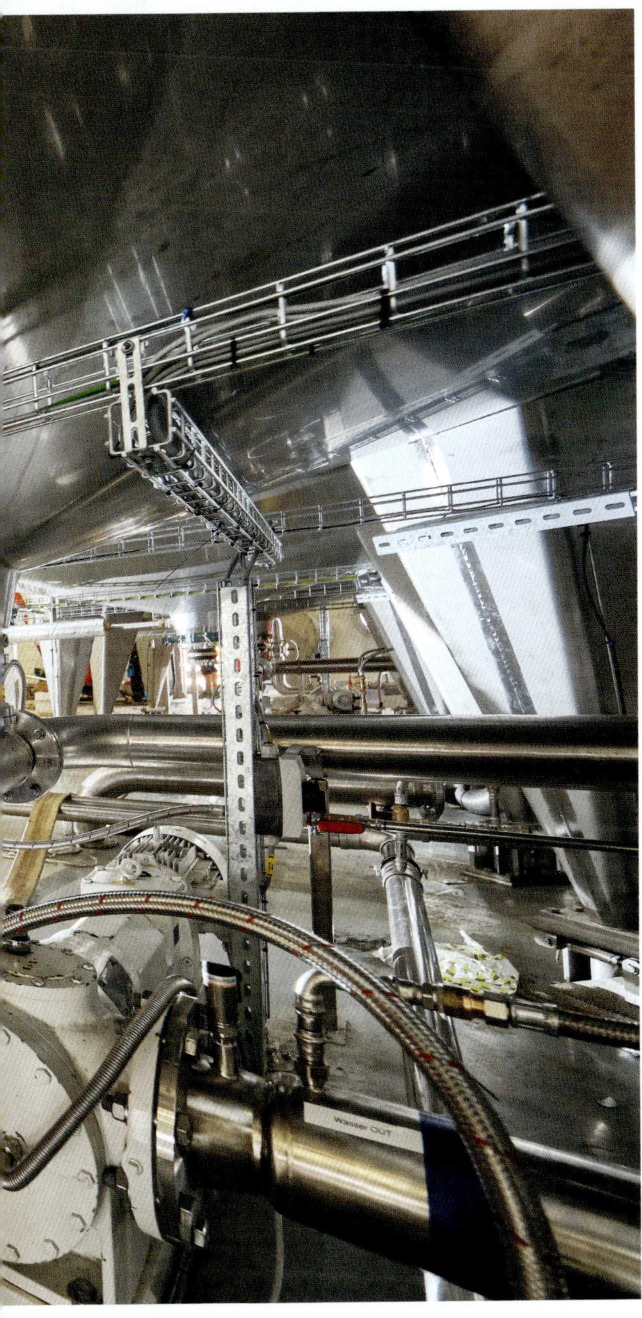

Mit nur einem Blitz

Diese Arbeitsszene sah ich in der weitläufigen Anlage unseres Kunden Fuchs & Hoffmann im Saarland. Ich hatte allerdings gerade an einem anderen Ort ein anderes Setting vorbereitet und dabei fast alle meine Blitzgeräte bereits „verbraucht". Trotzdem wollte ich die Szene gern mitnehmen und positionierte den einzigen mir verbliebenen Handblitz im Hintergrund der Anlage, stellte ihn auf volle Leistung und fand das Ergebnis trotz (oder wegen?) der sparsamen Mittel überzeugend. Ohne diesen Lichtakzent wäre das Foto sicherlich nicht gelungen. Ein einziger Blitz kann die Welt verändern!

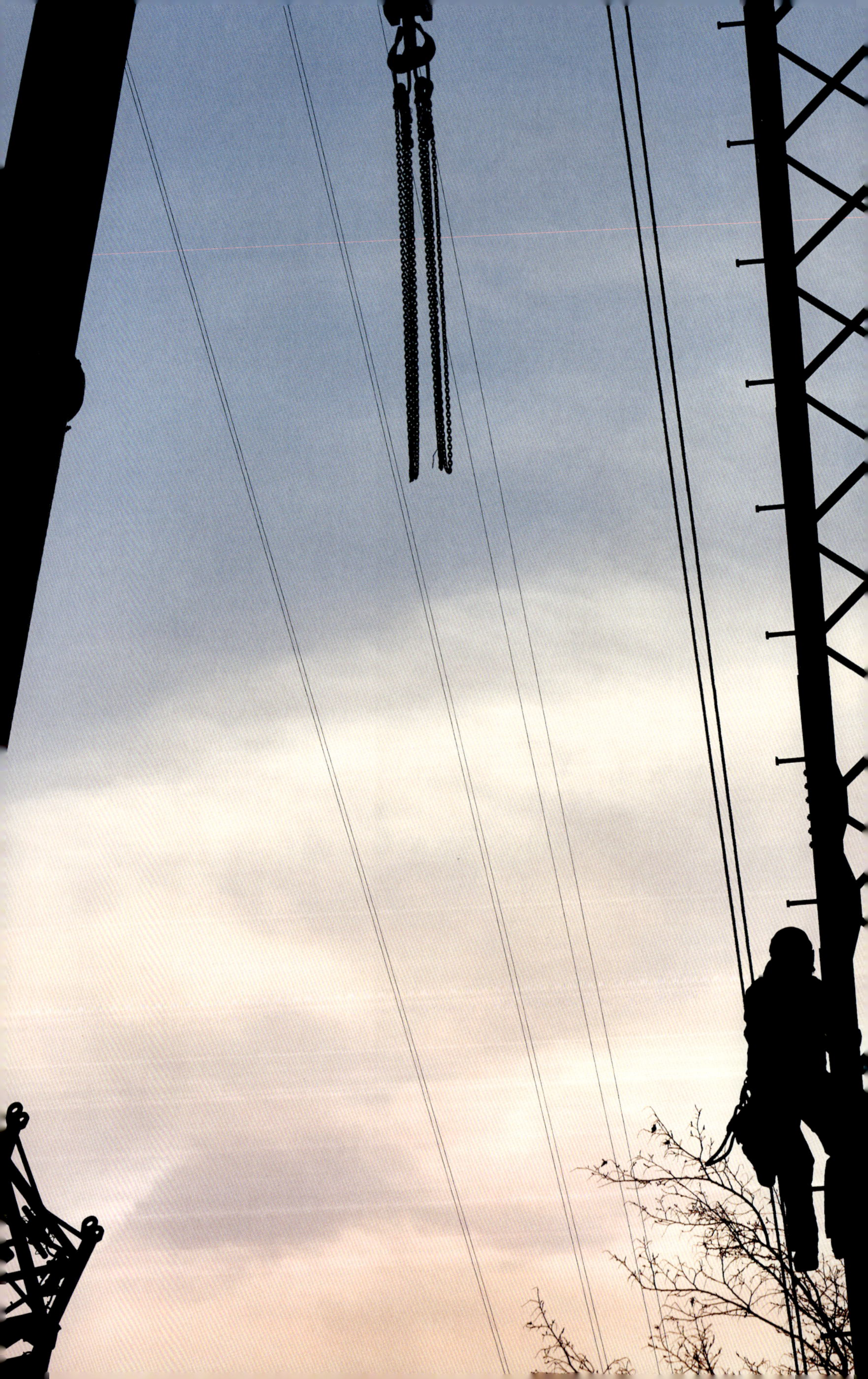

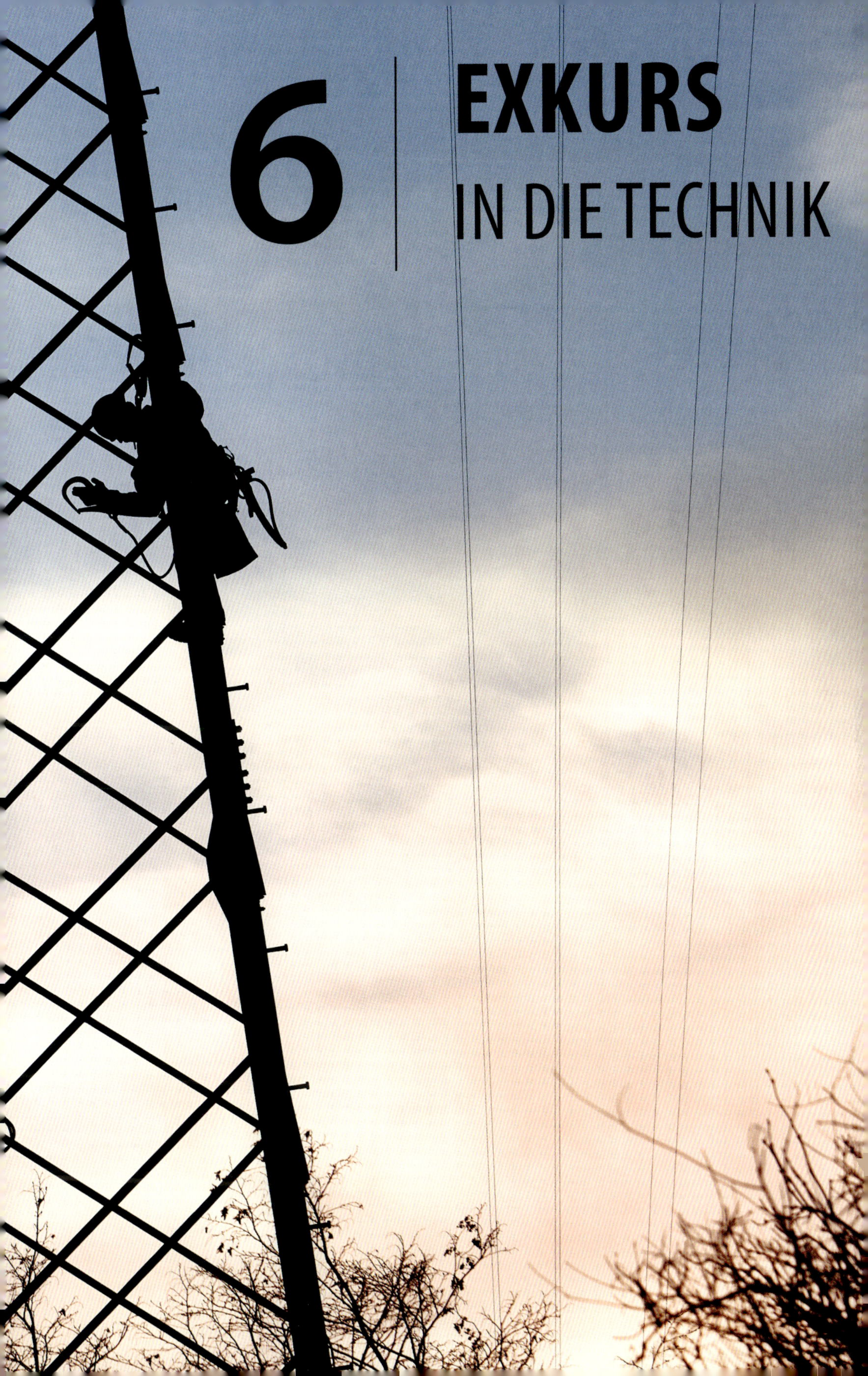

6 EXKURS IN DIE TECHNIK

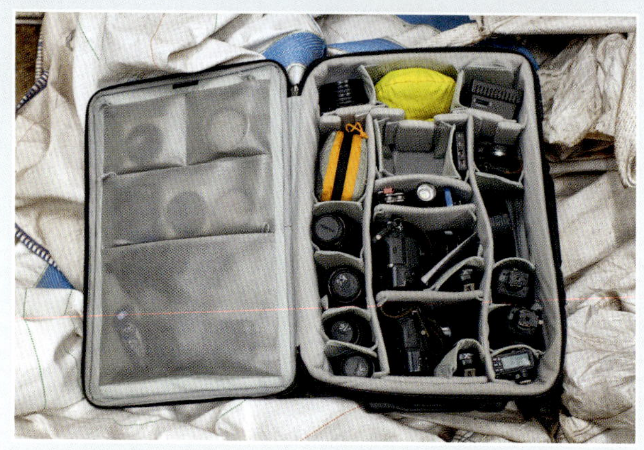

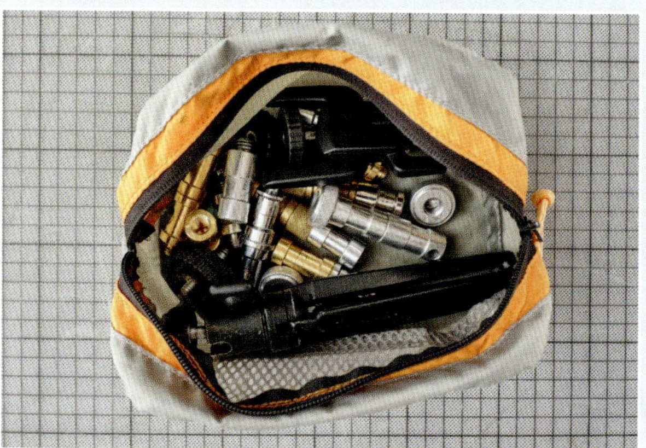

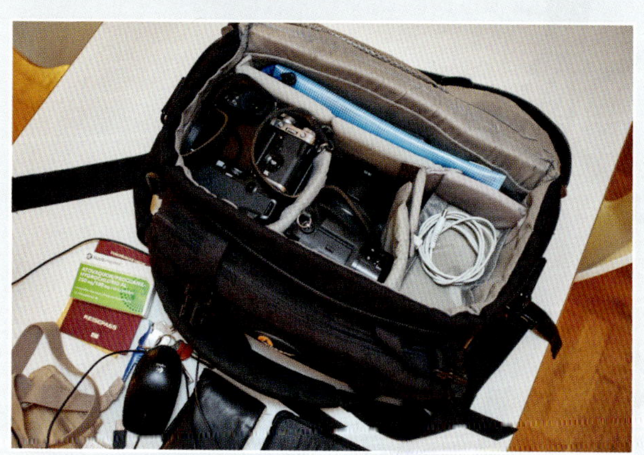

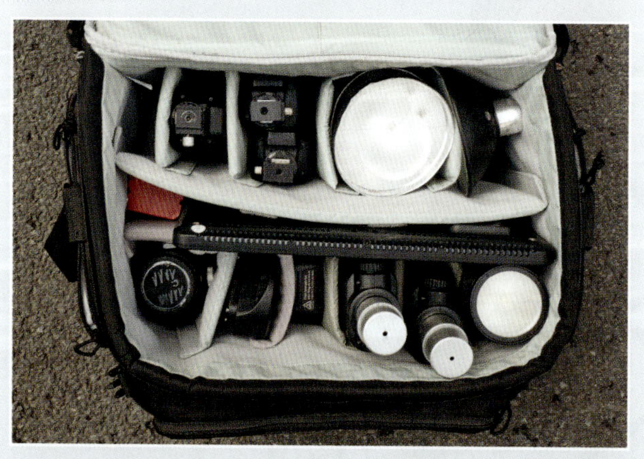

6

Exkurs in die Technik

Equipment

Auch wenn es völlig zu Recht heißt, Technik sei in der Fotografie nicht das Entscheidende und spiele eher die zweite Geige, ist sie trotzdem wichtig, und ich gebe gern zu, dass ich mich auf das Schreiben dieses Kapitels besonders gefreut habe. In meinem Regal steht ein Werk des Altmeisters der amerikanischen Corporate Photography der 90er-Jahre des vergangenen Jahrhunderts, Gary Gladstone. Sein Buch „Corporate & Location Photography" und speziell sein Kapitel über das Equipment hat mich in meiner Anfangszeit als Fotograf nachhaltig beeindruckt und mich sehr für diese Art von Fotografie begeistert.

Als ich sein Buch damals durchgestöberte, war ich auf der Suche nach einer Vision: wie ich mein Leben gestalten will und in welche Richtung ich meine professionelle Fotografie entwickeln möchte. Das Buch war daher so etwas wie ein Erweckungserlebnis für mich. Schlagartig wurde mir bewusst, dass ich hier eine ganz wichtige Inspiration gefunden hatte.

Unsere Form der Industriefotografie findet nicht im Studio, sondern vor Ort statt – in Werkstätten, Produktionsanlagen, Labors, Büros, in Logistikzentren oder auf Baustellen. Orte, an denen unsere Kunden wirken und arbeiten, ihre Technologie einsetzen oder entwickeln und zur Anwendung bringen. Wir fotografieren an echten Orten mit all den Vor- und Nachteilen, die das haben kann. Das bedeutet auch, dass die Fotoausrüstung zum Kunden geschafft werden muss. Nur was man vor Ort dabeihat, kann auch genutzt werden. Was fehlt oder was kaputtgeht, ist zumindest für den aktuellen Termin einfach nicht verfügbar. Man muss immer mit dem auskommen, was man dabeihat!

Jeder Fotograf löst dieses Thema anders, nutzt andere Taschen, Technologien und Tools. Das Thema ist daher zu erheblichen Teilen nicht nur ein technisches, sondern es führt weit in die fotografische Auffassung des

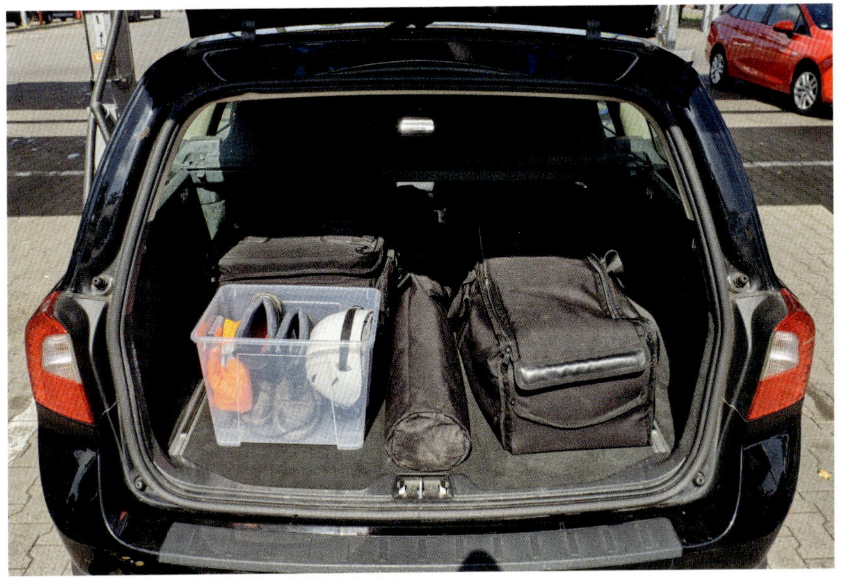

Gut verstaut: Für den Transport meines Equipments brauche ich den Kofferraum eines großen Kombis. Dort finden Stative, Lichttaschen und Sicherheitsausrüstung ihren Platz. Der Kamerakoffer muss meistens in den Fond. Zum Glück ist noch Luft nach oben, denn wenn wir zu zweit unterwegs sind, kommen weitere Koffer und Zubehörteile dazu.

Fotografen hinein, beinhaltet Bereiche wie Logistik und Verpackungskunst und tangiert auch Themen wie den fotografischen Stil, Ausfallsicherheit und vorausschauende Planung.

Wer unterwegs ist, verfügt nur über begrenzten Platz. Die Technik muss sinnvoll sein, in einem Fahrzeug Platz finden (in meinem Fall einem großen Kombi) und vor Ort auch praxisgerecht bewegt werden können – bei Standortwechseln beim Kunden ebenso wie bei Hotelübernachtungen, schnellen Zwischenstopps oder was auch immer sonst auf dem Programm steht.

Bücherquellen

Gary Gladstone war nicht der Einzige, der mich für die Corporate-Fotografie begeisterte. Gert Wagners Buch „Beruf Fotograf" gehörte auch dazu und die Bücher von Joe McNally desgleichen. Es ist überhaupt spannend, wenn Fotografen über sich und ihre Arbeit schreiben. Eine kommentierte Zusammenstellung lesenswerter Bücher habe ich hier zusammengestellt und erweitere sie kontinuierlich: *https://beruf-fotograf.de/category/bibliothek/.*

Das Equipment sollte also leicht, flexibel, vielseitig nutzbar und immer auch ein Stück skalierbar sein – um Anforderungen abzudecken, die vollkommen unvorhersehbar waren oder erst vor Ort als Herausforderung entstehen.

Mein Road-Kit

Auswahl und Zusammenstellung meines Equipments haben sich im Laufe der Zeit immer wieder geändert. Inzwischen schaue ich auf Dutzende Lösungen zurück, die mir zu ihrem jeweiligen Zeitpunkt ideal erschienen. Das Equipment reflektiert ja auch die fotografische Auffassung und den Stil eines Fotografen und verändert sich mit ihm. Die Vorstellung meiner aktuellen Lösung ist also sehr persönlich und höchst individuell – und wird sich wahrscheinlich in wenigen Monaten auch schon wieder verändert haben.

Dennoch glaube ich, dass sich für andere Fotografierende daraus nützliche Gedanken und Strategien ableiten lassen, wie auch immer ihre Form der On-Location-Fotografie aussieht.

So sieht mein Standardset aus: ein großer Rollkoffer mit Kamera- und Fotoequipment nebst Zubehör, eine mit dem Rollkoffer kombinierbare große Fototasche für das mittlere Licht und eine Stativtasche (oder Stative lose getragen). Mit dieser Konstellation kann man bereits viel erreichen, und sie kann auch von einem Fotografen durch die Anlagen bewegt werden.

Hinzu gesellt sich gegebenenfalls eine kleine Fototasche, in der unsere Flugdrohne sowie diverse Ladegeräte aufbewahrt werden, außerdem bei Bedarf ein Kamerastativ, Aufheller (Sunbouncer Mini-Traveller, 60 × 90 cm, und Lastolite TriGrip) oder anderes Zubehör. Werden alle diese Dinge gebraucht, ist es erforderlich, dass ein Assistent mit dabei ist. Allein ließe sich das Material sonst nur etappenweise bewegen.

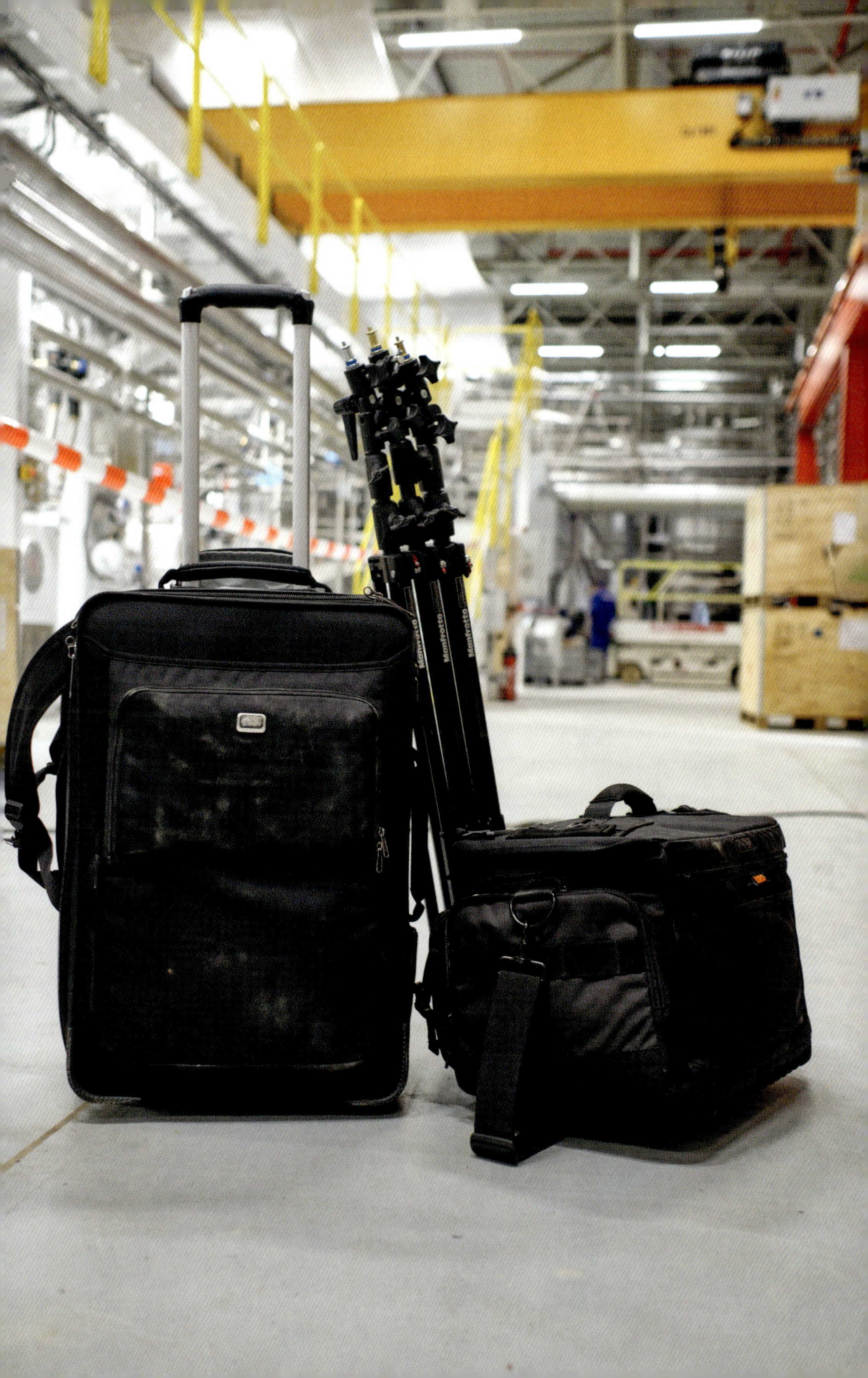
Manfrotto
Manfrotto
Manfrotto

Das Herzstück meines Equipments ist ein großer Fotokoffer von Lowepro (Pro Roller X 300). Ich habe dieses Modell aufgrund seiner Größe und seiner ausgezeichneten Verarbeitungsqualität gewählt. Und auch, weil sich der Hersteller in Reparatur- und Garantiefragen ausgesprochen kulant gezeigt hat.

Der Roller kann auch in einen Rucksack verwandelt werden, indem der Geräteeinsatz aus seiner Reißverschlusshalterung gelöst und herausgenommen wird. Dann kann man ihn mithilfe von zwei Tragegurten auf dem Rücken transportieren und das Case mit den Rollen zurücklassen. Diese Funktion nutze ich nach jeder Produktion, wenn ich mein Kernequipment die vier Stockwerke hoch zu unserer Wohnung transportiere. Ohne Aufzug, versteht sich!

Aber auch vor Ort kann das nützlich sein, in fahrstuhllosen Gebäuden ebenso wie auf Industrieanlagen oder sonstigen nur über Treppen oder Leitern zugänglichen Locations. Der Pro Roller X300 kann eine Menge wegstecken und verfügt über so viel Stauraum, dass er einen wichtigen Anspruch von mir erfüllt: Alles, was da drin ist, reicht im Prinzip aus, um eine vollständige Fotoproduktion umzusetzen. Das Einzige, was ich für einen Minimaljob noch zusätzlich in die Hand nehmen müsste, wären ein oder zwei Stative.

Kameratechnik:

- 2 Kamerabodys mit Batteriegriff (Fujifilm X-T2 und X-T3)
- 1 Kamerabody Fujifilm X-Pro2 im Rangefinder-Design
- für spezielle Fälle oder für unauffälliges Fotografieren: eine kleine Reportagekamera mit fest verbautem 35-mm-Objektiv (KB-Äquivalent) (Fujifilm X100F)
- 3 lichtstarke Zooms (Fujinon 8-16 mm F2.8, 16-55 mm F2.8 und 50-140 mm F2.8, zusätzlich 1,4-fachen Telekonverter Fujifilm XF1.4 X TC WR)
- 4 lichtstarke Festbrennweiten (Fujinon 16 mm F1.4, 23 mm F1.4, 35 mm F1.4 und 56 mm F1.2)

Lichttechnik:

- 2 Handblitze von Godox (TTL- und HSS-fähig)
- 3 Funksender unterschiedlicher Bauformen von Godox
- 1 Zweibrüder-LED-Taschenlampe (Led Lenser X21)
- 1 kleines LED-Licht, akkubetrieben
- 1 Mini-LED-Effektlicht von Manfrotto
- 1 faltbares Beauty-Dish (roundflash) mit 45 cm Durchmesser
- 2 Mini-Softboxen und 1 einfacher Diffusor für die Handblitze

Zubehör:

- 1 Kunststoffsäckchen mit Ministativ, Stativschellen, Spigoten, Gewindeadapter und ähnliches Zubehör
- 1 Kunststoffsäckchen mit Ersatzakkus für Blitzgeräte und Kameras
- 1 Multitool von Victorinox
- 1 Hochformatwinkel für Kameras
- 1 Powerbank und Ladekabel zum Nachladen von Mobiltelefonen
- 1 Rolle TESA-Panzerband (grau)

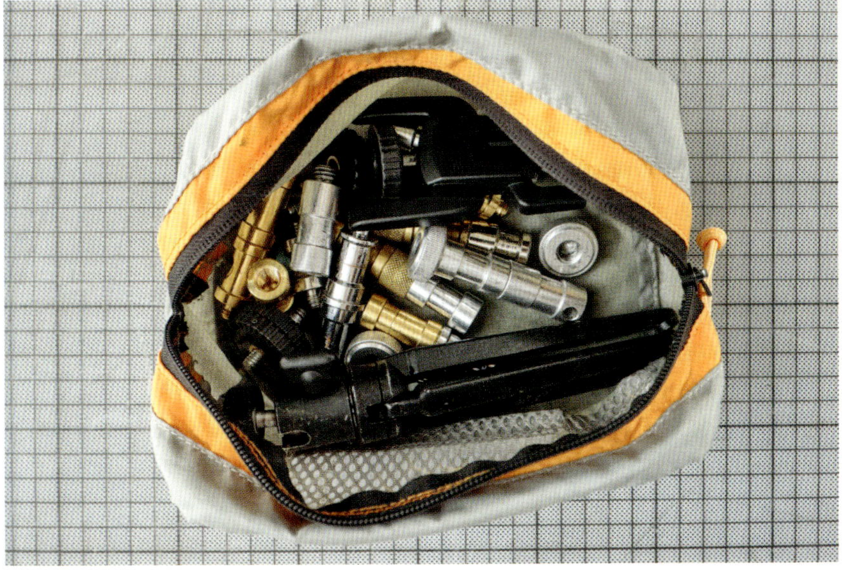

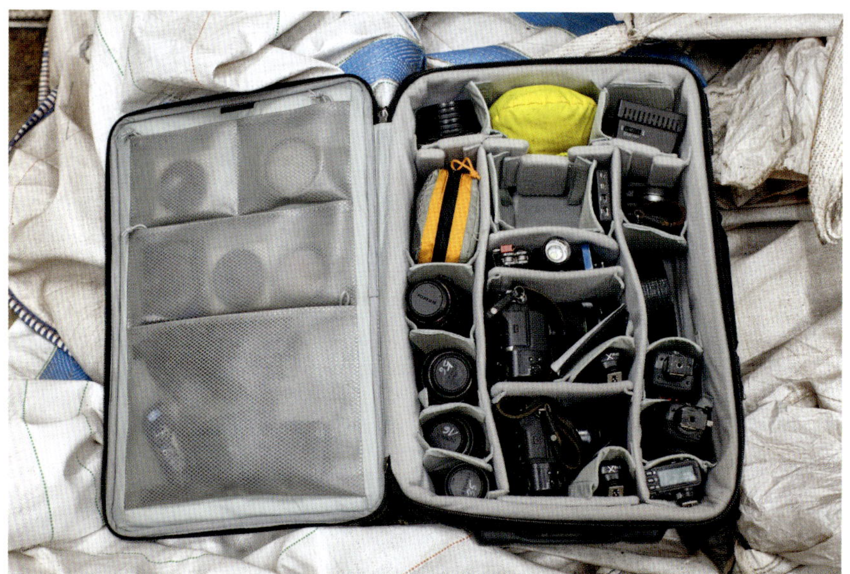

Alles in allem wiegt der Kamerakoffer etwas über 20 Kilogramm und ist damit wahrlich kein Leichtgewicht mehr. Dank stabiler Rollen und der Option, zumindest die innere Tasche als Rucksack auf den Rücken nehmen zu können, ist das Material aber fast überallhin transportierbar. Die solide Ausführung des Koffers schützt seinen empfindlichen Inhalt zuverlässig.

Im Deckel des Kamerakoffers findet sich weiteres Zubehör:

- 1 Mappe mit zahlreichen Farb- und Konvertierfolien für Blitzgeräte und Taschenlampen
- 1 Nahlinse für makroähnliche Detailaufnahmen
- diverse Pol-, Grau- und Opferfilter (einfache Glasfilter, die die Objektive bei speziellen Motiven vor Funkenflug oder Schmutz schützen)
- 1 kleiner Speicherkartentresor für Ersatzkarten
- 1 Schutzbrille
- 1 Gehörschutz
- 1 Paar Fahrradhandschuhe (im Winter)
- 1 Mikrofaser-Reinigungstuch
- Erste-Hilfe-Täschchen mit Pflaster, Wundspray, Schmerztabletten und Sonnenmilch
- Universalpuder für besonders glänzende Zeitgenossen

- Kugelschreiber und Mini-Notizbuch
- 1 Behälter mit Visitenkarten
- 1 iPad in Schutzhülle zum Betrachten der Fotos auf einem größeren Bildschirm

Mein Flight-Kit

Ist der Produktionsort nur mit dem Flugzeug zu erreichen, ändert sich die Lage, und es gilt, abzuspecken. Kameras und Objektive gehören nicht in den Gepäckraum des Fliegers, daher müssen die essenziellen Gerätschaften im Handgepäck mitgeführt werden. Welches Gewicht im Handgepäck erlaubt ist, ist leider sehr unterschiedlich. Sowohl die Maße des mitgeführten Koffers als auch das zulässige Gewicht schwanken erheblich und sind abhängig von der Fluggesellschaft, von der Art des Flugs (Inlands- oder Auslandsflug) und auch vom Ticket. Die Fluggesellschaften rufen hier Vorgaben zwischen 5 und über 20 Kilogramm auf. Es empfiehlt sich also, sich sehr genau zu informieren und seine Packstrategie entsprechend auszurichten. Reduktion ist aber in jedem Fall angesagt.

Für eine Fotoproduktion an der Elfenbeinküste habe ich mich beispielsweise für folgendes Flight-Kit entschieden:

- 2 Kameras aus der Fujifilm-XT-Serie, jeweils mit Handgriff, beide Kameras jeweils mit 3 Akkus bestückt
- 4 Ersatzakkus für alle Fälle
- jeweils ein 2.8er-Zoom mit 8-16 mm und 16-24 mm Brennweite
- 3 Fujinon-Festbrennweiten (56 mm F1.2 für Porträts, eine handliche Normaloptik, 35 mm F1.4, sowie ein Weitwinkel, 16 mm F1.4, für den Fall, dass eines der Zooms ausfällt, oder für besonders kritische Lichtsituationen)
- 2 Godox-Handblitzgeräte und zwei dazugehörige Funksender
- 4 Ersatzspeicherkarten (oder mehr, je nach Dauer des Aufenthalts)
- Ersatzakkus für Handblitzgeräte
- kleine Auswahl an Farbfolien und Farbkonvertierungsfolien

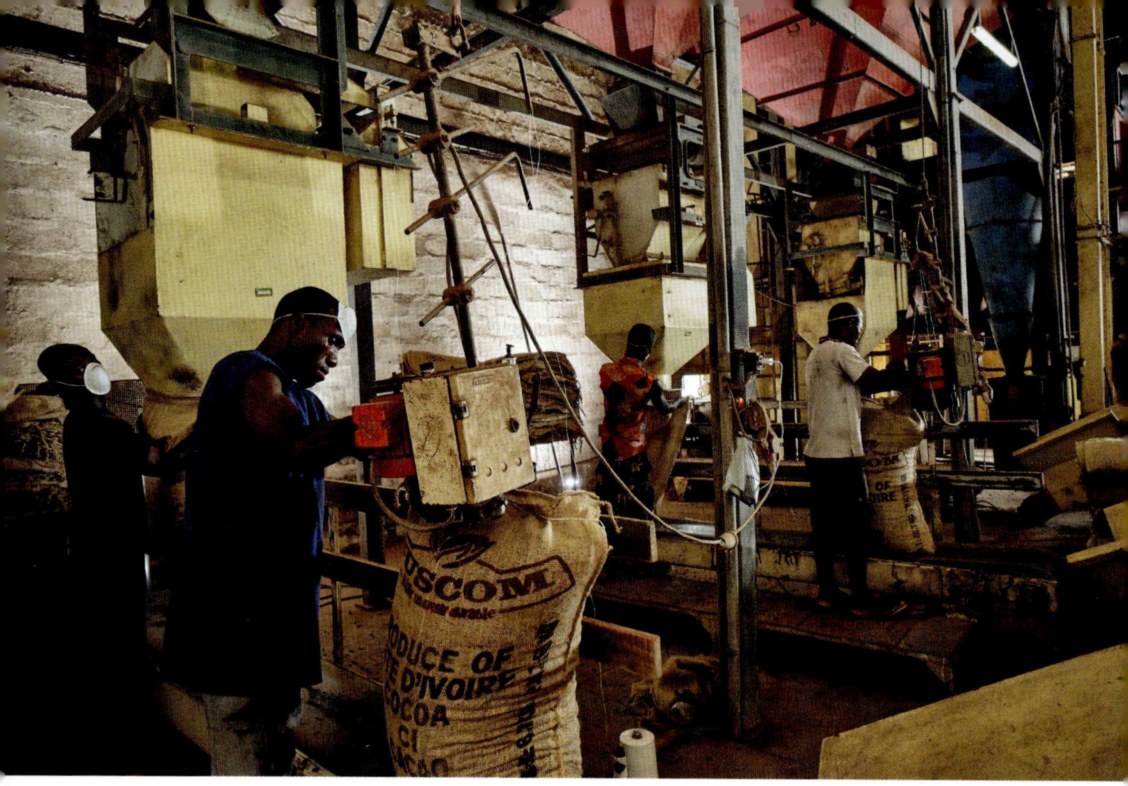

Auch mit kleinem Gepäck und wenig Licht kann man mit der heutigen Technik viel erreichen. Dieses Foto entstand an der Elfenbeinküste bei einem Handelspartner unseres Kunden Fuchs & Hoffmann. Zum Einsatz kamen drei Handblitze und ein Godox AD 200.

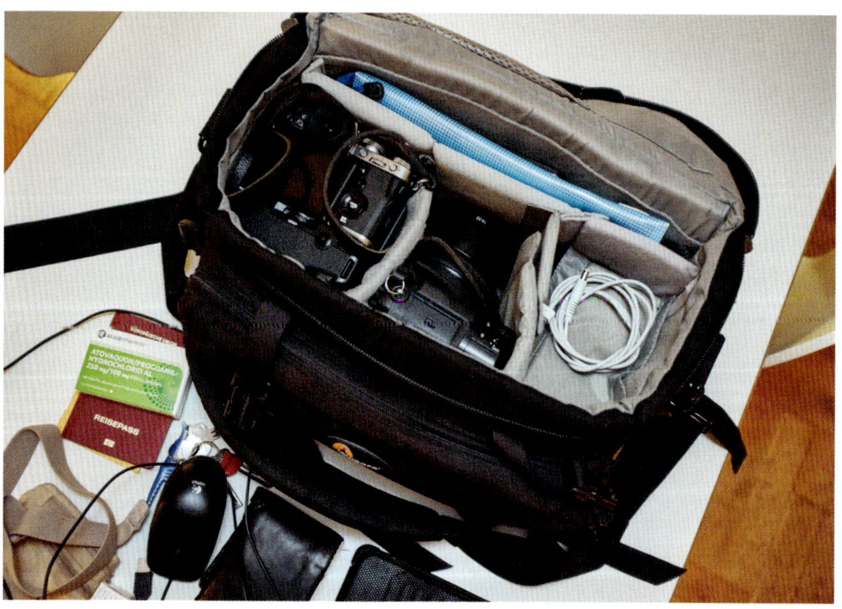

- iPad
- MacBook Pro und Maus
- Sicherungsfestplatte

Im regulären Reisegepäck transportierte ich dann im Bauch des Fliegers noch zusätzliches Fotoequipment:

- 2 bis 3 handliche Stative
- 2 200-Ws-Godox-Blitzgeräte (AD200)

Der Hintergrund dazu: Die Blitzgeräte werden natürlich gut eingepackt, sie sind aber bei Stößen und mechanischen Belastungen relativ unempfindlich, daher können sie ohne Weiteres ins reguläre Gepäck. Das gilt umso mehr natürlich für die Stative. Und sollte doch einmal ein Blitzgerät durch ruppiges Behandeln des Bodenpersonals seinen Geist aufgeben, ist es nicht ganz so schlimm – mit den Handblitzen und dem verbleibenden großen Blitz kann man ja auch schon eine Menge machen. Das Material wird zusammen mit Wäsche, Klamotten und was man sonst so braucht in einem Rollkoffer transportiert, der eigentlich für den Tauchsport entwickelt wurde. Ich habe dieses voluminöse und nahezu unzerstörbare Teil vor vielen Jahren erworben und nutze es seitdem zu meiner vollsten Zufriedenheit.

Die Lichttasche

Doch zurück zu den üblichen Produktionen, bei denen wir mit dem Auto anreisen. Ergänzend zum Kamerakoffer spielt das „mittlere" Licht eine wichtige Rolle. Hierfür habe ich ebenfalls eine Lowepro-Tasche im Bestand, die genügend Platz für alles bietet.

- 3 sehr handliche akkubetriebene Blitzgeräte mit 200 Ws (Godox AD200)
- 2 Wechselköpfe für die Blitzgeräte, zum Teil mit Vorsätzen
- 2 Standardreflektoren und 1 Weitwinkelreflektor
- 3 weitere Handblitzgeräte (manuell) von Yongnuo, inklusive Sender und Fernsteuerung

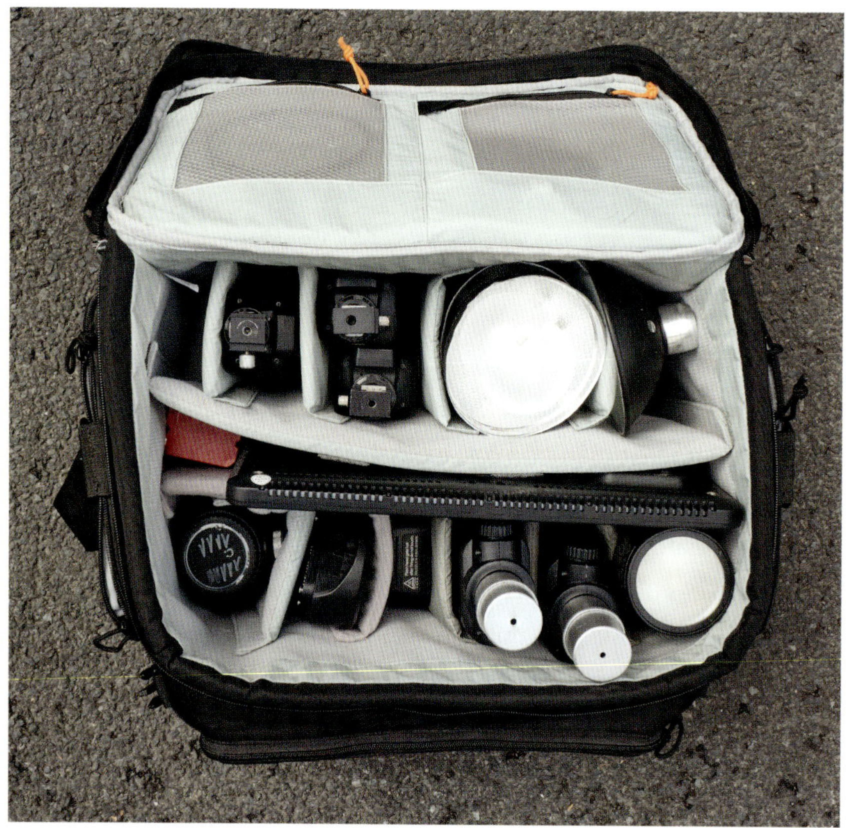

Die Fototasche ist ein bisschen auf Zukunft ausgelegt und bietet Platz für neue Ideen und weitere Tools. Sie verfügt auf der Rückseite über eine sehr praktische Lasche, mit deren Hilfe man sie über den ausziehbaren Griff des Fotokoffers ziehen und so sehr schnell befestigen kann. Auf diese Weise lassen sich zwei Taschen mit einer Hand ziehen und bewegen.

- 1 Godox-LED-Lichtpanel
- Akkus für das LED-Licht
- 2 Manfrotto-Superclamps
- 3 Gewindestahlstangen für Basteleien on location
- Diffusoren für die Blitzgeräte
- 1 Mini-Softbox für den Godox-Bajonettanschluss

Drohne und Ladegeräte

Unsere Mavic 2 Pro ist unsere jüngste Errungenschaft. Das fliegende Auge bietet in manchen Situationen Perspektiven und Möglichkeiten, die mit herkömmlicher Fotografie nicht zu realisieren sind. Also musste für die Einsätze, bei der die Drohne sinnvoll erscheint, auch eine neue Transporttasche her. Dafür genutzt habe ich eine bereits verfügbare alte Kameratasche, die ich als Aufbewahrungsort für diverse Ladegeräte eingesetzt hatte. Diese Tasche hat somit eine Zwitterfunktion: Wenn wir mehrere Tage unterwegs sind, müssen natürlich Akkus nachgeladen werden. Dafür diente die Tasche bisher. Sie bietet aber auch noch genügend Platz für weiteres Zubehör, also wanderte die Drohne dort mit hinein.

- Drohne Mavic 2 Pro
- Steuerkonsole für die Mavic

Bei mehrtägigen überregionalen Einsätzen werden abends im Hotelzimmer möglichst alle Akkus wieder bis zum Anschlag geladen. Die Steckerleiste im Inneren der Tasche (siehe Foto oben) bietet bis zu zehn Anschlussmöglichkeiten für Ladegeräte diverser Art. Meistens nutze ich vier bis sechs Ladegeräte gleichzeitig – so viele Steckdosen haben Hotelzimmer in der Regel nicht. Kein Problem mit meiner Ladestation, die braucht ja nur eine!

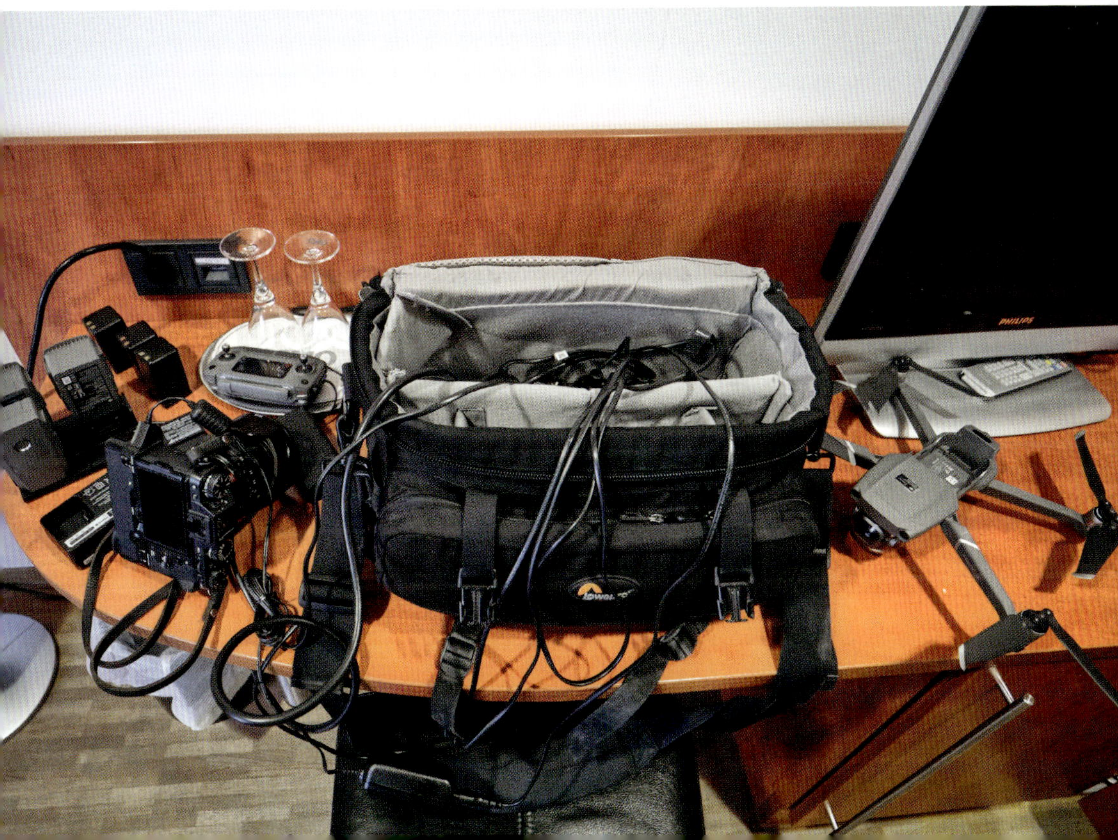

- Kabel zum Anschluss verschiedener Mobiltelefone an die Steuerkonsole
- 2 zusätzliche Akkus zur Verlängerung der Flugzeit
- Ersatzpropeller
- Ladegeräte für die Drohne
- Ladegeräte für AA-Akkus sowie für sämtliche Godox-Akkutypen
- Ladegeräte für Fujifilm-Akkus

Laptop und Zubehör

Sind wir mehr als einen Tag unterwegs, nehme ich auch immer einen Laptop und diverse Verbindungskabel mit, damit ich abends im Hotel schon mal an den Bildern des Tages arbeiten kann. Hierfür dient eine herkömmliche „Aktentasche“:

- Apple MacBook Pro
- externe SSD zur zusätzlichen Datensicherung
- diverse USB-Verbindungskabel
- Powerbank für USB III und USB-C (um gegebenenfalls die Laufzeit des Laptops zu verlängern)
- Lesegerät für Speicherkarten
- mobile Bluetooth-Maus

Die Stativtasche

Meine Stative liegen immer im Auto bereit. Hierfür nutze ich eine große Equipmenttasche mit Rollen aus dem Musikerbereich, die massenhaft Material aufnimmt und sich bei großen Produktionen auch bewegen lässt. Meistens lasse ich aber die Tasche im Auto und nehme nur das mit, was ich für den jeweiligen Job auch wirklich brauche; gegebenenfalls packe ich in eine kleinere Tasche um, um die Sachen besser transportieren zu können.

Packliste:

- 3 kleine Manfrotto-Lichtstative (Modell Mini Compact AC). An diesen Stativen schätze ich sehr, dass sie sich „flach" zusammenlegen und sogar miteinander verbinden lassen. Das ist sehr platzsparend und erleichtert auch den Transport, wenn man die Stative lose bewegt – man kann dann mit einem Griff drei oder sogar mehr Stative transportieren.
- 1 großes Manfrotto-Lichtstativ aus der gleichen Baureihe. Alle Stative sind mit Schirmneigern von Manfrotto ausgestattet.
- 1 Bodenstativ.
- 1 Gitzo-Dreibeinkamerastativ aus Stahl mit Dreiwegeneiger und Novoflex-MiniConnect-Schnellwechselplatte. Als ich dieses Stativ in meiner Anfangszeit gekauft hatte, war ich zu geizig, den Aufpreis für die Karbonversion zu bezahlen. Dummerweise sind die Gitzo-Stative nahezu unzerstörbar, deshalb gab es bis heute keinen richtigen Anlass, das Stativ durch eine leichtere Version zu ersetzen.
- 1 Durchlichtschirm und zwei Schirmsoftboxen verschiedener Größe.

Sicherheitsausrüstung

Außerdem habe ich immer dabei:

- 1 ca. 10 Meter langes Bergsteigerseil zum Abseilen oder Hochziehen von Equipmentkoffern an unzugänglichen Stellen
- 1 Paar Sicherheitsschuhe mit Stahlkappe
- 1 Kletterhelm
- Kletterhandschuhe
- Schutzbrille
- Warnweste
- Gehörschutz

Wahl des Kamerasystems

Keine Sorge, ich werde jetzt kein Plädoyer halten für eine bestimmte Kameramarke oder für einen bestimmten Typus von Kameratechnik. Sicherlich ist eines unbestritten, professionelle Fotografie ist heute digital, und praktisch jedes derzeit auf dem Markt erhältliche ernsthafte digitale Kamerasystem ist technisch und qualitativ in der Lage, die Anforderungen zu erfüllen.

Wofür werden unsere Fotos gebraucht? Wir liefern Content für Websites oder soziale Medien, unsere Fotos werden in Broschüren, Flyern oder Geschäftsberichten gedruckt und Presseabteilungen zur Verfügung gestellt. Manchmal werden Plakate und Anzeigen produziert, aber selbst dafür gilt eigentlich, dass jedes sauber belichtete Foto mit 6 oder 8 Megapixeln bereits diese Anforderungen erfüllt. Und wie wir alle nur zu gut wissen, ist die Kameratechnik heute viel weiter, liefert ein Mehrfaches an Auflösung und ist in Sachen Bildqualität weit jenseits dessen, was man nüchtern als Mindestanforderung bezeichnen müsste. Insofern kann man eigentlich nur raten: Folgen Sie Ihrem Geschmack, Ihren Vorlieben oder einfach auch Ihrer Gewohnheit und nutzen Sie das System, mit dem Sie am liebsten arbeiten.

So sehr sich das jetzt fast nach Beliebigkeit anhört, so sehr vertreten Fotografen in dieser Frage trotzdem meist sehr dezidierte Ansichten, und auch unter Profis ist die Hardwarefrage relevant. Fotografen haben immer gute Gründe dafür, dass sie mit dieser oder jener Marke oder einem bestimmten System arbeiten. Viele Fotografen, die ich kenne, haben auch einen besonderen Bezug zu ihrer Marke, schwören auf bestimmte Eigenschaften oder Fähigkeiten und haben nicht selten eine sehr emotionale Beziehung dazu, und sei es nur, weil sie dem einen oder anderen Hersteller seit Jahrzehnten treu sind und die erste Kamera der Anfangszeit eben von der Marke X oder Y war.

Das finde ich auch völlig legitim und mische in diesem Reigen auch gern mit. Fotografen sind zu einem gewissen Teil eben Technik-Nerds, trotzdem bleibe ich dabei: Im Grunde kann man alles nehmen, was an ernsthafter Fototechnik auf dem Markt ist.

Formatfragen

Kleinbild? Mittelformat? Großformat? Das waren mal sehr wichtige Kategorien in der (analogen) Fotografie, und für bestimmte Aufgaben reichte das Kleinbild damals einfach nicht aus, es mussten unter Umständen größere Kamerasysteme genutzt werden. In meiner Wahrnehmung sind diese Grenzen heute viel fließender geworden, insbesondere unter dem Aspekt, dass von der reinen Bildqualität und Auflösung her aktuell eine Micro-Four-Thirds-Kamera mit guten Objektiven die Qualität einer analogen Mittelformatkamera deutlich übertrifft. Trotzdem gibt es natürlich auch heute Kollegen, die gern mit (digitalen) Mittelformatkameras arbeiten, und wahrscheinlich gibt es hin und wieder sogar Fotografen, die bei Bedarf ihre analoge Fachkamera auspacken und damit etwas realisieren, was digital so nicht oder nur ansatzweise umzusetzen ist.

Es gilt: Alles kann, nichts muss. Für entscheidend bei der Kamerawahl halte ich daher die Arbeitsweise der Fotografen, ihre thematischen Sujets, ihren Stil und nicht zuletzt eben auch die persönliche Vorliebe und den Geschmack.

Neue Vielfalt

Was sich in den letzten Jahren aber schon geändert hat, ist die Vielfalt der infrage kommenden Marken. Vor zehn Jahren hätte ich noch gesagt, dass ein Profi in unserem Metier entweder mit Canon oder Nikon Kleinbild fotografiert (gegebenenfalls ergänzt um Mittelformat oder andere Exotik). Inzwischen hat sich der Kameramarkt erfreulich erweitert, und zwar nicht nur, was die Zahl der infrage kommenden Hersteller betrifft, sondern auch, was zum Beispiel Benutzerphilosophie oder Sensorgröße angeht.

Zu den großen C und N hat sich eine erkleckliche Zahl neuer Player gesellt. Olympus und Panasonic sind heute ebenso ernsthafte Anbieter wie Fujifilm, Sony und sogar Leica, die inzwischen alle zeitgemäße und gut ausgebaute Systeme anbieten, mit denen praktisch alle Aufgaben in der Corporate- und Industriefotografie professionell gelöst werden können.

Bei den genannten Marken hat man auch die Wahl zwischen verschiedenen Sensorgrößen wie MFT, APS-C, Kleinbild und bei Fujifilm sogar zusätzlich noch dem noch etwas größeren Mittelformat mit einer Sensorgröße von 43,8 × 32,9 Millimetern.

Die Frage, die viele an dieser Stelle vielleicht bewegt: Kann man mit den „kleinen" Formaten überhaupt professionell fotografieren, oder wird man damit vom Kunden ausgelacht?

Nach meiner Überzeugung: Man kann! Man sollte wissen, was man tut, und man sollte einfach dahinterstehen.

Seite an Seite: Ob Kleinbildsensor oder APS-C: In der fotografischen Praxis hat keines der beiden Sensorformate in allen Belangen die Nase vorn, und den Bildern sieht man nicht an, mit welchem Format sie gemacht wurden. Während die Kollegin gern mit der Canon R fotografiert, nutze ich die Modelle der Fujifilm-X-Serie. Systemübergreifend sind wir allerdings beide der Meinung, dass die Zukunft den spiegellosen Systemen gehört. Wir wollen mit nichts anderem mehr arbeiten.

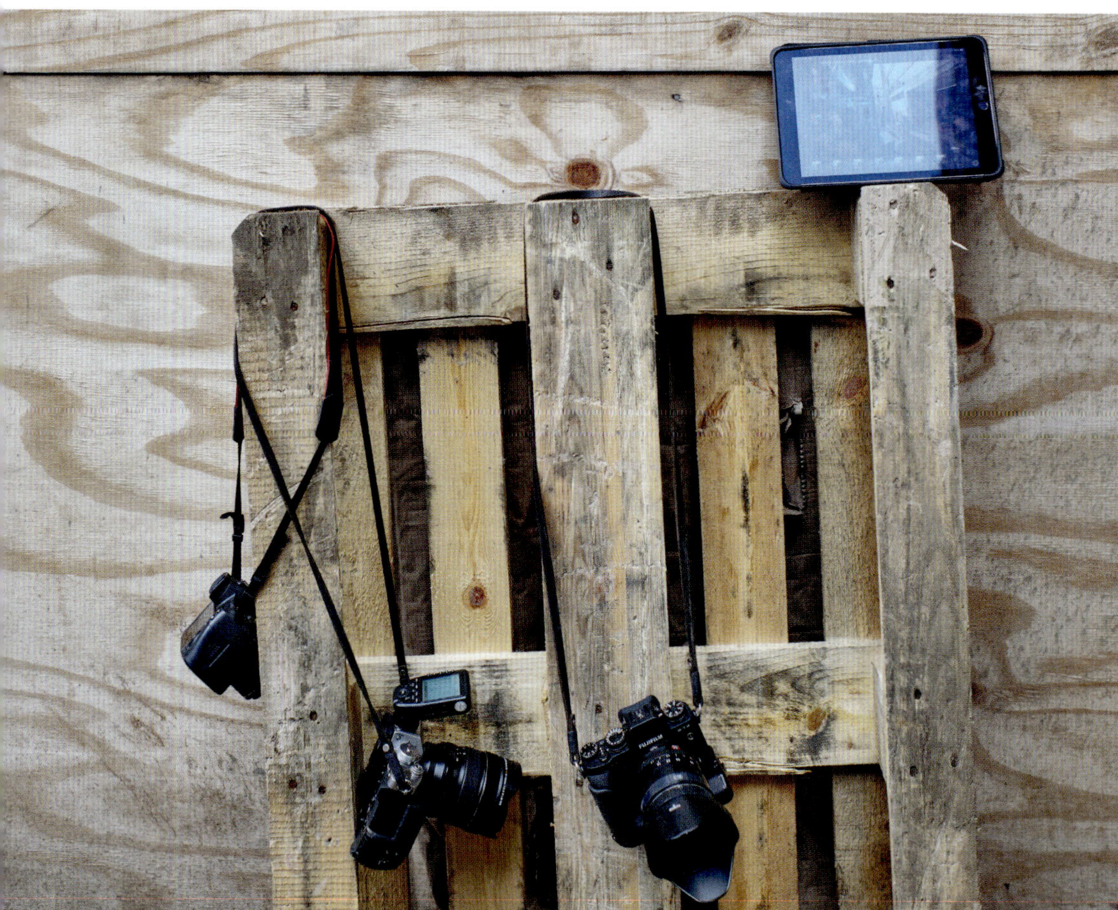

Mythos Vollformat

Ich selbst habe den Wechsel von einem Kleinbildsystem zu einem System mit APS-C-Sensoren vor einigen Jahren vollzogen. Ein APS-C-Sensor in der professionellen Fotografie? Kann das sein? Geht das überhaupt?

Ich verstehe den Zweifel gut. Ich habe nach meiner sehr selbstgenügsamen Analogzeit (Minolta XD-7 über 15 Jahre!) im Digitalzeitalter auch mit den großen Boliden fotografiert und natürlich mit dem kleinbildgroßen Sensor, dem sogenannten „Vollformat". Warum „natürlich"? Weil mein damaliger Kamerahersteller seine besten Kameras eben nur mit Kleinbildsensor anbot und auch weil das native Objektivangebot hier am größten war.

Jahrelang war ich damit sehr zufrieden und habe keinen Grund gehabt, irgendetwas zu ändern. Bis zu dem gewissen Zeitpunkt, an dem ich anfing, mich für mein freies Fotografieren („Immer dabei") nach einer wirklich kleinen Kamera zu sehnen, die dennoch eine druck- und ausstellungsfähige Bildqualität bieten sollte.

So etwas gab es im Kamerauniversum dieser Zeit überhaupt nicht. Es gab Kompaktkameras mit fragwürdigen Winz-Chips, es gab Spiegelreflexkamera mit APS-C und zu wenigen nativen Objektiven (die aber auch nicht in eine Jackentasche passten), und es gab irgendwann die digitale Leica M, die zwar gerade so jackentaschentauglich ist und deren Messsuchertechnik auch Spaß macht, die aber nicht das war, womit ich ein zweites System aufbauen wollte.

Und dann kam auf der Kölner Photokina 2010 ein Modell, das außer einem funktionierenden Sucher noch gar nichts konnte, aber dennoch ein Paukenschlag war: die Fujifilm X-100 mit APS-C-Sensor, einem elektronisch-optischen Sucher und einer lichtstarken, fest verbauten 35-mm-Optik (KB-Äquivalent). Ach ja, und mit dem ganzen Charme der klassischen Bedienphilosophie. Mit Blendenring und Zeitenrad. Die FAZ schrieb damals: „Die X100 ist die erste digitale Sucherkamera, die diesen Namen

Geschichte eines Umstiegs

Wer sich für die Geschichte eines Umstiegs von einer Vollformat-DSLR hin zum handlichen Fujifilm-APS-C-System interessiert, für den habe ich diesen Prozess auf meinem Blog „Beruf-Fotograf" in 28 Beiträgen geschildert. Sie finden diese Texte unter dem Link *https://beruf-fotograf.de/category/fujifilm-x-pro2-projekt/*.

verdient." Genau. Ein Bann war gebrochen. Ein paar Monate später habe ich sie mir dann bei einem Spontanbesuch beim Fotohändler gekauft. Seitdem begleiten mich Fujifilm-X-Series-Kameras.

Mit dieser Kamera und den nachfolgenden spiegellosen Systemkameras mit Wechselobjektiven (DSLM, *Digital Single Lens Mirrorless*) fotografierte ich einige Jahre sehr gern meine persönlichen Bilder. Dass die Kameras noch etwas langsam waren, vor allem im Autofokus, störte mich dabei nur selten. Beruflich war ich parallel aber weiterhin mit dem „großen" Spiegelreflexsystem unterwegs.

Und dann gab es noch ein Schlüsselerlebnis. Bei einer Händlerpräsentation hatte ich 2016 zum ersten Mal die Fujifilm X-Pro2 in Verbindung mit einem ebenfalls gerade herausgekommenen Standardzoom (16-55 mm f/2.8) in den Händen. Spontan hatte ich den Eindruck, dass diese Kombi für den professionellen Einsatz leistungsstark und vor allem performant genug sein könnte. Ob das wirklich so war, wollte ich in der Praxis erproben. Fujifilm stellte mir eine Testkamera und einige Objektive zur Verfügung, und ich unternahm dieses Experiment über mehrere Monate.

Ich muss zugeben, dass ich am Anfang ganz schön aufgeregt war. Würde die Kamera die Erwartungen erfüllen? Würde der Kunde abfällige Bemerkungen machen oder gar meine Kompetenz infrage stellen? Nichts dergleichen geschah. Niemand beschwerte sich beim ersten Jobs und allen folgenden, und alle Kunden zahlten ihre Rechnungen. Und ich verliebte mich immer mehr in das klassische Bedienkonzept in Verbindung mit ungewohnt handlichen Kameras, die emotional zudem „das gewisse Extra" hatten.

Irgendwann vollzog ich den Wechsel vollständig, verkaufte die zum Backup-System mutierte Vollformattechnik und fotografierte ab diesem Zeitpunkt nur noch mit Fujifilm und APS-C. Die Kameras liefern astreine Bilder, die keinen Vergleich zu scheuen brauchen. Und meinen Kunden ist das Sensorformat egal, sie wollen einfach nur coole Fotos haben.

Der Begriff „Vollformat" ist ein geschickter Schachzug der Fotoindustrie. Er suggeriert, dass man erst mit Kleinbildsensoren und den entsprechenden (teuren) Kamerasystemen sozusagen für „voll" genommen wird und professionell arbeiten kann. Aus eigener Praxis halte ich dagegen: Das stimmt nicht, es ist nur Marketing!

Systembedingt

Natürlich haben kleinere Sensoren bestimmte Eigenschaften, die bei der Wahl des Kamerasystems beachtet werden müssen. Unstrittig ist, dass man zum Beispiel mit APS-C-Sensoren bei der Nutzung vergleichbarer Brennweiten prinzipbedingt weniger Tiefenunschärfe erzeugen kann als mit einem Kleinbildsensor bei gleicher Blendenöffnung. Vor allem im Weitwinkelbereich fällt es auf, dass man mit einem 24-mm-f/1.4-Kleinbildobjektiv ausgeprägtere Unschärfen im Vorder- oder Hintergrund erzeugen kann als zum Beispiel mit einem 16-mm-f/1.4 an APS-C.

Andererseits hat die Praxis gezeigt, dass auch mit APS-C-Kameras ab ca. 23 mm Brennweite schöne Unschärfen möglich sind, wenn man lichtstarke Festbrennweiten mit Anfangsöffnungen von 1.4 oder 1.2 einsetzt. Ab 35 mm (KB-Äquivalent 50 mm) vermisse ich dann rein gar nichts mehr, und bei längeren Brennweiten ist die höhere Schärfentiefe oft sogar ein Vorteil. Das Fujinon 56 mm F1.2 ist zum Beispiel ein hervorragendes Porträtobjektiv, das man, anders als an Kleinbild, nicht oder nur wenig abblenden muss, um ein Porträt zu fotografieren, bei dem nicht nur die Augen, sondern auch die Nase scharf ist.

Betriebswirtschaft

Wie heißt es so schön in dem bekannten Zitat? „... Profis sorgen sich ums Geld ..." Definitiv. Ja, auch der finanzielle Aspekt spielt eine Rolle. Meine APS-C-Kameras und -Objektive sind in der Regel ein ganzes Stück preiswerter als ihre Vollformatpendants. Das finde ich schlicht und ergreifend angenehm. Weniger Ausgaben gleich mehr Gewinn.

Sicherheitsausrüstung

Neben den fototechnischen Gerätschaften führe ich immer noch eine Reihe weiterer Ausrüstungsgegenstände mit mir, allen voran Sicherheitsausrüstung, allerlei Zubehör und Kleidung. In aller Regel bleiben diese Sachen immer im Wagen, und ich nehme zum Shoot nur das mit, was ich dann auch wirklich brauche.

Schutz gegen Wetter

Wenn wir auf Baustellen, im Gelände oder anderweitig draußen fotografieren, kann es immer vorkommen, dass uns das Wetter einen Strich durch die Rechnung macht. Selbst bei schönem Wetter kann es auf Masten oder auf dem Dach von Gebäuden empfindlich kühl und windig sein. Daher habe ich auch im Sommer immer einen Fleecepulli und eine winddichte Regenjacke dabei. Außerdem im Programm: eine wasserabweisende Hose. Das hat mir schon hin und wieder den Tag gerettet, denn es ist von unschätzbarem Vorteil, wenn man trocken bleibt, obwohl es aus allen Rohren schüttet und man dennoch ausharren und auf ein bestimmtes Ereignis warten muss.

Ähnlich ist es mit Kälte. Auf einem Abbruchgelände in Frankfurt Kelsterbach hatten wir einmal bei –12 Grad Celsius fotografiert. Seit diesem Termin habe ich immer eine extrem leichte Wärme-Überzughose und eine ebensolche Jacke dabei. Ich weiß nicht, aus welchem High-End-Material diese Kleidungsstücke gefertigt sind, aber sie halten einen unglaublich warm, ohne zu behindern und gewichtsmäßig zu belasten. Großartig ist, dass man die Hose einfach über die eigene Hose ziehen kann, man braucht also keinen Ort zum Umziehen. Flexible Reißverschlüsse ermöglichen zudem eine gute Temperierbarkeit, man kann also zwischendurch einfach mal den Bürocontainer oder einen Pausenraum aufsuchen, ohne mächtig ins Schwitzen zu geraten – ein perfektes Kleidungsstück für besondere Umstände!

An Schuhen habe ich immer ein paar derbe Wanderstiefel dabei – für schlammiges oder sonstiges unwegsames Gelände – und natürlich Sicherheitsschuhe mit verstärkter Sohle und Stahlkappe. Solche Schuhe sind an sehr vielen Orten in der Industrie vorgeschrieben, ebenso wie Helme. Als Helm bevorzuge ich ein Modell aus dem Klettersport. Dieser hat den großen Vorzug, keine weit vorstehende Helmkappe zu haben, sondern nur eine kleine Abrundung. Das erleichtert das Fotografieren enorm, bei normalen Bauhelmen stößt man mit der Kamera dauernd an die Kappe und kann den Helm damit sogar leicht vom Kopf schieben. Bei Arbeiten in der Höhe ist das sehr ungünstig, herabfallende Objekte sind hier gar nicht gern gesehen! Kletterhelme verfügen außerdem über einen Kinngurt, was in solchen Situationen zusätzliche Sicherheit gibt. Schuhe und Helme haben eine eigene kleine Kiste im Kofferraum, damit Lehm- und Dreckspuren mir meine Klamotten nicht versauen.

Arbeitet man in der chemischen Industrie, sind spezielle Arbeitsanzüge vorgeschrieben, deren Material schwer entflammbar ist. Wenn man in Raffinerien oder in der chemischen Produktion unterwegs sein will, sind diese Anzüge ein absolutes Muss – sonst wird man erst gar nicht in die Zonen gelassen, in denen die *persönliche Schutzausrüstung* (PSA) vorgeschrieben ist.

Immer wieder schön ist das Erlebnis, wenn neue Kunden diese Frage anschneiden. Unsere beruhigende Versicherung, dass ein entsprechender Anzug vorhanden sei, stößt oft auf Erstaunen und spontane Anerkennung. Allein durch diesen Umstand gewinnt man ein Stück Vertrauen bei den Technikern vor Ort. Offenbar kennen sich die Fotografen aus und machen keinen Ärger. Gut so!

Für diverse Anlässe habe ich eine ganze Sammlung von Schutzbrillen, die ebenfalls in dem Koffer Platz finden, sowie einen Hüftgurt mit Objektivtaschen, falls ich in unwegsamem Gelände unterwegs bin oder klettern muss. Darin lassen sich sehr gut und sicher zusätzliche Blitzgeräte oder Wechselobjektive transportieren, ohne die Handlungsfähigkeit der Arme zu beeinträchtigen.

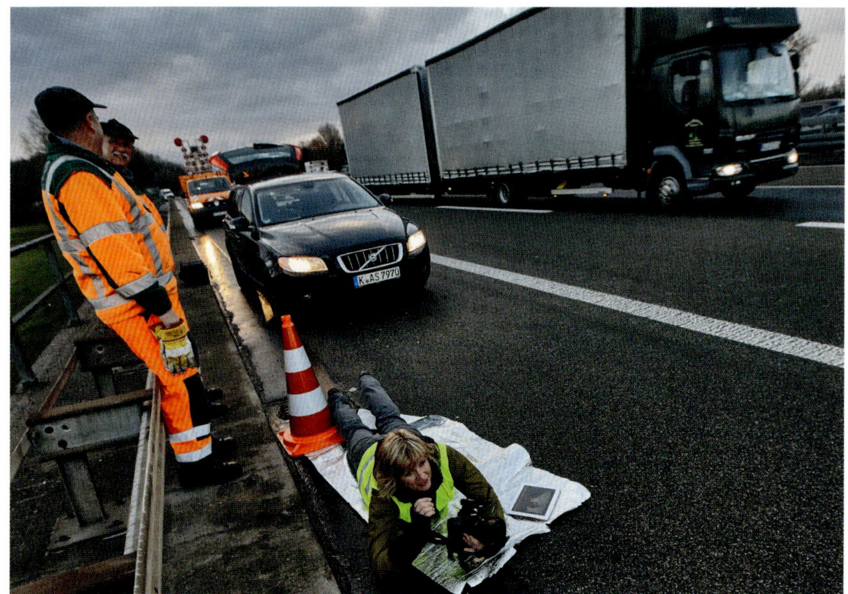

Meine Kollegin beim Fotografieren einer Szene auf einer Autobahn. Bei diesem Auftrag haben wir das Berufsbild des Straßenwärters porträtiert. Es war feucht und ziemlich kalt – aber die Plane hat uns und unsere Klamotten zuverlässig geschützt.

Zu guter Letzt ist noch eine ausrollbare Thermoplane zu erwähnen, eigentlich wohl gedacht, um sie beim Campen unter eine Isomatte zu legen oder dergleichen. Ich nutze die Plane, wenn ich das Vergnügen habe, mich in Regen, Matsch oder Schnee auf den Boden werfen zu müssen. Manchmal ist die bodennahe Perspektive einfach die beste! Noch schöner ist das Fotografieren dann aber, wenn man sich dabei nicht von Kopf bis Fuß einsaut und auch nicht gleich zu frieren beginnt. Das 5-Euro-Ding, das ich spontan bei einem Einkauf in der Metro erworben habe, hat sich schon häufig bewährt

Arbeiten in der Höhe

Ja, schwindelfrei sollte man sein – oder man sollte zumindest etwaiges Unbehagen in der Höhe so weit kontrollieren können, dass man trotzdem konzentriert und konstruktiv arbeiten kann. Gelegenheiten dazu gibt es in unserer Fotografie reichlich. Viele Anlagenteile oder andere lohnende

Motive sind nur über Treppen oder Leitern zu erreichen. Das können Stahlkonstruktionen in Mülltrennungsanlagen sein, Kräne, Strommasten, Hilfskonstruktionen auf Baustellen oder sogar Schiffsmasten. Auch auf Großtransformatoren, Gasbehälter, Windkraftanlagen und Schornsteine sind wir schon geklettert oder wurden mithilfe von Arbeitsbühnen oder Personenkörben, die an einem Kran hängen, in die Höhe gehoben.

Kameras sicher umhängen

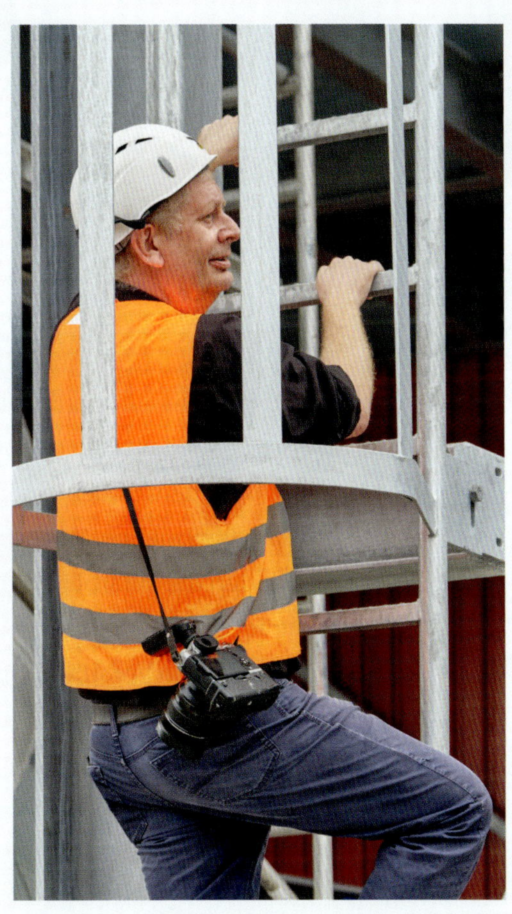

Hantiert man mit mehreren Kameras oder bewegt man sich mit der Kamera in beengten Verhältnissen und muss gegebenenfalls klettern, ist es praktisch, sie sich mit dem entsprechenden Gurt umzuhängen. Klar so weit. Aber fast alle Fotografen handhaben diese einfache Sache suboptimal: Sie hängen sich die Kamera über die Trageschulter oder auch quer über die Brust, aber meist so, dass das Objektiv nach außen absteht. Vor allem bei längeren Linsen ist das eine echte Gefahrenquelle, nur allzu leicht stößt das Objektiv irgendwo an, was Optik oder Elektronik gefährdet. Zudem behindert es den Fotografen zum Beispiel beim Klettern.

Von der amerikanischen Kriegsfotografin Deborah Copaken Kogan („Das Abenteuer leben") habe ich gelernt, wie es viel besser geht. Man dreht Kamera und Gurt einfach um 180 Grad beim Überstreifen über Schulter oder Brust! Dann steht das Objektiv nicht nach außen ab, sondern schmiegt sich in einem passenden Winkel an den eigenen Körper. Die Optik wird zudem sogar durch den Body der Kamera etwas geschützt: Bei Kontakt mit der Außenwelt ist dann nicht die sensible Optik zuerst dran, sondern die viel robustere Kamera. Ganz simpel, kein Invest, nur Vorteile.

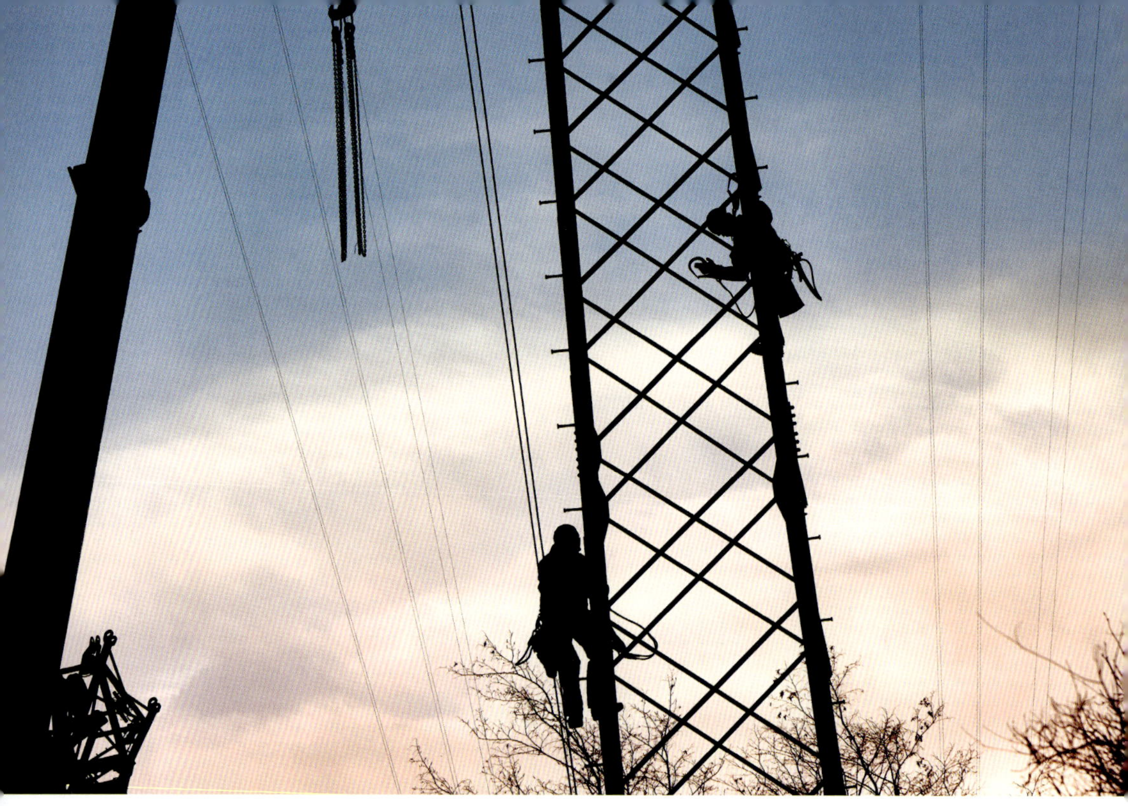

In der Höhe locken ungewohnte Perspektiven und spannende Szenen in überraschendem Ambiente. Es lohnt sich allemal! Aber es gilt auch ein paar Regeln zu beachten.

ISO 320 | 1/1600 s | f/6.3 | 130 mm

Je nach Unternehmen werden die Sicherheitsvorschriften sehr unterschiedlich gehandhabt. Wo es ganz streng zugeht, muss man bereits einen Meter über dem Boden einen Sicherheitsgurt tragen und benutzen, das ist kaum übertrieben. Wir haben aber auch schon Locations besucht, da balancierten die Mitarbeiter freihändig in 20 Metern Höhe auf schmalen Stahlträgern und montierten dort mit Akkuschraubern schwere Beläge. Unvergessen ein Vorarbeiter, der seinen Mitarbeiter anschnauzte und ihm nahelegte, endlich den Gurt anzulegen: „Mir ist es egal, ob du da runterfliegst. Aber ich habe nicht die geringste Lust, dir in deinem Blut nachträglich den Gurt anzulegen, damit ich nicht in den Knast komme!"

Unser persönliches Fazit dazu: Wir haben immer einen Klettergurt im Wagen und legen ihn an, wenn wir dazu aufgefordert werden oder es unser Überlebenswille nahelegt, genau dies zu tun.

Datenhandling

Es ist schlicht und einfach ein Horrorszenario: Eine aufwendige Fotoproduktion hat stattgefunden, vielleicht verbunden mit viel Organisationsaufwand, einer weiten Anreise, womöglich sogar erheblichen Fremdkosten – und am Ende des Tages gibt es nicht Lob und Lohn, sondern – Datenverlust. Totaler Ausfall. Leere Hände, betretene Gesichter und womöglich ein erheblicher tatsächlicher Schaden, der nicht einfach durch Mehrarbeit auszubügeln ist, sondern vielleicht sogar ein juristisches Nachspiel haben könnte.

Nichts, was man sich wünscht! Datenverlust ist etwas, das ich um jeden Preis zu verhindern versuche. Auf den folgenden Seiten stelle ich meine Strategien hierzu vor.

Nach der Produktion

Meine erste Verteidigungslinie ist das doppelte Abspeichern der Daten in der Kamera. RAW- und JPEG-Dateien werden auf beide SD-Karten synchron gespeichert und liegen vorab also schon einmal doppelt vor. Eventuelle Kartenfehler oder ähnliche missliche Umstände werden damit statistisch entschärft. Das bewahrt einen nicht vor zum Beispiel Controllerfehlern in der Kamera selbst, aber dafür gibt es eh kein Rezept. Nach der Produktion komme ich also mit redundanten Datenspeichern zurück ins Atelier, und die erste Pflicht ist das Überspielen der Daten auf meinen Hauptrechner, der gleichzeitig als Server und Datengrab dient.

Dabei handelt es sich um einen durchaus betagten Apple Mac Pro, der jedoch auch nach zehn Jahren täglicher Nutzung weiterhin klaglos seinen Dienst tut und nach Speicher-, Festplatten-, Schnittstellen-, Grafikkarten- und Prozessorupgrade immer noch schnell genug für einen aktuellen RAW-Workflow von Still-Bildern ist. In den vorbildlich modular aufgebauten Rechner passen – in Zusammenarbeit mit einer Sonnet-Karte für schnellen Flashspeicher – insgesamt sieben Festplatten, von denen die großen Massenspeicher derzeit 8 und 10 Terabyte haben. Nach allem, was ich darüber gelesen habe, ist aber auch hier noch Luft nach oben, und größere Platten mit 14 oder mehr Terabyte könnten ebenfalls verbaut werden. Der Rechner war damals für mich eine ziemliche Investition, im Laufe der Jahre hat er sich aber großartig amortisiert.

Die aktuellen Daten wandern in das jeweils aktuelle Archiv und werden dort unter Kunden- und Projektname (Muster: *SUBERJOB-GMBH/JJMMTT_Superjob*) abgespeichert. Habe ich mit mehreren Kameras gearbeitet, kopiere ich die Daten jeweils in entsprechende Unterordner, um ein genaues Abbild der SD-Karten auch auf der Festplatte zu haben.

Nach dem vollständigen Umkopieren werfe ich mein Backup-Programm an – ich verwende Carbon Copy Cloner für den Mac – und starte das Synchronisieren der Daten auf die ebenfalls im Rechner verbaute Spiegelplatte. In diesem Punkt bin ich eigen. Ich starte die Synchronisierung manuell und bleibe so lange davor sitzen, bis das Umkopieren abgeschlossen ist. Ich will sicher sein, dass die Daten wirklich kopiert wurden, und ich kontrolliere anschließend auch die entsprechenden Ordner. Natürlich kann man das Ganze automatisch ablaufen lassen, aber ich verlasse mich darauf nicht.

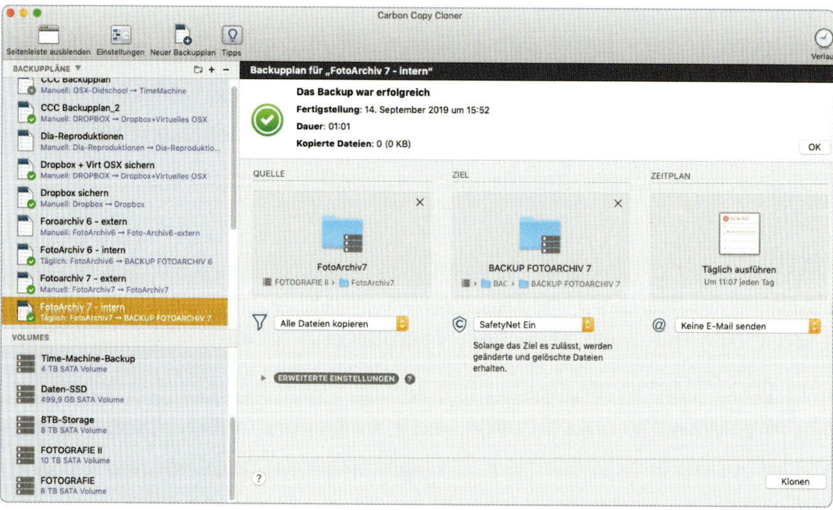

Bei diesem Sicherungslauf waren die Daten auf dem neuesten Stand, und es mussten keine neuen RAW-Dateien gespiegelt werden.

Anschließend folgt der letzte Schritt. Ich starte eine weitere Synchronisierung und kopiere damit die neuen Daten auf eine mobile Festplatte, die ich außer Haus lagere, meistens im Auto. Auf diese Weise versuche ich, größeren Katastrophen wie Feuer, Diebstahl, Erdbeben, Meteoriteneinschlägen, Vandalismus und ähnlichen Unwahrscheinlichen, aber nicht undenkbaren Ereignissen vorzubeugen.

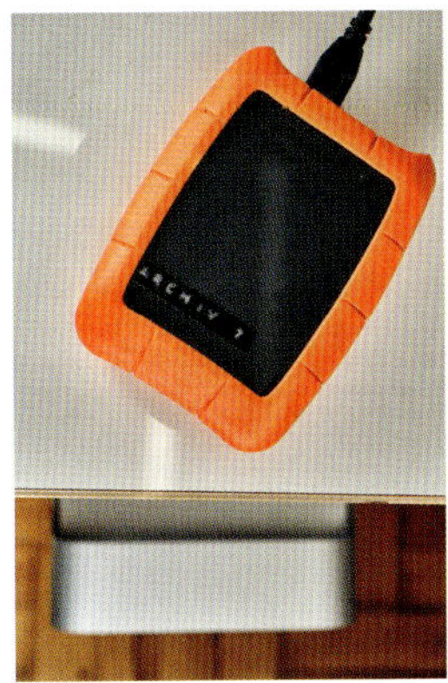

Speicherkartenhandling

Es gibt aber noch eine weitere Verteidigungslinie. Das Überspielen der Daten auf den Server und das interne und externe Kopieren reicht mir noch nicht aus. Darüber hinaus habe ich eine Form des Speicherkartenhandlings entwickelt, das mir zusätzliche Sicherheit gibt.

Timeline

Nach aktueller Zählung habe ich derzeit 20 Speicherkarten in Gebrauch. Die SD-Karten haben eine Speicherkapazität von 32 oder 64 Gigabyte und fassen durchschnittlich zwei bis vier Aufträge. Ich habe mir angewöhnt, nach einer stattgefundenen Fotoproduktion die dabei genutzten Karten nach dem Überspielen auf den Server nicht sofort zu löschen, sondern erst einmal beiseitezulegen und bei einer neuen Produktion andere Karten zu benutzen. Und bei der nächsten Produktion mache ich es genauso. Und dann wieder. Und das Ganze so lange, bis mir irgendwann die Karten ausgehen. Dann fange ich wieder mit den ältesten benutzten Karten in der Reihe an, formatiere sie und starte erneut.

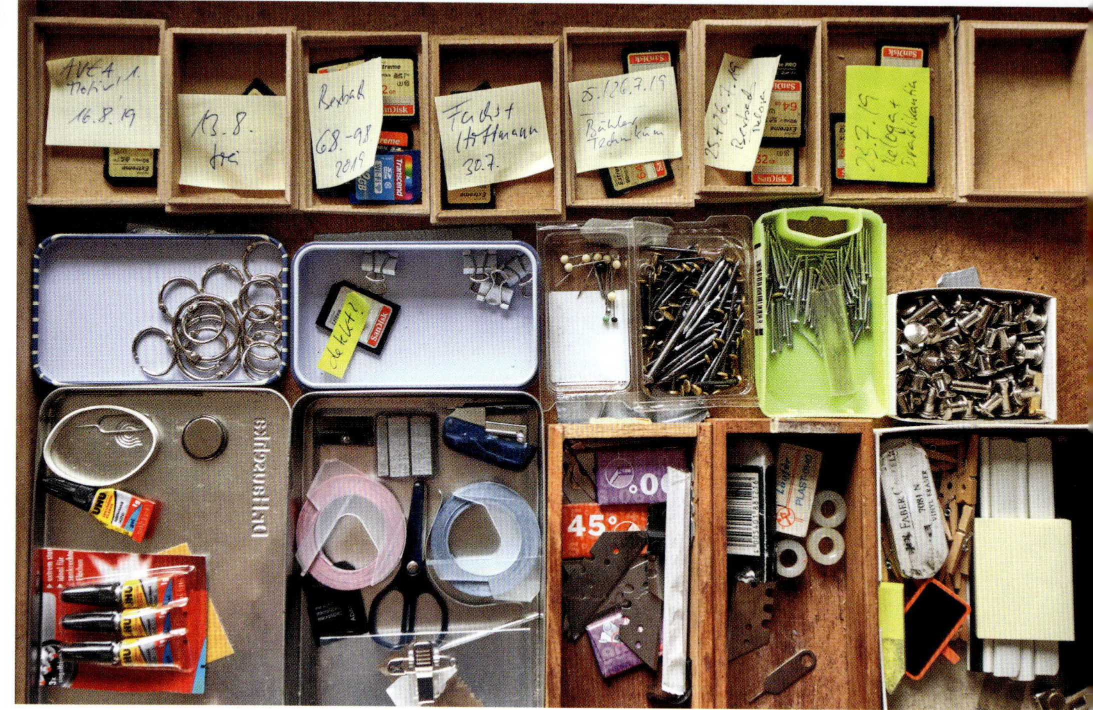

Im Falle des Falles liegen hier die beschriebenen Karten der letzten Wochen bereit, falls wider Erwarten darauf zurückgegriffen werden muss.

Der Sinn dahinter: Bei durchschnittlicher Buchung und Nutzung der Karten stauen sich auf diese Weise ungefähr die Fotoproduktionen eines Monats auf. Das heißt, im Falle des Falles, z. B. Kopierfehlern oder anderen seltsamen Ereignissen, kann ich auf die original beschriebenen Karten einer Fotoproduktion zurückgreifen. Zumindest solange diese noch im Umlauf sind und nicht überschrieben wurden. Da Fotoproduktionen längstens innerhalb eines Monats abgearbeitet sein sollten (inklusive aller relevanten Schritte wie Auswahl und Bearbeitung der Fotos, Lieferung an den Kunden, Rechnungstellung und Honorareingang), bin ich mit diesem Verfahren zusätzlich auf der sicheren Seite.

Als Ablage für die genutzten Karten dienen kleine Kästen in der „Kleinteileschublade" eines meiner Grafikschränke, in der ansonsten allerlei Papier- und Buchbindermaterialen aufbewahrt werden. Jedes Kästchen enthält eine Fotoproduktion, gelegentlich auch mal zwei, und ist nachvollziehbar beschriftet. Wie viele Karten in den jeweiligen Kästchen liegen, ist abhängig von der Anzahl der benutzten Kameras. Die schwankt zwischen eins und drei Kameras.

Kleine Katastrophen

In 15 Jahren professioneller Fotografie sind schon ein paar Mal Probleme mit Daten, Datenspeicherung und Datensicherung aufgetreten. Vor allem am Anfang habe ich es zwei- oder dreimal geschafft, eine noch nicht gesicherte Karte zu formatieren, und musste mit einem Datenwiederherstellungstool anrücken. Meist benutze ich hierfür das Programm RescuePRO Deluxe von Sandisk, das diesen Job auch zuverlässig erledigt, vorausgesetzt, die Karte wurde zwischenzeitlich nicht neu beschrieben.

Zweimal haben wir es hinbekommen, bei Fotoproduktionen versehentlich mit sRAW bzw. sJPEG zu fotografieren – also mit Dateien, die jeweils nur ein Viertel der nativen Sensorauflösung gespeichert haben. In einem Fall war das kein Problem, da die Bilder nur klein in einer Zeitschrift abgedruckt wurden. Im anderen Fall war es viel gravierender. Da sollten 18/1-Plakate entstehen, also vergleichsweise riesige Endprodukte, wenngleich diese im Siebdruckverfahren produziert und in der Regel aus großen Entfernungen betrachtet werden. Unser Glück bei Letzterem war, dass die Werbemotive aus zwei Einzelbildern zusammengesetzt wurden und daher am Ende zumindest die halbe Sensorauflösung zur Verfügung stand. Dem Kunden haben wir davon nichts erzählt, uns aber auf dem „kleinen Dienstweg" mit der Grafik der Werbeagentur kurzgeschlossen. Die erlösende Aussage kam dann kurze Zeit später: „Das passt schon noch so." Seitdem schauen wir vor jeder Produktion genau nach, ob auch wirklich die richtige RAW-Einstellung in der Kamera aktiviert ist.

Echten Datenverlust habe ich aber doch einmal erlitten. Bei einem Event weigerte sich die Kamera auf einmal, neue Daten zu speichern. Wie sich später herausstellte, weil die maximale Anzahl der anzulegenden Ordner erreicht war. Ich war im Stress, hatte nur diese eine Kamera in unmittelbarer Griffweite, löschte die zweite Karte der Kamera und fotografierte damit weiter. Da die Kamera aber falsch konfiguriert war und nicht alles redundant vorlag, hatte ich auf einmal ein Motiv zu wenig. Der Kunde hat es mit Fassung getragen, es war keine Katastrophe. Also bin ich auch bei diesem Fehler mit einem blauen Auge davongekommen.

Technikrevision

Keine Technik, die immer funktioniert, die immer gleich bleibt und die dauerhaft perfekt ist. Die technische Ausstattung, das Equipment, verändert sich permanent. Geräte fallen aus, Blitze fallen runter, man hat irgendwo von einem neuen Tool gelesen, das man gern in den Workflow einbauen würde, und schon ist wieder etwas fällig, muss ein Teil ersetzt oder neu bestellt werden. Die Technik ist nicht zuletzt auch ein Ausdruck der eigenen Arbeitsweise. Oder andersherum: Die kontinuierliche Entwicklung der eigenen fotografischen Praxis findet auch ihre Entsprechung in der Technik.

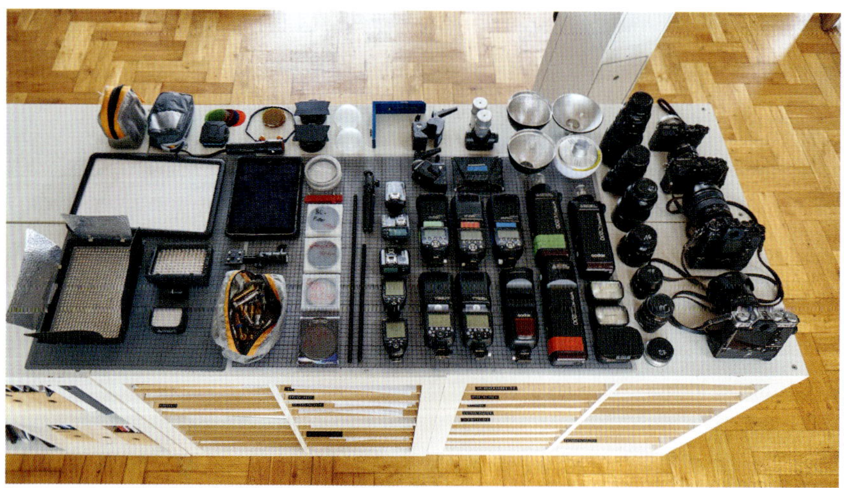

Alles auspacken, auf den Tisch legen, in die Hand nehmen, überprüfen: Am Revisionstag steht die Technik auf dem Prüfstand, und der Nerd im Fotografen kann sich so richtig austoben!

ISO 800 | 1/80 s | f/3.5 | 15 mm

Geht ein Objektiv kaputt, fängt eine Kamera an zu spinnen oder funktioniert irgendein anderes zentrales Bauteil auf einmal nicht mehr, muss man sich natürlich zeitnah darum kümmern und sofort für Reparatur und Ersatz sorgen. Es gibt aber auch Veränderungen, die nicht so dringlich sind, Ideen, die man sich irgendwann mal notiert hat, oder den schleichenden „Schwund" an Material, der einem erst nach einer Weile auffällt. Daher mache ich ungefähr zweimal im Jahr die „große Technikrevision", meist im Hochsommer und „zwischen den Jahren", also in der Weihnachtspause. Dann trage ich alle meine Taschen und Gerätschaften hoch zu mir ins Atelier, breite sie aus und gehe das komplette Equipment Stück für Stück durch. Dabei stößt man oft auf überraschende Erkenntnisse und Fragen.

- Warum habe ich keine CTO-Filter mehr für die Taschenlampe?
- Warum schleppe ich immer noch die bei einem missglückten Landeversuch beschädigten Drohnenflügel mit mir herum?
- Wieso fehlt ein wichtiger Schraubenzieherkopf bei meinem Multitool?
- Wann habe ich die inzwischen von einem anderen Hersteller abgelösten Kompaktblitze eigentlich zum letzten Mal benutzt?
- Und hat es wirklich Sinn, sie weiter mit mir herumzuschleppen?
- Ist es nicht endlich mal an der Zeit, den zerbeulten Normalreflektor von meinem „mittleren Licht" zu ersetzen?
- Warum habe ich immer noch nicht den Kinngurt von meinem Kletterhelm repariert?
- Vielleicht ist es sinnvoll, den Reinigungsblasebalg immer dabeizuhaben, statt ihn im Atelier aufzubewahren?
- Und so weiter und so fort.

So ein Techniktag macht mir immer Spaß. Das technische Spielkind wird so richtig schön gefüttert, man schwelgt in Equipment, gibt etwas Geld aus, behebt Versäumnisse, optimiert seine Workflows, überprüft neue und alte Ideen und sorgt auf diese Weise dafür, dass die Technik, zumindest für die nächste Zeit, noch ein bisschen besser beim Fotografieren unterstützt, unvorhergesehene Situationen leichter abgefedert werden können und zwischenzeitlich vergessene Ideen vielleicht endlich auch mal zum Tragen kommen.

Das Wichtigste daran scheint mir aber zu sein, dass man sich, seine Arbeitsweise und seine Gerätschaften regelmäßig infrage stellt und überprüft.

Rückwärts gewandt: Arbeite ich überhaupt noch so? Benutze ich dieses Ding? Oder hat diese Idee nie wirklich gegriffen?

Und vorwärts gewandt: Warum habe ich diese Idee noch nicht umgesetzt und dieses Tool noch nicht verwendet? Wie löse ich das Problem XYZ? Gibt es eine Alternative zu etwas, das derzeit nur leidlich funktioniert? Wie kann ich die Beschränkung von Tool ABC aufheben?

Ein konkretes Beispiel: Unsere Godox-Blitzgeräte der verschiedenen Leistungsklassen überzeugen uns weitestgehend. Wir setzen insgesamt neun Geräte ein. Eine Beschränkung besteht darin, dass die dazugehörigen Funkauslöser nur fünf Gruppen unterstützen – also nur fünf Blitze einzeln ansteuern bzw. einstellen können.

Wenn man aber doch mal in die Situation gerät, mehr als fünf unabhängig anzusteuernde Blitze einsetzen zu wollen, gibt es ein Problem. Man muss improvisieren oder mehrere Blitze einer Gruppe zuordnen – mit dem unvermeidbaren Nachteil, dass sie dann nicht mehr einzeln in ihrer Blitzleistung eingestellt werden können.

Behält man jedoch den Markt im Auge und erfährt, dass es einen neuen Funksender gibt, der kompakter im Aufbau ist und einen zweien Sender „huckepack“ nehmen kann, löst sich das Problem. Man kann den zweiten Sender und die dazugehörigen Blitzgeräte 6 bis 10 dann einfach auf Channel 2 umstellen und hat so mit wenig Aufwand bis zu zehn Blitzgeräte, die

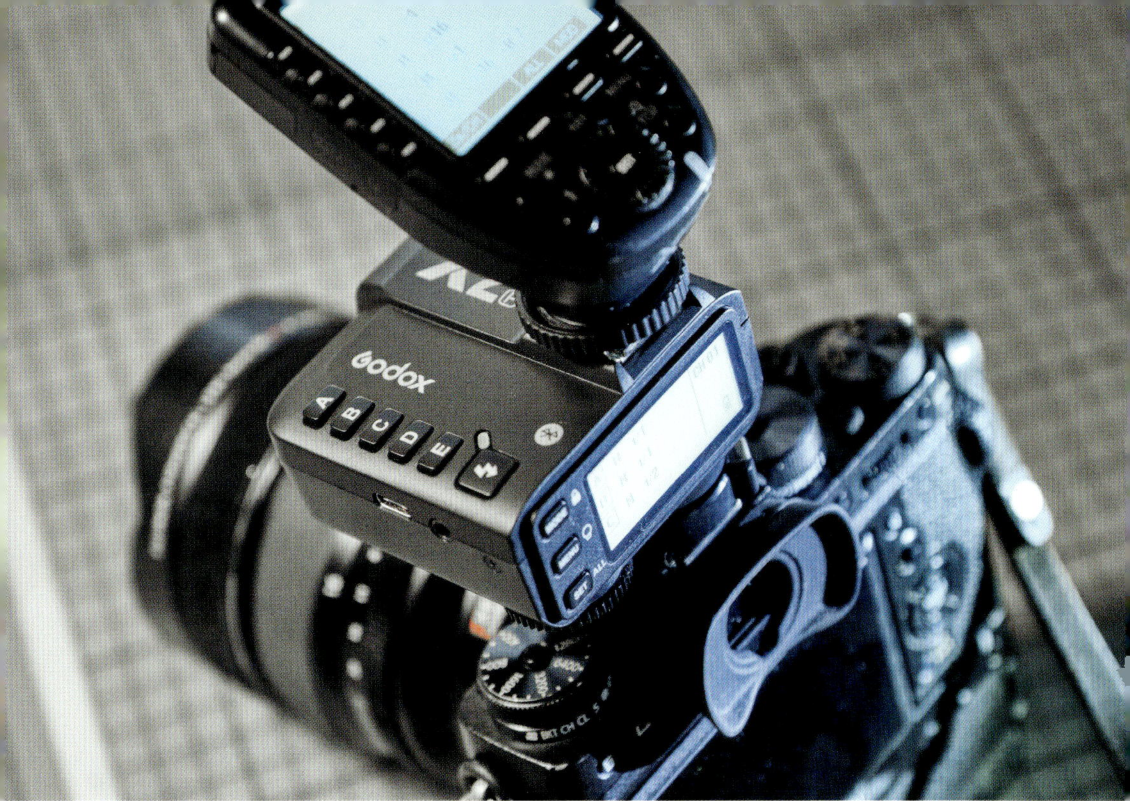

Godox sieht nur fünf Gruppen vor, sodass man in der Zahl der separat ansteuerbaren Blitzgeräte begrenzt ist. Bei manchen Motiven braucht man einfach mehr, dann ist das ein limitierender Faktor. Umgehen kann man derlei Einschränkungen ganz leicht: einfach zwei Blitzgeräte „huckepack" nehmen. Das sieht vielleicht etwas seltsam aus, funktioniert aber einwandfrei. Mehr als zehn Blitzgeräte habe ich noch nie gebraucht.

man einzeln steuern kann. Wäre ich bei den Vorgängermodellen geblieben und hätte mich mit den neuen Modellen nicht auseinandergesetzt, wäre ich auf diese Idee nicht so schnell gekommen bzw. hätte sie nicht ausprobieren können.

Für solche Experimente und Ideenentwicklungen ist so ein Technik-Revisionstag optimal geeignet: Man verharrt nicht im Gewohnten, sondern denkt ein Stück neu, stellt die vermeintlichen Beschränkungen infrage – und findet sehr oft eine Lösung, die einen weiterbringt.

Gastbeitrag Wolfram Schroll

www.wolframschroll.com

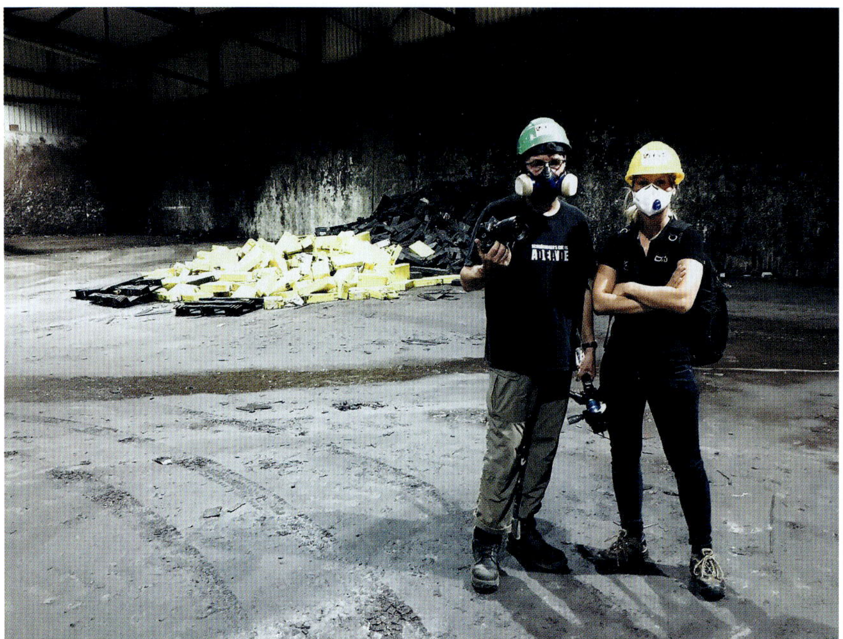

Wolfram Scholl – in Aktion.

- **Schwerpunkt**: Industrie/Corporate
- **Themen**: Maschinenbau, Stahl, Chemie, Medizin, Aerospace, Forschung und viele andere Bereiche der Wirtschaft
- **Kundenstruktur**: vom kleinen Familienbetrieb über Mittelstand bis Konzern, meist in Deutschland, ansonsten Österreich, Schweiz, Frankreich und Spanien

Für mich ist es ein passendes Bild für meinen Kunden: Hightech, saubere Produktion, hier symbolisiert durch das helle Licht und die sich auflösenden Strukturen; mehrere Belichtungen übereinander, um Bewegung und Dynamik darzustellen.

Wie bist du zur Industriefotografie gekommen?

Entweder Musik oder Fotografie, das war schon mit 18 klar. Mit 19 habe ich mich dann entschieden und eine klassische Lehre in einem Werbestudio begonnen. Fotografisch interessiert war ich zu dieser Zeit an Themen wie Meer, Bäumen und Gebirge und habe auf kleinen Reisen entsprechende Motive gesucht. Mein Traum damals, Fotograf beim Stern werden.

Na ja, mit 25 wurde ich Vater, mein Leben hat sich völlig verändert, und ich habe mich an meine angelernten Skills erinnert und in Hagen ein Studio aufgemacht. Produktfotografie, Stills, etwas Architektur und auch Industrie. In dieser Zeit war Spezialisierung kein Thema. Über 20 Jahre hat das ganz gut funktioniert. Dann kam der super spannende Wechsel in die Digitalfotografie, alles prima.

Aber irgendwann konnte ich keine Studioaufnahmen mehr sehen. Und dann kam ein wunderbarer Zufall. Ein Maschinenbauer fragte, ob ich seine Referenzobjekte fotografieren würde, und nach einem ersten Test kam der Auftrag. Drei Monate habe ich in Deutschland und Österreich in allen möglichen Betrieben fotografiert, und als der Job abgeschlossen, der Kunde und auch ich ganz glücklich waren, habe ich zu mir gesagt: „Das ist es, ich mach nichts anderes mehr!"

Das ist natürlich leichter gesagt als getan und hat auch gedauert. Ich habe tatsächlich einigen Kunden liebevoll gekündigt und mich nur noch auf die Industriefotografie konzentriert.

Was fasziniert dich?

Diese drei Monate Fotografie von Referenzobjekten, es waren große bis sehr große Maschinen, haben mir eine andere Welt gezeigt. Ich war natürlich schon vorher in Betrieben, aber dieser Job kam einfach zur rechten Zeit.

Ich fühle mich wohl in der Welt der Industrie. Ich mag die Menschen, die Locations, die Technik. Und es ist so unglaublich vielfältig. Wenn du denkst, du hast alles schon gesehen – von wegen!

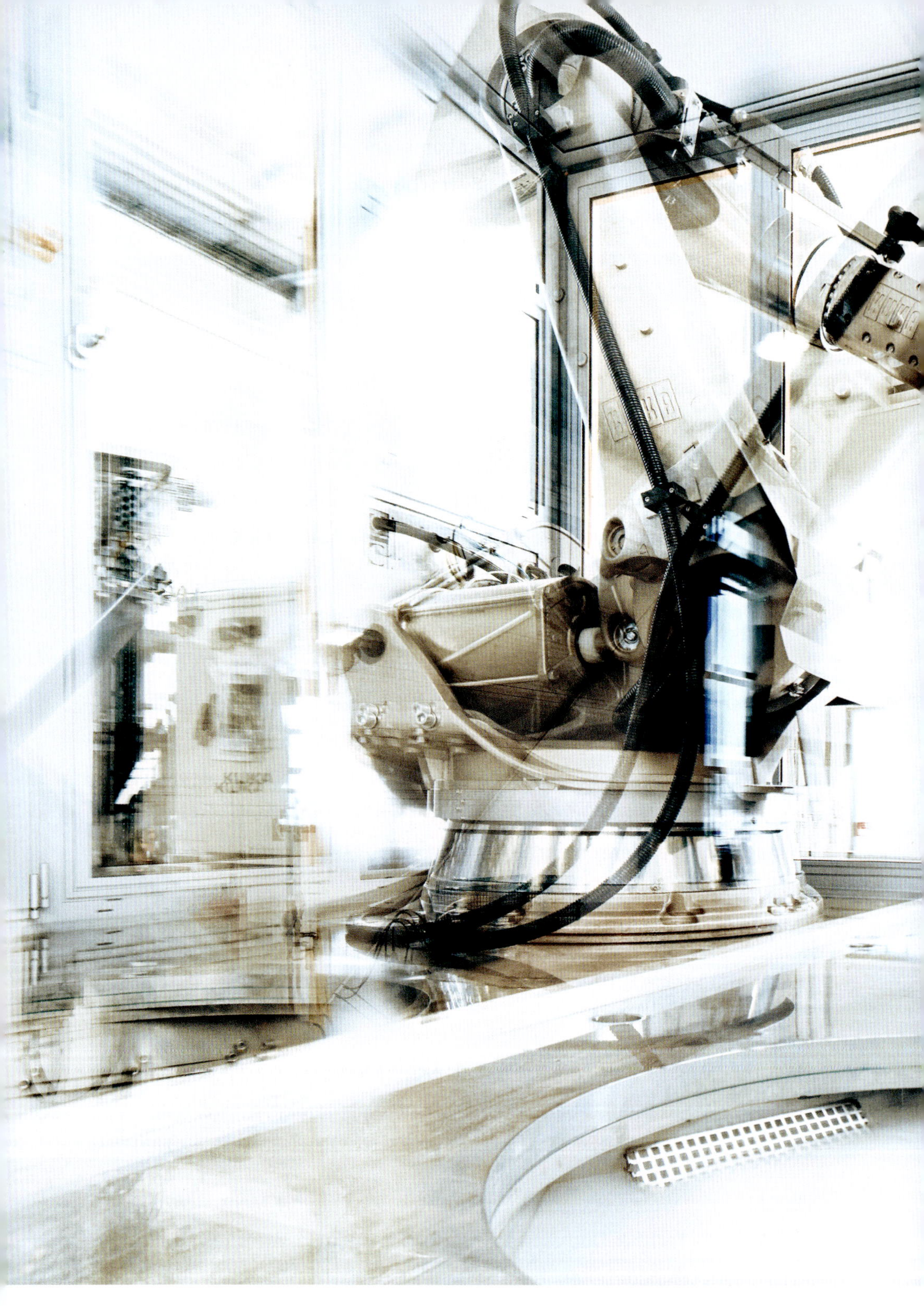

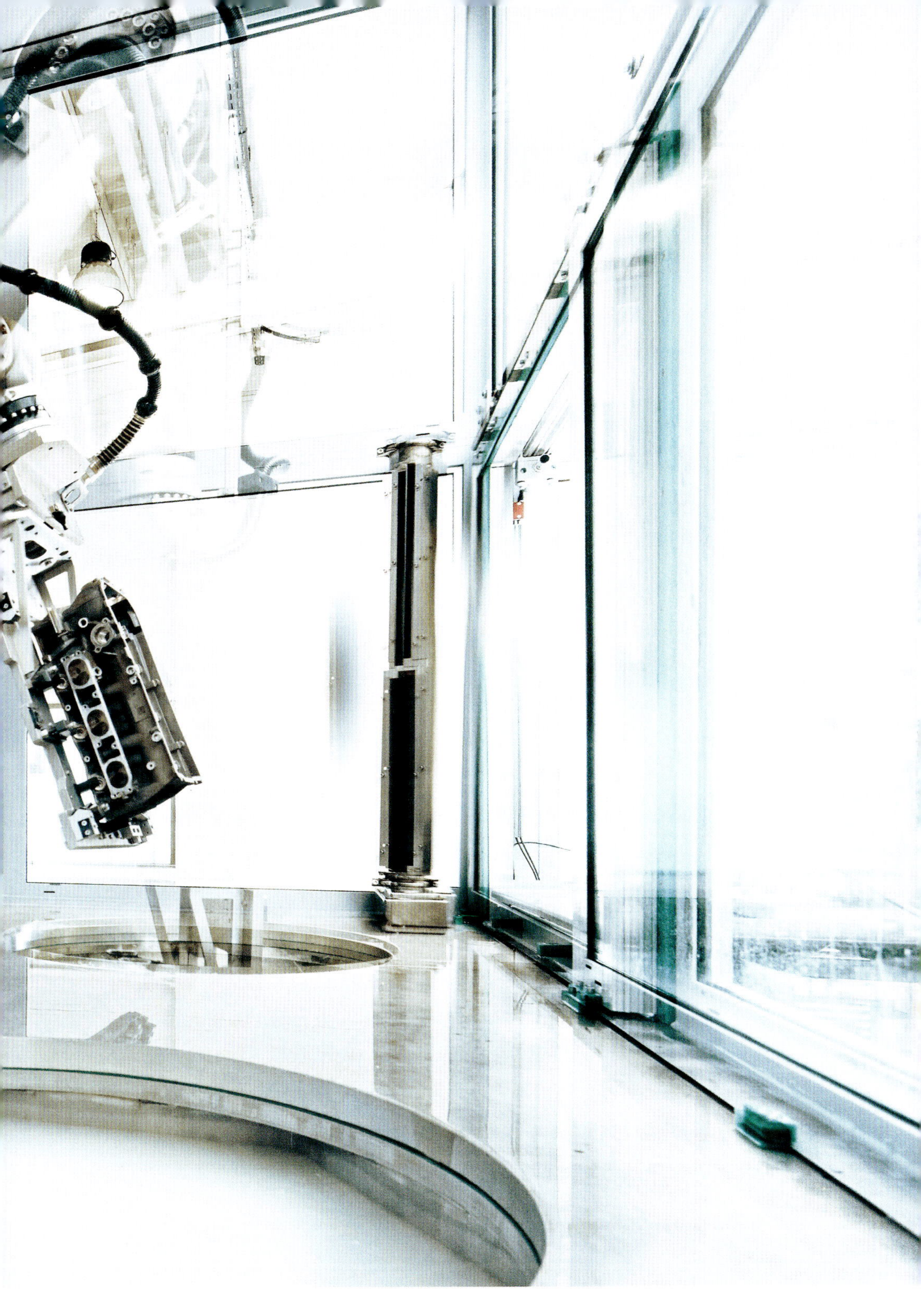

Hierbei handelt es sich um eine Waschanlage für Motoren, die gerade aus dem Gusswerk kommen. Aufgabe war eigentlich, in einem kurzen Video die Abläufe zu zeigen. Ich fand das aber ziemlich spannend und habe deshalb auch Fotos gemacht. Rein vom Aufbau etwas kritisch, ich hocke auf einem wackeligen Gerüst in drei Metern Höhe und fotografiere durch eine Glasscheibe.

Es kam zum Beispiel irgendwann die Begegnung mit dem Medizinbereich und die spannende Frage: „Kann ich eine OP fotografieren, oder kippe ich um?“

Nein, tue ich nicht, auch eine Darm-OP bringt mich nicht aus der Fassung, sondern ich finde es super interessant. Oder Forschung – manche Labors sind so vollgestopft mit irgendwelchen Dingen, da muss man die Motive wirklich suchen. Stahlwerke, das erste Mal einen Hochofen sehen, das ist schon was. Und dann die fotografischen Probleme, flüssiges Metall etwa ist echt hell, also mal so richtig hell! Da Fotos zu machen, ist eine echte Herausforderung, in Schutzkleidung, du siehst nichts, es ist irre heiß und laut, da kann man nichts wiederholen: Ich finde es toll.

Dazu kommt noch ein Aspekt, der mir gut gefällt. Fotografie in diesen Bereichen kann auch eine körperliche Herausforderung sein. Es wird viel gelaufen, gekniet und gekrochen, schwindelfrei sein ist Voraussetzung, Lärm gehört dazu, und von eiskalt bis richtig heiß ist alles dabei. Ich kann das gut ab und mag es halt auch. Es sind ja ungewöhnliche Erfahrungen, wenn man einen glühenden 50-Tonnen-Block fotografiert, die Hitzestrahlung ist gewaltig. Abends bin ich körperlich geschafft und mental glücklich. Zusammengefasst: Ich liebe es einfach.

Erzähle mir was über deine Arbeitsweise

Natürlich hängt es vom Auftrag ab, aber die meisten meiner Produktionen laufen ähnlich ab. Wenn möglich, das heißt, wenn der Kunde in vernünftiger Entfernung zu meinem Standort ist, mache ich einen Location-Check mit dem Kunden zusammen. Wir schauen uns Werk, Labor, Produktion etc. an und sprechen über Motive. Der Kunde hat vielleicht Vorstellungen, ich schau, ob das geht und was man eventuell vorbereiten muss. Das macht das eigentliche Shooting leichter, klappt aber halt nicht immer.

Ist die Location zu weit weg, starte ich erst mal mit einem Rundgang durch das Werk.

Die Fotografie richtet sich immer nach den Produktionsabläufen, niemand hält die Produktion an, nur weil der Fotograf da ist. Es ist mir auch am liebsten, wenn alles so läuft, wie es immer ist. Meine Fotografie habe ich gerne authentisch und lebendig. Inszenierungen finde ich so lala. Ich habe auch lieber echte Mitarbeiter vor der Kamera als irgendwelche Models.

Das kommuniziere ich auch bei einer ersten Besprechung mit dem Kunden, und meist sehen meine Kunden das genauso.

Es gibt aber auch Kunden, die sagen einfach: Mach mal. Ein Auftraggeber aus Österreich etwa schickt nur eine Mail mit Adresse und dem Satz: „Bitte durchfotografieren." Der Rest ist dann meine Sache, ich finde das wunderbar, der Kunde setzt großes Vertrauen in mich, besser geht es ja nicht mehr.

Wie fotografierst du?
Ich versuche, es möglichst einfach zu halten. Meine Ausrüstung besteht aus einem Koffer mit dem Kamerasystem, einem Koffer mit einem MacBook, einem Koffer mit Zubehör wie kleinen LEDs, Akkus und Ministativen. Zur Not komme ich mit einer Kamera und einem 24-70 mm aus, mach ich aber nicht. Licht brauch ich nur sehr selten, ich versuche, das Vorhandene zu nutzen.

Dazu gibt es eine nette Geschichte. Ich war bei einer großen Firma in Frankreich, um dort in den Labors neue Technologien zu fotografieren. Morgens um acht Uhr, die Labors hässlich, alt und langweilig, nur die Technik halt super neu. Ich habe rumprobiert, es war das erste Shooting für den Kunden an dieser Location, die Erwartungen waren hoch. Auch meine. Aber erst mal entstand nur Mist, und hinter mir standen immer drei Franzosen mit verschränkten Armen und skeptischem Blick. Dann habe ich gebeten, das ganze Licht abzuschalten. Das eigentliche Sujet, ein Nietroboter, hatte eine kleine LED eingebaut. Ich hatte eine Hasselblad dabei, es war völlig

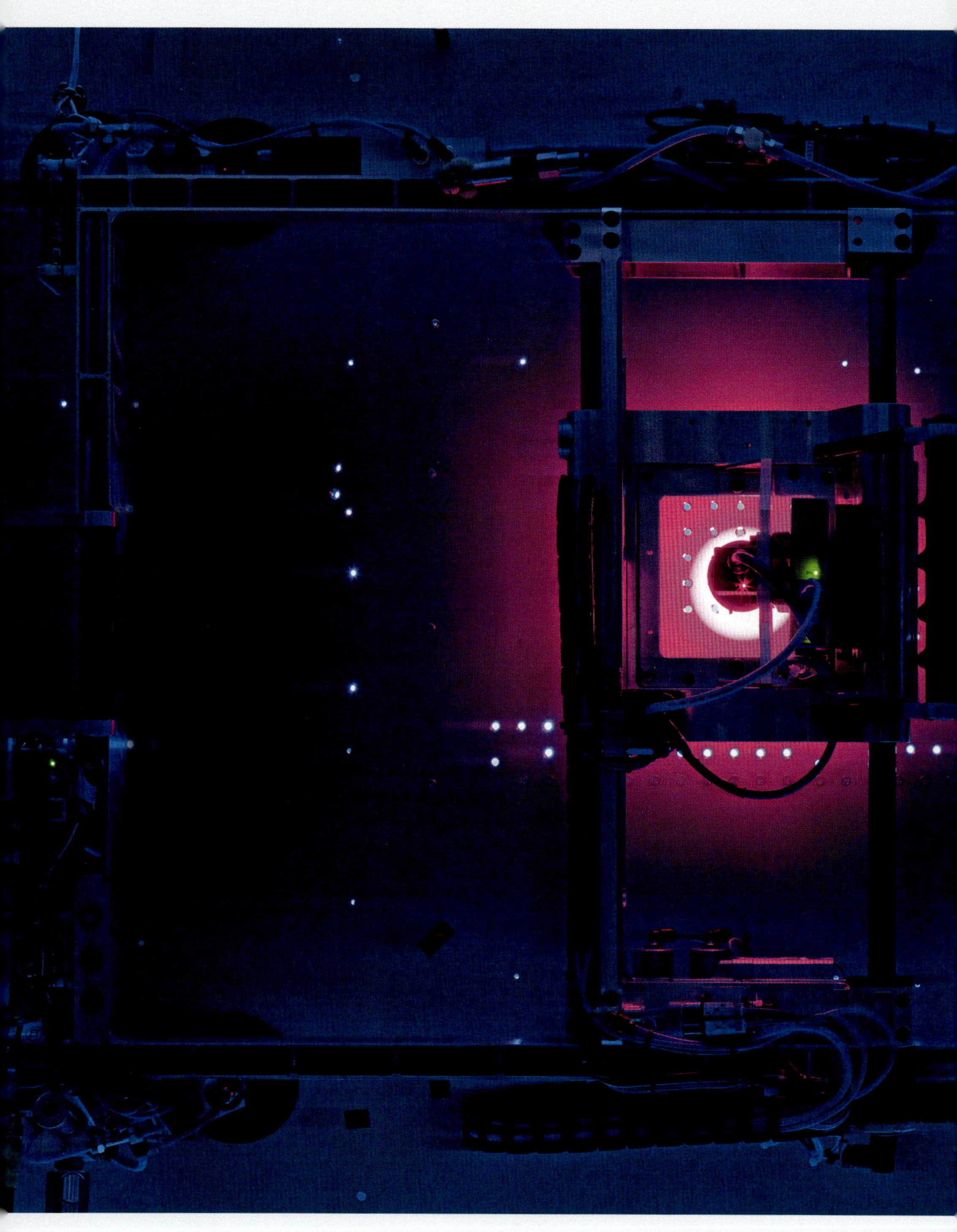

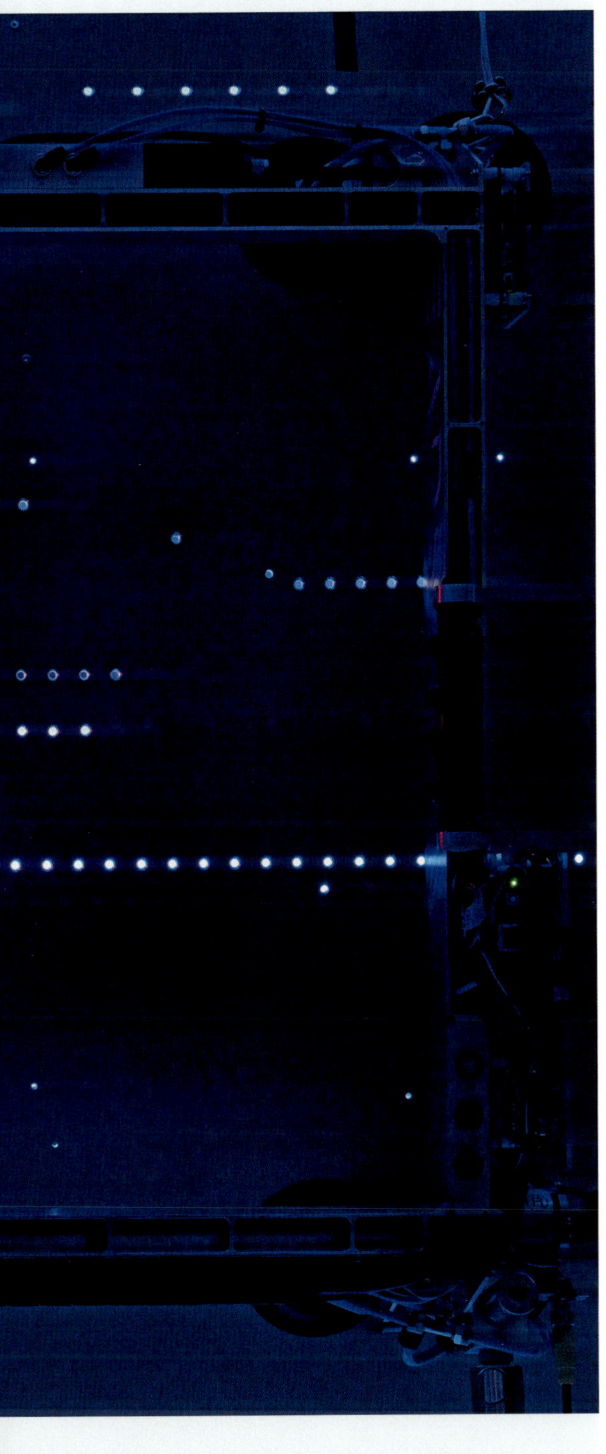

dunkel, ich belichtete 30 Sekunden. Und dann – zack –, das Bild erschien im Rechner, die LED und ein durchschimmerndes Notlicht waren die einzigen Lichtquellen, und es sah fantastisch aus. Die drei Herren waren begeistert, ich sehr erleichtert, und dass ich ein Superfotograf bin, hatte sich sofort im ganzen Gebäude herumgesprochen …

Oje, jetzt waren die Erwartungen noch größer!

Langzeitbelichtung eines Nietroboters mit nur zwei Lichtquellen: einer kleinen LED und einem durchschimmernden Notlicht.

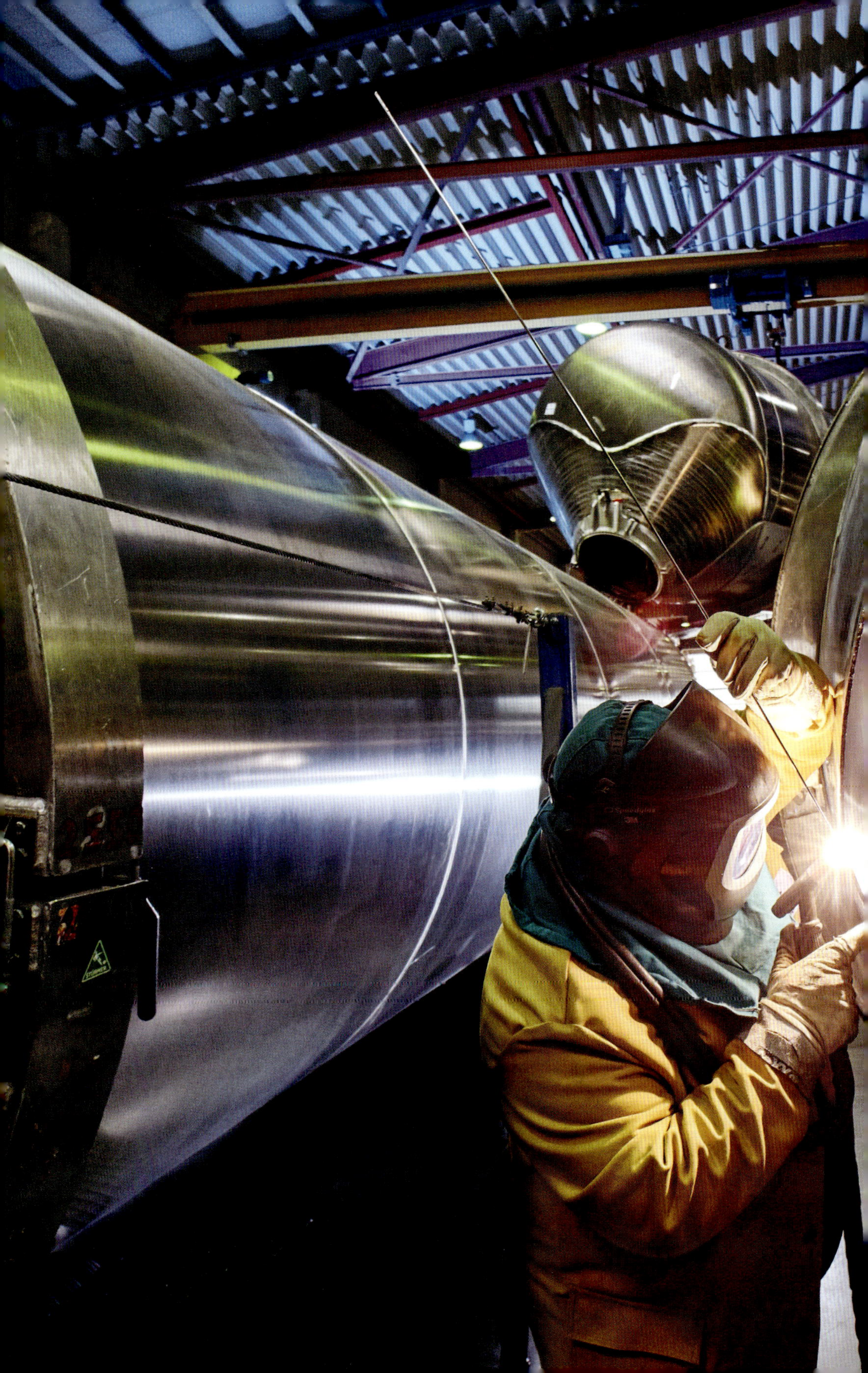

7 KLEINE BILDBEARBEITUNG

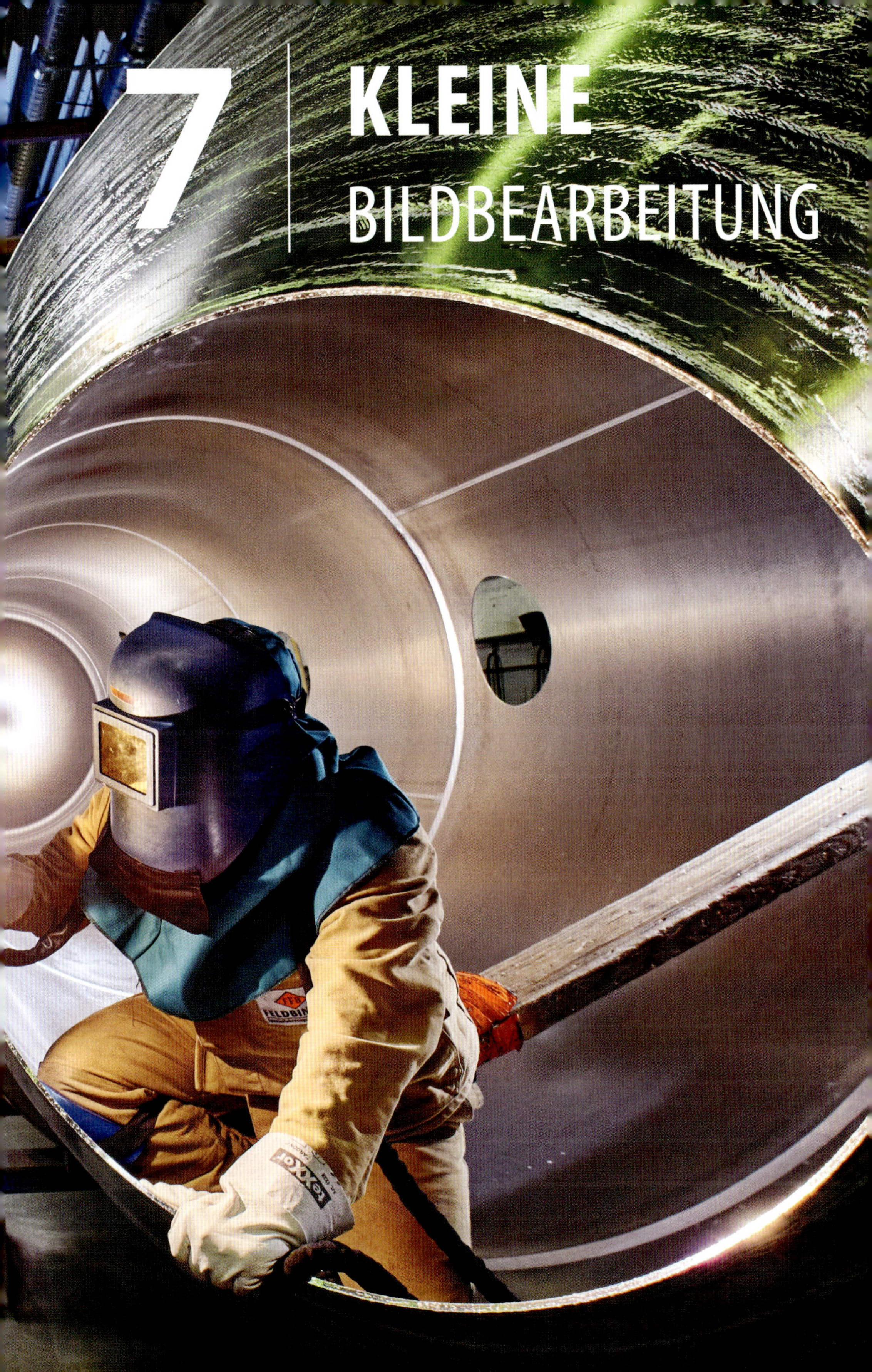

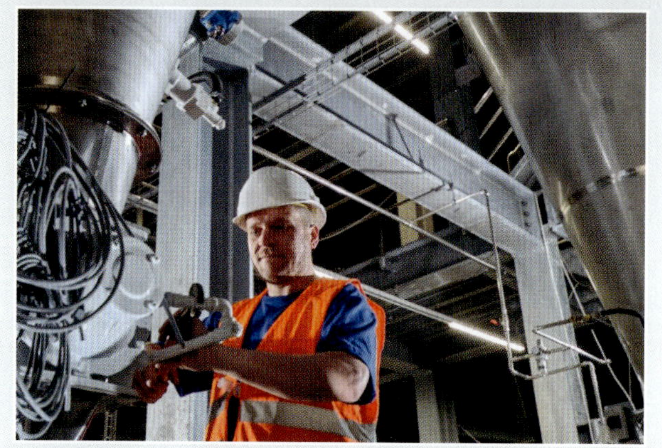

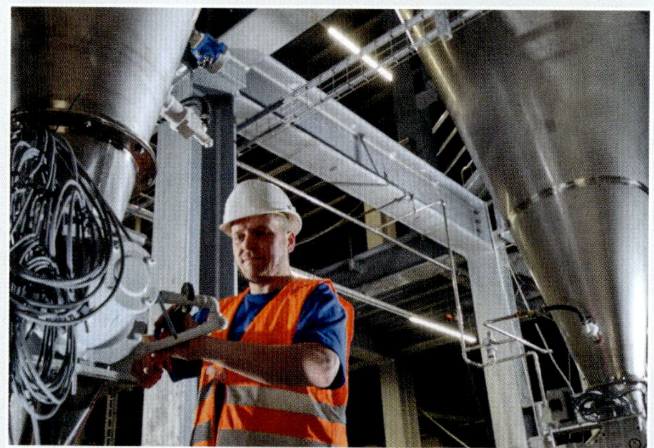

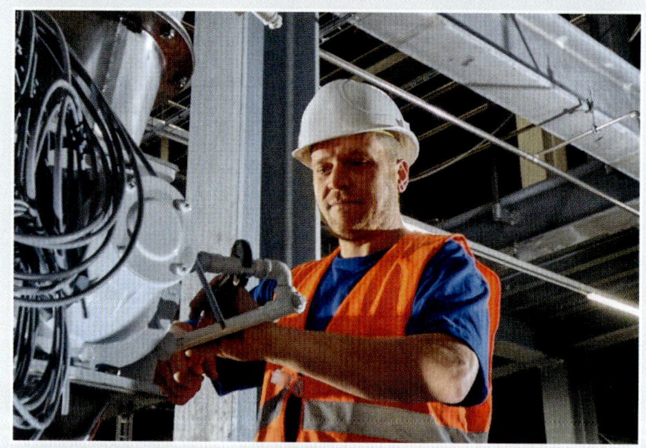

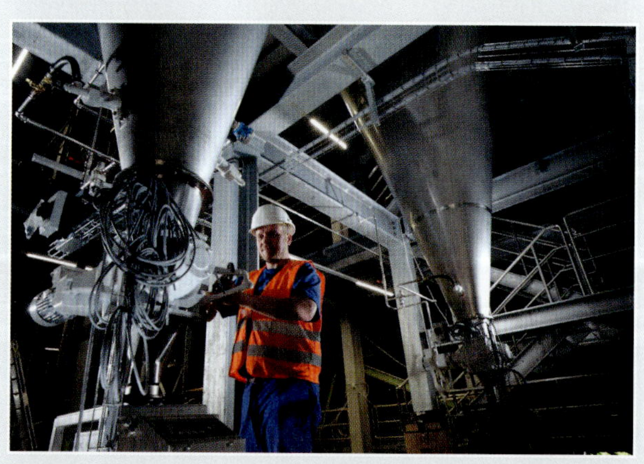

7

Kleine Bildbearbeitung

Meine Werkzeuge

Ich bin eigentlich ein Bildbearbeitungsmuffel. Grundsätzlich finde ich es zwar großartig, was man heute mit modernen Tools wie Affinity Photo, Adobe Photoshop, Lightroom CC oder Capture One Pro alles anstellen kann. Aber eigentlich habe ich viel mehr Lust, meine Zeit in Werkshallen oder Labors – wahlweise gern auch auf der Couch oder im Café – zu verbringen statt bildbearbeitend vor dem Computerbildschirm.

Unsere Philosophie ist darauf ausgerichtet, das Bild on location schon möglichst so gut ausgearbeitet zu haben, dass nur noch wenig Bildbearbeitung nötig ist. Wir setzen daher mit viel Akribie Licht, räumen bei Bedarf das Setting auf oder gestalten es um und versuchen auch sonst alles, um aufwendige Nacharbeiten wie zum Beispiel Retuschen am Rechner zu vermeiden.

Das spart übrigens nicht nur Arbeit, sondern ist auch wirtschaftlich und unternehmerisch ein sinnvolles Vorgehen. Wenn der Kunde sieht, wie viel Mühe man sich mit der Lichtsetzung und der Ausgestaltung des Motivs macht, nimmt er das immer wohlwollend zur Kenntnis – und bezahlt auch ohne zu klagen die Zeit, die dafür notwendig ist –, während stundenlange aufwendige Bildbearbeitung ja auch honoriert werden müsste, aber schwieriger zu kommunizieren ist.

Das Ausarbeiten eines Motivs mit klassischen fotografischen Methoden signalisiert darüber hinaus: Der Fotograf macht etwas, das der Kunde mit seiner Spiegelreflex oder seinem Mobiltelefon auf keinen Fall selbst hinbekommen hätte: Er kann einfach kein Licht setzen. Und damit werden die Ausgaben für den Fotografen schon beim Fototermin quasi gerechtfertigt, beim Kunden stellt sich schnell das gute Gefühl ein, auf das richtige Pferd gesetzt zu haben.

Das gilt vor allem dann, wenn man dem Kunden vor Ort bereits die Bilder zeigen kann. Am besten eindrucksvoll groß auf einem iPad oder einem Laptop – die Fotos, die als JPEG aus der Kamera kommen, sehen bei sorgfältiger Umsetzung bereits so gut aus, dass dem Kunden im Idealfall schon jetzt „die Spucke wegbleibt", und man muss nicht dauernd sagen: „Das mache ich noch alles schön, später in der Bildbearbeitung."

Und noch ein Vorteil fällt mir ein. Da die Bilder bereits sehr fertig aussehen, kann der Kunde auch leichten Herzens die Motive absegnen. Er weiß ja schon, was er bekommen wird!

Trotzdem findet natürlich auch bei uns eine Bildbearbeitung statt, das Potenzial, das darin liegt, sollte nicht ungenutzt bleiben. Die Bildbearbeitung findet dabei zu mindestens 95 % im RAW-Konverter statt, in meinem Fall ist das Capture One Pro aus dem Hause Phase One. Ursprünglich von Apple Aperture kommend, habe ich mich für den Wechsel zu Capture One entschieden, als absehbar war, dass Apple sein sehr gutes Bildbearbeitungsprogramm nicht weiterentwickeln würde. Nach etwas Einarbeitungszeit bin ich mit Capture One jetzt sehr zufrieden, zumal es seit geraumer Zeit auch Fujifilm-Daten exzellent unterstützt.

Für feinere Arbeiten nutze ich seit einiger Zeit Affinity Photo. Das vom britischen Hersteller Serif als Photoshop-Alternative platzierte Programm ist schon in der frühen Version 1.7.2 so umfangreich und erscheint mir so ausgereift, dass ich auf nichts verzichten muss, wenn ich Retuschen durchführe, mal einen Bildteil entferne oder etwas aus einer anderen Datei einkopiere.

Bildorganisation

Capture One verfügt über zwei unterschiedliche Möglichkeiten, Bilder zu bearbeiten. Die eine besteht darin, in sogenannten Sessions zu arbeiten, die andere präferiert das Importieren der RAW-Dateien in einen zentralen Katalog. Bei den Sessions werden die Bildbearbeitungsinformationen in einem Unterverzeichnis des jeweiligen Ordners in Form einzelner Protokolldateien gespeichert, während bei der Arbeit im Katalog diese in einer zentralen Datenbank gespeichert werden. Beide Verfahren haben spezifische Vorteile.

Persönlich bevorzuge ich einen hybriden Workflow, das heißt, ich bearbeite die entstandenen RAW-Dateien zunächst in einer Session und importiere dann die RAWs in den zentralen Katalog, wobei die vorgenommenen Bearbeitungsschritte mit übernommen werden. Der Nachteil dieses Verfahrens: Es werden je Produktion einige Hundert Megabyte zusätzliche Daten erzeugt. Und der Vorteil? Den erläutere ich am besten an einem Beispiel:

Nehmen wir an, ich bin zwei Tage überregional für einen Kunden tätig. Am ersten Tag entstehen 567 RAW-Dateien. Abends im Hotel kopiere ich diese Daten auf meinen Laptop und sichte das Material. Das geschieht mithilfe der sogenannten Session. Dabei navigiere ich in Capture One einfach zu dem jeweiligen Ordner und lasse mir die Bilder anzeigen. Das Programm erzeugt Vorschaudateien, danach kann ich flott mit den Fotos arbeiten und die Bildbearbeitung vornehmen.

Meist schaffe ich es, die Tagesproduktion am gleichen Abend noch fertig zu bearbeiten – das ist effektiv und verkürzt den Abend im Hotel angenehm. Am nächsten Tag wird natürlich weiterfotografiert und dann irgendwann die Heimreise angetreten.

Zu Hause angekommen, bin ich in der angenehmen Lage, bereits die Hälfte der Produktion fertig zu haben. Ich kopiere nun die Daten vom Laptop inklusive der Bearbeitungsinformationen auf den Server – und natürlich auch die Daten des zweiten Produktionstags. Hier ist nun zunächst wieder die Bildbearbeitung fällig, die ich ebenfalls in einer Session vornehme. Anschließend importiere ich die Gesamtdaten in die zentrale Datenbank und sortiere sie dort systematisch ein.

Als Schema verwende ich folgendes Prinzip:

Auftragnehmer → Kundenname → Produktionsdatum/Bezeichnung → TagX → Kamera

Im Klartext könnte das zum Beispiel heißen:

Ahrens+Steinbach-Projekte → Müller_AG → 190401_Kampagne-Personalgewinnung → Tag1 → XT-3

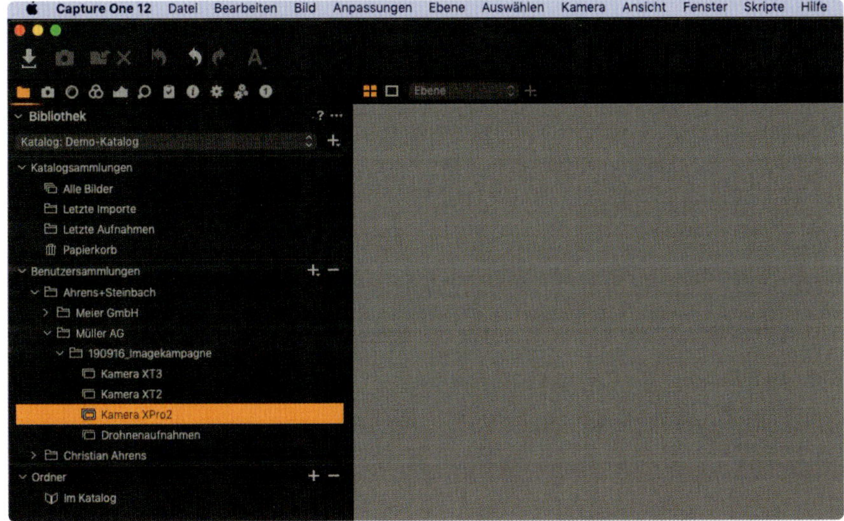

Die Datenorganisation in Capture One bildet im Prinzip die Ordner ab, in denen die RAW-Daten gespeichert sind.

Nun könnte ich theoretisch die Bildbearbeitungsdaten aus den Sessions löschen und so wieder etwas Speicherplatz freigeben. Das tue ich aber nicht, sondern bewahre diese Informationen auf – wer weiß, ob ich mir nicht einmal die zentrale Datenbank zerschieße oder was auch immer passieren mag. Mit den Session-Informationen kann ich Bearbeitungsschritte auf jeden Fall wiederherstellen, was mir ein zusätzliches Gefühl der Sicherheit gibt.

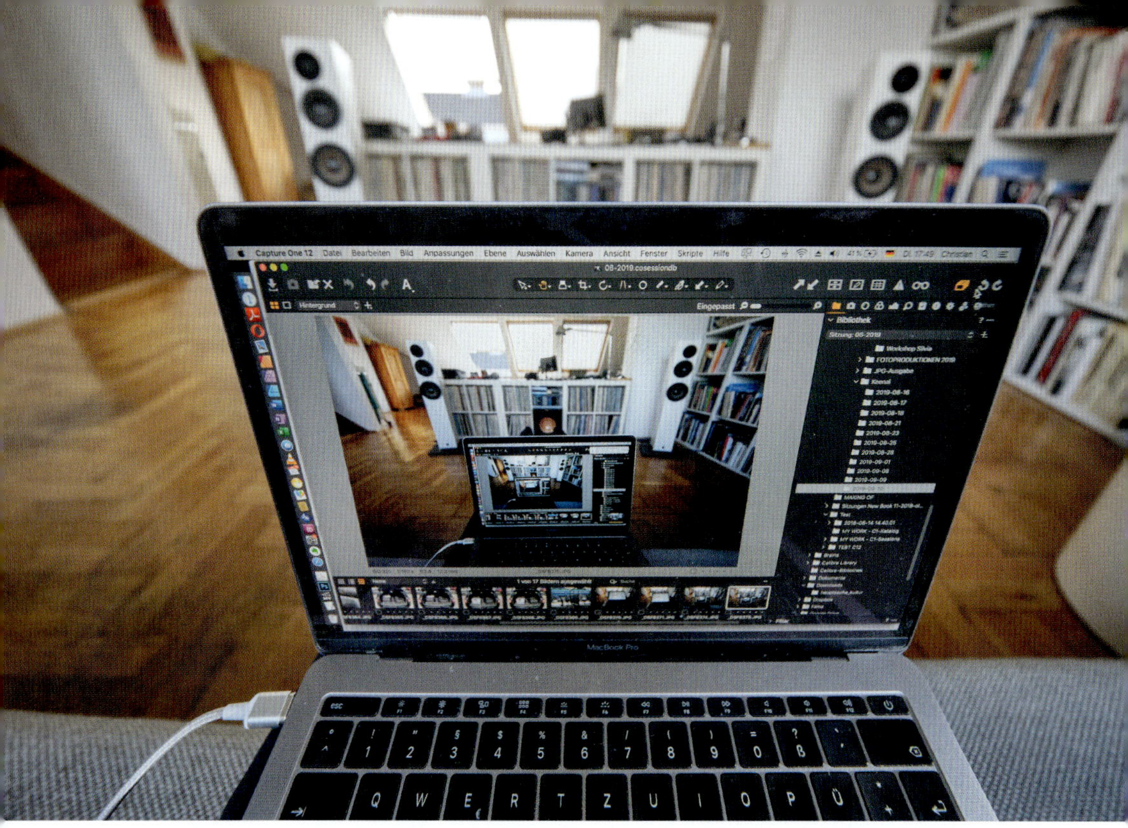

Zugegeben: Ein Laptop verfügt in der Regel nicht über einen High-End-Bildbearbeitungsmonitor, aber die Qualität ist heute so gut, dass Bildbearbeitung damit absolut möglich ist. Dies umso mehr, da wir in unserer Fotografie in der Regel nicht farbverbindlich arbeiten müssen.

Das Verfahren hat übrigens noch einen Vorteil. Wenn ich nach meiner Rückkehr vom Job zum Beispiel keine Lust habe, mich an den großen Rechner zu setzen, sondern lieber vom Sofa aus arbeiten will, schließe ich meinen Laptop an ein dorthin verlegtes Ethernet-Kabel an, logge mich auf dem Server ein und navigiere mit Capture One zu dem entsprechenden Session-Ordner. Dort kann ich dann die Bilder bearbeiten, die Informationen werden auf dem Server gespeichert, und ich kann die Fotos des zweiten Tags anschließend in den zentralen Katalog importieren. Würde ich immer mit dem Katalog arbeiten, wäre ich gezwungen, die Fotos am Schreibtisch zu bearbeiten.

RAW-Konvertierung

Ich habe es ja schon gesagt, dass ich ein Bildbearbeitungsmuffel bin. Am liebsten wäre es mir, wenn ich nach dem Editing, also nach der Bildauswahl schon fertig wäre. Okay, das ist mit RAW-Dateien nicht zu machen, und natürlich gilt es das eine oder andere Potenzial zu heben, also dann mal los. Maßgabe bei mir ist, dass es schnell gehen darf!

Das Wichtigste ist natürlich, dass man schon gut belichtete und sauber ausgearbeitete Fotos hat. Gehen wir davon aus, dass das so ist. Was passiert jetzt?

Fotos einlesen

Nach dem Einlesen der Bilder sortiere ich erst mal alle Fotos nach *Datum* und wähle anschließend die Option *absteigend*. Das hat zur Folge, dass mir das jeweils letzte Foto zum Beispiel einer Tagesproduktion als Erstes angezeigt wird, ich arbeite das Material also „von hinten" auf. Warum? Weil ich dann die Bilder zuerst angezeigt bekomme, bei denen die Arbeit mit dem Protagonisten, die Lichtsetzung etc. am meisten fortgeschritten waren. Zu Beginn der Arbeit an einem Motiv wird in der Regel viel herumprobiert, die Perspektive ausprobiert, das Licht gesetzt etc.

Ich gehe davon aus, dass die besten Bilder eher bei den letzten als bei den ersten zu finden sein werden. Daher arbeite ich sie in dieser Reihenfolge ab. Lande ich dann irgendwann bei den ersten Versuchen, weiß ich meistens, dass die Bearbeitung dieses Motivs damit auch als abgeschlossen gelten kann, denn weiter vorne wird sich in der Regel nichts Brauchbares mehr finden. Exemplarisch stelle ich meine Bildbearbeitung im Folgenden anhand eines typischen Beispiels vor.

Wir sehen eine Arbeitsszene bei unserem Kunden Fuchs & Hoffmann in einer technischen Anlage, die gerade montiert wird. Das Foto wurde vor Ort mit Blitzunterstützung realisiert, das vorhandene Licht (Neonlampen)

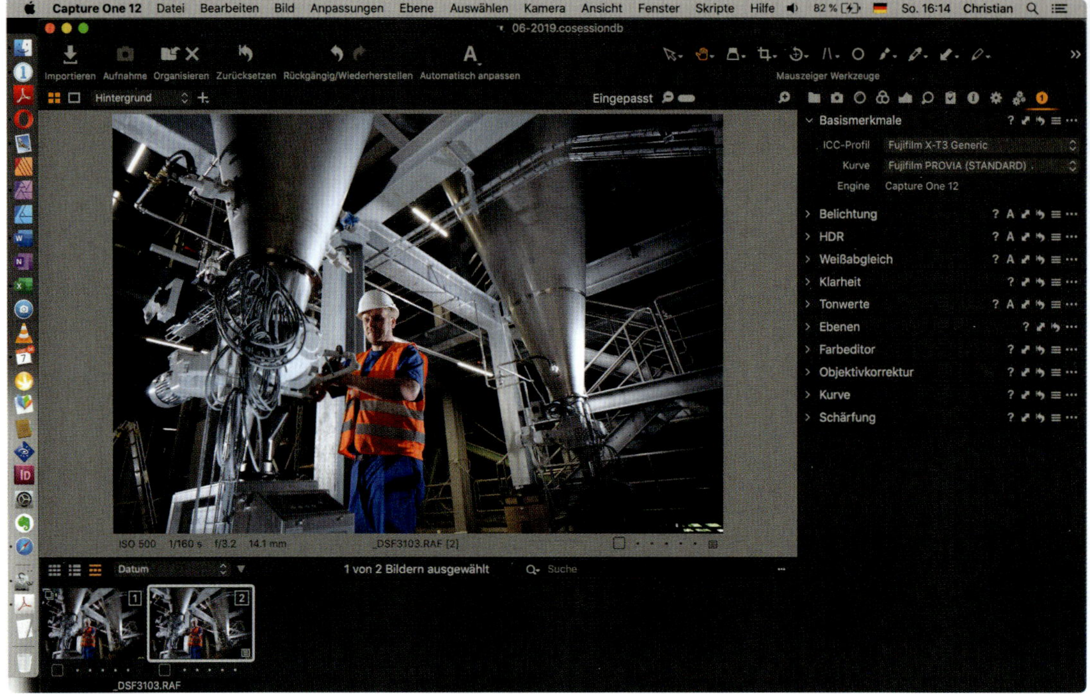

Das eingelesene Foto im Arbeitsfenster von Capture One 12.

wurde etwas unterbelichtet. Capture One zeigt das Foto kontrastreich und mit einem leichten Blaustich an – eine Folge des bei der Aufnahme in der Kamera bewusst verschobenen Weißabgleichs.

Capture One hat beim Einlesen der Dateien erkannt, dass ich in der Kamera die sogenannte Filmsimulation für die JPEG-Dateien auf *Provia* eingestellt habe – entsprechend simuliert Capture One diese Filmsimulation auch bei der Anzeige der unbearbeiteten RAW-Datei. Für mich ist das fast immer ein guter Ausgangspunkt – mit schönen Farben und guten Hauttönen.

Komfortabler arbeiten

Im RAW-Konverter habe ich mir übrigens ein eigenes Menü angelegt („1“), das alle Tools enthält, die ich in der Regel nutze. So muss ich nicht zwischen den verschiedenen Registern wechseln, um beispielsweise Objektivkorrekturen oder Ebenen aufzurufen.

Belichtung prüfen

Zunächst kümmere ich mich um die Belichtung. In diesem Fall gibt es daran nichts großartig zu verändern. Die Kurve zeigt eine gute Tonwertverteilung zwischen Lichtern und Schatten an.

Standardmäßig lasse ich Capture One aber eine Tonwertoptimierung vornehmen. Diese Funktion habe ich auf eine Tastaturkombination gelegt, ich könnte Sie aber auch mit einem Klick auf das *A* für Automatisch bei den Tonwerten abrufen. Im aktuellen Beispiel ändert sich praktisch nichts. Bei flauen oder unterbelichteten Motiven würde die Automatik für eine sinnvolle Tonwertspreizung sorgen und ein knackigeres Bildergebnis ermöglichen.

Tiefen und Lichter anpassen

Hier gibt es erstmals richtig was zu tun: Ich hebe die Tiefen etwas an und schiebe kräftig am Regler für die Lichter. Als Folge wird das Bild besser durchgezeichnet, und die leichte Überbelichtung auf dem rechten Behälter geht deutlich zurück. Das ist gut überprüfbar im Menü *Kurve*, jetzt wird nur noch ein minimaler Lichter-Peak ganz rechts angezeigt.

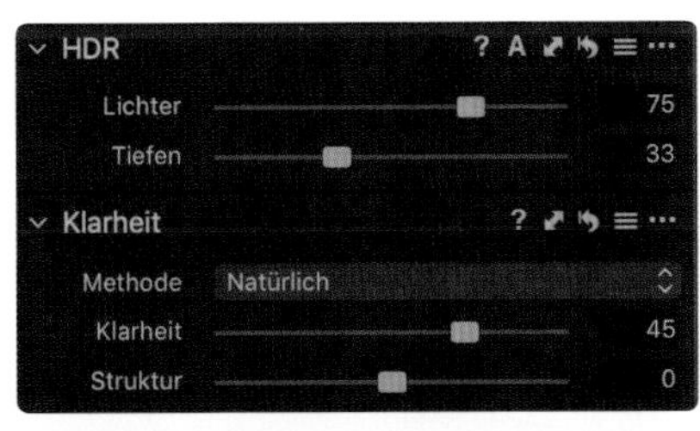

Die Tiefen leicht anheben und die Lichter besser durchzeichnen.

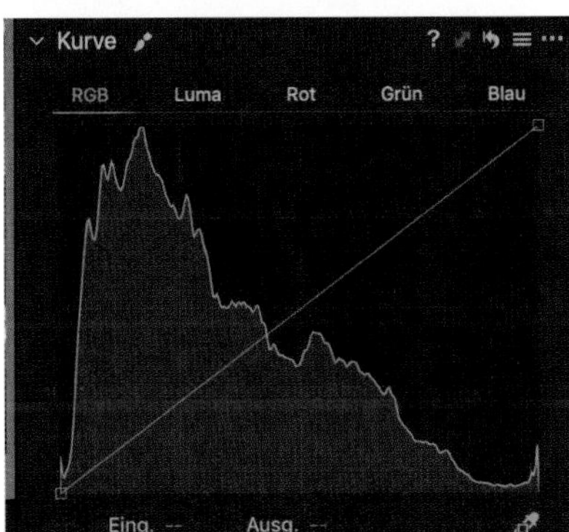

Einstellungen mit der RGB-Kurve kontrollieren.

Klarheit anheben

Das Bild wird dadurch aber auch etwas flauer. Um den knackigen Eindruck wiederherzustellen, hebe ich die *Klarheit* nach Gefühl an. Jetzt gefällt es mir wieder! Am Weißabgleich ändere ich erst mal nichts, ich will ja die technisch kühle Anmutung des Bilds erhalten.

Maskieren mit Ebenen

Etwas zu tun gibt es aber mit den Ebenen. Mich stört das grünbräunliche Licht, das in einigen Bildteilen (zum Beispiel rechts hinter dem Facharbeiter) sichtbar wird. Also erzeuge ich eine neue Ebene und male mit einem mittelgroßen Pinsel diesen Bereich aus. Anschließend nehme ich an geeigneter Stelle den braunen Farbton mithilfe der Pipette im Farbeditor *Erweitert* auf und entsättige ihn mithilfe des entsprechenden Reglers.

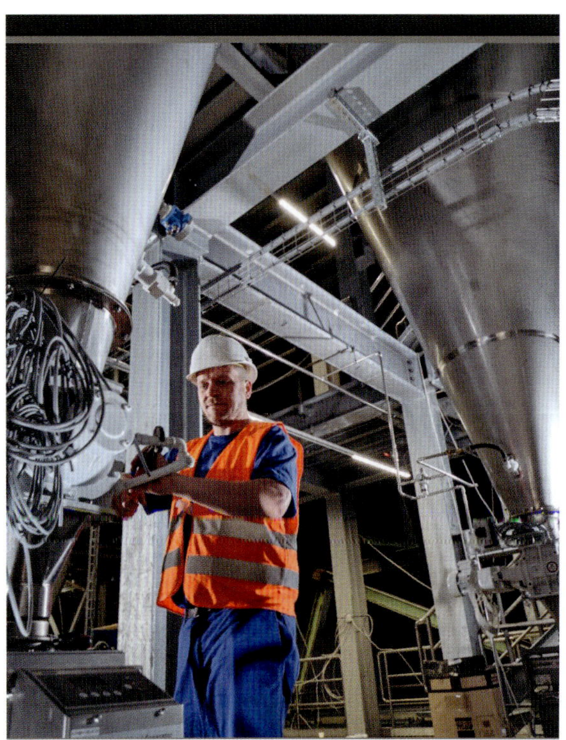

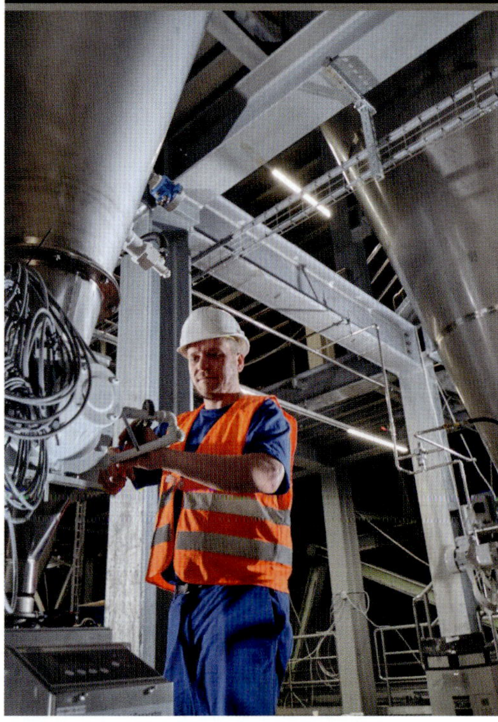

Links die original eingefangene Mischlichtsituation. Im rechten Bild ist die ockerbraune Farbgebung neutralisiert und passt sich viel besser in die gewünschte Lichtstimmung ein.

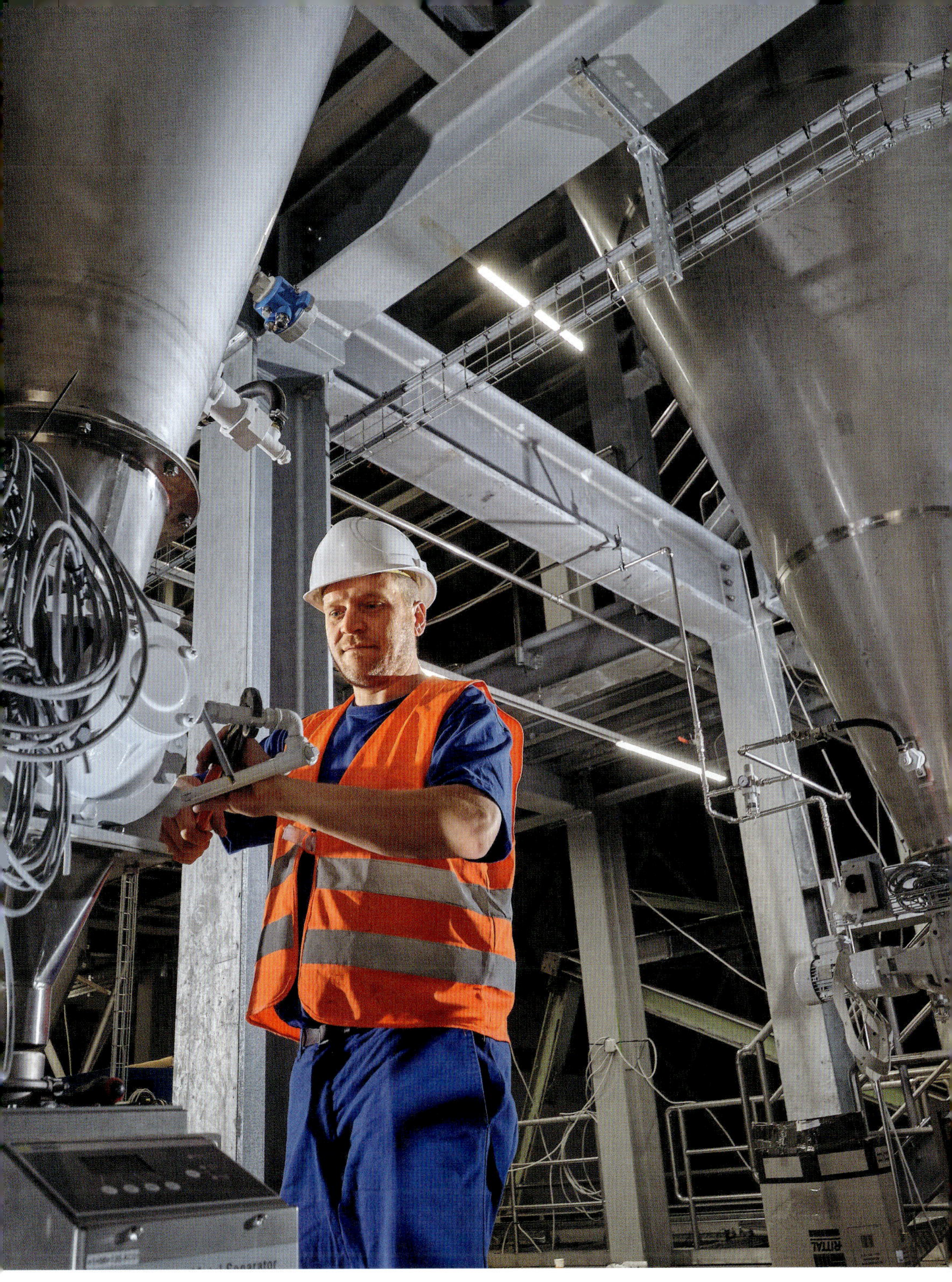

Das Ergebnis wirkt nun wesentlich natürlicher und gefällt mir so.

Der Unterschied ist eklatant: Das schmutzige Licht verschwindet und wird neutral grau. So passt es viel besser zum Sujet und zur vorherrschenden Lichtstimmung.

In diesem Fall gehe ich anschließend noch einmal in die Ebenen und lege eine neue an. Die Hauttöne bei diesem Bild sind aufgrund des bewusst verschobenen Weißabgleichs etwas zu magentastichig. Das möchte ich natürlicher haben und markiere daher Gesicht und Arme des Protagonisten. Anschließend verschiebe ich den Weißabgleich ein wenig in Richtung warm und reduziere den Magentaregler (siehe Seite 279).

Arbeitsschritte kopieren

Jetzt folgt noch ein wichtiger Schritt. Ich kopiere die bisherigen Arbeitsschritte, damit ich sie auch auf nachfolgende Bilder übertragen kann. Bei weiteren Varianten desselben Motivs wird es sogar noch viel schneller gehen, denn dann muss ich die vorab kopierten Bearbeitungsschritte lediglich mit einem Mausklick anwenden und kann sie so auf die nächsten Fotos superschnell übertragen.

Erst jetzt kümmere ich mich um das Ausrichten des Bilds und gegebenenfalls um eine Beschneidung.

Lediglich die Ebenen muss ich mir dann noch einmal anschauen und gegebenenfalls löschen, oder ich muss „nachmalen", wenn beim ersten Bild die selektierten Pixel nicht ganz mit den Varianten übereinstimmen – z. B. weil der Darsteller sich bewegt hat oder ich die Kameraposition verändert habe.

Und fertig: Obwohl mit zwei Ebenen sogar eine recht komplexe Bildbearbeitung stattgefunden hat, dauerte der ganze Vorgang nur knapp drei Minuten.

Was ist mit Photoshop?

Egal wie sehr ich die Philosophie des möglichst „fertigen Bilds" ohne viel Nachbearbeitung auch propagiere, nicht alles geht im RAW-Konverter – leider! Retuschen, das Entfernen von ungewünschten Bildteilen oder auch mal eine kleine Montage, dafür ist keiner der erhältlichen RAW-Konverter wirklich geeignet. Für derlei Zwecke habe ich lange eine Kaufversion von Photoshop genutzt, diese jetzt aber durch ein Konkurrenzprodukt ersetzt.

Seitdem absehbar war, dass das kommende Betriebssystem für meinen Mac keine 32-Bit-Software mehr unterstützen wird, habe ich daher umgestellt und bin beim britischen Hersteller Serif gelandet. Dessen „Affinity Photo" kann alles, was ich brauche (und viel mehr), kostet unter 50 Euro und ist eine sehr moderne und sehr schnelle Software.

Aber froh bin ich trotzdem, wenn ich das Programm erst gar nicht anwerfen muss!

Abo versus Kaufsoftware

Seit einigen Jahren propagieren einige Hersteller das sogenannte Software-Abo. Statt ein Programm zu kaufen und so lange zu nutzen, wie man möchte, erheben die Hersteller einen monatlichen Beitrag und ermöglichen so, dass man Software gewissermaßen mieten kann. Andere Hersteller hingegen bieten beide Varianten (oder auch nur die Kaufvariante) an und lassen den Kunden über Kauf oder Abonnement entscheiden.

Viele Benutzer haben gegenüber dem Abonnement Vorbehalte, sie fürchten die Abhängigkeit vom Hersteller und machen sich Sorgen, was mit ihren Dateien passiert, wenn sie sich irgendwann einmal entscheiden, zu einem anderen Anbieter zu wechseln.

Ich persönlich gehöre mehr zur Kauffraktion. Ich habe ein besseres Gefühl, wenn ich Software so lange nutzen kann, wie ich möchte bzw. wie sie auf dem jeweiligen Betriebssystem läuft. Im schlimmsten Fall könnte ich einen Betriebssystemstand „einfrieren" und auf einer eigenen Platte oder Partition jederzeit aktivieren. Ein wichtiges Argument ist auch die jeweilige Preisgestaltung. Am Ende des Tages zählt, was es einen kostet und was es einem wert ist. Wichtig ist aber in jedem Fall, dass man als Profi mit legaler Software arbeitet. Einen regelgerechten Umgang mit den Nutzungsrechten unserer Bilder erwarten wir ja auch von unseren Kunden; entsprechend sollten wir uns bei der Nutzung von Software verhalten, die im digitalen Zeitalter als Werkzeuge unverzichtbar ist.

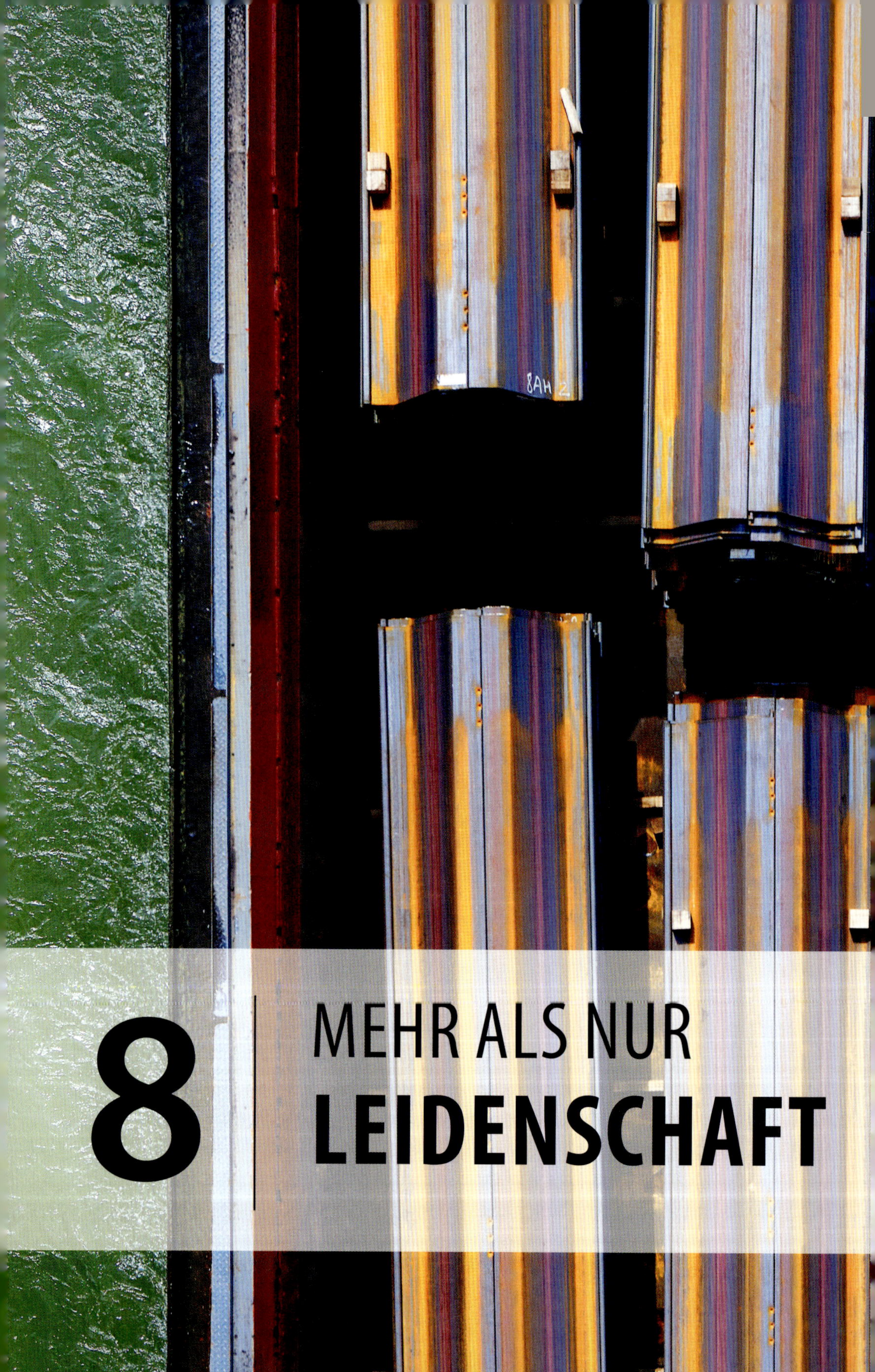

8 MEHR ALS NUR **LEIDENSCHAFT**

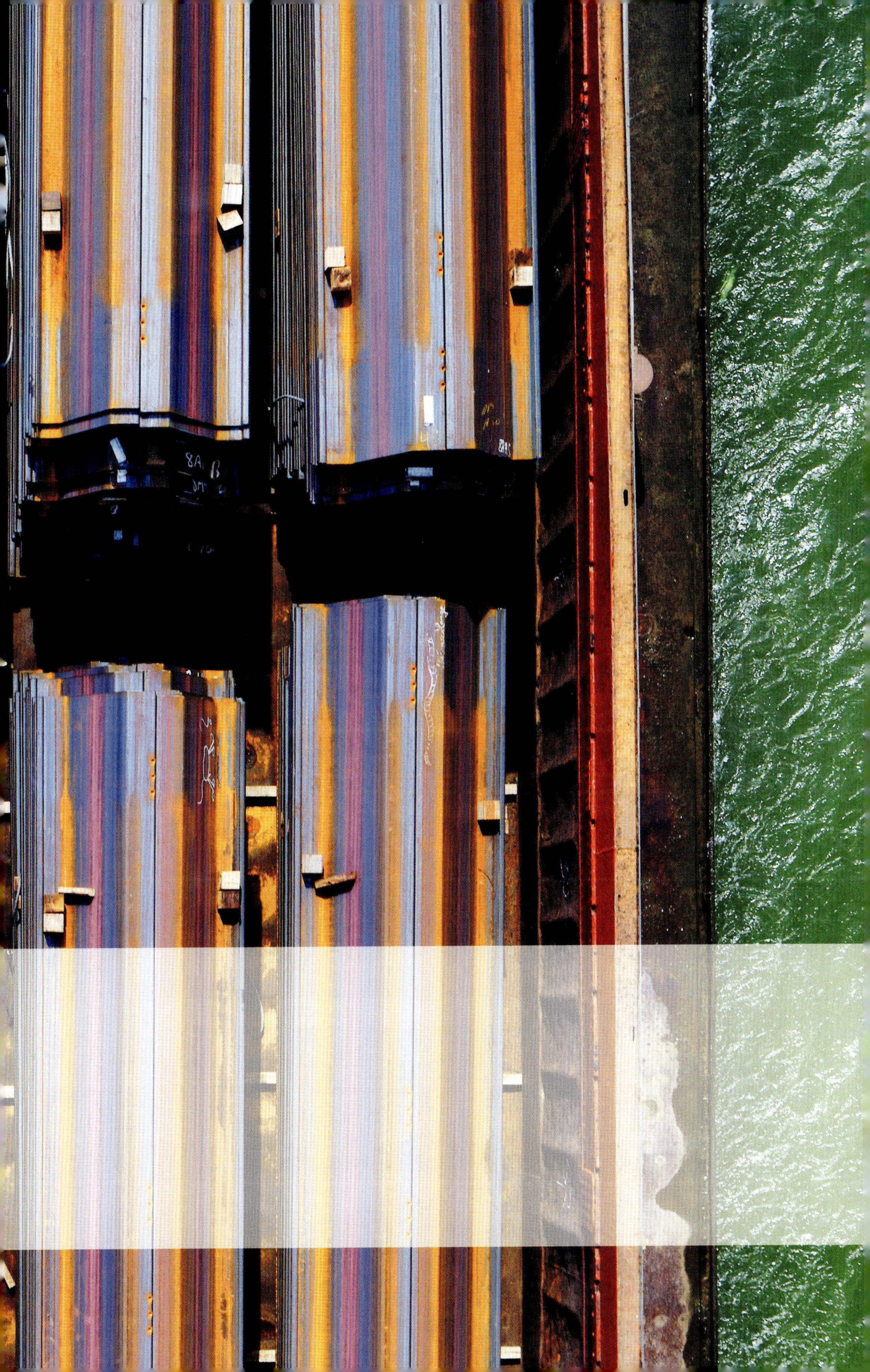

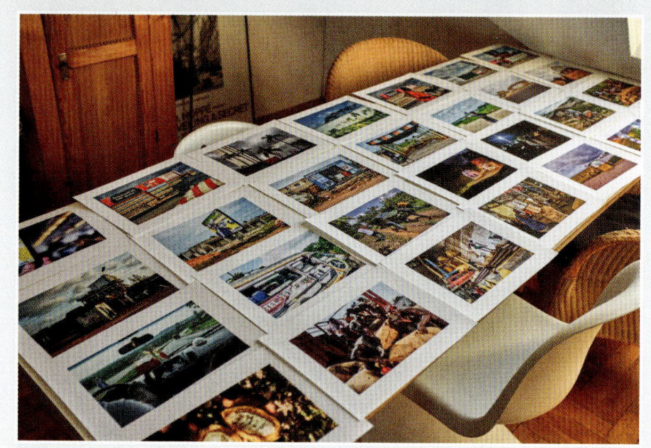

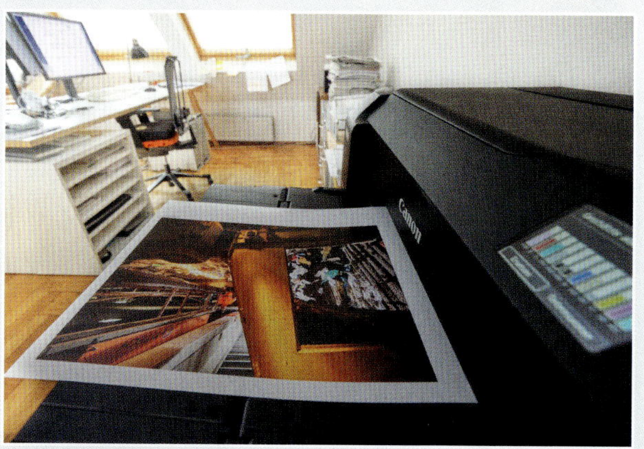
Canon

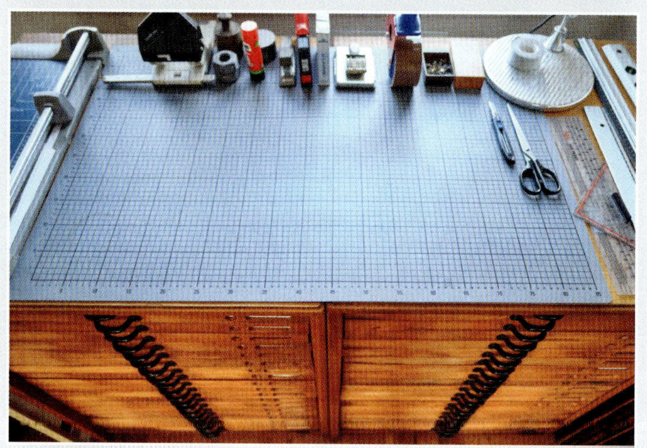

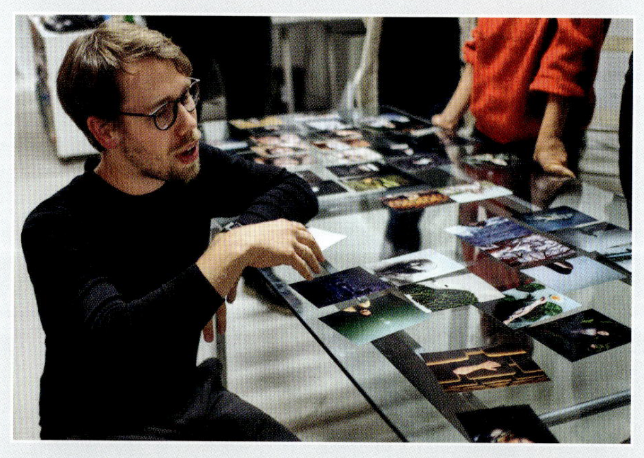

8

Mehr als nur Leidenschaft

Arbeiten im Atelier

Was dieses Kapitel nicht will, ist, Tipps zur Einrichtung eines Studios oder Ateliers geben. Was dieses Kapitel will, ist, darauf aufmerksam machen, dass Fotografie nicht nur eine Leidenschaft und/oder ein Beruf ist. Es ist ein Lebensgefühl und eine Lebenshaltung. So etwas drückt sich auch in dem Ort aus, in dem man lebt und arbeitet. Das ist bei jedem natürlich anders. Aber ich behaupte, dass es eigentlich bei jedem wichtig ist.

Über den Betrieb und das Lebensgefühl eines Fotostudios mit Hohlkehle, Lichtinstallation, Bildbearbeitung und Visagistenecke kann ich nichts sagen. So einen Raum habe ich noch nie gehabt, und ich habe auch nicht den Wunsch danach. Meine Domäne ist die On-Location-Fotografie. Deshalb reizen mich große Oktaboxen, Schminksesselchen und Umkleidekabinen für Models nicht. Aber über mein Atelier möchte ich berichten und auch darüber, warum mir dieser Ort so wichtig ist.

Die analoge Welt

In den Zeiten der filmbasierten Bildaufzeichnung war die Fotografie um einiges haptischer und geräteintensiver, als sie es heute ist. Während sich die Fotostudios von heute und damals ziemlich ähnlich sehen und lediglich durch digitale Gerätschaften, Computer und andere Endgeräte ergänzt wurden, fand sich im Atelier des Fotografen sehr häufig eine Dunkelkammer. Überall lagen Vergrößerungen, Diakästen, Kontaktabzüge und dergleichen herum. Es gab Lupen, Leuchttische, Präsentationsmappen, Aufbewahrungs- und Archivsysteme und viele andere Dinge mehr, die Fotografen benötigten, um die Ergebnisse ihrer Arbeit sichtbar werden zu lassen, sie zu archivieren, zu katalogisieren und zu präsentieren. Alle diese Dinge haben einen Reiz und eine Magie, tangieren andere Handwerke und vermitteln ein haptisches und optisches Vergnügen – sie zu betrachten und mit ihnen umzugehen, war und ist einfach schön.

Nicht umsonst berichten viele der großen Fotografen in ihren Erinnerungen von magischen Momenten, die sie zum Beispiel im Fotolabor ihres Vaters oder im Ausbildungsbetrieb hatten – wenn etwa das Foto im Rotlicht der Dunkelkammer Gestalt annahm –, das sind vielfach Erlebnisse, die den späteren Berufswunsch der Fotografen ausgelöst haben.

In der digitalen Ära hat sich diese Situation radikal verändert. Ein digital produzierender Fotograf benötigt an seinem heimischen Arbeitsplatz im Grunde nichts anderes als einen anständigen Computer mit etwas Peripherie, einen ordentlichen Bildschirm und einen Stapel Festplatten. Mit dieser Ausrüstung könnte er seinem Beruf ohne Weiteres nachgehen. Das hat Folgen. Sein Arbeitsplatz sieht dann im Wesentlichen aus wie der eines Buchhalters, einer Sekretärin oder wie der Heimarbeitsplatz eines beliebigen Menschen, der irgendwo einen Platz braucht, um Briefe zu schreiben und Steuererklärungen vorzubereiten – gesichtslos, unterscheidungslos, charakterlos und vor allem unfotografisch.

Schlimme Sache und der Lauf der Dinge – könnte man meinen. Aber ich bin nicht dieser Ansicht. Ich finde, dass auch ein moderner und selbstredend digital arbeitender Bildermacher einen Arbeitsplatz haben sollte, aus dem unmissverständlich deutlich wird, dass hier ein Fotograf am Werk ist. Nicht, weil Kundschaft oder Profession das verlangt, sondern aus ganz anderen Gründen:

- Weil es mehr Spaß und Freude macht.
- Weil es mehr Dimensionen der eigenen Arbeit zeigt.
- Weil man seine eigenen Ergebnisse besser verstehen lernt.
- Weil es die Verbindung zu den Wurzeln der klassischen Fotografie hält.
- Und weil es einfach cool ist.

The Truth is in the Print

Mit dem Siegeszug der digitalen Fotografie begann auch mein Weg als Berufsfotograf. Jahrelang hatte ich gewartet, bis die digitale Fotoaufzeichnung endlich konkurrenzfähig und die Kameras bezahlbar geworden sind. Und nun war es so weit, und ich tappte genau in die gerade zuvor beschriebene Falle. Ich kaufte mir digitale Kameras, meine Bildaufzeichnung war digital, Bildbearbeitung und -lieferung erfolgten am Computer und via CD oder DVD – und das war's. Auf dem Tisch ein ordentlicher Monitor und unter dem Tisch ein Mac Pro. Ein eigentlich trauriges Bild, aber das ist mir erst später aufgefallen.

Meine Rückkehr zu einem Atelier, das diesen Namen auch verdient, begann damit, dass ich wieder Papier um mich haben wollte. Fotopapier natürlich. Und mit meinen Bildern bedruckt. Es genügte mir nicht mehr, die Fotos lediglich am Bildschirm zu betrachten, ich wollte sie in der Hand halten, an die Wand hängen, meinen Kunden schenken und mit ihnen leben.

Was dem analogen Fotografen seine Dunkelkammer, ist in der digitalen Ära der „Lightroom", sprich, der Lichtraum. Die Produktionskette Computer – Bildschirm – Drucker. Und hier hat die Industrie in den letzten Jahren so unglaublich hochwertige Produkte entwickelt und auf den Markt gebracht, dass man nur so staunen kann. Was dem analogen Fotografen meist nicht oder nur mit extrem großem Aufwand möglich war, ist nun kein großes Problem mehr. Ein Foto-/Farb-/Fachlabor zu Hause.

Selbst ein Schwarz-Weiß-Labor in Fachlaborqualität erforderte in der guten alten Zeit enorme Aufwände: einen verdunkelbaren Raum mit Wasseranschluss, viel Erfahrung mit der Dunkelkammertechnik, etliche Gerätschaften zum Anfertigen, Trocknen und Präsentieren der Belichtungen, Entwicklerchemikalien und vieles mehr. Das Ganze in Farbe hat die meisten Fotografen aber schlicht überfordert bzw. war einfach zu komplexe Technik.

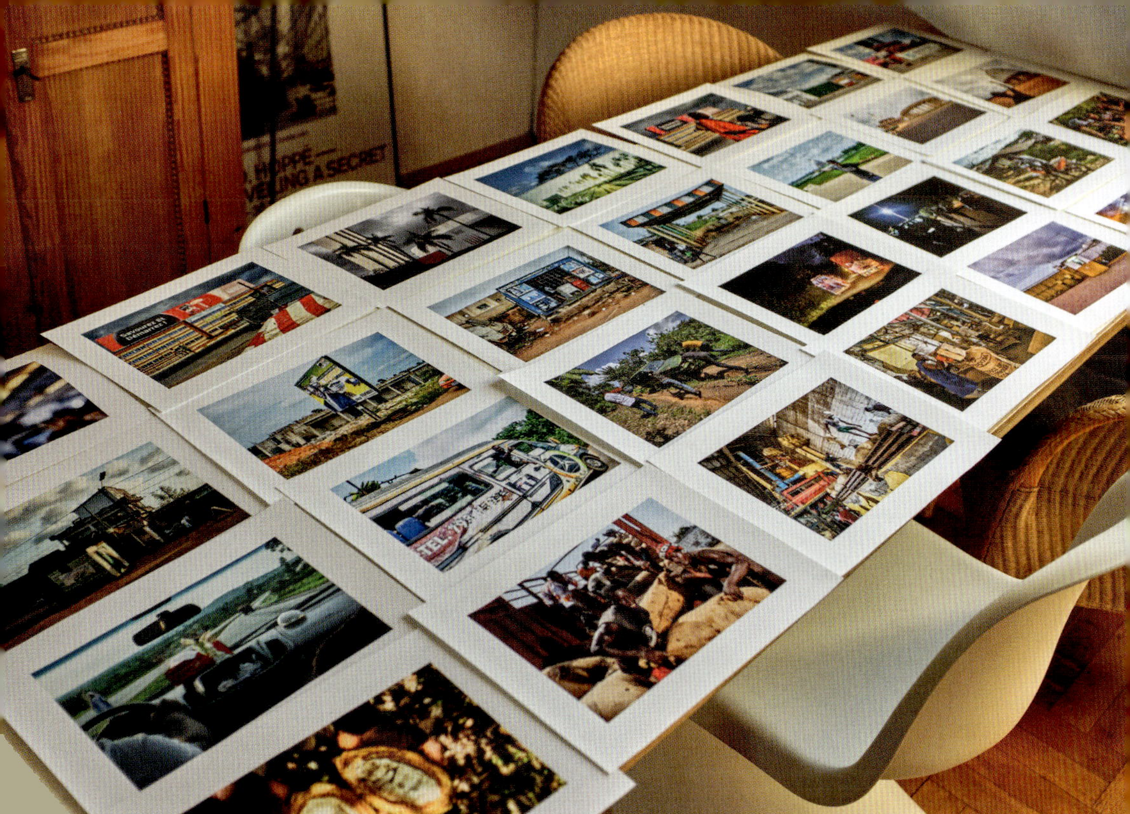

Das Editing von Fotos macht mit Prints viel mehr Spaß und funktioniert einfach auch besser, als die Bildauswahl am Computer vorzunehmen.

Und heute? Man kaufe sich einen hochwertigen Drucker mit einer Ausgabegröße von A4, A3 oder A2 – oder noch größer, wenn man es auf die Spitze treiben will –, profiliere seinen Bildschirm, lerne an einem Nachmittag das Wesentliche über farbkorrekte Ausdrucke auf einem Tintenstrahler, und schon hat man es – das Foto-/Farb-/Fachlabor auf, unter oder neben dem Schreibtisch!

Und auch wenn man vielleicht über die Preise von Papier und Tinten stöhnen mag, im Grund handelt es sich um ein erstaunlich günstiges Vergnügen, wenn man bedenkt, dass man die anteilige Jahresmiete für den Laborraum nun vollständig in Tinte und Papier umsetzen kann.

Aber ich schweife ab bzw. will sagen, dass in das Atelier eines Fotografen ein hochwertiger Drucker und das nötige Know-how gehört, um die Bilder im Computer als hochwertige Prints auszugeben – finde ich.

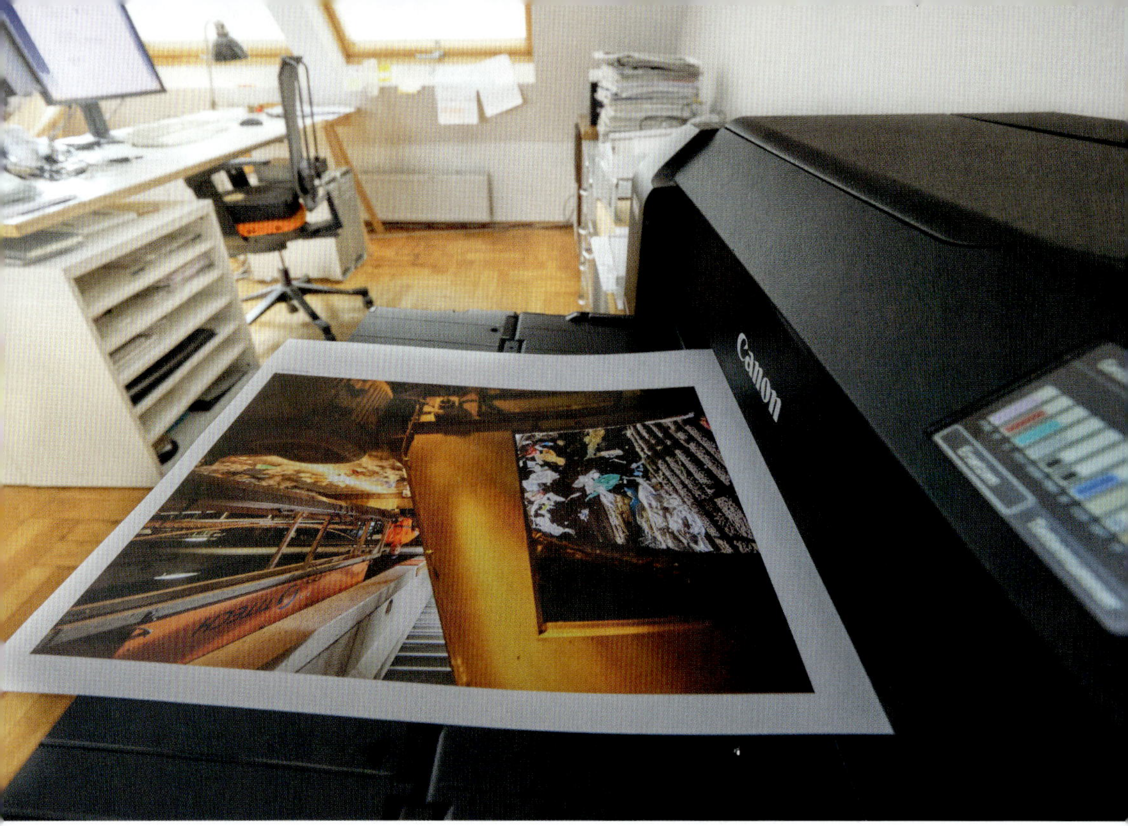

Ohne Drucker fühle ich mich nicht wohl. Für mich gehört so ein Gerät einfach dazu, und ich genieße es, zu jeder Tages- und Nachtzeit Prints anfertigen zu können.

Man kann so viel damit machen. Man kann die Prints in die Hand nehmen, man kann die besten Fotos rahmen und eine kleine Wechselausstellung zu Hause damit bestücken, man kann Bücher aus ihnen gestalten, Mappen zusammenstellen, man kann Fotos hinter Passpartouts setzen oder auf Rollenware ausgeben. Ich führe damit zum Beispiel auch ein fotobasiertes Tagebuch, in dem meine wichtigsten Produktionen, aber auch private Erlebnisse, Reisen oder freies Fotografieren ihren Niederschlag finden.

Das Ergebnis ist immer sinnlicher, haptischer und auch beeindruckender als alles, was einem der noch so gute Monitor zeigen mag.

Wir haben uns irgendwann dazu entschlossen, unseren Kunden auch eine ausgewählte Serie als Print zu schenken. Nach jedem Auftrag wählen wir die besten Bilder aus, drucken sie auf hochwertigem Fotopapier auf A3 aus, beschriften sie und überreichen sie in einer Mappe dem Auftraggeber. Für viele Kunden ist das ein echter Augenöffner, sie haben in der Regel noch nie zuvor Bilder aus ihrer Welt in einem so großen Format gesehen. Das beeindruckt und bleibt im Gedächtnis. Sehr gut für Folgeaufträge.

Darüber hinaus entstehen mit Prints nachhaltige Werte. Eine Arbeit auf Papier hat Bestand. Wenn ich heute mit einem Herzinfarkt das Zeitliche segnen würde und hätte kein gedrucktes Werk, würde nicht allzu viel übrig bleiben von meiner Arbeit. Vielleicht sogar gar nichts. Kaum jemand wäre in der Lage und bereit, die wichtigsten Fotos irgendwie aus meinem Computer herauszukriegen, nicht mal für die Nachwelt vielleicht einfach nur zur Erinnerung. Die Black-Box-Computer durchschaue nur ich, niemand sonst.

Gedruckte Arbeiten sind haltbar, farbstabil, idealerweise auf hochwertigen Papieren und mit Tinten gedruckt, die mindestens eine so hohe Lebenserwartung haben wie die des klassischen Fotoprozesses, bei Farbfotos sogar noch viel länger. Und wenn man sich nicht mit Testausdrucken und Fehldrucken umgibt, sondern vielleicht eine sorgfältig zusammengestellte Edition, aus echten Prints gebundene Bücher, liebevoll bestückte Kassetten oder Ähnliches, bleibt ein Werk zurück, das höchstens eine extrem ignorante Nachkommenschaft zum Sperrmüll gibt.

Aber das ist mir gar nicht das Wichtigste dabei. Schließlich wollen wir alle noch lange unserer Leidenschaft nachgehen, ich habe das jedenfalls vor. Ich will selbst mit Papieren arbeiten, mit Oberflächen spielen, mit Serien hantieren und überraschende Zusammenstellungen legen, heften, anordnen. Gedruckte Arbeiten sind kein Anachronismus, sondern zeitlos wie eh und je.

Zu einem Atelier/Fotografenarbeitsplatz gehören für mich auch Bilder an den Wänden! Eigene Fotos natürlich. Ob aus dem kommerziellen Werk oder aus privaten Arbeiten – oder aus beidem –, spielt keine Rolle. Jeder wie er mag. Wer Kunden bei Besprechungen beeindrucken möchte, für den eignen sich natürlich spektakuläre Fotos, möglichst groß. Vielleicht möchte man sich aber auch mit seinen eigenen auftragsfreien Werken umgehen und sich vielleicht so daran erinnern, dass man noch eine andere Seite als die des Auftragsfotografen hat? Ich finde das alles legitim und in irgendeiner Ausprägung auch notwendig.

Ich kenne Kollegen, in deren Büros nichts daran erinnert, dass hier ein Fotograf zu Hause ist. Wenn ich ehrlich bin, verstehe ich das nicht. Weder persönlich und individuell noch unter dem Aspekt der Außenwirkung und der Selbstdarstellung. Für mich jedenfalls gilt, dass man meinen Räumen ansehen soll, welche berufliche Identität ich habe. Schließlich lebe und arbeite ich hier – wenn ich nicht draußen unterwegs bin –, und meine Arbeit gehört zu den essenziellen Dingen meines Lebens.

Ich mag den Umgang mit Papier, Schere und Klebstoff. An meinem „Grafikarbeitsplatz" genieße ich das haptische Erlebnis, schneide Prints zurecht, rahme Bilder oder fertige auch mal ein Passepartout. Die beiden Grafikschränke stammen ursprünglich aus einer Druckerei. Jahrelang habe ich bei eBay nach diesen wunderschönen Exemplaren gesucht, in denen A2-Prints perfekt aufbewahrt werden können.

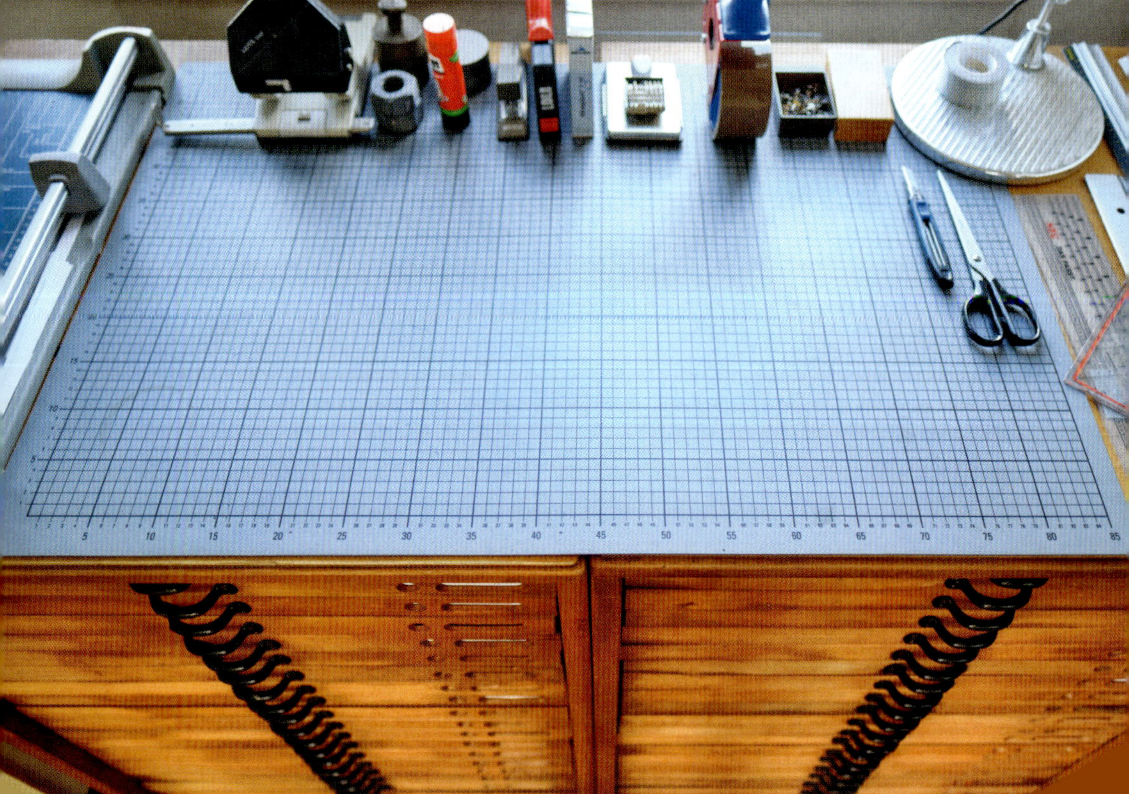

Aber auch das Gegenteil habe ich kennengelernt. Ein Kollege hat nach einer Phase des volldigitalen Arbeitens begonnen, sich wieder eine Dunkelkammer einzurichten. Dabei nutzt er die Dunkelkammer nicht nur für freie Projekte und private Arbeiten, sondern belichtet bei geeigneten Aufträgen auch schon mal ein paar schwarz-weiße Filme und baut diese Ergebnisse in sein Arbeitsergebnis ein. So weit würde ich jetzt nicht gehen, es zieht mich wenig aus dem Lightroom in den Darkroom, aber das entscheidet jeder für sich selbst. Die Gemeinsamkeit bleibt. Bilder werden zu Objekten und zu einem haptischen Werk, statt nur als langweilige Dateien auf einer Festplatte zu liegen.

Analoge Bilder tauchen auch bei mir manchmal auf, nämlich wenn ich mal wieder einen Diakasten aus dem Nachlass meines Vaters aus dem Keller hole, ihn in meine Reprovorrichtung einspanne und via Digitalkamera in eine Datei überführe. Auch das macht Spaß. Leider war mein alter Herr ein miserabler Fotograf, und es gibt nur wenige Bilder, die wirklich ansehnlich sind. Der Umgang mit den Dias und dem Reprovorsatz und später das Ausdrucken ausgewählter Fotos sind für mich aber eine echte Freude! Man hat etwas in der Hand! Man geht mit optischen Gerätschaften um! Man lebt! Man ist nicht virtuell!

In jüngster Zeit ist es mein Ehrgeiz, etwas über das Buchbindehandwerk zu lernen und überhaupt mich in papiergebundenen Präsentationsformen besser auszukennen. Denn es macht wirklich Spaß, aus einzelnen Blättern ein Gesamtkunstwerk zu gestalten, sich noble Darstellungsformen zu überlegen oder ein persönliches visuelles Tagebuch mit Fotos, Handschriftlichem und Fundstücken zu kreieren. Das ist eine kreative Arbeit, die große Freude machen kann: statt wie sonst meistens seine Fotos abzuliefern und ergeben darauf zu warten, was ein unbekannter Grafiker damit wohl anstellen wird, die Dinge selbst in die Hand zu nehmen und mehr zu schaffen als nur ein paar Dateien.

Selbstbestimmt leben als Fotograf

„Wir sind die letzten Fürsten", sagte ein Kollege einmal zu uns. Damit meinte er, dass unser Beruf zu den letzten Bastionen eines freien, kreativen und selbstbestimmten Arbeitens gehört. Ist das so? Unter welchen Umständen ist das so? Welche Hürden muss man nehmen, um als selbstbestimmter Kreativarbeiter durchs Leben zu gehen? Versuch einer Annäherung an ein Thema.

Skizzieren wir doch einmal einen Idealzustand. Sie haben als Fotograf eine gute Positionierung und eine spannende inhaltliche Verortung gefunden, Sie sind erfolgreich und können sich die Jobs aussuchen. Sie sind regelmäßig gebucht, der Rubel rollt, und am Ende des Tages bleibt sogar noch etwas für Rücklagen und fürs Alter übrig. Sie lieben Ihre Arbeit und lernen gern und voller Enthusiasmus täglich dazu. Der Job ist anstrengend, aber nicht stressig, bei zwei oder drei gebuchten Tagen pro Woche bleibt noch Zeit für die Bildbearbeitung, für Akquise und für freie Projekte, die Sie kontinuierlich oder gelegentlich verfolgen. Und natürlich auch für das Privatleben. Sie fahren zweimal im Jahr in Urlaub und führen ein angenehmes Leben. Sie sind ein erfüllter und glücklicher Mensch!

Klingt toll, oder? Und wirkt vielleicht wie eine pure Utopie. Dabei halte ich diesen so schön beschriebenen Zustand für wirklich machbar und gar nicht so weit entfernt von der alltäglich gelebten Realität.

Der Preis ist heiß

Damit das alles so kommen kann, dafür gilt es allerdings auch einen Preis zu zahlen. Denn wenn wir selbstbestimmt und erfolgreich als selbstständiger Fotograf leben wollen, müssen wir mehr sein und mehr tun, als nur in unserer Kerntätigkeit – dem Fotografieren – gut zu sein. Es genügt nicht, ein guter fotografischer Handwerker und/oder ein ideenreicher Kreativer zu sein, sondern wir müssen darüber hinaus viel mehr leisten und üben damit gewissermaßen gleich mehrere Berufe gleichzeitig aus.

Neben der Fotografie sind wir auch verantwortlich für unser unternehmerisches oder selbstständiges Handeln, wir sind Chefakquisiteur, Marketingleiter und PR-Manager in einer Person, agieren außerdem als Organisator, als IT-Manager, als Projektleiter, als Softwarespezialist und womöglich auch noch als Buchhalter. Wir sind zuständig für die Groß- und Detailplanung von Fotoprojekten, für Datensicherheit und Datenschutz und für tausend andere Aufgaben und kleine Jobs, die eben mal „zwischendurch" so anfallen können. Ach ja, und nebenbei sollten wir auch noch auf unser persönliches Wohl achten, das Privatleben zu seinem Recht kommen lassen und für eine ausgeglichene und erfüllte Gesamtpersönlichkeit sorgen.

Eine echte Herausforderung! Niemand wird auf all diesen Gebieten mit der gleichen Neigung und dem gleichen Talent starten, und wir werden im Laufe unserer Selbstständigkeit zweifellos mehr als einmal merken, dass wir in bestimmten Bereichen Defizite haben.

Ich bin im Laufe der Zeit vielen Kollegen begegnet, die talentierte und großartige Fotografen waren, die aber bei den kaufmännischen oder akquisitorischen Aspekten ihrer Arbeit riesige Schwächen aufwiesen. Oft ging das so weit, dass sie diese Bereiche einfach vollständig ignorierten. Das führt auf jeden Fall zu Problemen im Business. In manchen Fällen habe ich sogar beobachten müssen, dass großartige Fotografen ihre Berufung einfach aufgegeben oder ins rein Private verlagert haben, weil sie einfach auf keinen wirtschaftlich grünen Zweig kamen und sich deshalb einen Brotjob gesucht haben.

Das ist so schade, und ich glaube, dass das nicht so sein muss, sondern dass man in Bereichen, in denen man schwächer oder lustloser aufgestellt ist, ordentlich zulegen und dazulernen kann – wenn man es will und wenn man sich dieser Herausforderung stellt. Und wenn man die Ernte einfahren will, die möglich ist.

Um diesen Bereichen auf die Spur zu kommen, ist es vielleicht hilfreich, ein Werkzeug aus dem Coaching zu bemühen. Das sogenannte „Lebensrad" wird in der Persönlichkeitsentwicklung normalerweise eingesetzt, um die wichtigsten Bereiche eines Lebens qualitativ zu beschreiben, um so herauszufinden, in welchen Bereichen der Coachee Entwicklungsbedarf hat. Hier ein Beispiel:

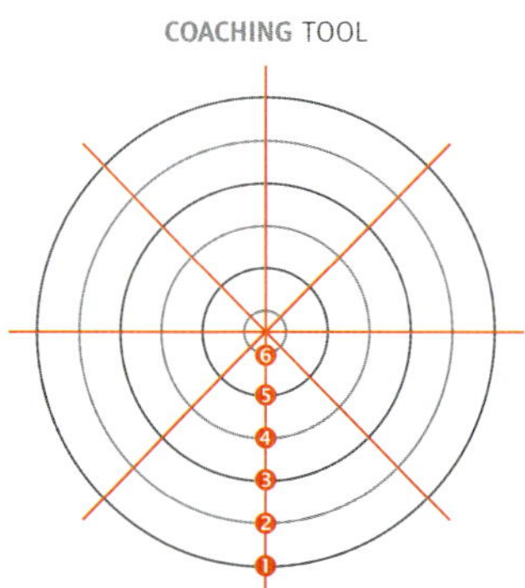

Sie können nun jede der Achsenenden mit einem businessrelevanten Bereich beschriften, hier ein Vorschlag:

1. Fotografisches Handwerk/Technik
2. Fotografische Kreativität/Stil
3. Organisationsfähigkeit
4. Finanzen
5. Kommunikation
6. Auftritt nach außen
7. Networking-Fähigkeiten

Kopieren Sie sich dazu die oben dargestellte Grafik (zur Not mit dem Smartphone abfotografieren und dann ausdrucken) und vergeben Sie nun nach dem Schulnotenprinzip Noten für die einzelnen beruflichen Be-

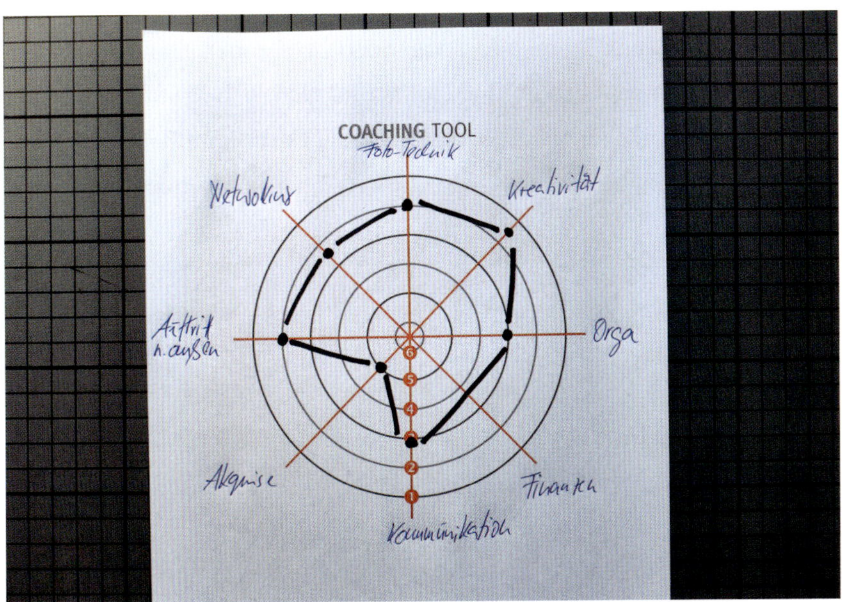

Läuft wirklich alles rund?

reiche. Markieren Sie die Noten auf den verschiedenen Achsen – die „1" ist ganz außen, während die „6" für „ungenügend" ganz innen liegt. Verbinden Sie dann die einzelnen Punkte miteinander.

Nehmen wir mal an, Sie können sich in fotografischen und ästhetischen Fragen mit Fug und Recht eine 2 und eine 1,5 geben, schwächeln aber etwas in Sachen Organisation und Steuern: Hier ist nur eine 3 drin. Das gilt auch für die Kommunikation. Und beim Thema Akquise sieht es noch schlimmer aus, hier hat es trotz eines Kandidaten, „der sich gelegentlich bemühte", nur zu einer 5 gereicht. Dagegen sieht es beim Auftritt nach außen besser aus, Sie haben eine schöne Website und bewerten Ihre Außenwirkung mit einer 2. Dann sähe Ihr „Businessrad" ungefähr so aus:

Würde man nun dieses „Berufe-Rad" entlang der Linien ausschneiden, ergäbe sich nur bei einer „1" in allen Bereichen ein perfektes Rad – das wäre der Idealzustand und würde bedeuten, dass es wirklich „rund" liefe in Ihrem Business. In den meisten Fällen wird es aber nicht nur Einser hageln, sondern auch Zweier, Vierer oder sogar noch „schlimmer". Dann würde dieses Rad außergewöhnlich unrund laufen und nicht richtig Strecke machen können. Ein deutlicher Hinweis in jedem Fall, bestimmte Bereiche seines Berufslebens genauer anzuschauen und für Abhilfe zu sorgen.

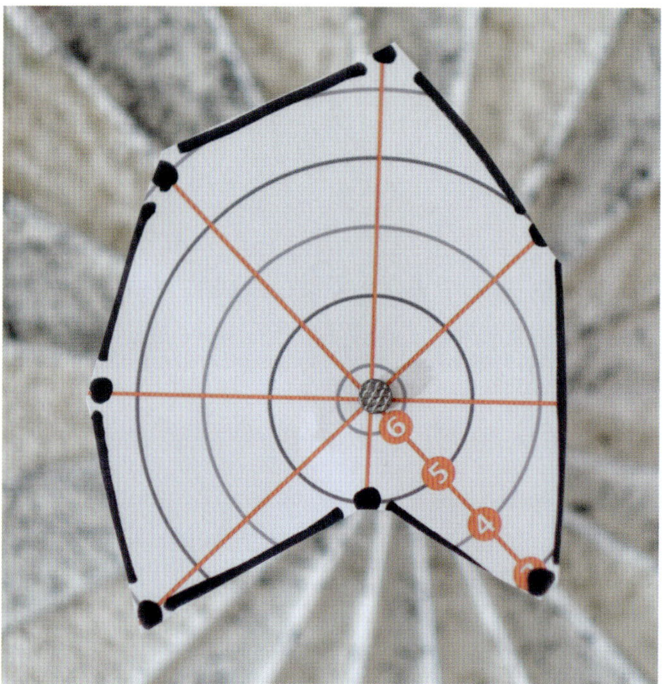

Ich habe das mal mit den Werten von weiter oben gemacht, es ergäbe sich dieses „Rad".

Dass man mit dem Ding kein Rennen gewinnen kann, liegt auf der Hand, es eiert und schwankt mächtig, läuft unrund und ist für weite Strecken genauso untauglich wie für Geschwindigkeitsrekorde. Ein Achsenbruch liegt ebenfalls im Bereich des sehr Wahrscheinlichen. Was tun?

Runder laufen

Es gibt viele Wege, das Rad runder laufen zu lassen. Als Erstes ist es sinnvoll, zu überprüfen, ob bestimmte Themenbereiche nicht ausgelagert werden können. Wenn Sie zum Beispiel in Sachen Buchhaltung/Steuern schwächeln, vor jedem Quartalsende Bauchschmerzen oder schlechte Laune bekommen, weil es nun wieder an der Zeit ist, Belege zu sortieren und Zahlenkolonnen zu bändigen – dann ist Auslagern eine gute Idee. Ein Steuerberater oder ein Buchhaltungsservice kann hier sehr schnell Abhilfe schaffen, die natürlich Geld kostet, aber auf der anderen Seite viel Zeit, Kreativität und Entspanntheit freisetzt, die man viel besser in sein Business investieren kann.

Manche Dinge kann man nicht so einfach auslagern, ein Knackpunkt wird sehr oft die Kundenakquise sein. Gute Vertriebsleute sind richtig teuer, und die wenigsten Fotografen werden sich so einen Telefonjoker leisten können. Daher müssen wir selbst ran und für die Jobs von morgen sorgen. Dass man sich dieses Thema durchaus leicht machen und dass Akquise sogar Spaß machen kann, davon handelt das nächste Kapitel 9.

Plädoyer für das freie Fotografieren

Professionell fotografieren heißt fast immer: Fotografieren im Auftrag. Privat- oder Geschäftskunden, Agenturen oder Kommunikationsabteilungen sind diejenigen, die den Auftrag formulieren, ein Briefing erteilen, das Ergebnis absegnen und am Schluss die Rechnung bezahlen. Beruflich fotografieren ist daher in einigen wesentlichen Elementen fremdbestimmt. Der Kunde entscheidet über Motive und Inhalte, und der Kunde entscheidet darüber, ob am Ende des Tages ein Lob oder ein Tadel steht. Qualität, Ästhetik und Wirksamkeit der Fotografien wird ganz selbstverständlich durch die Kundenbrille gesehen.

Der Fotograf wird gebraucht, um diese Absichten umzusetzen und auch um den Anteil Besonderheit, die einmalige Kreativität seiner Persönlichkeit, seine Sichtweise und seinen Stil mit in die Produktion einfließen zu lassen. Denn ganz ohne das geht es nicht, zumindest nicht bei höherwertigen Produktionen.

Profession vs. Passion

Damit ist eigentlich auch schon ein tiefer innerer Widerspruch im Beruf des professionellen Fotografens angesprochen: Er ist einerseits ein technischer und inhaltlicher Problemlöser und Produzent von Bildern, andererseits spielt das Kreative, Künstlerische und Ästhetische eine erhebliche Rolle, denn ohne dieses Element bleibt er ein reiner Techniker, seine Bildsprache würde nicht erkennbar, und sein Marktwert stagniert aus genau diesem Grund.

Viele Berufsfotografen, insbesondere und gerade dann, wenn sie erfolgreich und gut gebucht sind, beschränken sich dennoch auf ihre professionelle Rolle und fotografieren kaum oder nie außerhalb ihres beruflichen Lebens. Oft ist dem ein schleichender Prozess vorausgegangen, der die freien Arbeiten oder das Fotografieren aus purem Vergnügen im Verlauf der beruflichen Entwicklung bei zunehmendem Erfolg nach und nach verdrängt hat. Fast ohne es zu bemerken, läuft man so Gefahr, dass man zu einem Fotografen wird, der seine Leidenschaft am Freitagabend an die Garderobe hängt und sie erst am Montagmorgen wieder herauskramt.

Und es ist ja auch wirklich so: Wenn unter der Woche zwei, drei oder noch mehr Produktionen laufen – mit Vorbereitung, fotografischer Umsetzung, Nachbereitung, Aufbereitung der Bilder, Abliefern der Ergebnisse etc. –, hat man eine gut gefüllte und anstrengende Woche. Da ist man froh, wenn am Ende der Woche das letzte Bild gemacht und die Blitzanlage wieder im Kofferraum verstaut ist. Dann am Wochenende noch mal loszuziehen, vielleicht zu den Wurzeln seiner kreativen Arbeit oder zu einem freien Projekt? Das kostet Kraft und Überwindung. Ist es aber auch notwendig?

Batterien aufladen

Das soll nicht heißen, dass man rein berufliche Fotografie nicht auch mit Passion leisten könnte. Ganz im Gegenteil, man sollte sie definitiv mit Leidenschaft und großem Einsatz für das gewählte Sujet betreiben. Doch

Freie Projekte für die Akquise nutzen

Es gibt auch die großartige Möglichkeit, freie fotografische Projekte gleichzeitig als Akquisitionsinstrument zu nutzen. Klingt gut, oder? Eine perfekte Verbindung zwischen Profession und Passion? Das ist es auch tatsächlich (siehe hierzu Seite 328).

besteht dennoch ein substanzieller Unterschied zwischen einem freien Projekt oder dem selbstbestimmten Fotografieren und der beruflichen Fotografie im Auftrag.

Bei Ersteren fallen die hier skizzierten Beschränkungen der Auftragsfotografie einfach weg. Inhalt, Form, Ästhetik, technische Umsetzung, Ausarbeitung und Präsentation der frei fotografierten Motive unterliegen vollständig dem eigenen Ermessen, Anspruch und Geschmack. Es steht einem weiterhin frei, diese Arbeiten einfach nur für sich oder auch für eine Öffentlichkeit (Ausstellung, Veröffentlichung) zu planen.

Die Motivation kann vielfältig sein: freies Fotografieren als Erholung, freies Fotografieren als Möglichkeit, seine Skills, seinen Stil und seine Ausdrucksfähigkeit zu entwickeln, freies Fotografieren, um Themen zu bearbeiten, für die einfach keine Honorare zu erzielen sind, die einem aber wichtig sind.

Freies Fotografieren entspannt. Es geschieht aus einer ungezwungenen Haltung heraus, es ist Frei-Zeit, es ist wie Spielen und macht Freude. Jeder kreative Fotograf trägt Themen mit sich herum, die er im Auftrag einfach nicht umsetzen kann. Da ist es ein Genuss, hin und wieder ein Bild oder eine Serie zu fotografieren, die sich diesem Thema nähert. Das muss noch nicht einmal mit dem Anspruch geschehen, veröffentlichungsreife Ergebnisse zu produzieren.

Ich empfinde diese Form des freien Fotografierens jedenfalls als eine Chance, meine Begeisterung für die Fotografie insgesamt zu vitalisieren. Es bringt Spannung und frische Neugier zurück und macht einfach Lust,

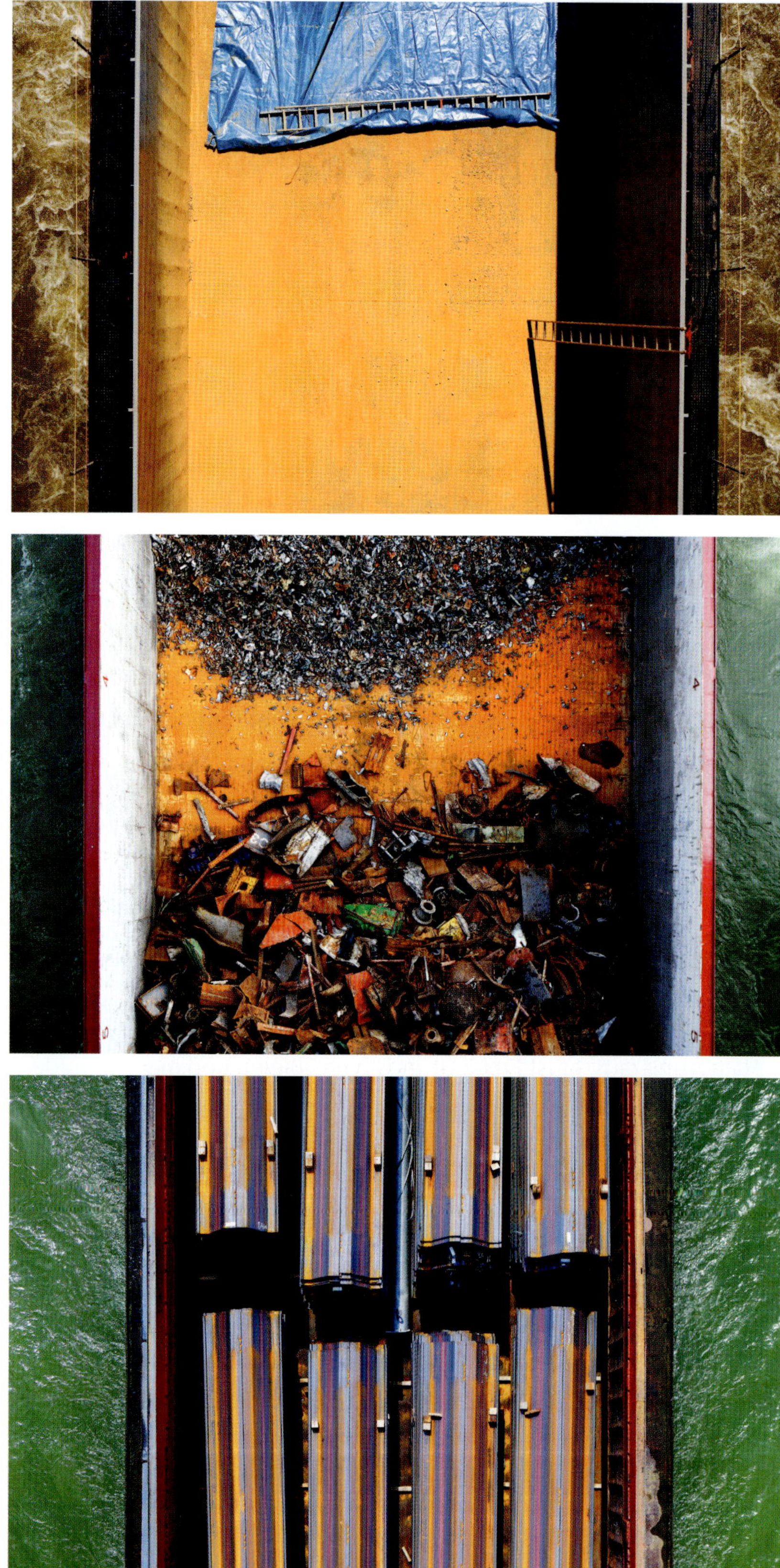

Lesetipp

Eine Art Essenz des Mettner-Buchs findet sich auch in ihrem 40-seitigen Aufsatz „Wer fotografiert, hat mehr vom Leben", der sich kostenlos auf der Site *www.fotofeinkost.de* herunterladen lässt.

Ansonsten Martina Mettner: „Wie man ein großartiger Fotograf wird", Fotofeinkost-Verlag, derzeit leider nur noch antiquarisch erhältlich.

immer weiter fotografisch aktiv zu bleiben. Da ist es kein Widerspruch, dass mich als Corporate- und Industriefotograf auch in meiner Freizeit Fabrikanlagen und Gewerbegebiete mit ihrer speziellen Stimmung und Atmosphäre reizen. „Shoot what you love", sagte auch der großartige Joe McNally.

Das freie Projekt

Die anspruchsvollere und zielgerichtetere Version des freien Fotografierens ist ein fotografisches Projekt, zum Beispiel um ein bestimmtes Thema zu bearbeiten, um eine Ausstellung zu produzieren oder um die Inhalte für ein Buch zu schaffen. Hier liegen die Dinge ein wenig anders. Auch wenn das Thema frei gewählt ist, geht es in diesem Kontext sehr schnell darum, einen Anspruch zu erfüllen, vor den Augen eines Publikums bestehen zu wollen und möglichst Bestleistung zu erbringen.

Ein freies Projekt ist, wie Fotografen-Consultant Martina Mettner schreibt, „eine Möglichkeit, als Fotograf über sich selbst hinauszuwachsen". Damit werden Grenzen verschoben, Ausdrucksmöglichkeiten erarbeitet und Ziele erreicht, die zu Beginn des Projekts vielleicht als unerreichbar angesehen wurden. Was ein freies Projekt für Fotografierende bedeuten kann, ist

Wann immer ich am Rhein bin und ein bisschen Zeit habe, versuche ich, meine Serie „Rheinschiffe" weiterzuentwickeln und zu fotografieren. Es ist ein Geduldsspiel: Die meisten Schiffe sehen von oben ziemlich langweilig aus – manchmal aber gelingt ein Treffer.

in Mettners Buch „Wie man ein großartiger Fotograf wird" detailliert nachzulesen. Auch wenn dieses kluge und absolut lesenswerte Werk sich nicht vordringlich an Berufsfotografen wendet, bietet es zahlreiche Anregungen und Hinweise, seine eigene Fotografie auf ein neues Level zu bringen und seine Möglichkeiten im Rahmen eines freien Projekts zu entfalten.

Ich sehe die „freie Arbeit" nicht als Kür und als die einzig wahre Umsetzung meiner kreativen Fähigkeiten, meine Auftragsarbeiten sind mir mindestens genauso wichtig. Freie Arbeiten sind aber irgendwie doch „die andere Seite", die Ergänzung, vielleicht auch das Salz in der Suppe. Wie auch immer, es lohnt sich für uns Fotografen, in uns hineinzuhorchen und herauszufinden, was einen noch so bewegt, und dafür vielleicht einen fotografischen Ausdruck zu finden.

Zurück zur Essenz

Manchmal ist trotzdem die Luft raus, zum Beispiel nach Phasen intensiver Arbeit. Da lockt mich auch mein privates Fotografieren nicht mehr. Solche Schwankungen in der Motivation resultieren aus Erschöpfung und führen zu einer gewissen Bildermüdigkeit. Ein bisschen Ausruhen ist dann eine gute Idee, Pausen einbauen und Abstand gewinnen. Und dann ein paar geile Fotobücher zur Hand nehmen und wieder ganz neu und frisch erleben, wie großartig Fotografie sein kann, wie bereichernd der Blick eines Fotografen auf die Welt für den Betrachter sein kann, wie hinreißend es ist, zu sehen, dass jemand ein Thema originell und konsequent fotografiert hat.

In einem Fernsehbeitrag sagte der Porträtfotograf Walter Schels: „Ohne die Kamera hätte ich doch die Menschen nicht kennengelernt, nicht erlebt – und die Tiere auch nicht. Ich hätte so vieles (...) anders erlebt. Das (Fotografieren) ist so ein Glück und so ein Reichtum!"

Er hat recht, ganz genau so ist es. Dem gibt es nichts hinzuzufügen.

Formen der Zusammenarbeit

Normalerweise werden Fotografen als Soloplayer wahrgenommen. Sie fotografieren und handeln allein, stehen mit ihrem Namen für einen bestimmten Stil und eine bestimmte Qualität, sind Kreative, Unternehmer, Selbstdarsteller, Marke. Natürlich gibt es Menschen um sie herum, bei größeren Projekten zum Beispiel ein oder mehrere Assistenten, Visagistinnen, Digital Operators und so weiter.

So weit das klassische Bild. Dass es auch anders geht, zeigt meine eigene Vita. Seit nunmehr über zehn Jahren arbeite ich als Teil des Fotografenteams Ahrens+Steinbach. 2008 haben Silvia Steinbach und ich die ersten Schritte als Team gemacht. Am Anfang war es nur ein lockerer Austausch und gelegentliches gemeinsames Experimentieren. Später haben wir angefangen, uns bei Jobs gegenseitig zu assistieren, Equipment zu teilen und zusammen mehr zu lernen. 2009 fotografierten wir unser erstes gemeinsames Projekt– ein Ausstellungsprojekt für die IHK Köln („Abenteuer Ausbildung").

2010 gründeten wir die Ahrens+Steinbach GbR, über die immer mehr gemeinsame Produktionen realisiert und abgerechnet wurden. Heute ist es so, dass 70 bis 80 % unseres jeweiligen Umsatzes gemeinschaftlich erwirtschaftet wird. Unsere Firma versteht sich als produzierendes Fotografenteam, das heißt, bei jeder Produktion legen wir zu Beginn oder oft auch spontan während des Tags fest, wer welches Motiv fotografieren will, und realisieren das Bild jeweils mit Unterstützung des Kollegen bzw. der Kollegin.

Nach dem Fotografieren arbeitet jeder jeweils seine eigenen Motive am Computer aus, anschließend werden die Bilder in der Dropbox zusammengeführt und dem Kunden geschickt. Akquise, Organisatorisches, Fragen der Unternehmensführung etc. – das machen wir jeweils zusammen, bzw. jeder von uns kümmert sich um bestimmte Bereiche, in denen wir besonders stark ist.

Diese Zusammenarbeit ist gewachsen, belastbar, beglückend und erfüllend – wir sind sehr froh darüber, nicht als einsame Wölfe unseren wunderbaren Beruf ausüben zu müssen. Und können nur sagen: sehr zur Nachahmung empfohlen!

Andere Fotografen spiegeln uns häufig, dass sie diese Form der Zusammenarbeit ganz wunderbar finden und gern etwas Ähnliches hätten. Oft hören wir aber auch die Vermutung, dass es wohl sehr schwer bis fast unmöglich sei, jemanden zu finden, mit dem man so ideal zusammenarbeiten könne. Und in diesen Worten klingt oft ein wenig Resignation mit.

Sicher ist da etwas Wahres dran. Genau wie in der Partner- oder Freundeswahl findet man nicht alle Tage Menschen, mit denen man zusammenleben kann oder eine tiefere Beziehung eingehen möchte. Und eine berufliche und wirtschaftliche Partnerschaft ist eine nicht weniger sensible und weitreichende Angelegenheit als eine private. Aber eben keineswegs etwas völlig Utopisches oder statistisch Unmögliches. Wie immer gilt: Nur was man anzieht und sich sehr wünscht und woran man auch glaubt und aktiv darauf hinarbeitet – nur das kann man auch realisieren.

Wer einen ähnlichen Weg gehen will, dem möchte ich ausdrücklich Mut zusprechen, es zu versuchen und sich für Möglichkeiten eines Miteinanders zu öffnen. Man muss ja nicht immer sofort den Hauptgewinn erzielen: langsamer Aufbau, geduldiges Entwickeln und schauen, wie weit man kommt – das ist meines Erachtens der Erfolgsweg.

Am Anfang Ist das Wort

Nachfolgend möchte ich einige Formen der Zusammenarbeit vorschlagen, die vergleichsweise leicht zu realisieren sind, einen als Fotografen aber dennoch weiterbringen. Ich finde Austausch unter Fotografen extrem wichtig, sei es, dass man einfach mal plaudert, sei es, dass man sich auch mal Frust von der Seele redet. Oder noch besser: dass man sich gegenseitig anregt und motiviert: mit Geschichten, Beispielen, Erfahrungen, Best Practices.

Fotografen zu treffen, ist nicht schwer. Man findet sie im Web, auf Ausstellungseröffnungen oder Veranstaltungen. Möglichkeiten bieten auch die verschiedenen Fotografenverbände, wie etwa Freelens, BFF oder PIC-Verband. Die Freelens-Regionalgruppe Rheinland zum Beispiel trifft sich ungefähr alle zwei Monate und bietet vom lockeren Plaudern beim Bier über gemeinsame Ausstellungsvorbereitungen bis hin zu Vortragsabenden ein durchaus reiches Betätigungsfeld. Reden bildet! Vor allem, wenn die Beteiligten die Karten auf den Tisch legen und offen über ihre täglichen Herausforderungen sprechen. Ja, auch über Honorare, Geld und andere wichtige Fragen, bei denen wir weiterkommen wollen!

Fotogruppen und Fotoabende

Ich habe das Glück, Mitglied eines „Fotoabends" zu sein, den ein Kollege etwa alle sechs Wochen organisiert. Die Zusammensetzung dieser Gruppe ist nie gleich, es gibt eine Art „Stammbesetzung", aber bei jedem Treffen gibt es auch Gäste, zum Beispiel junge Fotografen von der Hochschule, vor einiger Zeit waren zwei syrische Fotografen da, öfter sind auch Hochschullehrer der Fotografie dabei und so weiter. Ziel des Abends ist neben dem allgemeinen Austausch auch immer das Zeigen von Bildern oder Strecken, zum Beispiel wenn jemand ein Buch oder eine Zeitschriftengeschichte vorbereitet und sich Feedback zum Editing wünscht.

Ausdrücklich erwünscht ist es auch, nicht nur eigene Werke zu zeigen – zum Beispiel wenn jemand auf ein außergewöhnliches Buch gestoßen ist und es den anderen Fotografen nahebringen möchte. Diese Abende sind inspirierend, herausfordernd und machen richtig Spaß. Über dieses netzwerkende Verbinden mit Kollegen und Kreativen ist schon manches möglich geworden, was sonst nicht entstanden wäre.

In Köln hat mein Kollege Sebastian H. Schroeder eine ganz ähnliche und einzigartige Netzwerkveranstaltung geschaffen, die monatlich stattfindet und bei der es ebenfalls um Bildbesprechungen und das Editieren entstehender oder fertiger Serien geht. Hier treffen sich am jeweils letzten

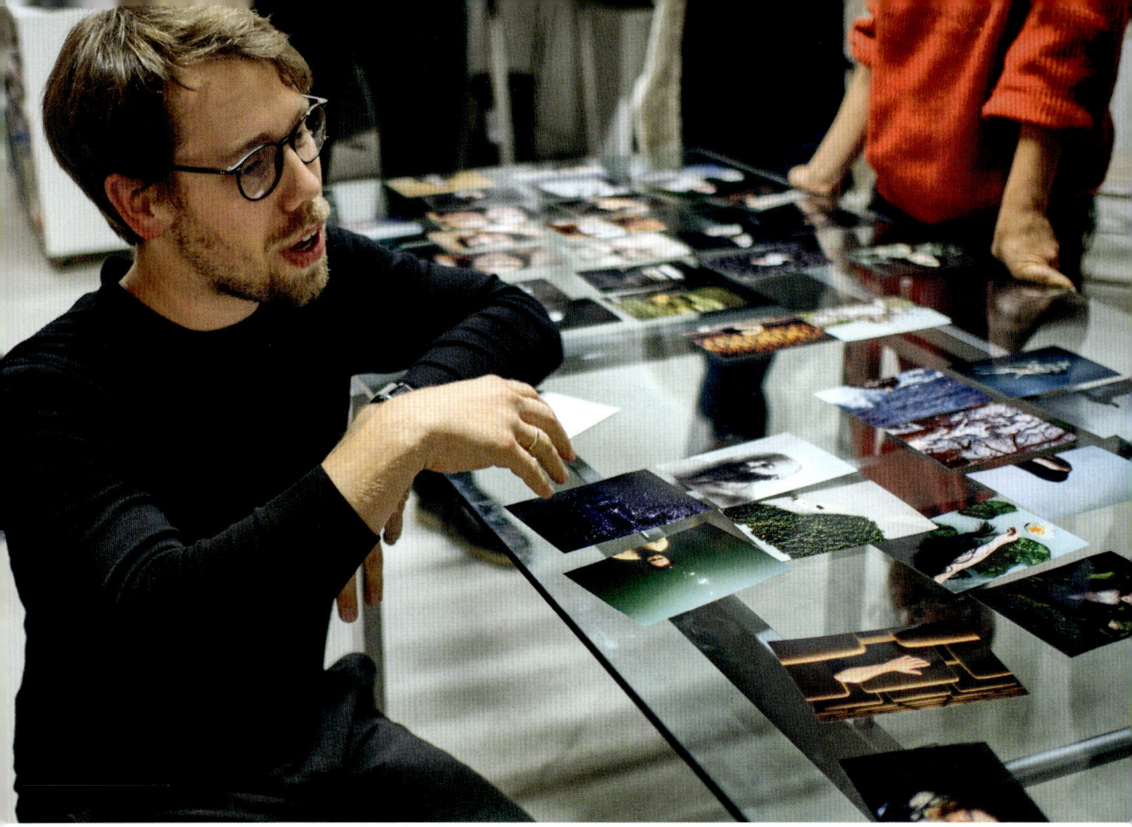

Sich mit Fotografen zu vernetzen, ist immer eine gute Idee, bringt neue Eingebungen und frischen Wind ins eigene Business und macht einfach Freude.

Donnerstag im Monat Fotografen, Fotoamateure und Fotobegeisterte. In einer überaus konstruktiven und wertschätzenden Atmosphäre wird über Bildstrecken und über Projektideen diskutiert, dazu gibt es Original-Hot-Dogs von IKEA, Bier und Softdrinks. Ein Fachvortrag zu Beginn des Abends bietet zusätzliche Inspiration und Anknüpfungspunkte für spannende Gespräche.

Open Table

Die Veranstaltung ist inzwischen so beliebt, dass Sebastian eine Anmeldeobergrenze von 25 Menschen eingerichtet hat, damit die Bildbesprechungen noch in einem handhabbaren Rahmen stattfinden können. Näheres dazu gibt es unter *https://open-table.photo*.

Und wenn es so etwas in Ihrer Stadt oder Region nicht gibt? Dann einfach selbst gründen! Die Gemeinde wird es danken.

Gemeinsames Arbeiten

Wie gesagt, wenn Fotografen zusammenarbeiten wollen, muss man nicht immer gleich eine Firma gründen. Aber man kann zusammen neue Techniken erproben, verrückte Bildideen realisieren, sich gegenseitig assistieren, freie Projekte fotografieren oder einfach auch mal mit der Kamera in der Hand in inspirierender Umgebung herumstreichen. Fotografen als Feedbackgeber, als kritisches Publikum, auch das ist eine hilfreiche Angelegenheit. Vor einigen Tagen haben wir einen Kollegen gebeten, uns Feedback zu einer Bildstrecke zu geben, die wir möglichst hochwertig publizieren wollen. Was dabei herauskam?

Die Einsicht, dass das bisher Fotografierte einfach noch nicht gut genug ist. Und darüber hinaus hat das Feedback uns zu der Einsicht gebracht, dass es generell noch richtig viel zu tun gibt und dass wir noch viel Entwicklungsarbeit in unsere Arbeit und unsere Bildsprache stecken können und sollten. Wenn man es schafft, seine Eitelkeit im Zaum zu halten, und hinhört, wenn Kompetente Kompetentes äußern, ist so ein Feedback nicht frustrierend, sondern beglückend und motivierend. Und man weiß wieder ein bisschen mehr, wofür man brennt und wofür man morgens aufsteht.

Über Fakultäten hinaus

Mit meiner Kollegin betreibe ich auch die kaufmännischen Aspekte der Fotografie gemeinsam. Wir akquirieren zusammen, sind auf Messen präsent, fahren gemeinsam zu Vorgesprächen etc. Das hat natürlich nur dann Sinn, wenn man auch als wirtschaftliche Einheit handelt. Aber das Prinzip lässt sich auch auf Fotografen übertragen, die allein unterwegs sind. Warum sich nicht mit einem Filmemacher zusammentun und gemeinsam auf Kundenfang gehen? Oder mit einem Grafiker oder einer Werbeagentur, einem Drohnenpiloten?

Gemeinsame Telefonakquise

Man kann sogar gemeinsam Telefonakquise machen, zum Beispiel um frische Kontakte zu vertiefen. Silvia und ich rufen uns dazu zunächst an und holen dann den Ansprechpartner in eine Konferenz. Allein, dass jemand von einem Duo kontaktiert wird, macht das Gespräch schon irgendwie besonders und hinterlässt eine stärkere Erinnerung, als wenn nur mal wieder so ein dämlicher Fotograf angerufen hätte.

Wenn man zu zweit über eine Messe geht und potenzielle Kunden anspricht, macht das viel mehr Spaß, man ist motivierter, hält länger durch und erzielt darüber auch einen nachhaltigeren Erfolg.

Teampower ist alles

Wie auch immer die Zusammenarbeit konkret aussieht, es ist eine anerkannte Tatsache, dass gut funktionierende Teams mehr erreichen können als Einzelspieler. Und zwar nicht einfach nur doppelt so viel, die gemeinsame Bilanz potenziert sich eher. Gemeinsam sind Herausforderungen viel leichter zu meistern, können Ziele schneller erreicht und höher skaliert werden. Geteilte Freude ist mindestens doppelte Freude! Und ein geteiltes Honorar kann auch ein doppeltes Honorar werden, weil man insgesamt mehr erreichen oder wesentlich größere Projekte stemmen kann. Alles immer mit sich selbst auszumachen, erfordert viel Kraft und mehr Anstrengung, als eigentlich erforderlich wäre.

Nicht zuletzt: Eine gemeinsame Fotoproduktion, bei der jeder ungefähr die Hälfte der Bilder verantwortet und federführend gestaltet, ist bei Weitem nicht so erschöpfend wie einer, den man als Soloplayer ganz allein stemmen muss. Auch das ist ein Gewinn an Lebensqualität. Im gemeinsamen Handeln, auf welchem Level und mit welchen Entwicklungsmöglichkeiten auch immer, liegt extrem viel Potenzial. Ich kann es nur empfehlen.

Work-Life-Balance?

Eigentlich finde ich den Ausdruck ja absolut Banane: Work-Life-Balance. Was soll das sein? Ein ausgewogenes Verhältnis zwischen Arbeit und Leben? Ist Arbeit kein Leben? Ist nur (privates) Leben richtiges Leben? Der Ausdruck unterstellt, dass Arbeiten etwas ist, was irgendwie ertragen werden muss, damit das wahre Leben anschließend finanziert ist und stattfinden kann.

Mit Arbeit verbringen wir einen Großteil unserer Lebenszeit, und daher kann ich mich dieser Auffassung einfach nicht anschließen. Mein Ideal war schon immer, dass Arbeiten so viel Freude und Sinn ergeben sollte, dass man die dafür aufgewendete Zeit genauso als (gute) Lebenszeit betrachten und genießen kann, dass man davon erfüllt und befriedigt ist und dass sie auch einfach oder mindestens überwiegend Spaß machen soll.

Arbeitszeit, die einfach abgesessen oder womöglich sogar mit viel Stress ausgehalten werden muss, kann gar nicht so gut bezahlt sein, dass man den Tausch „Arbeitszeit gegen Geld" als gutes Geschäft betrachten kann! Ich schlage daher vor, dass für uns Fotografen eine andere Art von Balance gefunden werden sollte, zum Beispiel eine gute Balance zwischen produzierender Zeit (gebuchte Tage), Zeit im Atelier und privater Zeit. Oder eine gute Balance zwischen Kreation, Organisation und Entspannung.

Und was ist, wenn wir privat oder „frei" fotografieren? Ist das dann „Arbeit"? Oder eher „Produktion"? Oder gar „privat"? Gibt es da überhaupt eine Grenze? Oder ist eine Grenze zu ziehen, überhaupt sinnvoll?

Voll im Flow

Alle großen, bedeutenden, kraftvollen, echten und „wirklichen" Fotografen, die ich kenne oder über die ich Kenntnisse haben, betrachten ihren Beruf nicht einfach als Job oder als eine Anhäufung von Arbeitszeiten. In unserem Beruf steckt immer auch ganz viel Berufung, Überzeugung, Lust – und/oder sogar die Notwendigkeit, der Ausdruckszwang, zu fotografieren, der man sich weder entziehen kann noch will.

Für die meisten von uns ist Fotografieren eine Herzensangelegenheit, etwas, das man einfach machen will und auch dann machen würde, wenn es kein Beruf wäre und wenn man damit keine Honorare erzielen könnte. „Fotografie ist eine Art zu leben", sagte schon der große Henri Cartier-Bresson.

Was steckt hinter diesem Antrieb? Vielleicht ist es schlicht Neugierde oder Forschergeist, Abenteuerlust, die Suche nach Schönheit, Lust auf Reisen, Lust auf Menschen und Erlebnisse? Darauf gibt es sicherlich viele Antworten, und bei jedem von uns werden sie ein wenig anders ausfallen.

Balance halten

Und obwohl das so ist, braucht es dennoch irgendeine Art von Balance, denn Fotografieren ist enorm anstrengend und powert einen einfach aus. Wenn wir ein oder zwei Tage am Stück on location fotografieren und einen Kundenauftrag umsetzen, sind wir an den Abenden der jeweiligen Produktionstage völlig fertig, müde, kaputt und absolut erholungsbedürftig. Ich glaube, das liegt vor allem an zwei Gründen.

1. Der Fotograf muss sich um eine Vielzahl von technischen, ästhetischen, kommunikativen und organisatorischen Fragen kümmern, die alle gleichermaßen wichtig sind und von denen er nur einen kleinen Teil an einen Assistenten abgeben kann.

2. Anders als in anderen Jobs bleibt die Aufmerksamkeit des Fotografen permanent bei 100 %. Es gibt praktisch keine Momente, in denen man mal abschalten oder herunterfahren könnte, permanent läuft das Gehirn auf Hochtouren, sucht neue Motive, spricht mit Darstellern, überlegt sich Kameraeinstellungen oder Lichtszenarien, kommuniziert mit Technikern und Kunden u. v. m. Selbst in der Mittagspause – wenn es eine gibt – ist man ja mit seinem Team und meistens auch mit seinem Kunden zusammen, der Film läuft also weiter, und man hat jedenfalls keine Gelegenheit, sich zu einem Powernapping irgendwohin zurückzuziehen.

Diese Totalkonzentration ist einerseits großartig: Man ist voll im Flow, man aktiviert alle seine Fähigkeiten zur Höchstform, man ist durchdrungen von einer Aufgabe und ihrer Umsetzung, und man stellt sich praktisch nie die Frage: „Wann ist denn endlich Feierabend?" Das ist toll und kommt einem idealen Arbeitstag sehr nahe.

Andererseits ist der Preis dafür oft totale Erschöpfung nach der Produktion. Körperlich und mental. Davon muss man sich auch erst mal wieder erholen.

Typische Arbeitswoche

Was hat man als Corporate-Fotograf eigentlich alles so in einer Arbeitswoche zu tun? Ich versuche mal eine prototypische Aufstellung:

- Wir müssen unsere Jobs fotografisch umsetzen.
- Wir haben die Bildbearbeitung und -auslieferung zu stemmen.
- Wir sollten uns um bestehende und zukünftige Kunden kümmern – also Bestandskundenpflege und Akquise.
- Wir haben Anfragen, die beantwortet, Angebote, die geschrieben und allerlei Orga-Angelegenheiten, die auch erledigt sein wollen.

- Wir kümmern uns um Rechnungen und sorgen dafür, dass der Steuerberater seine Daten rechtzeitig bekommt.
- Wir kümmern uns um Pflege und Entwicklung des Equipments, haben Kundentermine, Location-Besichtigungen u. a. m.
- Vielleicht wollen wir auch noch an unseren freien Projekten weiterfotografieren? Oder einfach mal mit der Kamera herumstreifen.
- Und wir haben ja auch noch ein Privatleben, Familie oder Partnerschaften, einen Haushalt, kulturelle und sportliche Aktivitäten oder was auch immer uns sonst so umtreibt.
- Und nicht zuletzt wollen wir vielleicht auch einfach mal faul auf dem Sofa hocken, Musik hören, auf Facebook chatten oder Filme über Fotografen anschauen.

Ideale Arbeitswoche

Die perfekte Arbeitswoche hat daher idealerweise zwei gut bezahlte Produktionstage, am Stück oder auch verteilt. Ein weiterer Tag geht für die Bildbearbeitung drauf und mindestens ein weiterer für all den Organisationskram, der eben auch noch anfällt. Und für den Künstler in uns, für unser Privatleben und für alles andere bleibt dann noch ein weiterer Wochentag und das Wochenende. Auch so eine Woche kann eng werden, und natürlich halten sich Kundenaufträge keineswegs an diese „ideale" Konstellation.

Nichtsdestotrotz ist das ein Gleichgewicht, das ich anstrebe. Hier gibt es genau den richtigen Rhythmus zwischen Konzentration bis zum Anschlag und entspanntem Arbeiten im Atelier. Zwischen verplanter und frei einteilbarer Zeit, zwischen Frühaufstehen und Ausschlafen, zwischen beruflichem, privatem und rein spielerischem Tun.

Und trotzdem – egal ob ich gerade auf dem Sofa chille, mit dem Fahrrad durch die Stadt gondele oder mich mit Freunden treffe, ich bin immer irgendwie Fotograf. Auf dem Sofa blättere ich gern in Fotobüchern, in der Stadt schaue ich wie durch die Augen einer Kamera – habe immer eine dabei –, und viele meiner Freunde sind Fotografen oder fotoaffine Menschen, mit denen ich mich gern – ratet mal! – auch über Fotografie unterhalte.

Meine Berufung gebe ich am Abend nicht an der Garderobe ab und lebe sie auch nicht nine-to-five. Sie ist fast immer da und lässt sich jederzeit aktivieren. Und genau weil das so ist, empfinde ich meinen Beruf insgesamt als entspannt und ausgewogen. Ich habe nur selten, und wenn, dann meistens guten, Stress und empfinde mich und mein Tun fast immer als sinnverfüllt und als Teil des großen Abenteuers, Fotograf zu sein.

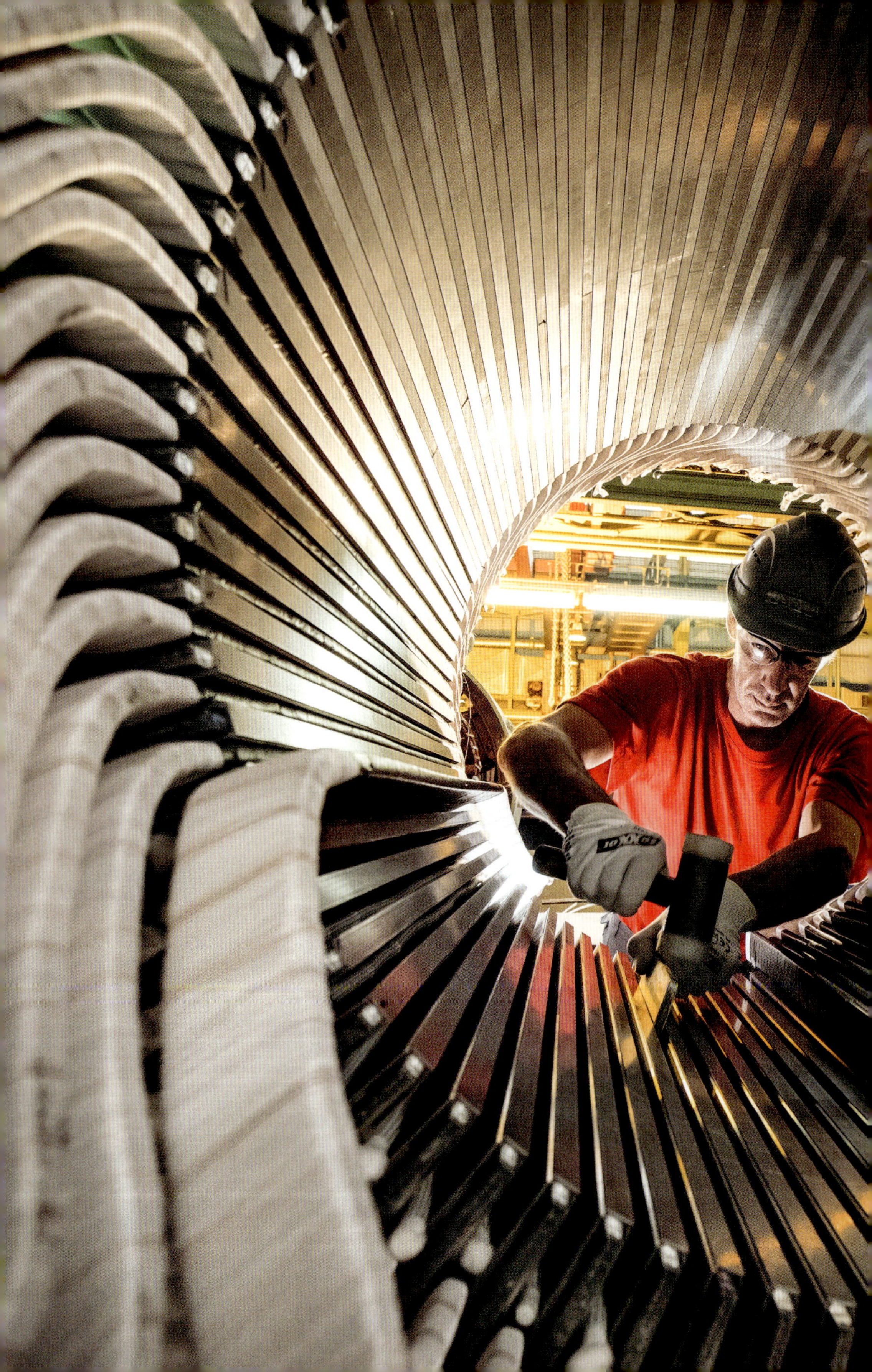

9 UNTERNEHMERISCHE ASPEKTE

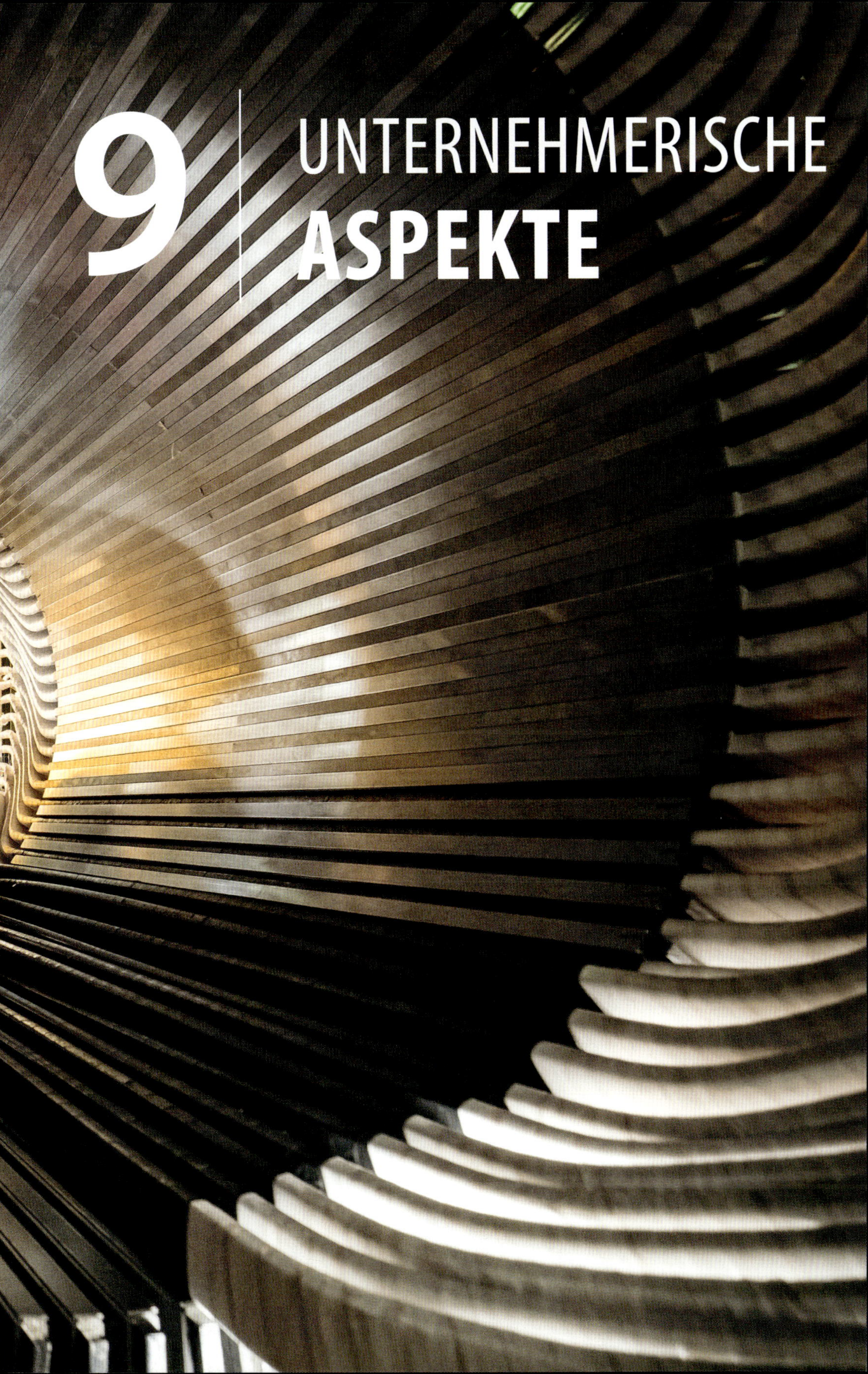

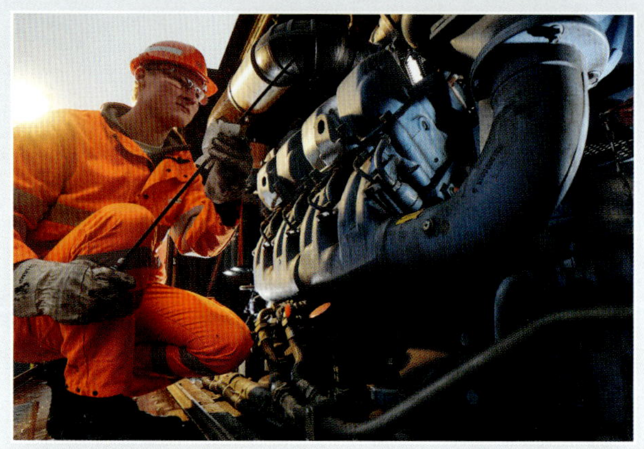

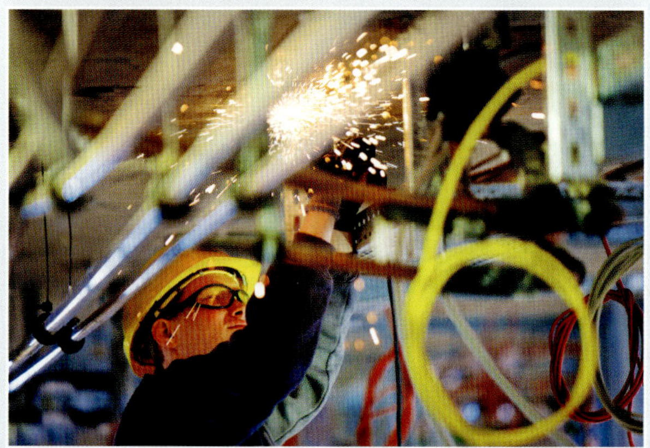

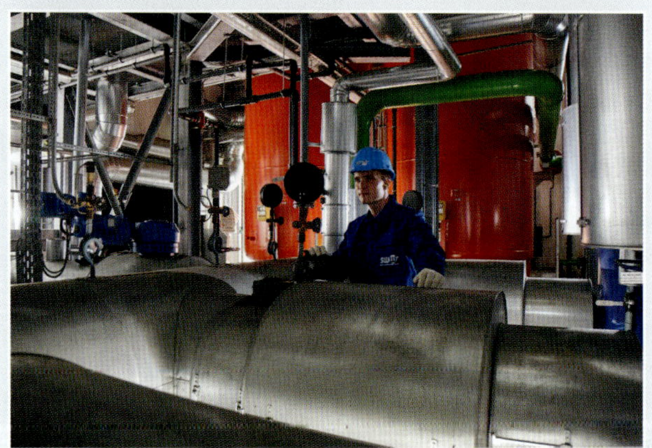

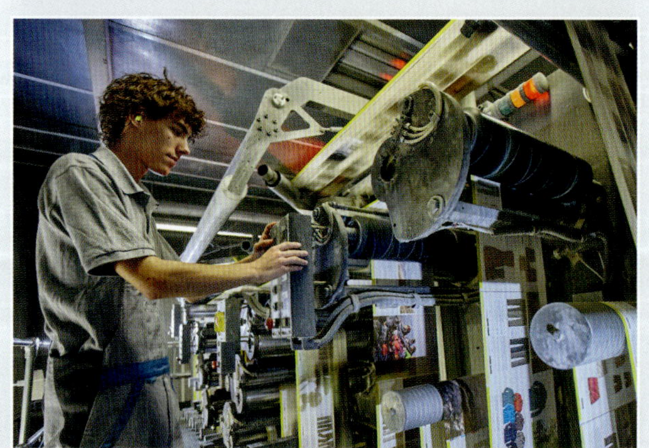

9

Unternehmerische Aspekte

Vorbemerkung

Ich habe lange überlegt, ob ich überhaupt einen Businessteil in dieses Buch integrieren soll. Denn eine auch nur annähernd umfassende Darstellung der wirtschaftlichen Aspekte unseres Berufs wäre eigentlich ein komplett eigenes Buch wert. Andererseits üben wir unsere Leidenschaft professionell aus, und die Themen Finanzen, Steuern, Akquise, wirtschaftlicher Erfolg und so weiter gehören natürlich dazu, sie sind sogar sehr essenziell.

In 15 Jahren Selbstständigkeit als Fotograf haben wir einige Aufs und Abs erlebt, hatten Knatsch mit dem Finanzamt, hatten sehr gute und sehr schlechte Zeiten, leere und volle Konten, Spaß mit Steuersonderprüfungen und anderes mehr. Auf den folgenden Seiten plaudere ich ein bisschen aus dem Nähkästchen, erzähle etwas über unsere persönlichen Aha-Erlebnisse und kann auf diese Weise vielleicht ein wenig dazu beitragen, die eine oder andere Falle zu vermeiden oder Dinge anders zu sehen.

Literaturtipp

Eine sehr umfassende Darstellung mit Betonung der Marketingaspekte rund um den wirtschaftlichen Erfolg von Fotografen hat Martina Mettner vorgelegt. Ihr Buch „Erfolg als Fotograf" wendet sich an Berufsfotografen und alle, die es werden wollen.

Dr. Martina Mettner: „Erfolg als Fotograf – Wie man sein Können optimal präsentiert", erschienen in der inzwischen 3. aktualisierten Auflage im fotofeinkost Verlag, 216 Seiten, gebundene Ausgabe, 39,80 Euro.

Eine ausführliche Rezension zu dem Buch findet sich auf meinem Blog „Beruf Fotograf" unter *https://beruf-fotograf.de/2016/02/03/martina-mettner-erfolg-als-fotograf/*.

Böse, böse Akquise

Jetzt kommen wir doch glatt auf ein Lieblingsthema von uns allen zu sprechen! Fotografen und andere Kreative gelten häufig als wirtschaftlich untüchtig, wenig erfolgsorientiert und eher zurückhaltend, wenn es darum geht, das eigene Geschäft aktiv zu entwickeln. Statistisch ist da sicher etwas dran. Viele Fotografen lehnen Akquise als unmoralische Verkaufe ab und halten sie fast schon für etwas Unseriöses. Schließlich machen wir Fotografen Bilder, und die sprechen doch für sich, oder?

Das tun sie vielleicht, aber in aller Regel genügt das nicht, eine rege Nachfrage da auszulösen, wo unsere Kunden herkommen sollen.

In diesem Kapitel möchte ich gern eine Lanze dafür brechen, Akquise einmal etwas anders zu sehen und sich dem Thema auf eine Weise zu nähern, dass man diesen Bereich des Berufslebens sogar gern ausübt und Freude daran entwickelt. Daher sollte das Kapitel vielleicht besser heißen: „Utopie und Realität idealer Geschäftsbeziehungen".

Akquise ist keine Verkaufe

Akquise, die uns Fotografen wirklich weiterbringt, hat nichts mit Verkaufe, nichts mit dem Aufschwatzen einer unerwünschten Leistung und schon gar nichts mit einem moralischen Selbstverrat zu tun. Was beim viel zitierten Staubsaugervertreter vielleicht funktioniert, ist bei einem so komplexen Thema wie der fotografische Umsetzung oder Dienstleistung ohnehin kaum möglich.

Wenn Kunden und Fotografen im beiderseitigen Interesse zusammenarbeiten wollen, geht das nicht über ein tricky Verkaufsgespräch, sondern die gemeinsame Arbeit ist immer das Ergebnis einer guten und erfolgreichen Kommunikation. Am Ende des Tages zählt, dass beide Partner mit dem Ergebnis zufrieden sein können und jeweils voneinander profitieren. Es geht ganz sicher nicht darum, einen schnellen Schnitt zu machen.

Akquise ist auch kein selbstzerstörerischer, charakterverderbender und unmoralischer Akt. Sie ist nicht eklig, sie ist nicht menschenverachtend, sie ist eigentlich sogar etwas sehr Schönes! Man könnte auch sagen: Eine erfolgreiche Akquise ist die Anbahnung eines idealen Geschäfts, bei dem beide Partner etwas sehr Wertvolles erhalten: Der Kunde bekommt die Bilder, die er für seine Ziele benötigt, und der Fotograf bekommt eine entsprechende Wertschätzung in Form eines mindestens sehr angemessenen oder sogar großartigen Honorars.

Ist das eine Utopie? Nein, das gibt es auch im wirklichen Leben.

Zum Thema Geld

Ehe wir weiter über gute und Erfolg versprechende Wege der Akquise sprechen, ist ein kleiner Exkurs zum Thema Geld wichtig. Denn hier liegt bei vielen von uns ein echter Knackpunkt. Unsere Gesellschaft hat ein höchst seltsames Verhältnis zu Geld entwickelt. Einerseits gelten materielle Mittel und entsprechende Güter („Mein Haus, mein Auto, meine Yacht") als Zeichen des Erfolgs und werden von vielen angestrebt und von der Gesellschaft gewürdigt. Andererseits begegnet man dem Geld mit Misstrauen und unterstellt Menschen, die viel davon haben, gern einen unmoralischen Lebenswandel oder charakterliche Verdorbenheit.

Der in der Bibel überlieferte Satz von Jesus „Eher geht ein Kamel durch ein Nadelöhr, als dass ein Reicher in den Himmel kommt" hat sich tief in unsere Kultur eingeprägt. Vor 2.000 Jahren, in einer Zeit, in der individueller Reichtum bedeutet haben mag, dass anderen dafür zwingend etwas weggenommen wurde, mag das sogar richtig gewesen sein. Und auch wenn das Thema Ausbeutung heute keineswegs aus dieser Welt verschwunden ist, bedeuten gute Honorare und ein entspannter Kontostand nicht automatisch, dass man sich auf Kosten anderer bereichert.

Denn Geld ist ein Symbol für Werte und für Wertschätzung. Diese geniale und uralte Erfindung – das erste Münzgeld wurde 700 bis 500 v. Christus geprägt – ermöglichte erstmals einen flexiblen Austausch von Waren und

Dienstleistungen. Dank dieser Erfindung müssen wir heute unsere Fotos nicht gegen Brote oder Rinderhälften tauschen, sondern bekommen Geld dafür.

Und wenn unsere Fotos gut sind und wenn sie für den Kunden wichtig und nützlich sind, darf das sehr gern auch ein sehr gutes Honorar sein! Ein gutes Honorar durchzusetzen, bedeutet nicht, dass wir gierig sind, sondern dass Fotografen und Kunden sich gleichermaßen darüber einig sind, dass hier etwas Wertvolles geschaffen wurde.

Sollte Ihr Verhältnis zum Geld also getrübt sein – es ist absolut sinnvoll, hierzu neue Gedanken und neue Glaubenssätze zu entwickeln. Den Wert der eigenen Arbeit und das dafür gezahlte Honorar wertschätzen zu können, ist jedenfalls eine gute Voraussetzung für eine erfolgreiche Akquise.

Schwierige Kaltakquise

Wenn es um das Thema Akquise geht, entsteht vor unserem inneren Auge ganz schnell ein Bild, genauer, ein Horrorszenario. Wir sehen uns in einem engen, kleinen Büro, angekettet an den Schreibtisch. Vor uns ein Telefon und eine endlose Liste mit Telefonnummern, die wir alle anrufen müssen. Dabei kassieren wir eine frustrierende Absage nach der anderen. Diese Situation könnte man „schön trist" inszenieren und ein cooles Foto daraus machen – aber man möchte sie sicherlich nicht erleben!

Kaltakquise ist in der Tat vielleicht die härteste Form der Kontaktanbahnung, und ich gestehe gern, dass ich sie in dieser Form fast nie ausgeübt haben. Damit will ich nicht sagen, dass man damit keinen Erfolg haben kann. Ich glaube aber, dass die allermeisten Fotografen von ihrem Naturell her nicht das passende Mindset mitbringen, Kaltakquise erfolgreich durchzuziehen. Fotografen sind nun mal keine professionellen Vertriebler und üben diese Tätigkeit auch nicht als Hauptberuf aus. Und obwohl ich in Sachen Businesskommunikation kein Kind von Traurigkeit bin, hatte ich dennoch nie große Lust, mich in diese Challenge zu begeben.

Gut, so weit die Kaltakquise. Ich wollte sie nur erwähnt haben. Aber vielleicht gibt es auch Herangehensweisen, die einem einfach leichter fallen und mehr Spaß machen? Im Folgenden meine Ideen dazu.

Es sich leicht machen

Alle Vorhaben, die einen aus der Reserve locken, bei denen man Neuland betritt oder die einen dazu bringen, seine Komfortzone zu verlassen, haben eines oft gemeinsam: Man startet sie mit viel Elan, stellt schnell fest, dass kurzfristige Erfolge erst einmal ausbleiben, und neigt dann dazu, bereits nach kurzer Zeit seine Bemühungen wieder einzustellen und in den alten Trott zurückzufallen. Das hat etwas mit unserer Psyche zu tun und ist völlig normal. Es ist aber nicht gut!

Viel besser ist es, wenn wir solche Vorhaben langsam angehen, mit Geduld und Augenmaß dranbleiben und so Stück für Stück eine neue Gewohnheit etablieren. Wer mehr akquiriert, wird mehr Kunden bekommen, das steht völlig außer Frage. Nur weiß man nicht, wann der erste Kunde auch wirklich anbeißt. Konstanz heißt also die Devise.

Damit das gelingt, ist es eine gute Idee, es sich gerade am Beginn eines solchen Projekts möglichst einfach zu machen: möglichst wenig inneren Schweinehund überwinden, möglichst niedrige Hürden überwinden müssen und vielleicht sogar Freude dabei zu entwickeln.

Erfolgreiche Warmakquise

Fangen wir doch einfach mit der Warmakquise an! Das bedeutet: Wir akquirieren bei bestehenden Kunden oder Kontakten. Alle Fotografen, die schon eine Weile im Geschäft sind, verfügen bereits über einen entsprechenden Datenbestand, und falls nicht, ist es eine gute Idee, die Rechnungen und Angebote der vergangenen Monate oder Jahre zu durchforsten, die Adressen in einer Kundendatei zu erfassen und sich bei allen aussichtsreichen Kandidaten in Erinnerung zu bringen.

Hier kann man ohne Bedenken auch zum Telefonhörer greifen, denn die Wahrscheinlichkeit, dass man nicht abgewimmelt wird, ist hoch: Menschen, die schon mal mit anderen Menschen zu tun hatten oder an einem Projekt gearbeitet haben, werden einen nur in den seltensten Fällen abweisen (oder nur, wenn sie gerade wirklich Stress haben – dann muss man es zu einem günstigeren Moment eben wieder versuchen).

Mit welchen Fragen schlägt man bei der Warmakquise auf?

Sinnvoll ist es natürlich, einfach daran anzuknüpfen, was bisher gelaufen ist. Wenn man schon mal Bilder geliefert hat, kann man sich nach dem Erfolg des Projekts erkundigen oder den Kunden einfach loben, wie schön er die Fotos in seine Website eingearbeitet hat. Man kann auch fragen, ob vielleicht zusätzliches Material entstanden ist, wie zum Beispiel Broschüren oder Flyer, und um ein Belegexemplar bitten. Im Laufe des Gesprächs ist es sinnvoll, auf Zwischentöne und neue Informationen zu achten. Erwähnt der Kontakt beispielsweise, dass er gerade viel Stress mit dem Bau einer neuen Produktionsanlage hat, kann man hier anknüpfen und intelligente Vorschläge machen, zum Beispiel Fotos vom Baufortschritt oder zur Einweihung anbieten. Auf jeden Fall ist es auch eine gute Idee, den Kontakt zu fragen, ob man ihn oder sie in seinen Newsletter-Verteiler aufnehmen dürfe, um ihn gelegentlich über Neuigkeiten zu informieren. Gegen Ende des Gesprächs darf man ruhig ein wenig offensiv werden und die Idee platzieren: „Wenn Sie mal wieder Bedarf an neuen Fotos haben, würde ich mich freuen, wenn Sie an mich denken." In der Regel bestätigt der Gesprächspartner das dann, und man kann sich freundlich verabschieden.

So, geschafft! War doch gar nicht so schwer: Was man erreicht hat, ist eine aktive Erinnerung des Kontakts an den Fotografen (auch wenn der Gedanke wehtut, man wird enorm schnell vergessen), man darf den Kunden aktiv via Newsletter erinnern, und man hat vielleicht sogar eine neue Idee im Kopf des Gesprächspartners verankert, die irgendwann einmal Früchte tragen könnte.

Manchmal gibt es sogar die „Bingo!"-Gespräche, in denen der Kunde einem sagt: „Super, dass Sie anrufen, wir haben in der Tat gerade etwas vor, lassen Sie uns einen Termin machen!", aber die sind selten. Man sollte nicht darauf setzen und sie nicht erwarten. Geduld ist auch bei der Warmakquise eine notwendige Tugend.

Zeit der Nachbereitung

Was für alle Formen der Akquise gilt: Die Nachbereitung eines Gesprächs oder einer Kontaktaufnahme ist enorm wichtig, sonst versandet die ganze Mühe und war vielleicht sogar völlig umsonst.

Folgendes ist zu tun:

- **Adresserfassung**: Ist der Kontakt noch nicht in der Kunden-/Kontaktliste: So schnell wie möglich eintragen! Zusätzlich die Information darüber, ob man der betreffenden Person einen Newsletter schicken darf, und eine kurze Gesprächsnotiz: Was wurde eigentlich besprochen?
- **Nächste Aktion**: Wurde beim Gespräch etwas vereinbart (zum Beispiel ein vertiefendes Gespräch, das Zusenden einer Broschüre oder vielleicht sogar ein weiterer Termin), muss dies natürlich ebenfalls festgehalten und im Terminkalender oder in einer To-do-Liste dokumentiert (oder am besten gleich erledigt) werden. Zu schade, wenn das Akquiseschiffchen, das so schön Fahrt aufgenommen hat, wegen der eigenen Vergesslichkeit, vorzeitig im Schlick stecken bliebe!
- **Dranbleiben**: Einfaches Nachfassen reicht fast nie aus, um wirklich zum Geschäft zu kommen. Regelmäßige Kontaktaufnahme, die Zusendung neuer Broschüren, gelegentliche Anrufe helfen, den Kontakt warmzuhalten. Und da sind wir schon wieder in der Warmakquise! Also eigentlich alles ganz leicht.

Aus dem Erfahrungsschatz

Gute Erfahrungen haben wir mit einer, man könnte sagen, „kühlen" Akquise gemacht. Man könnte es auch „Akquise in kommunikationsfreundlicher Umgebung" nennen. Hierbei geht es wie bei der Kaltakquise zwar darum, zu bisher völlig unbekannten Menschen einen Kontakt aufzubauen, dies geschieht aber nicht per Telefon, sondern im wirklichen Leben. Und zwar an Orten, die auf Kommunikation getrimmt sind.

Worum geht es? Als Corporate- und Industriefotografen suchen wir den Kontakt zu Entscheidern in Unternehmen, Organisationen oder Agenturen. Wir sind also im Business-to-Business-Geschäft unterwegs. Wir sind Profis, und unsere zukünftigen Kunden sind das auch. Sie sind in bestimmten Branchen unterwegs und dort auf vielfältige Weise vernetzt.

Alle Business-People haben ihre Zirkel, in denen man sie konkret und physisch treffen kann. Das sind zum Beispiel Fachmessen, Kongresse, Verbandsveranstaltungen, Konferenzen oder Netzwerkveranstaltungen diversester Art. Viele dieser Veranstaltungen kann man auch als Fotograf besuchen und sich unter die Menschen dort mischen. Ein ideales Umfeld sind zum Beispiel Fachmessen.

Hier finden wir unsere Ansprechpartner aus Geschäftsführung, Marketing oder PR direkt vor Ort. Die Unternehmen stellen dort aus, um selbst Kunden zu gewinnen und sich über den Markt sowie die Mitbewerber zu informieren. Ihre Messestände informieren über Produkte und Technologien, und die Menschen vor Ort sind heiß auf neue Kontakte.

Wenn man an so einem Stand vorspricht, ist die Trefferquote erstaunlich hoch. Man geht ganz einfach zum Standpersonal und fragt nach „jemandem vom Marketing" oder nach einem Ansprechpartner für die Öffentlichkeitsarbeit. Sehr oft wird man dann schlicht und ergreifend zum richtigen Ansprechpartner weitergeleitet und kann direkt mit dem Menschen sprechen. Oder man bekommt einen Termin und kommt dann eben zum vereinbarten Zeitpunkt wieder.

Link zum Vortrag

Über das Thema Akquise habe ich vor einiger Zeit einen Vortrag beim Open Table in Köln gehalten. Dieser Vortrag ist aufgezeichnet worden und unter folgendem Link abrufbar: *https://kwerfeldein.de/2019/09/11/opentable-christian-ahrens/*

Besonders gut klappt das natürlich, wenn die Leute Zeit haben, zum Beispiel an den Tagen oder Nachmittagen einer Messe, an denen sowieso nicht mehr so viel los ist. Aber davon hängt der Erfolg gar nicht mal ab: Die Menschen sind auf Kommunikation eingestellt und manchmal richtig froh, einen interessanten Gesprächspartner in uns Fotografen gefunden zu haben!

Eine Variante davon: Auf Messen gibt es sehr oft auch Vortragsveranstaltungen oder Diskussionsrunden, die auf entsprechenden Bühnen durchgeführt werden. Hier kann man sich schon im Vorfeld informieren und sich interessante Vorträge oder Diskussionen heraussuchen. Diese sollte man sich dann auch wirklich anhören, um einigermaßen im Thema zu sein und Anknüpfungspunkte für ein Gespräch zu finden. Wenn man nun nach so einem Vortrag den Redner anspricht und ihn in ein Gespräch verwickelt, stößt man immer auf offene Ohren. Der Mensch steht nach seinem Vortrag noch unter Adrenalin, er ist froh und erleichtert, dass er es geschafft hat, und freut sich über jede Nachfrage. Diese Situationen eignen sich besonders, wenn wir als Fotografen Kontakte suchen, um ein bestimmtes fotografisches Projekt zu realisieren (siehe hierzu den nächsten Abschnitt).

Freie Projekte als Karriere-Booster

Im Verlauf dieses Buchs kam immer mal die Zwitter-Eigenschaft unseres Berufs zur Sprache. Einerseits arbeiten wir auftragsbezogen für Kunden mit ihren Wünschen und Vorstellungen, und andererseits muss auch eine große Portion Kreativität, Ästhetik und Künstlertum da sein, um eben genau diese Anforderungen mit Niveau zu erfüllen.

In gewisser Weise liegt hier also die „angewandte“ mit der „freien Fotografie“ im Clinch, und man könnte dies als unlösbaren Widerspruch auffassen – oder auch als zwei Seiten einer Medaille, die einfach zusammengehören. Und, ja, es ist manchmal schon so, dass man einen Auftrag annimmt, bei dem die handwerkliche Erfüllung des Gewünschten stark überwiegt und die kreative Seite vielleicht zu kurz kommt. Schön wäre es aber, wenn die Dinge zumindest überwiegend in einem ausgewogenen Verhältnis stünden und die Kunden die kreativen Anteile, die vom Fotografen kommen, auch zu schätzen wüssten.

Im Kapitel „Plädoyer für das freie Fotografieren“ weiter oben habe ich ja schon auf die Notwendigkeit des freien Arbeitens hingewiesen. Hier soll es aber um etwas anderes gehen: um freies, selbstbestimmtes Arbeiten, das jedoch gleichzeitig der kommerziellen Entwicklung und dem Erfolg im Beruf dient!

Ich nenne es: *„Das freie, PR-getriebene Fotoprojekt zur Entwicklung der eigenen Karriere.“*

Was ist darunter zu verstehen? Und wie kann man diesen Widerspruch auflösen?

Um die Idee zu illustrieren, will ich es anhand eines Beispiels verdeutlichen. Wichtig ist, dass das Beispiel nicht nur in dem engen Kontext funktioniert, den ich hier schildere, sondern auf viele Bereiche und Themen übertragbar ist. Am Ende des Kapitels mache ich ein paar Vorschläge dazu. Fantasie ist gefragt!

Also, wir beamen uns ins Jahr 2008 zurück. Meine Kollegin Silvia Steinbach und ich sind schon ein paar Jahre als Berufsfotografen unterwegs, bis zu diesem Zeitpunkt eher mäßig erfolgreich. Wir machen alles Mögliche und fotografieren Porträts von Geschäftsleuten, illustrieren Unternehmenswebsites mit unseren Fotos, fotografieren Arbeitsszenen in Handwerksbetrieben oder auf Events. Ganz am Anfang war alles ein Abenteuer und eine Herausforderung, aber irgendwann waren wir damit nicht mehr zufrieden.

Wir wollten coolere Sachen machen, aufregendere Locations entdecken und größere Kunden gewinnen. Im fotografischen Handwerk fühlten wir uns zu dieser Zeit einigermaßen sicher, aber wir wollten höher hinaus, wir wollten herausgefordert werden von anspruchsvolleren Aufgaben und Kunden. Und wir wollten Abenteuer erleben! Um es auf den Punkt zu bringen: Wir wollten nicht mehr bei „Metallbau Müller" fotografieren, sondern in der Automobilindustrie! Zu diesem Zeitpunkt hätten wir aber keine Chance gehabt, regulär etwas für Unternehmen dieses Kalibers tun zu können. Also wählten wir eine Abkürzung.

Das freie Projekt, das wir dann erfanden, nannten wir „Abenteuer Ausbildung". Die Idee: Auszubildende in besonders interessanten und aufregenden Locations zu fotografieren. Und wir wollten die dabei entstehenden Bilder in einer Ausstellung zeigen. Als Ort für die Ausstellung fanden wir in der Industrie- und Handelskammer Köln einen passenden Partner, der uns seine Flächen für vier Wochen anbot. Wir hatten das Projekt damals vollständig selbst finanziert und aus eigenen Kräften gestemmt. Daher war es natürlich besonders leicht, einen Ausstellungsort zu bekommen.

Erst mal hatten wir also ein spannendes Thema, wir hatten einen „Medienpartner", und wir hatten ganz viel Begeisterung und Elan.

Damit konnten wir auf interessante Unternehmen zugehen und sagen: „Für eine Ausstellung in der IHK produzieren wir derzeit Bilder zum Thema ‚Abenteuer Ausbildung'. Wir wollen Auszubildende in spannenden Arbeitssituationen fotografieren. Möchten Sie und Ihr Unternehmen dabei sein?"

Ja, und sie waren praktisch alle dabei! Mit einer einzigen Ausnahme haben alle von uns angefragten Unternehmen zugesagt und uns Locations, Zeit, Ressourcen und natürlich auch Auszubildende zur Verfügung gestellt. In den nächsten Wochen fotografierten wir in Locations, von denen wir bis dahin nur träumen konnten: Wir waren in der Automobilindustrie, auf Windkraftanlagen, auf Hochseeschiffen, bei Herstellern von Großbaumaschinen und an vielen anderen coolen Orten. Auf einmal fotografierten wir bei Weltmarktführern, in der Großindustrie und bei „Hidden Champions".

Mit dem Anspruch, den wir an dieses Projekt gestellt hatten, waren wir auch fotografisch und technisch massiv herausgefordert. Auf einmal waren wir in Sachen Lichtsetzung viel anspruchsvoller unterwegs, inszenierten aufwendiger, setzten farbiges Licht ein etc. Aber da es ein freies Fotoprojekt war und wir „eigentlich" nur ein einziges gutes Foto für die Ausstellung brauchten, waren wir gleichzeitig auch viel entspannter, als wir es bei einer Auftragsproduktion gewesen wären. Wir konnten fast ohne Einschränkung experimentieren und so lange an einem Bild feilen, bis wir zufrieden waren und uns nichts Besseres mehr einfiel.

Am Ende kam dabei eine richtig schöne Ausstellung mit zahlreichen Exponaten heraus, wir hatten eine schöne Vernissage, ein gutes Echo in der Tagespresse und ein ganz glückliches Gefühl! Und wir hatten auf einmal ein Portfolio, das Lichtjahre weiter war als das, was wir bis dahin zustande gebracht hatten. Und nicht zu vergessen: Im Nachgang des Projekts gewannen wir renommierte Kunden und Aufträge, die ebenfalls weit über dem Niveau lagen, das bisher unsere Realität gewesen war.

In dieser Phase sind wir extrem gewachsen. Fotografisch, technisch, im Umgang mit großen Kunden und nicht zuletzt auch wirtschaftlich. Das Geheimnis des Projekterfolgs war: Alle am Projekt Beteiligten konnten davon profitieren – wir als Fotografen, die Unternehmen, die eine positive Öffentlichkeit (und schöne Bilder) bekamen, unser Medienpartner, weil er eine zu seinen Kernthemen passende Ausstellung und ebenfalls eine positive Öffentlichkeit bekam.

Es geht also durchaus, frei zu arbeiten und gleichzeitig seine beruflichen Ziele weiterzuentwickeln. Insgesamt hat uns das Projekt einige Tausend Euro und natürlich einen Haufen Arbeit gekostet – auf der anderen Seite sind Output und Gewinn gar nicht zu beziffern, die wir daraus gezogen haben. Und zwar nicht nur, sondern ganz besonders auch im wirtschaftlichen Sinne. Eine Win-win-win-Geschichte für alle!

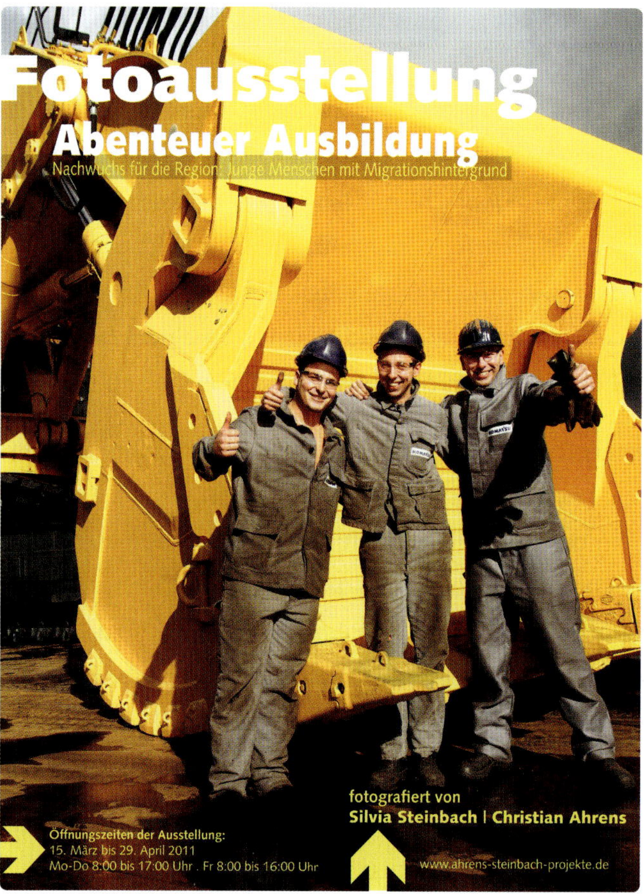

Es ist einfach ein tolles Gefühl, wenn man so ein Projekt erfolgreich von der Planungsphase bis zum Abschluss gebracht hat. Das Ausstellungsprojekt „Abenteuer Ausbildung" hat uns fotografisch und geschäftlich enorm weitergebracht und uns Türen geöffnet, die sonst noch sehr lange verschlossen geblieben wären.

Ideen zum Weiterdenken

Das Beispiel klingt sicherlich überzeugend, und es funktioniert keineswegs nur in der beschriebenen Konstellation. Das Grundprinzip (alle Beteiligten haben etwas davon) kann man auf ganz unterschiedliche fotografische Themen und Sujets übertragen. Hier einige Ideen:

- **Businessporträts**: Fotografieren Sie eine Ausstellung zum Thema „Die innovativsten Unternehmer der Region“, finden Sie einen geeigneten Partner (Wirtschaftsförderung, Businessklubs, Hotels oder Ähnliche) und fragen Sie bei den Zielunternehmen an. Wer sagt bei so einer Frage schon Nein? Wer fühlt sich nicht gebauchpinselt, wenn er so eine Anfrage bekommt?
- **Frauenthemen**: Thema könnte zum Beispiel sein: „Die erfolgreichsten Frauen Deutschlands“ (der Region/der Stadt etc.). Fotografische Umsetzung nach Gusto: Reportage, Porträt, symbolische Bilder.
- **Architektur/Industriearchitektur**: Projektidee: „Geheime Schönheit in Nutzbauten“, Fine-Art-Architekturfotografie in Büros, Werkshallen oder Industriebauten. Auch ein cooles Thema, für das sich leicht Mitstreiter finden lassen. Man sieht schon, das Prinzip ist übertragbar.

Folgende Fragen helfen bei der Konzeption:

1. Wo will ich hin? Was will ich in Zukunft fotografieren? Wer sollen meine Kunden werden?
2. Wo finde ich die passenden Locations/Unternehmen/Organisationen?
3. Wie finde ich einen geeigneten Medienpartner? (Ausstellungsort, Publikation und anderes mehr). Manchmal reicht auch ein Blog oder ein Buch/Magazin im Eigenverlag.
4. Wie strickt man aus den Versatzstücken ein Projekt, bei dem alle Beteiligten gern mitmachen und etwas davon haben?

Wenn alle diese Fragen beantwortet sind und eine gute Kombination gefunden wurde, ist der „Karriere-Booster“ fertig konzipiert. Jetzt gibt es keine Ausreden mehr – umsetzen!

PR-Denke

Ich habe das Karriere-Booster-Projekt im Abschnitt zuvor „PR-getrieben“ genannt. Das hat seinen guten Grund, denn es arbeitet mit wesentlichen Merkmalen von Public Relations bzw. Öffentlichkeitsarbeit. Es ist wichtig, diese Prinzipien zu verstehen, daher möchte ich hier noch mal kurz nachlegen und das Thema vertiefen.

Viele Fotografen haben kein sehr ausgeprägtes Gen für Marketing, Selbstvermarktung und Business. Viele gehen auch heute noch davon aus, dass es einfach reicht, gut zu fotografieren. Der Rest ergäbe sich dann ganz von selbst. Leider klappt das nur manchmal. Wir sind daher durchaus gut beraten, uns hier etwas weiterzubilden und neue Skills auszuprägen – man kommt einfach schneller damit vorwärts, und es macht sogar Spaß!

In dem Projekt, das ich skizziert habe, wird dem ja bereits Rechnung getragen: Akquisition und Kommunikation des Fotografen laufen nicht über die harte Akquise, sondern über die Begegnungen mit potenziellen Kunden während des Fotografierens selbst. Hier sind wir ja schon ganz nah dran an unserer Kernkompetenz, wir müssen nichts verkaufen, wir müssen keine Vertriebspipeline unterhalten, sondern zeigen, was wir draufhaben, und wir signalisieren auf diese Weise ganz beiläufig, dass es sich durchaus lohnen könnte, uns zum Beispiel für Projekte der Unternehmenskommunikation zu buchen.

Bei der Konzeption eines solchen Projekts gilt es aber aufzupassen. Nicht selten lassen wir uns dazu verführen, den Akquise-Aspekt wieder aus den Augen zu verlieren und lediglich unseren ureigenen thematischen und fotografischen Ideen zu folgen.

Beispiel: Ich habe einem Kollegen das Prinzip des Karriere-Boosters erzählt und mit ihm die Grundzüge eines solchen Projekts skizziert. Er wollte im Bereich hochwertiger Businessporträts eine Schippe drauflegen. Also haben wir ein Ausstellungsprojekt konzipiert („Die innovativsten Unternehmer der Region"), haben uns einen geeigneten Ausstellungspartner überlegt (eine regionale Bank, die im Mittelstand stark engagiert ist) und auch schon erste Unternehmen zusammengetragen, die man für die Teilnahme an dem Projekt gewinnen möchte. Der Kollege war hocherfreut, zeigte sich überzeugt von dem Konzept und ging in Klausur. Einige Wochen später fragte er mich, was ich davon hielte, wenn er als neues freies Projekt Porträts von Menschen machte, die in der Flüchtlingshilfe eine tragende Rolle spielen. Er wollte diese Serie dann einer großen Illustrierten anbieten.

Großes Fragezeichen?

Genau! So erging es mir auch, und ich fand keine andere Antwort, als zu sagen: „Das ist sicherlich ein schönes fotografisches Thema, das reizvoll und anspruchsvoll ist. Aber es ist nicht geeignet, solvente Kunden in deiner Stadt zu gewinnen!"

So etwas passiert nur allzu leicht. Wir Fotografen lassen uns von einem inhaltlichen, formalen oder ästhetischen Aspekt faszinieren und verlieren dabei unser eigenes Business nur zu gern mal aus den Augen. Daher möchte ich die Prinzipien des Karriere-Booster-Projekts hier noch einmal möglichst präzise ausführen.

1. Es ist wichtig, vorab festzulegen, was man erreichen will. Schreiben Sie diese Absicht auf, zum Beispiel folgendermaßen:

   „Ich will meine Fähigkeiten als Porträtfotograf schulen, Neues ausprobieren und mein Level weiterentwickeln. Dabei will ich interessanten Unternehmen und Persönlichkeiten begegnen, die ich als Kunden gewinnen möchte, und sie fotografieren."

2. Wie finde ich Zugang zu diesen Menschen, und was kann ich Ihnen bieten, damit sie mitmachen? Bei einem Ausstellungsprojekt wäre das zum Beispiel: Öffentlichkeit, vielleicht eine Erwähnung in der Tageszeitung, gestreicheltes Ego (wer will schon nicht zu den erfolgreichsten Unternehmern der Region gehören?) und vielleicht eine schöne Abendveranstaltung, während der man anderen interessanten Unternehmern begegnen und selbst netzwerken kann.

3. Wie kann ich einen interessanten Medienpartner gewinnen, jemanden, der eine attraktive Ausstellungsfläche hat und ein schönes Event ausrichten möchte? Was hat er davon? Wie kann ich die Geschichte so darstellen, dass auch der Medienpartner profitiert?

   Im Beispiel habe ich die Bank genannt. Die kann durchaus interessiert daran sein, dass sich Geschäftsleute zu einem schönen Abendevent in ihren Räumen treffen, dass der Ort in der Tagespresse genannt wird und dass auch der Bankdirektor in dem ganzen Projekt eine Rolle spielt – zum Beispiel weil er die Ausstellung eröffnet.

Und genau das ist mit „PR-Denke" gemeint: Es geht nicht darum, dass ein Fotograf seine Neigungen und Wünsche allein auslebt, sondern es geht bei solchen Projekten darum, dass alle Beteiligten profitieren können und dass man das Projekt von vornherein so konzipiert, dass man nicht nur seine eigenen Interessen im Blick hat, sondern auch die der Partner. Genau so funktioniert gute Öffentlichkeitsarbeit: Sie berücksichtigt idealerweise immer die Interessen aller.

Will man als Unternehmen beispielsweise im Wirtschaftsteil einer großen Tageszeitung landen, reicht es nicht, eine tolle Pressemitteilung zu schreiben, in der die Vorzüge irgendeines Produkts oder einer Technologie blumig beschrieben werden. Das ist für die Tageszeitung uninteressant und wird sofort aussortiert. Bietet man der Redaktion aber eine spannende

Geschichte an, in der zwar auch ein Produkt oder eine Technologie vorkommt, die aber darüber hinaus von größerem und allgemeinerem Interesse ist, hat man gute Chancen, redaktionell erwähnt zu werden.

Und genau so ist es hier: Wenn alle am Projekt Mitwirkenden etwas davon haben, funktioniert es ganz reibungslos. Wird dieser Punkt nicht berücksichtigt, wird es sehr viel schwieriger, und die Dinge fügen sich nicht mehr so nahtlos und leicht zusammen.

Ein unterschätztes Marketinginstrument

Als ich in meinem früheren Leben noch im Marketing und in der Unternehmenskommunikation tätig war, habe ich von meinem damaligen Vertriebsleiter einen goldenen Satz gehört: „Je aufwendiger und größer ein Job ist, desto wertiger muss das Angebot sein." Diesen Satz habe ich mir gemerkt und wende ihn in meiner fotografischen Praxis schon lange an.

Das Angebot

Aus vielen Gesprächen weiß ich, dass nicht nur bei Fotografen das Angebot eher stiefmütterlich behandelt wird. Oft ist es eine einfache Tabelle, in der die einzelnen Positionen aufgelistet werden und am Ende eine Summe gezogen wird. Klar, damit erfüllt so ein Angebot die unmittelbare Funktion: Sie teilt dem Kunden mit, was der Fotograf für seine Arbeit und für die Nutzung der Bilder verlangt. Nicht weniger. Aber eben auch nicht mehr.

Dabei ist das Angebot ein Dokument, das möglicherweise durch viele Hände geht: Vielleicht wird es vom Marketingpraktikanten angefordert, vom Pressesprecher begutachtet und vom Werbeleiter abgesegnet. Vielleicht holt der Kunde mehrere Angebote ein. Ein Angebot, das nur den Preis kommuniziert, kann nicht mehr erzählen als das: nichts über den Fotografen, nichts über die Qualität und nichts über den Menschen, der dieses Angebot macht. Und es kann sich nicht positiv von anderen Angeboten abheben – außer vielleicht über den Preis. Aber wir wollen ja der geeignetste und ein wertiger Anbieter sein – nicht unbedingt der billigste.

Unsere Angebote sind daher immer mindestens drei Seiten lang und kommunizieren eine ganze Reihe von Aspekten. Ich will die Gliederung und Inhalte hier gern einmal darstellen. Das ist sicherlich nicht der Weisheit letzter Schluss, aber vielleicht fühlt sich der eine oder andere Kollege animiert, Form und Inhalt seiner Angebote zu überdenken und gegebenenfalls neu zu gestalten. Jedes unserer Angebote gliedert sich bei uns in folgende Textabschnitte:

- **Adressierung**: Empfänger und Firma (Ansprechpartner zuerst).
- **Verfallsdatum**: „An dieses Angebot bindet sich Ahrens+Steinbach Projekte bis zum tt.mm.yyyy".
- **Gegenstand des Angebots**: Kurze Beschreibung des Projekts und der Bilder, die entstehen sollen. Wie werden die Fotos eingesetzt, welche Botschaft sollen sie transportieren? In welchen Medien sollen die Bilder erscheinen?
- **Konzeptionelle Überlegungen/Organisation**: In diesem Abschnitt werden Vorschläge dazu gemacht, wie das Projekt am besten zu organisieren ist, welche Abläufe eingehalten werden sollten etc. Hier gibt es auch einige Tipps zum Einsatz von Laienmodels.
- **Produktion und Team**: Hier ist festgelegt, wer die Fotoproduktion verantwortet, wie viele Assistenten eingesetzt werden, welche Technik genutzt wird (z. B. Kleinbildtechnik, akkubetriebenes Licht on location und Ähnliches).
- **Sicherheitsausrüstung**: Da wir fast immer in Produktion und Technik unterwegs sind, kommt jetzt der beruhigende Hinweis, dass wir uns mit den Sicherheitsbestimmungen auskennen, alle notwendigen Schuhe,

Anzüge, Helme etc. haben und auch über eine entsprechende G41-Bescheinigung verfügen, die z. B. Bedenken bei Arbeiten in der Höhe ausräumt (Gesundheitsattest).

- **Qualitätsgarantie**: Hier versichern wir, dass wir mit aller Leidenschaft und vollem Einsatz tätig sind, und sprechen eine Zufriedenheitsgarantie aus. Zudem erfolgt der Hinweis, dass alle Bilder on location auf dem iPad in Augenschein genommen werden und Korrekturen daher sofort in den Prozess einfließen können.
- **Aufwände und Projekthonorar**: Nun geht es ums Eingemachte – die Honorare für Fotografen und Assistenten, Visagisten etc. Gegebenenfalls erscheinen hier auch Hinweise zu Kosten für Reisezeit, zusätzliche Nutzungsrechte, Übernachtungen, Kilometergeld etc. – je nach Projektart und -größe. Den Honorarteil überschreiben wir mit „Nutzungsrechte Honorare", um auch in der Rechnung den Posten „Nutzungsrechte" prominent aufführen zu können. Das hat einen besonderen Hintergrund: In diesem Fall können die Rechnungen bei der Jahresabrechnung der Verwertungsgesellschaft Bild eingereicht werden, woraus sich zusätzliche Einnahmen generieren lassen.
- Abschließend folgt noch ein Hinweis auf die **Nutzungsrechte**, die mit der Annahme des Angebots eingeräumt werden, sowie einige Details zur Anlieferung der Daten. Es folgt zudem der Hinweis, dass die Daten bei uns mindestens fünf Jahre archiviert werden. Wichtig auch: Wir weisen außerdem darauf hin, dass wir als Fotografen ausgewählte Bilder des Projekts zur Eigenwerbung nutzen dürfen („falls nicht anders vereinbart").

Wie gesagt, das ist nur ein Vorschlag. Es geht natürlich auch ganz anders und ist sicherlich nicht für alle Sujets und Projektarten so direkt anwendbar. Mein Beitrag soll auch gar nicht zu einer Eins-zu-eins-Anwendung stimulieren – wohl aber Anregungen dazu geben, die eigenen Angebote wertiger, überzeugender und damit auch erfolgreicher zu gestalten.

Vor einigen Tagen haben wir das Thema im größeren Kollegenkreis diskutiert. Dabei gab es auch spannende Weiterentwicklungen. So hat zum Beispiel ein Kollege einen ähnlichen Aufbau gewählt, das Angebot aber mit eingebetteten Fotos zusätzlich aufgewertet, die Beispiele aus früheren oder aus ähnlichen Produktionen zeigen. So wurde das Angebot gleichzeitig zu einer Art Portfoliomappe und wird ganz sicherlich mehr auffallen als eine schlichte Tabelle.

Meine Erfahrungen mit ausführlichen, individuell formulierten und empathisch aufgeladenen Angeboten sind ausgesprochen positiv. Ich kann diesen Weg aus ganzem Herzen empfehlen und bin sicher, dass die Qualität des Angebots einen nachvollziehbar positiven Einfluss auf den Geschäftserfolg hat.

Die Steuer: Vorsicht, wenn es gut läuft!

Dieses Kapitel könnte man auch so überschreiben: „Wie das Finanzamt einen ruinieren kann, obwohl man gerade eine richtig gute Phase hat". Ich glaube, fast jedem Selbstständigen ist es mal so gegangen. Uns ist es sogar mehr als einmal passiert, und es war in jedem Fall eine unangenehme Erfahrung und führte mindestens zu einem finanziellen Engpass. Eine echte Falle, vor der man gewarnt sein sollte! Genau das möchte ich hier tun.

Folgende Situation: Nehmen wir an, Sie sind im zweiten Jahr Ihrer Selbstständigkeit. Sie haben einige Kunden gewinnen können, es gibt schon ganz nette Erfolge, vielleicht auch mal ein etwas „dickeres Ding" dazwischen. Wie so viele nutzen Sie die Option, Ihre Einkommensteuererklärung erst nach Abschluss des darauffolgenden Jahres abzugeben. Sie reichen Ihre Erklärung für das Jahr 2018 also zum Beispiel erst Ende 2019 ein. Das Finanzamt hat im Vorjahr eine sogenannte Einkommensteuervorauszahlung von Ihnen verlangt, Sie zahlen z. B. 500 Euro pro Quartal. Nun schließen Sie das dritte Jahr Ihrer Selbstständigkeit ab. So weit, so gut. Diesmal lief aber alles viel besser, und Ihr Gewinn hat sich nahezu verdoppelt. Man könnte nun glauben: Wie schön! Mehr Geld, mehr Erfolg, alles wunderbar!

Denkste: In dieser Konstellation kann es im Frühjahr 2020 zu einer fatalen Konstellation kommen:

1. Das Finanzamt will die Steuer von 2018 überwiesen bekommen. Das war klar, und damit haben Sie auch gerechnet.

2. Das Finanzamt hat gesehen, dass Sie in 2019 wesentlich höhere Umsätze und eine höhere Gewinnerwartung haben und erhöht daher die Vorauszahlung für 2019 im Nachhinein. Diese sogenannte „nachträgliche Vorauszahlung" (absurdes Beamtendeutsch vom Feinsten!) kann ganz schön ins Kontor schlagen.

3. Und zu guter Letzt erhöht das Finanzamt natürlich auch die Einkommensteuervorauszahlungen für das laufende Jahr (also für 2020 in dem Beispiel) und möchte das erste Quartal bezahlt haben.

Alle diese Beträge werden praktisch gleichzeitig fällig und können leicht etliche Tausend Euro betragen. Und sie können einen jungen Selbstständigen richtig in die Bredouille bringen und finanziell massiv überfordern, sofern es keine Ersparnisse oder andere Rücklagen gibt, mit denen man die fälligen Zahlungen abfedern kann.

Wir haben diese Konstellation in unserer Karriere zweimal gehabt. Beim ersten Mal haben wir das aus eigenen Mitteln nur überstanden, weil wir gerade einen sehr großen Job an Land gezogen hatten und 50 % der Auftragssumme vorab in Rechnung gestellt hatten. Beim zweiten Mal waren zum Glück genügend Rücklagen da, um das Finanzamt zufriedenzustellen.

Vorausschauend handeln!

Die Lektion, die wir aus diesen Erlebnissen schmerzhaft gelernt haben, möchte ich gern an dieser Stelle weitergeben: Sprechen Sie regelmäßig, rechtzeitig und im Voraus mit einem Steuerberater! So handhabe ich es inzwischen: Ich mache zweimal im Jahr (einmal im Frühjahr, einmal im Herbst) einen Termin mit meinem Berater und bespreche mit ihm die aktuellen Zahlen, die anstehenden Zahlungen an das Finanzamt und stelle immer auch explizit die Frage: Was könnte auf mich zukommen? Was passiert, wenn die wirtschaftliche Entwicklung dieses Jahres so anhält? Welche Rücklagen sollte ich sinnvollerweise bilden? Gibt es Möglichkeiten, Anträge auf niedrigere Vorauszahlungen zu stellen, oder hat es sogar Sinn, diese freiwillig zu erhöhen? Sind Investitionen sinnvoll, und falls ja, in welchem Jahr? Und so weiter.

Befolgt man diesen Rat, betreibt man aktive Steuerplanung, was die viel bessere Alternative ist, als einfach nur seine Steuererklärungen zu machen und passiv auf die Bescheide und Entscheidungen des Finanzamts zu

Steuerberater vs. Selbermachen

Wenn bei Ihnen weder ausgeprägte Steuerkenntnisse noch eine gewisse Liebe zum Sujet bestehen, rate ich ganz klar: Nehmen Sie sich einen guten Steuerberater, der sich mit Kreativberufen auskennt, und lassen Sie ihn machen! Unser Beruf ist schon vielfältig genug: Wir sind Kreative, Handwerker, Unternehmer, Marketingleiter, Akquisiteure und noch eine ganze Menge mehr in einer Person, da müssen wir nicht auch noch in Buchhaltung und Steuern fit sein. Die Zeit und die Nerven, die Ihnen der Steuerberater einspart, sind enorm, und wenn Sie in dieser Zeit mehr Ruhe und Gelegenheit für ein oder zwei zusätzliche Tagesjobs haben, sind Sie auch schon auf der Haben-Seite, was das Finanzielle angeht. Es gibt noch einen anderen Vorteil: Im Fall von Sonderprüfungen oder anderem Ärger mit dem Finanzamt kann Sie ein renommierter Steuerberater wesentlich professioneller und damit erfolgreicher vertreten als Sie sich selbst.

warten. Auf jeden Fall wird man nicht böse überrascht, kann rechtzeitig Rücklagen bilden und (im Rahmen des Möglichen) aktiv das Geschehen beeinflussen.

Noch ein Tipp: Da wir Fotografen in der Regel kein ausgeprägtes „Steuer-Gen" haben und diese Aspekte unseres Arbeitslebens eher als lästig empfinden, ist es sinnvoll, die Ergebnisse solcher Besprechungen mit dem Steuerberater penibel aufzuschreiben und sofort To-dos daraus abzuleiten: zum Beispiel den nächsten Termin mit dem Steuerberater im Kalender eintragen und die Fragen notieren, die dann besprochen werden sollten. Oder: monatlich eine Sparüberweisung aufs Festgeldkonto einrichten, damit Rücklagen gebildet werden können.

Gastbeitrag Lothar Th. Jasper

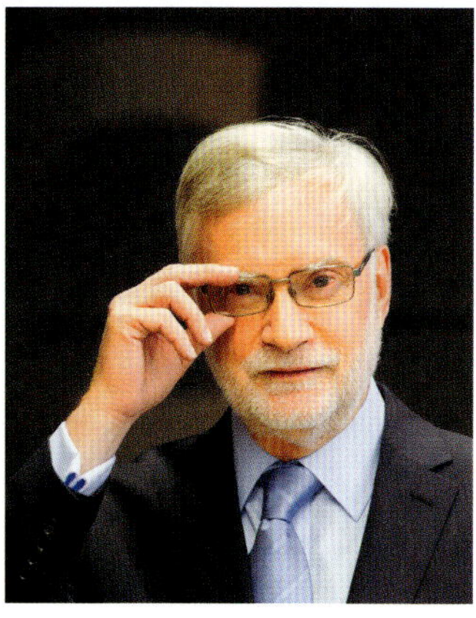

https://erfolgreich-wirtschaften.de

Mein Steuerberater Lothar Th. Jasper regelt seit vielen Jahren alle meine Steuerangelegenheiten und hat mich in verschiedenen Problemsituationen mit dem Finanzamt immer bestens vertreten. Ich habe ihn gebeten, die wichtigsten steuerlichen Themen darzustellen, die vor allem uns Fotografen betreffen.

Lothar Th. Jasper ist Diplom-Volkswirt und Steuerberater, er leitet die Kanzlei Jasper Steuerberatung in Köln. Seine Schwerpunkte sind die steuerliche Freiberuflerberatung sowie die Mittelstandsberatung für Einzelunternehmer, Personengesellschaften und Kapitalgesellschaften. Er ist darüber hinaus wissenschaftlich und als Fachautor für Steuerberatung tätig.

Steuerliche Stolpersteine

Steuern zahlen ist eines der lästigen Notwendigkeiten, die der fürsorgende Staat uns Bürgern auferlegt hat, damit er seine Aufgaben erfüllen kann. Aber sie sind nicht nur lästig, sondern mangelnde Kenntnisse des Steuerrechts können auch zu existenzgefährdenden Mehrbelastungen führen. Deshalb sollte jeder, der als Selbstständiger am Wirtschaftsleben teilnimmt, die Grundzüge des Steuerrechts kennen, um so ein Problembewusstsein zu erhalten, das es ihm ermöglicht, sich im Zweifel mit dem Finanzamt auseinanderzusetzen. Aber auch wer einen Steuerberater zurate zieht, sollte in der Lage sein, bestimmte branchenspezifische Stolpersteine frühzeitig zu erkennen und mit seinem Berater zu besprechen.

Gewerbe oder Freiberufler?

Eine in unserer Kanzlei immer wieder zu entscheidende Frage ist die Einordnung des Fotografenberufs in eine gewerbliche oder freiberufliche Tätigkeit. Geht das Finanzamt davon aus, dass ein Fotograf gewerblich tätig ist, drohen Gewerbesteuern, je nach Höhe des Gewinns oder des Umsatzes, Buchführungs- und Bilanzierungspflichten sowie IHK-Betrag. Nicht zuletzt kann die Mitgliedschaft in der Künstlersozialkasse gefährdet sein, wenn der Freiberuflerstatus nicht anerkannt wird. Sowohl der Bundesfinanzhof als auch das Bundessozialgericht haben weitgehend identische Abgrenzungsmerkmale für die Einordnung der Tätigkeit aufgestellt.

In § 18 Einkommensteuergesetz (EStG) gibt es einen Katalog der Berufe, die steuerrechtlich als freiberuflich anerkannt sind. Der Beruf des Fotografen ist nicht aufgeführt. Aber es gibt die Möglichkeit, sich mit einem aufgeführten Beruf zu vergleichen. Dies ist im Fall des Fotografen der Beruf des Künstlers. Für den Künstler wiederum sind insbesondere von der Finanzrechtsprechung bestimmte Kriterien herausgearbeitet worden, um ihn von rein handwerklichen Berufen, die durchaus auch kunstfertige Arbeit leisten, abzugrenzen. Der Fotograf muss also künstlerisch tätig werden, damit er als Freiberufler eingeordnet wird.

Freiberuflich arbeitet ein Fotograf, der fotografische Werke mit einer gewissen Gestaltungshöhe persönlich und eigenschöpferisch erstellt. Handwerkliche oder technische Fertigkeiten reichen allein nicht aus.

Diese durch die Rechtsprechung aufgestellte Forderung zu erfüllen, gilt es nun in der Praxis gegenüber dem Finanzamt nachzuweisen. Entscheidend sind folgende Merkmale, nach denen die Freiberuflichkeit beurteilt wird:

- Die individuelle Handschrift, das heißt, der Fotograf muss – insbesondere wenn er sich fachlich vorgebildeter Hilfskräfte bedient – entscheidenden Einfluss auf die gesamte Gestaltung des Werks nehmen.

- Eine gewisse Gestaltungshöhe gegenüber dem Finanzamt nachzuweisen, ist – sofern man noch keinen renommierten Namen in der Branche hat – ziemlich schwierig. Sollte die Frage bis zum Finanzgericht getragen werden, wird meist ein Gutachter mit der Beurteilung beauftragt.

  In der Praxis kommt es immer wieder vor, dass zum einen bei der steuerlichen Anmeldung die Frage nach der beruflichen Qualifikation gestellt wird, zum anderen aber auch langjährig freiberuflich tätige Fotografen von ihrem Finanzamt aufgefordert werden (z. B. durch eine Betriebsprüfung), ihre Tätigkeiten und Arbeitsweisen genau zu beschreiben. Hierbei ist Folgendes zu klären:

- Qualifikationsnachweis durch Ausbildung bei Fotografen, in Berufsfachschulen, Akademien, staatlichen und privatwirtschaftlichen Hochschulen oder berufsbildenden Einrichtungen (aber auch ein autodidaktischer Erwerb künstlerischer Tätigkeiten ist nach der Rechtsprechung anzuerkennen),
- Mitgliedschaften in freiberuflichen Berufsverbänden, Fachverbänden und Künstlervereinigungen, national und international,
- Teilnahme an Ausstellungen, wobei die Mitgliedschaften in einschlägigen Vereinigungen oft sehr hilfreich sein können,
- Ehrungen und Preise durch Teilnahme an Fotowettbewerben,
- Besprechungen und Veröffentlichungen in Fachzeitschriften,
- eigene Veröffentlichungen, z. B. in Bildbänden,
- eigener Internetauftritt mit Hinterlegen künstlerisch wertvoller Bilder.

Wichtige Empfehlungen

Gründern mit künstlerischen Ambitionen sei geraten, zunächst keinen Gewerbeschein bei der Gemeinde zu beantragen, sondern sich als Freiberufler mit dem Fragebogen zur steuerlichen Erfassung beim Finanzamt zu melden. Zwar gilt der Fragebogen für Freiberufler und Gewerbebetriebe gleichermaßen, bei der Frage nach den Einkünften geben Sie aber zu erkennen, dass Sie sich als Freiberufler einordnen. Als solcher haben Sie nämlich im steuerlichen Fachjargon „Einkünfte aus selbstständiger Arbeit". Das Finanzamt akzeptiert dies im Allgemeinen. Bei Ihrer ersten Einkommensteuererklärung geben Sie die Anlage S für Selbstständige ab, nicht die Anlage G für Gewerbebetriebe. Liegt Ihren Aufträgen häufig allerdings eine gewerbliche Verwendung zugrunde, geht das Finanzamt meist zunächst auch von gewerblicher Fotografie aus. Beispiel: Produktfotografie nach Anweisung des Auftraggebers.

Für erfahrene Fotografen, die bisher als freiberuflich anerkannt worden sind: Erstellen Sie von Ihrem beruflichen Werdegang eine Dokumentation – für sich selbst, aber auch für das Finanzamt. Das spart im Falle des Falles Zeit und schont die Nerven.

Journalist als Bildberichterstatter

Die Herstellung und die entgeltliche Überlassung von Lichtbildern kann sowohl freiberufliche Berichterstattung als auch gewerbliche Tätigkeit sein. Nach der ständigen Rechtsprechung des Bundesfinanzhofs (BFH) ist der freiberufliche Bildberichterstatter nach Aufgabe und Tätigkeit Journalist, der an der Gestaltung des geistigen Inhalts publizistischer Medien mitwirkt (Zeitungen, Zeitschriften, Film, Fernsehen). Ihren journalistischen Charakter erhält diese Tätigkeit durch die auf individueller Beobachtung beruhende Erfassung des Bildmotivs und seines Nachrichtenwerts. Die Bilder müssen als aktuelle Nachrichten über Zustände oder Ereignisse politischer, wirtschaftlicher, gesellschaftlicher oder kultureller Art für sich selbst sprechen; im Gegensatz zur früheren Rechtsprechung müssen die Bilder jedoch nicht mit erklärenden Texten versehen sein. Sinn und Zweck der Bilder müssen darin bestehen, der Allgemeinheit über ein allgemein oder doch weite Kreise interessierendes Thema zu berichten. Erfolgt die Herstellung von Lichtbildern dagegen zu einem dem individuellen Interesse des Abnehmers dienenden (nicht auf dem Gebiet der aktuellen Berichterstattung liegenden) Zweck, übt der Fotograf nach der BFH-Rechtsprechung eine gewerbliche Tätigkeit aus (Quelle: BFH-Urteil vom 19.2.1998 BStBl. 1998 II S. 441 mit weiteren Hinweisen).

Freiberuflichkeit und Gewerbebetrieb nebeneinander

Nach all dem werden Sie möglicherweise den Eindruck haben, dass Ihre einzelnen Tätigkeiten durchaus unterschiedlich eingeordnet werden können. Dies ist in der Tat möglich. Sie können beide Tätigkeiten nebeneinander ausüben. Aber: Sie sollten dann getrennte Aufzeichnungen und Jahresabschlüsse erstellen. Trennen Sie die Tätigkeiten nicht, erscheinen sie dem Finanzamt oftmals untrennbar miteinander verwoben. Dann laufen Sie Gefahr, dass das Amt Sie insgesamt als Gewerbebetrieb einordnet. In diesem Fall würden Sie auch für Ihre eigentlich freiberuflichen Einkünfte Gewerbesteuer bezahlen.

Hier also noch einmal die dringende Empfehlung: getrennte Buchführung und getrennte Jahresabschlüsse erstellen. Auch wenn das etwas mehr an Kosten verursacht.

Übrigens: Für Zwecke der Umsatzsteuer werden beide Buchführungen zusammengeführt und gemeinsam erklärt. Gute Buchführungsprogramme unterstützen Sie dabei. Suchen Sie nach dem Stichwort „Umsatzsteuer – Konsolidierung".

Umsatzsteuer – Mehrwertsteuer – Regelbesteuerung – ermäßigter Steuersatz

Zunächst eine begriffliche Klarstellung. Im Allgemeinen reden wir in Deutschland von der Mehrwertsteuer, wenn wir eigentlich die Umsatzsteuer meinen. Das liegt daran, dass diese Steuer nur den Mehrwert besteuern soll, den ein Unternehmer mit seiner Arbeit schafft. Dies wird dadurch erreicht, dass die Steuern, die in den Kostenrechnungen von anderen Unternehmern ausgewiesen werden – die sogenannte Vorsteuer –, vom Finanzamt erstattet werden.

Dass diese Steuer in Deutschland in der Gesetzesterminologie Umsatzsteuer heißt, kommt aus der Historie. Bis weit in die 60er-Jahre des vergangenen Jahrhunderts gab es bereits eine Umsatzsteuer, die allerdings nicht den Mehrwert versteuerte, sondern jeden Umsatz, den ein Unternehmer getätigt hat. Eine Erstattung von Vorsteuern war nicht vorgesehen. Die Unternehmer blieben also mit den ihnen in Rechnung gestellten Vorsteuern belastet. Am 1. Januar 1968 wurde dann die Vorsteuererstattung eingeführt (neben anderen Änderungen des Gesetzes), das Gesetz selbst hieß weiterhin und heißt bis heute „Umsatzsteuergesetz".

Dies führt allerdings ebenfalls bis heute bei Nichtfachleuten zu der Ansicht, Umsatzsteuer und Mehrwertsteuer seien verschiedene Steuern. Also nicht verwirren lassen: Das ist nicht so. Es gibt nur das Umsatzsteuergesetz, das unter steuerlichen Laien Mehrwertsteuergesetz heißt. Es sind zwei Begriffe für ein Gesetz.

Dies vorweggeschickt, kommen wir nun zu einem weiteren Schwerpunkt der Steuerberatung von Fotografen, nämlich zur Frage nach dem richtigen Umsatzsteuersatz. Der Regelsatz beträgt 19 %, wie bei den meisten Lieferungen oder Leistungen. Aber: Übertragen Sie Ihrem Auftraggeber mit Ihrer Bildproduktion auch Verwertungsrechte, kommt der ermäßigte Steuersatz von 7 % zum Tragen. In der Praxis kann die Einordnung schwierig sein. Die Finanzverwaltung und auch die Finanzrechtsprechung gehen davon aus, dass die Überlassung nur von positiven Bildern (im Gegensatz zu Negativen) ohne weitere kommerzielle Verwertung mit 19 % Umsatzsteuer zu belasten ist. Das können z. B. Bilder von Einschulungen, Hochzeitsbilder, Passbilder etc. sein, die an Privatleute verkauft werden. Das Einräumen weiterer Verwertungsrechte ist über die Nutzung der Positiva hinaus ist nicht geplant.

Für Fotografen wichtig ist die Umsatzsteuerbegünstigung von Lichtbildwerken einschließlich der Werke, die ähnlich wie Lichtbildwerke geschaffen werden (so die Gesetzesformulierung für Bilder und Ähnliches). Dem ermäßigten Steuersatz unterliegen deshalb insbesondere die Leistungen der Bildjournalisten (Bildberichterstatter), Bildagenturen, Kameramänner und Fotodesigner (Umsatzsteueranwendungserlass UAE 12.7).

Gestatten Sie Ihrem Auftraggeber die Weiterverwendung durch Einräumung, Übertragung und Wahrnehmung von Rechten nach dem Urhebergesetz, unterliegen diese Leistungen dem 7%igen Umsatzsteuersatz. Ob dies der Fall ist, richtet sich nach den vertraglichen Vereinbarungen und dem wirtschaftlich erzielten Ergebnis. Nicht ausschlaggebend für die Anwendung des ermäßigten Steuersatzes sind allein Formulierungen in der Rechnung, wie z. B. „Übertragung von Nutzungsrechten“. In früherer Zeit war die Überlassung von Negativen ein Zeichen dafür, dass die Überlassung weiterer Nutzungen an dem Bild genehmigt war.

Heutzutage, da häufig keine Filme mehr verwendet werden, sollte eigentlich die Überlassung von Dateien dazu ausreichen, aber: Zunächst muss diese Überlassung dokumentiert werden, am besten durch Unterschrift des Auftraggebers, dass er die Dateien des Auftrags erhalten hat, und die Bestätigung des Fotografen, dass dieser durch die Überlassung Nutzungsrechte übertragen hat. Eine Präzisierung im Einzelfall ist zu empfehlen (z. B. unbegrenzte oder zeitlich begrenzte Nutzung, Nutzung zu bestimmten Gelegenheiten). Eine vertragliche Klarstellung über den Umfang der Nutzung kann nicht schaden.

Weiterhin wichtig zu wissen: Überlassung von Luftbildaufnahmen für planerische Zwecke – z. B. Landesplanung, Natur- und Umweltschutz oder Erfassung und Bilanzierung der Flächennutzung –, für Zwecke der Geodäsie – z. B. auch fotografische Messbilder (Fotogramme) nach dem Verfahren der Fotogrammetrie – oder für bestimmte wissenschaftliche Zwecke – z. B. auf dem Gebiet der Archäologie –, selbst wenn damit auch urheberrechtliche Nutzungsrechte übertragen werden, sind mit dem vollen Steuersatz zu belasten. Warum das so ist? Das bleibt das Geheimnis der Schöpfer.

Des Öfteren ist die Ansicht zu hören, dass es bei Zweifeln über den richtigen Steuersatz für den Fotografen günstiger ist, einfach den 19%igen Steuersatz zu verwenden. Aber Achtung: Wird ein 19%iger Satz verwendet, obwohl der richtige Steuersatz 7 % beträgt, kann das Finanzamt Ihrem Auftraggeber – etwa bei einer Betriebsprüfung – die Vorsteuererstattung teilweise verweigern mit dem Argument, richtig wären 7 % gewesen. Der Auftraggeber bleibt dann mit der Differenz von 12 % belastet, denn er erhält lediglich 7 % Vorsteuererstattung, während er Ihnen als Fotograf 19 % gezahlt hat. Geheilt werden kann dies durch eine nachträgliche Berichtigung der Rechnung, was aber häufig mit Zeitaufwand und Ärger verbunden ist.

Nicht steuerbare Umsätze im EU-Leistungsverkehr

Die Umsatzsteuer wird bei inländischen Fotografen nur fällig, wenn der Ort seiner Leistung im Inland liegt. Das scheint eigentlich klar zu sein, wenn er die Leistung tatsächlich im Inland erbringt. Aber das Umsatzsteuergesetz fingiert als Ort einer Leistung, die für einen Unternehmer in einem EU-Land erbracht wird, als den Ort, an dem der Auftraggeber seinen Sitz hat. Das bedeutet: Arbeitet ein inländischer Fotograf für einen Unternehmer beispielsweise in den Niederlanden, schreibt er eine Honorarrechnung ohne Umsatzsteuer, also nur den Nettobetrag.

Gleichzeitig schreibt er folgenden Satz auf die Rechnung: „Steuerschuldnerschaft des Leistungsempfängers". Die Besteuerung geht auf den Leistungsempfänger (= EU-Auftraggeber) über. Diese Methode – auch Reverse Charge genannt – erleichtert im EU-Leistungsverkehr die Abwicklung der Umsatzbesteuerung, weil über die Grenzen hinweg die Vorsteuererstattung zwar funktionieren würde, aber nur mit erheblichem Aufwand (und häufig sprachlichen Problemen). Das würde dem Ziel eines einheitlichen Wirtschaftsraums widersprechen. Hier hat die Europäische Union wirklich eine Erleichterung geschaffen.

Vorsteuerabzug pauschalieren

Vorsteuern sind die Umsatzsteuern, die ein anderer Unternehmer Ihnen in Rechnung gestellt hat. Diese Vorsteuern erhalten Sie vom Finanzamt im Wege der Umsatzsteuervoranmeldungen erstattet. Es kommt durchaus vor, dass die Vorsteuern nicht von so großer Bedeutung sind, wenn Sie nicht mit Fremdleistern arbeiten (z. B. mit Fotolabors). Für diesen Fall hat der weise Gesetzgeber eine sogenannte „Vorsteuerpauschalierung nach Durchschnittssätzen" für bestimmte Fotografen eingerichtet. Wenn Ihr Umsatz 61.356 Euro im vorangegangenen Wirtschaftsjahr nicht übersteigt und Sie Bildberichterstatter oder Pressefotograf sind, beträgt die Vorsteuer 4,8 % Ihres Umsatzes. Dies kann günstiger sein als die tatsächlich gezahlten Vorsteuern.

Was tun im Fall einer Betriebsprüfung?

Wenn sich eine Betriebsprüfung ankündigt, werden viele Steuerbürger leicht nervös – drohen doch häufig hohe Nachzahlungen. Doch keine Sorge: Eine saubere und vor allem vollständige zeitnahe Buchführung bzw. Aufzeichnung von Honoraren und Kosten für Zwecke der Einnahmen-Überschuss-Rechnung und für die Umsatzsteuererklärungen ist die beste Voraussetzung, eine Betriebsprüfung gut zu überstehen.

Dazu gehört – wie bereits oben gesagt – eine ausführliche Dokumentation der Tätigkeiten, gegebenenfalls getrennt nach freiberuflicher und gewerblicher Tätigkeit. Hinzu kommen aussagekräftige Leistungsbeschreibungen in den Rechnungen, bei größeren Aufträgen empfiehlt sich ein Honorar- und Leistungsvertrag. Reisekosten und Pkw-Kosten sollten vollständig aufgezeichnet werden. Nicht vergessen: Bewirtungsbelege sammeln und den Namen des Bewirtenden und den Anlass darauf notieren. Fragen der Prüferinnen und Prüfer ruhig und sachlich beantworten. Den Bitten nach zusätzlichen Belegen und Nachweisen möglichst kurzfristig

Steuerrücklage bilden

Bilden Sie nach Möglichkeit im Vorfeld eine Rücklage. Wenn Sie z. B. pro Monat einen bestimmten Betrag zurücklegen, können Sie möglichen Nachzahlungen noch gelassener entgegensehen.

nachkommen. Unterschiedliche Rechtsauffassungen anhand von Kommentaren und Rechtsprechung überprüfen, wenn nötig, um eine Schlussbesprechung bitten und den Betriebsprüfungsbericht vorab erbitten. Nochmals unterschiedliche Rechtsauffassungen klarstellen.

Sollten Steueränderungsbescheide erlassen werden, kann hiergegen Einspruch eingelegt werden und – falls nötig – auch Klage vor dem Finanzgericht. Sie haben also auch nach einer Betriebsprüfung alle Möglichkeiten, sich zu wehren, so die Abgabenordnung es vorsieht.

Fazit: Wie bei jedem Beruf und jeder Branche gibt es auch bei Fotografen Besonderheiten, die, wenn man sie außer Acht lässt, durchaus zu unangenehmen steuerlichen Folgen führen können. Informieren Sie sich deshalb insbesondere zu Beginn Ihrer selbstständigen Tätigkeit gründlich. Der Zeit- und Kostenaufwand lohnt sich durch Steuerersparnisse und Rechtssicherheit. Viel Erfolg!

EPILOG

Ich möchte mich bei meinen Lesern bedanken, die mir auf der Reise durch die Seiten dieses Buchs gefolgt sind. Ich hoffe, etwas von der Faszination der Corporate- und Industriefotografie vermittelt zu haben, Interesse geweckt, Einblicke gegeben und ein tieferes Verständnis ermöglicht zu haben. Natürlich sind die hier dargestellten Erfahrungen, Themen und Verfahren sehr persönlich geprägt. Es ist meine Haltung dazu, es ist unsere Stilistik, und es ist unsere Auffassung, die durch alle Kapitel hindurchschimmert.

Die Gastautoren und -autorinnen in diesem Buch – Corinna Spitzbarth, Silvia Steinbach, Gert Wagner und Wolfram Schroll – zeigen unter anderem, dass man auch mit ganz anderen Themenschwerpunkten, Herangehensweisen, Vorlieben oder fotografischen Stilen erfolgreich in diesem Metier unterwegs sein kann. Dieses Buch möchte daher vor allem eines sein – eine Inspirationsquelle und ein guter Ausgangspunkt für einen jeweils ganz eigenen Weg. Vielen Dank für diese Einblicke, liebe Kolleginnen und Kollegen!

Das ist ja letztlich eines der faszinierenden Dinge in der Fotografie: Jeder Fotograf ist anders, jeder Fotograf löst ein Thema auf eine andere Weise, und in jeder Fotografie drückt sich die Persönlichkeit des Fotografen aus.

Bedanken möchte ich mich bei meinen Vorbildern, Mentoren und Kollegen. Für Begegnungen, Gespräche und gegenseitige Inspiration. Ohne diese vielfältige Kommunikation und das gegenseitige Befruchten hätte dieses Buch nicht entstehen können, und ich hoffe, dass es etwas davon an die Gemeinschaft der Fotografen zurückgibt.

Vielen Dank auch an meinen Steuerberater Lothar Th. Jasper, dessen Beitrag zu den steuerlichen Aspekten des Fotografenberufs eine gute Orientierung bietet.

Über das Jahrzehnt gemeinsamer erfolgreicher fotografischer Arbeit mit Silvia Steinbach bin ich ungeheuer froh und freue mich auf die Fortsetzung. Lass uns noch mehr daraus machen und immer weitergehen!

Ein ganz herzlicher Dank gilt meinem Lektor Ulrich Dorn, der mit Geduld, Ruhe und Übersicht aus einem Manuskript erst ein Buch gemacht hat. Und bedanken möchte ich mich auch bei allen Menschen aus meinem persönlichen Umfeld, die mir vor allem in der Schlussphase den Rücken freigehalten und meine gelegentlichen Nervositätsanfälle ausgehalten haben.

Dieses Buch ist nun abgeschlossen, aber es soll kein Schluss- und Endpunkt sein. Gedanken und Reflexionen zur Fotografie, zum Business, zu gestalterischen oder wirtschaftlichen Fragen werde ich auch in Zukunft entwickeln und publizieren. Wenn Sie sich dafür interessieren, freue ich mich auf Ihren Besuch auf *www.beruf-fotograf.de*.

Auch über Feedback und Fragen würde ich mich sehr freuen: Schreiben Sie mir an *corporate@christianahrens.de*.

Und nun bleibt mir noch eines: Ihnen eine weitere spannende Reise in, mit und durch die Fotografie zu wünschen. Machen Sie etwas daraus – es lohnt sich!

Christian Ahrens,

Köln, im September 2019

Index

Symbole

A

B

C

D

Bildnachweis

Alle Bilder in diesem Buch wurden von **Christian Ahrens** erstellt.

Ausgenommen dieser Bilder: **S. 6** Christian Becker (Bild 1, Bild 3). **S. 6** Silvia Steinbach (Bild 2), **S. 18** Silvia Steinbach (Bild 1). **S. 18** Christian Becker (Bild 2). **S. 24** Silvia Steinbach. **S. 27** Christian Becker. **S. 54-59** Gert Wagner. **S. 32** Silvia Steinbach (Bild 3, Bild 4). **S. 70-76** Silvia Steinbach. **S. 80-82** Corinna Spitzbarth. **S. 116** Silvia Steinbach. **S. 150** Franklin Berger **S. 178** Silvia Steinbach. **S 258** Sabrina Ahlers. **S. 296** Heike Kreutzberger (Grafik). **S. 344** Tom Pochert.